Asien
kulinarisch

Asien
kulinarisch

Originalrezepte
aus China, Indien,
Indonesien, Japan,
Singapur, Malaysia,
Thailand und Vietnam

Einführungstexte:
Kong Foong Ling

Mosaik

Originaltitel: The Food of Asia

Printed in Singapore
ISBN 3-576-11305-3

Bildnachweis: Doan Duc Minh (Seite 140); Michael Freeman/Photobank (Seite 83); Jill Gocher (Seite 2–3, 11 [Kinder beim Fischfang], 60, 62, 103); Tim Hall (Seite 141, 143); Heinz Holzen (Seite 11 [balinesische Prozession], 63, 84, 85, 87, 144); Catherine Karnow (Seite 142); Leong Ka Tai (Seite 28); Shin Kimura (Seite 20); Karl Mulder (Seite 61); Eric Oey (Seite 82); Photobank (Seite 8, 10 [japanisches Mädchen], 26, 86 [Teezeremonie], 123, 124); Luca Invernizzi Tettoni (Seite 4, 10 [Teehaus], 11 [»Bananenblatt«-Restaurant], 24, 25, 27, 42, 43, 44, 45, 46, 102, 104, 106, 122, 125, 126).

Seite 2–3: Ein Reisfeld in Malaysia
Seite 4: Verschiedene thailändische Dips und Gemüsegerichte

Inhalt

Die verschiedenen Küchen Asiens 9

Die Zutaten 12

Kochgeräte und Garverfahren 21

China
Einführung 25
Menüvorschläge 29

Rezepte
Snacks & Vorspeisen 30
Suppen & Nudeln 32
Hauptgerichte 34
Desserts 40
Brühen, Soßen & Würzmittel 41

Indien

Einführung 43
Menüvorschläge 47

Rezepte
Brote 48
Hauptgerichte 50
Desserts 56
Brühen, Soßen & Würzmittel 58

Japan

Einführung 83
Menüvorschläge 87

Rezepte
Vorspeisen 88
Suppen & Nudeln 90
Sushi & Sashimi 92
Hauptgerichte 94
Desserts 100
Brühen, Soßen & Würzmittel 101

Thailand

Einführung 123
Menüvorschläge 127

Rezepte
Vorspeisen 128
Suppen & Nudeln 130
Salate & Snacks 132
Hauptgerichte 134
Desserts 138
Brühen, Soßen & Würzmittel 139

Indonesien

Einführung 61
Menüvorschläge 65

Rezepte
Vorspeisen 66
Salate 68
Suppen 70
Hauptgerichte 72
Desserts 78
Brühen, Soßen & Würzmittel 80

Malaysia & Singapur

Einführung 103
Menüvorschläge 107

Rezepte
Vorspeisen 108
Suppen & Nudeln 110
Hauptgerichte 114
Desserts 120
Brühen, Soßen & Würzmittel 121

Vietnam

Einführung 141
Menüvorschläge 145

Rezepte
Vorspeisen 146
Suppen 148
Salate 149
Hauptgerichte 150
Desserts 156
Brühen, Soßen & Würzmittel 157

Register 158

Mengenangaben 160

Großes Foto links: Mahlzeiten haben in Asien auch eine wichtige kommunikative Funktion. Hier Freunde und Familie bei einem traditionellen »Steamboat Dinner«, das man nicht nur gemeinsam einnimmt, sondern das auch von allen gemeinsam zubereitet wird.

Die verschiedenen Küchen Asiens

Ob an einem der zahlreichen Straßenstände in den Großstädten, ob im Fünf-Sterne-Restaurant oder in der häuslichen Küche – Essen ist ein Thema, an dem niemand vorbeikommt.

Wer den asiatischen Kontinent zum ersten Mal bereist, wird angesichts der Fülle an köstlichen Speisen sofort ins Schwärmen geraten, und wem die asiatische Kultur noch fremd ist, der ist nicht selten überrascht, wieviel Lebensfreude die Asiaten aus der Zubereitung, dem gemeinsamen Speisen und aus Gesprächen über das Essen schöpfen. In Asien ist die Ernährung zugleich auch eine Lektion in Brauchtum, Ästhetik, Sozialverhalten und Ethik.

Es gibt wohl kaum ein Land auf der Welt, in dessen Küche nicht die ein oder andere asiatische Komponente eingeflossen wäre, seien es nun bestimmte Zutaten, Zubereitungsverfahren oder die Art der Präsentation der Speisen. Der Koriander wird heute überall mit der gleichen Selbstverständlichkeit verwendet wie der Rosmarin (wenn auch nicht in ein und demselben Gericht!), überall verfeinern die Köche ihre Tomatensuppen mit Zitronengras und Kaffirlimonenblättern und haben ihre Liebe zu kräftigen Gewürzen entdeckt. In der westlichen Welt erfreut sich die asiatische Küche besonderer Beliebtheit, und in manchen typisch westlichen Restaurants liegen neben Löffel, Gabel und Messer auch Eßstäbchen, und auf den Speisekarten findet man Gerichte wie gebratenes Lamm und Tandoori-Huhn. Und während asiatische Kinder inzwischen Cornflakes mit Milch zum Frühstück verlangen, tauscht man in den westlichen Ländern bisweilen das Müsli gegen dampfende Nudeln oder Reis mit *Miso*-Suppe und eingelegtem Gemüse ein.

Um ein asiatisches – aber auch jedes andere – Gericht richtig zubereiten zu können, sollte man auch ein wenig mit der Kultur des jeweiligen Landes vertraut sein und man sollte wissen, wie man das Beste aus den Zutaten herausholt. Denn wenn Sie erst einmal die Grundlagen beherrschen, geht der Rest ganz von selbst. Wenn Sie also wissen, weshalb eine bestimmte Zutat durch eine andere gemildert oder mit einer anderen kombiniert wird, können Sie anfangen zu improvisieren und Ihrer Phantasie (und Ihren Geschmacksnerven) freien Lauf lassen und kommen so vielleicht zu ganz neuen Geschmackserlebnissen.

Lernen Sie mit diesem Buch die Vielfalt der Küchen Chinas, Indiens, Japans, Indonesiens, Malaysias, Singapurs, Thailands und Vietnams kennen. Denn die einzelnen Länder unterscheiden sich nicht nur hinsichtlich ihrer Geographie und ihres Klimas, das von gemäßigten bis hin zu tropischen Zonen reicht, auch ihre Küchen sind trotz einiger Gemeinsamkeiten relativ verschieden. Auf zwei Dinge legt man allerdings überall großen Wert: auf Frische und Geschmack. Sind doch alle Asiaten der Überzeugung, daß gutes Essen eine wesentliche Voraussetzung für ein gutes Leben ist.

Sie finden hier viele der beliebtesten Spezialitäten der einzelnen Länder, etwa die herrlichen, roten und grünen Currys aus Thailand, sättigende vietnamesische *Phos*, luftige indische Brote, köstliche *Sushis* und *Sashimis* aus Japan und scharfe *Laksas* und Nudelsuppen aus Malaysia und Singapur. Manche Gerichte sind schnell und einfach zuzubereiten und eignen sich deshalb hervorragend für die Alltagsküche. Für Geübtere gibt es auch aufwendigere Rezepte, mit denen Sie Ihre Familie und Ihre Freunde bei der nächsten Party oder Einladung gewiß beeindrucken werden. Die Speisen lassen sich in der Regel problemlos der westlichen Küche anpassen. Darüber hinaus finden Sie auch eine Reihe von Tips und Vorschlägen, wie Sie sie am besten servieren.

Im Unterschied zu den westlichen Ländern, wo dem Fleisch- oder Hauptgericht der größte Stellenwert zukommt, sind Getreide und Reis die wichtigsten Bestandteile einer asiatischen Mahlzeit. In den meisten tropischen Ländern wie Malaysia, Singapur und Indonesien, ist gedünsteter Reis das Hauptnahrungsmittel. Allerdings ist Reis nicht gleich Reis, und die verschiedenen Sorten sind nicht in jedem Fall gegeneinander austauschbar. In China bevorzugt man den duftenden Jasminreis, einen Langkornreis, in Japan hingegen einen Rundkornreis. In Thailand und Indonesien serviert man gerne einen klebrigen Reis, mit dem sich die Soßen der Currys gut aufnehmen lassen. In Indien erfreut sich der Basmati-Reis großer Beliebtheit. Und wenn Sie einen Abstecher nach Norden machen, werden Sie feststellen, daß man dort hauptsächlich Weizen, in Form von Nudeln oder Pfannkuchen, ißt.

Eine weitere typisch asiatische Zutat ist die Sojabohne, und ihre Nebenprodukte – Tofu, Sojasoße, Tempeh und Sojapasten – sind in jeder asiatischen Küche zu finden.

Und schließlich ist da auch noch die vielseitige Nudel ... Sie kann flach, rund, frisch oder getrocknet sein und wird aus Ei, Buchweizenmehl, Mungobohnen, Kartoffelstärke, Weizen oder gemahlenem Reis hergestellt. Ursprünglich stammt sie aus China und hat später auch Eingang in die Küche anderer asiatischer Länder gefunden. In Asien werden Nudeln zu jeder Tageszeit – vom Frühstück bis zum Abendessen – gegessen. Man brät sie im Wok oder in der Pfanne, verwendet sie für Suppen, Salate und Frühlingsrollen oder ißt sie mit einer Soße. Sie können Bestandteil eines Gerichts sein oder sie werden in kleinen Schüsseln als Beilage gereicht.

Asiatische Köche legen größten Wert auf Qualität und Frische. Ihre Zutaten – frisch geerntetes Gemüse, frisch gefangener Fisch oder frisch geschlachtetes Geflügel – kaufen sie in der Regel auf den örtlichen Märkten oder beziehen sie von einem Lieferanten. Das ist vielleicht darauf zurückzuführen, daß es bis vor kurzem nur wenige Supermärkte gab, die zudem meist weit abgelegen waren. Die Zutaten werden nur kurz gegart, und zwar zumeist auf ganz einfache Weise, damit ihr Eigengeschmack und ihre typische Konsistenz möglichst gut erhalten bleiben.

Lassen Sie sich nicht davon abschrecken, daß in den hier vorgestellten Rezepten bisweilen auch Zutaten verlangt werden, die Ihnen wahrscheinlich fremd sind – auch der Ingwer und die Frühlingszwiebel mußten erst einmal Eingang in die westlichen Küchen finden! Die meisten der hier verwendeten Zutaten sind problemlos in Asienläden erhältlich, und es lohnt sich, nach guten Produkten Ausschau zu halten. Und wenn Sie sich ein wenig mit den Händlern anfreunden, werden Sie dazu noch eine Fülle von Tips für die beste Zubereitung erhalten.

Kaufen Sie möglichst nur das Beste, was die jeweilige Jahreszeit zu bieten hat, und scheuen Sie sich nicht, Neues auszuprobieren. So könnten Sie zum Beispiel zu Ihrer nächsten Lammkeule statt herkömmlichem Brokkoli einmal Chinesischen Brokkoli reichen, eine Karamelcreme mit Kokosmilch und nicht mit Kuhmilch zubereiten oder ein Brathuhn einmal statt mit Bohnen mit gedünstetem jungem Chinakohl (*Bok Choy*) servieren. Ein Lammrücken oder ein Brathuhn schmekken auch köstlich, wenn man sie mit Tandoori- oder grüner Currypaste bestreicht und dazu Bratkartoffeln und einen knakkigen grünen Salat serviert. Die Rezepte sind lediglich als Anregung gedacht, und Sie müssen sich nicht sklavisch daran halten! Häufig lassen sich die Zutaten auch durch andere ersetzen, ohne daß die Gerichte dadurch verfälscht würden. Bereiten Sie ein Gericht zum ersten Mal zu, lesen Sie das Rezept am besten zunächst ganz durch und stellen sich dann die erforderlichen Geräte und Zutaten bereit. Die meiste Zeit nehmen in der asiatischen Küche die Vorbereitungen in Anspruch. Sind die Zutaten erst einmal geputzt, gehackt und geschnitten, geht das Garen in der Regel ganz schnell und unkompliziert.

Unten: Plaudern und Teetrinken gehören in China zusammen.
Rechts: Wie die moderne Kultur ist in Japan auch die Küche eine Mischung aus Altem und Neuem.

Auf den Seiten 12 bis 19 finden Sie eine reich bebilderte Übersicht, die Ihnen helfen soll, sich mit den fremdartigen Knollen und dem bräunlichen Inhalt der vielen Gläser vertraut zu machen, die Sie in den Geschäften finden könnten. Ein weiteres Kapitel ist dem Kochgeschirr und einigen einfachen Zubereitungstechniken gewidmet. Denn auch wenn inzwischen moderne Garverfahren und Geräte in die asiatischen Küchen Einzug gehalten haben, sind einige traditionelle Küchengeräte für die meisten Asiaten nach wie vor unersetzlich. Vielfach sind die Küchen mit einem Herd ohne Backrohr ausgestattet, da man zum Kochen meist nur die Kochplatten benötigt. Teilweise werden die Speisen sogar noch über ei-

Großes Foto: Diese feierliche Prozession auf Bali soll eine reiche Reisernte sichern. *Unten links*: Schon die Kleinsten leisten in Indonesien ihren Beitrag zu den Mahlzeiten. *Rechts:* Eine Auswahl opulenter Speisen in einem Restaurant in Singapur.

nem offenen Feuer gegart. In den Städten wird allerdings zunehmend auch mit Gas gekocht.

Die Rezepte sind in der Regel für vier bis sechs Personen berechnet. Bis auf das Dessert werden die Speisen gewöhnlich alle gleichzeitig aufgetragen, und jeder nimmt sich davon, was und wieviel er möchte. Eine Mahlzeit besteht meist aus einer Suppe, ein oder zwei Fleischgerichten und einem Gemüsegericht, und dazu wird Reis serviert. Als Dessert ißt man fast ausschließlich frische Früchte der Saison.

Selbstverständlich können Sie die Gerichte eines asiatischen Menüs – wie in den westlichen Ländern üblich – auch einzeln nacheinander auftragen. Deshalb wurden die Rezepte dieses Buches auch in Vorspeisen, Suppen, Salate, Hauptgerichte und Desserts eingeteilt. Sollten Sie zu den Hauptgerichten keinen Reis oder kein Brot servieren, empfiehlt es sich unter Umständen, die Mengen zu erhöhen. Eine Reihe von Menüvorschlägen für Familienessen und Einladungen sind jedem Kapitel vorangestellt.

In den asiatischen Ländern trinkt man zum Essen meist Tee. Beliebt sind aber auch Spirituosen, insbesondere bei Gesellschaftsessen und Banketten. Sie können aber ohne weiteres auch Ihren Lieblingswein zu einem asiatischen Essen servieren. Dann sollten Sie allerdings vorher ausprobieren, welcher Wein am besten zu welchem Gericht paßt.

Mögen Ihnen die Bilder, die Texte und die Rezepte die asiatische Küche nahebringen und Sie dazu anregen, die Speisen nachzukochen. Wir wünschen Ihnen viel Freude bei der Zubereitung und viele köstliche Mahlzeiten!

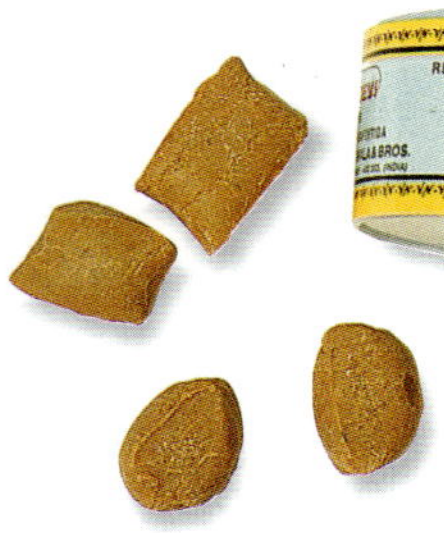

Asafötida

Bambussprossen

Bananenblüte

Horapa-Basilikum

Die Zutaten

Die meisten der in diesem Buch verwendeten Zutaten sind problemlos in asiatischen Lebensmittelgeschäften erhältlich.

Benitade

Bonito

Bocksdornbeeren

Kemirinüsse

Agar-Agar Ein Binde- und Verdickungsmittel, das aus Algen gewonnen wird und Desserts und Kuchen ohne Kühlung fest werden läßt; wird in Form von Streifen oder als Pulver angeboten. 1 Teelöffel Agar-Agar-Pulver ist ausreichend für 250–375 ml Flüssigkeit. Das Pulver in die Flüssigkeit einstreuen und die Flüssigkeit langsam unter Rühren aufkochen lassen, bis sich das Pulver aufgelöst hat.

Algen Von Algen macht die japanische Küche reichlich Gebrauch. Der dunkelgrüne, *getrocknete Kelp* oder *Konbu* ist eine Hauptzutat der *Dashi*-Brühe. Kelp wird abgepackt verkauft und darf vor der Zubereitung nur mit einem feuchten Tuch abgerieben, aber nicht in Wasser getaucht werden. Beliebt sind auch der feine *goldfarbene Kelp (Shiraita konbu)*, *Mozuku* (haarfeine Algenquadrate), *gesalzener, getrockneter Kelp* (*Shio-kobu*), der in kleinen Quadraten angeboten wird, und *Laver* (*Nori*), der in Form hauchdünner, getrockneter, dunkelgrüner Blätter verkauft wird. *Wakame* wird getrocknet oder eingesalzen und abgepackt angeboten. Vor Gebrauch muß sie in Wasser eingeweicht werden.

Anchovis, getrocket Kleine, meist weniger als $2\frac{1}{2}$ cm lange Fische (bei uns auch als Sardellen bekannt); werden in Malaysia und Indonesien gerne zum Würzen verwendet. Die Köpfe und die schwarzen Därme müssen vor der Zubereitung entfernt werden.

Annatosamen Dunkle, rotbraune Samen des Orleansstrauchs, die gerne als Färbemittel verwendet werden. Die Samen in Öl anbraten, bis sich das Öl orange färbt. Die Samen anschließend entfernen und das Öl zum Kochen verwenden.

Asafötida Stark riechendes Harz einer in Persien beheimateten Pflanze (*Ferula assa-foetida*), dem verdauungsfördernde Eigenschaften zugeschrieben werden. Kann mit frischem Ingwer und Zitronensaft vermischt als Ersatz für Knoblauch dienen. Asafötida wird als Paste oder Pulver angeboten und darf nur sparsam verwendet werden.

Asam Gelugur, getrocknet Scheiben einer sauren Frucht *(Garcinia atnoviridis)*, die in einigen malaysischen und Nonya-Gerichten als Ersatz für Tamarindenmark dienen.

Aubergine Die asiatische Aubergine ist sehr viel kleiner und dünner als die westlichen Auberginenarten. Japanische Auberginen sind meist nur etwa 10–20 cm lang. In Thailand bevorzugt man neben der kleinen, grünen und relativ bitteren thailändischen auch die runde Aubergine. Für die Rezepte dieses Buches eignen sich am besten die dünnen, langen asiatischen oder japanischen Früchte, denn sie sind weniger bitter und haben ein festeres Fleisch. Sie müssen vor der Zubereitung auch nicht gesalzen werden.

Austernsoße Dicke Soße, die aus gemahlenen Austern, Wasser, Salz, Stärkemehl und Karamelfarbe hergestellt und vorzugsweise in der chinesischen Küche meist zum Würzen von Fleisch und pfannengerührtem Gemüse verwendet wird. Achten Sie beim Einkauf darauf, daß die Soße kein Glutamat enthält und bewahren Sie sie nach dem Öffnen im Kühlschrank auf.

Bambussprossen Für die asiatische Küche eignen sich am besten frische, in Essig eingelegte oder getrocknete Sprossen. Die süßlichen, knackigen frischen Sprossen werden geschält, in Scheiben geschnitten und circa 30 Minuten gekocht, bevor man sie zu den Speisen gibt. Getrocknete Sprossen vor Gebrauch einweichen und kochen. Bambussprossen aus der Dose abgießen und 5 Minuten in Wasser kochen, damit sie den metallischen Beigeschmack verlieren.

Bananenblätter Dienen meist zum Einwickeln von kleinen Kuchen, Würsten und Pasteten. Die Speisen bleiben dadurch schön saftig und nehmen das Aroma der Blätter an.

Bananenblüte In feine Scheiben geschnittene Knospen der Bananenpflanze; eignen sich zum Garnieren von Nudelsuppen oder als Salatzutat.

Bilimbi

Raupenpilze

Chilischoten

Basilikum In Thailand gibt es drei verschiedene Basilikumsorten: Am weitesten verbreitet ist *Horapa*, eine Variante, die unserem Basilikum am ähnlichsten ist und zum Würzen verwendet wird. Zitronenbasilikum *(Manglak* oder indonesisch *Daun selasih)* verwendet man für Suppen und Salate. *Kaprow* (indonesisch *Daun kemangi*), gelegentlich auch »Heiliges Basilikum« genannt, ist kräftiger im Geschmack und hat zartviolette Sprenkel.

Besan Mehl aus bengalischen Kichererbsen *(Channa dal)*, manchmal auch *Gram*-Mehl genannt, aus dem man in Indien Fritierteige für Gemüse oder Fisch zubereitet oder das zum Andicken dient.

Bilimbi Hellgrüne, säuerliche Frucht von 5–8 cm Länge, die in Büscheln wächst. Sie ist eine Verwandte der Karambole oder Sternfrucht und wird im Ganzen oder in Scheiben geschnitten in Suppen, Currys, Fischgerichten und *Sambals* verwendet, denen sie eine säuerliche Note verleiht. Als Ersatz eignen sich Grapefruit- oder Tamarindensaft.

Bittergurke Festfleischiger Kürbis, der an eine dicke, warzige grüne Gurke erinnert. Sie hat ein knackiges Fleisch und einen kräftigen, bitteren Geschmack. Vor dem Garen müssen die Kerne und das weiße Kerngehäuse entfernt werden. Für Salate schneidet man sie in dünne Scheiben oder man zerteilt sie in große Stücke und füllt sie.

Bocksdornbeeren Ovale, rote Beeren, manchmal auch Wolfsbeeren genannt, die vorwiegend in Suppen Verwendung finden; in China besonders wegen ihrer Heilkraft geschätzt.

Bockshornklee Harte, beinahe würfelförmige, gelblichbraune Samen mit kräftigem Geschmack; werden in der südindischen Küche – häufig auch in Mixed Pickles und Fischcurrys – meist im Ganzen verwendet. Die Blätter ißt man als Gemüse, wobei sie wegen ihres relativ bitteren Geschmacks mit anderem Blattgemüse oder Kartoffeln gemischt werden. Als Ersatz eignet sich Spinat. Die getrockneten Blätter *(Methi)* werden gelegentlich als Gewürz verwendet.

Bohnen, rote Getrocknete rote Azuki-Bohnen finden in China und Japan in Süßspeisen Verwendung oder man kocht sie mit Zucker, um daraus Rote-Bohnen-Paste herzustellen, die als Füllung für Brötchen und Pfannkuchen sehr beliebt ist. Die Paste wird auch in Dosen angeboten.

Bohnensprossen Gekeimte, grüne Mungobohnen werden blanchiert und für Salate, Suppen oder pfannengerührte Gerichte verwendet. Die dünnen Fädchen kann man, falls gewünscht, unmittelbar vor der Zubereitung auch abzwicken.

Bonito, getrocknet Thunfischart; eine der Hauptzutaten der japanischen *Dashi*-Brühe. Bonito-Flocken *(Katsuo-bushi)* sind abgepackt erhältlich.

Carom *Carum ajowan* (indisch *Ajwain*) gehört derselben Familie an wie der Gemeine Kümmel und die Petersilie. Der Geschmack erinnert an Kümmel mit einer leichten Thymiannote.

Cayennepfeffer Wird aus fein gemahlenen Chilischoten hergestellt; nicht zu verwechseln mit amerikanischem Chilipulver, bei dem es sich um eine Mischung verschiedener Gewürze handelt.

Chilischoten In Asien kennt man eine ganze Reihe verschiedener Chillisorten. Da sich frische und getrocknete Schoten im Geschmack unterscheiden, sollten Sie in den Zutatenlisten auf die entsprechenden Angaben achten. Die großen, fingerlangen *grünen* (unreif) und die *roten* (reif) *Chilischoten* sind in der Regel nicht allzu scharf.
In Indien verwendet man frisch nur die unreifen grünen Chillies. Die reifen roten Schoten werden zumeist getrocknet und zu *Cayennepfeffer* gemahlen. Getrocknete Schoten bricht man in Stücke, läßt sie etwa 10 Minuten in heißem Wasser weichen und zerstößt oder püriert sie dann. Will man ihnen die Schärfe nehmen, kann man die Kerne ganz oder teilweise entfernen.
In Thailand, Malaysia und Indonesien verwendet man neben den fingerlangen *roten* oder *grünen Chilischoten* gerne auch die winzigen, extrem scharfen – roten, grünen oder gelborangen – *Vogelaugenchilischoten* und *getrocknete rote Chilischoten*. Waschen Sie sich nach dem Schneiden stets gründlich die Hände oder tragen Sie Gummihandschuhe.

Chilliöl Mit getrockneten Chilischoten oder Cayennepfeffer aromatisiertes Öl dient in der chinesischen Provinz Sichuan zum Würzen bestimmter Speisen.

Chillipaste Besteht aus gemahlenen Chilischoten, die gelegentlich noch mit Essig vermischt werden, und wird in Gläsern verkauft. Die Schärfe ist je nach Marke unterschiedlich. In Sichuan stellt man sie aus getrockneten Schoten her, die in etwas Öl eingeweicht und mit dem Öl püriert werden.

Chillisoße Chilischoten werden mit Wasser vermischt und mit Salz, Knoblauch, Zucker und Essig gewürzt. Chillisoße ist in Flaschen und Gläsern erhältlich. Manche Soßen sind eher süßlich, andere werden noch mit Knoblauch oder Ingwer angereichert.

Chinakohl Die drei am häufigsten verwendeten Sorten sind der *weiße Kohl* (*Bai cai*, kantonesisch *Bok Choy*) mit weißen Stielen und leuchtendgrünen Blättern, der oft in unreifem Zustand verkauft wird; der *»Sellerie«-Kohl* mit langen, blaßgrünen Blättern und weißen, sellerieartigen Stielen sowie der *runde Kohl*.

Chinesische Würste Dünne, süßliche Würste aus Schweinefleisch, die mit Reiswein aromatisiert werden. Sie werden selten pur gegessen, sondern dienen vielmehr zum Würzen. Ungekühlt sind sie nahezu unbegrenzt haltbar.

Chinesischer Reiswein Wird aus fermentiertem Reis hergestellt und zum Kochen verwendet. Reiswein aus Shaoxing gilt als der beste und ist in Asienläden erhältlich. Als Ersatz eignet sich trockener Sherry.

Chironjinnüsse Kleine, bräunliche Nüsse, die wie große Sonnenblumenkerne aussehen. Gelegentlich werden sie zusammen mit anderen Nüssen, etwa Cashew-Kernen oder Mandeln, oder weißem Mohn gemahlen und dienen zum Anreichern verschiedener Speisen. Der Geschmack ähnelt dem der Haselnuß. Als Ersatz eignet sich eine Mischung aus Haselnüssen und Mandeln.

Choko Ovaler, hellgrüner Kürbis mit kleinen, weißen Kernen, der Ähnlichkeit mit der Gurke hat. Bereitet man ihn als Gemüse zu, sollte er vorher geschält werden. Als Ersatz eignen sich Zucchini.

Chrysanthemenblätter Werden wegen ihres Geschmacks und ihrer leuchtendgrünen Farbe gerne als Gemüse gegessen. Als Ersatz eignet sich Spinat.

Curryblätter Kleine, dunkelgrüne Blätter mit eigentümlichem Aroma. Für indische Currys verwendet man meist ganze Zweige (etwa 8–12 Blätter). Getrocknete Blätter sind zwar weniger intensiv im Geschmack, eignen sich als Ersatz aber besser als *Daun salam* oder Lorbeer.

Currypulver Mischung aus verschiedenen gemahlenen Gewürzen. Einige dieser Gewürzmischungen eignen sich zwar für verschiedene Grundgerichte, tragen sie allerdings den Vermerk »für Fisch«, »für Huhn« oder auch »für *Korma*« oder »für *Rendang*«, sollten sie ausschließlich für solche Gerichte verwendet werden. Vielfach wird Currypulver auch mit Wasser zu einer Paste angerührt. Damit es möglichst frisch bleibt, sollte man es in einem Glas im Gefrierfach lagern.

Daikon siehe **Rettich, weiß**

Dal (auch *Dhal*) Oberbegriff für verschiedene, in der Regel geschälte und halbierte getrocknete Hülsenfrüchte. Dazu zählen unter anderem *Channa dal* oder *Bengal gram* (erinnern an kleine gelbe Erbsen und werden häufig halbiert verkauft), *Moong dal* (kleine grüne Erbse), *Urad dal* oder *Blackgram dal* (werden entweder mit der schwarzen Schale oder enthülst angeboten), *Masoor dal* (kleine, lachsfarbene Linsen), *Toor, Tuvar* oder *Arhar dal* (blaßgelbe Linse; kleiner als Bengal gram), und *Kabuli Channa* oder Kichererbsen, auch *Garbanzos* genannt.

Dashi Brühe aus getrockneten Algen und *Bonito*-Flocken; bildet die Grundlage zahlreicher japanischer Suppen und Soßen. Instant-*Dashi*-Granulat *(Dashi-no-moto)* ist in Gläsern in Japanläden erhältlich.

Datteln, rote Rote Datteln schätzt man wegen ihrer Heilkraft, aber auch wegen ihres pflaumenähnlichen Geschmacks. Man gibt sie gerne in Suppen. Die Früchte müssen vor der Zubereitung 1 Stunde in kochendes Wasser gelegt werden, damit sie weich werden.

Enteneier, gesalzen Sind eine beliebte Beilage zu Reis und pikanten malaysischen Gerichten. Der schwarze Überzug (mit dem die Eiern häufig zum Schutz überzogen werden) muß zunächst abgewaschen werden, anschließend kocht man die Eier 10 Minuten und halbiert sie mit der Schale.

Essig Chinesischer – schwarzer, roter und weißer – Essig wird aus Reis gewonnen. Da sich die verschiedenen Sorten im Geschmack unterscheiden, sollte man stets die im Rezept angegebene Sorte nehmen. Der *rote Essig* hat eine besondere Schärfe, während der feine Geschmack des *schwarzen Essigs*, der auch als Tientsin-Essig verkauft wird, etwas an Balsamico-Essig erinnert. Schwarzer Essig sollte nur sparsam zum Würzen oder als Dip verwendet werden. Als Ersatz für chinesischen weißen Essig eignet sich *japanischer Reisessig*, der wiederum durch leicht verdünnten Cidre-Essig ersetzt werden kann. Für roten und schwarzen Essig gibt es keinen geeigneten Ersatz.

Fenchel In der asiatischen Küche finden nur die Samen Verwendung. Im Geschmack erinnern sie an Anis, im Aussehen an große, helle Kümmelkörner. In der malaysischen und indischen Küchen dienen sie dazu, den Speisen eine süßliche Note zu verleihen.

Fisch, gesalzen Gesalzene, sonnengetrocknete Süßwasserfische, die ohne vorheriges Einweichen im Ganzen gegrillt, in Scheiben geschnitten und fritiert und gelegentlich auch sauer eingelegt werden.

Fischsoße Die klassische *Nam pla* wird aus gepökeltem, fermentiertem Fisch hergestellt und wird in Thailand und Vietnam für Marinaden, Dressings und Dips verwendet. Eine gute *Nam pla* hat eine goldbraune Farbe und einen pikanten, salzigen Geschmack.

Frühlingszwiebel Die Frühlingszwiebel, manchmal auch Lauchzwiebel genannt, wird gerne zum Garnieren und Verfeinern verwendet. Sie hat dünne Stengel, die unten weiß sind und oben in schmalen, dunkelgrünen Blättern auslaufen.

Fünf-Gewürze-Pulver Chinesische Würzmischung aus Sternanis, Sichuanpfeffer, Fenchel, Nelken und Zimt. Die Mischung ist sehr intensiv im Geschmack und sollte deshalb nur sparsam verwendet werden.

Galgant Ein Mitglied der Ingwerfamilie, das gerne in thailändischen, malaysischen und Nonya-Gerichten verwendet wird. Bevor man sie zerstößt oder in Scheiben schneidet, müssen die Wurzeln geschält werden. Die jungen, rosafarbenen Wurzeln sind am zartesten und schmecken am besten. Getrocknete, in Scheiben geschnittene Galgantwurzel wird bisweilen unter ihrem indonesischen Namen *Laos* angeboten und muß vor Gebrauch 30 Minuten in kochendes Wasser gelegt werden, bis sie weich ist. Als Ersatz für frische Wurzeln eignen sich zarte, mit Wasser in Gläser abgefüllte Galgantscheiben aus Thailand. Notfalls kann man auch Galgantpulver (1 Teelöffel entspricht $2\frac{1}{2}$ cm Wurzel) nehmen.

Garam Masala Indische Mischung aus verschiedenen, besonders aromatischen Gewürzen, mit der man Fleischgerichten einen besonderen Geschmack verleiht. In Pulverform ist *Garam masala* in Gewürzhandlungen erhältlich. Frisch sollte die Mischung in einem Glas im Gefrierfach des Kühlschranks aufbewahrt werden.

Garnelen, getrocknet Kleine, getrocknete Garnelen und Shrimps werden in Asien gerne zum Würzen, insbesondere von Soßen, *Sambals* und Gemüse, verwendet. Die Garnelen sollten eine schöne rosa Farbe haben und müssen vor der Zubereitung etwa 5 Minuten in warmes Wasser gelegt werden, um weich zu werden.

Garnelenpaste Feste Masse aus fermentierten, gemahlenen Garnelen, die unter den Namen *Kapi*, *Terasi* und *Belacan* verkauft wird und sich in der südostasiatischen Küche großer Beliebtheit erfreut. Es gibt eine ganze Reihe verschiedener Sorten, die in der Farbe von Rosa (besonders für Currypaste geeignet) bis Schwarzbraun (meist für Soßen verwendet) variieren. Garnelenpaste sollte vor dem Verzehr stets gegart werden. Wird sie nicht mit den übrigen Zutaten gebraten, sollten Sie die Paste vor Gebrauch grillen oder anbraten. Zum Grillen ein Stück Paste in Alufolie wickeln und unter dem Backofengrill rösten oder auf jeder Seite circa 2 Minuten in der Pfanne anbraten.

Garnelensoße, schwarze Dicke, sirupartige Soße mit intensivem Garnelengeschmack, die gewöhnlich in Gläsern oder Tuben angeboten wird. Sie findet meist in *Rojak*, einem Obst- und Gemüsesalat und Penang-*Laksa* Verwendung.

Gelbwurzel oder **Kurkuma** Leuchtend gelborange Wurzel aus der Ingwerfamilie. Kurkuma findet häufig in Currys Verwendung oder dient als Färbemittel. Darüber hinaus schätzt man sie wegen ihrer Heilkraft. Frische Gelbwurzeln müssen vor Gebrauch geschält werden. Als Ersatz eignet sich Kurkumapulver ($\frac{1}{2}$ Teelöffel Pulver entspricht 1 cm frischer Wurzel).

Gewürznelke Kleines, braunes Gewürz mit würzigem Aroma, das meist in Würzmischungen Verwendung findet.

Gingellyöl Helles Öl, das aus ungerösteten Sesamsamen hergestellt wird und sich im Geschmack erheblich von chinesischem Sesamöl unterscheidet. In Indien verleiht man Mixed Pickles damit eine besondere Note.

Ginseng Hochgeschätzte Arzneiwurzel, die bisweilen auch zum Kochen verwendet wird.

Glutamat Geschmacksverstärker, von dem man in der asiatischen Küche gelegentlich Gebrauch macht. Wenn Sie nur beste Zutaten verwenden, können Sie aber gut darauf verzichten.

Grüne Paprikaschoten, japanische Kleine, grüne Paprikaschoten, denen jedoch die Schärfe grüner Chilischoten fehlt. Als Ersatz eignen sich herkömmliche Paprikaschoten. Dabei entspricht eine Schote 8 japanischen Schoten.

Grünkohl Dieses Gemüse, auch *Gai lan* genannt, erfreut sich wegen seiner festen Blätter und seines kräftigen Geschmacks großer Beliebtheit. Gegessen werden nur die Blätter und die zarten Teile der Stiele.

Chinesische Würste

Mu-Err-Pilze

Chinesischer Schnittlauch

Koriander

Dicke Stiele schält und halbiert man. Als Ersatz eignen sich Brokkolistiele.

Gurke Die kurze, etwa 2,5 cm dicke japanische Gurke ist süßer und fester als die lange Gurke.

Haifischflosse Getrocknete Haifischflossen werden meist abgepackt als durchsichtige Fäden verkauft. Man schätzt sie vor allem wegen ihrer gallertartigen Beschaffenheit. Sie finden in Suppen Verwendung, werden gelegentlich aber auch mit Eiern gekocht. Die Haifischflossen müssen vor Gebrauch etwa 30 Minuten in kochendes Wasser gelegt werden, damit sie weich werden. Sie sind auch in Dosen erhältlich.

Hoisin-Soße Süßliche Soße, die aus Sojabohnen hergestellt wird und pikant nach Gewürzen und Knoblauch schmeckt. Sie wird zum Würzen von Fleisch verwendet und als Soße zum Dippen serviert. Angebrochene Gläser müssen im Kühlschrank gelagert werden.

Ingwer Diese helle, cremefarbene Wurzel wird nicht nur als Gewürz, sondern auch wegen ihrer Heilkraft geschätzt. Die frischen Wurzeln müssen vor Gebrauch geschabt werden. Ingwerpulver ist als Ersatz nicht geeignet. Ingwer sollte an einem kühlen, dunklen Ort gelagert werden. Um Ingwersaft herzustellen, circa 8 cm frische Ingwerwurzel fein reiben und nach und nach durch die Knoblauchpresse drücken oder in einem Geschirrtuch auspressen. Je nach Alter der Wurzel (junger Ingwer ist sehr viel saftiger) erhalten Sie 1–2 Eßlöffel Saft. Eingelegter Ingwer (*Benishoga* oder *Gari*) – er ist manchmal rot eingefärbt – wird in Gläsern verkauft und gerne zum Garnieren verwendet. Die zarten, rosafarbenen jungen Sprossen werden ebenfalls eingelegt und in Gläsern angeboten.

Jackfrucht Große, grüne Frucht mit stacheliger Schale. Das reife Fruchtfleisch ist süß und aromatisch. In Vietnam bereitet man die jungen, fast weißen Früchte als Gemüse zu.

Jaggery Ein Rohzucker, der gewöhnlich aus Zuckerrohr und dem Saft der Kokos- oder Palmyrapalme hergestellt wird. Als Ersatz eignen sich südostasiatischer Palmzucker oder weicher brauner Zucker.

Jahrhunderteier Enteneier, die mehrere Monate unter einer Mischung aus pulverisiertem Kalk, Reisschalen und Salz geruht haben. Das Eiweiß ist durchsichtig und schwarz, das Eigelb hat eine grüngraue Farbe. Vor dem Gebrauch werden sie gepellt und geviertelt oder gehackt.

Japanische Klettenwurzel Die lange, dünne Wurzel wird geschabt und bis zur weiteren Verarbeitung in Wasser gelegt, damit sie sich nicht verfärbt. Sie ist frisch oder in Dosen in Asienläden erhältlich.

Jasminessenz Wird gewonnen, indem man frische Jasminblüten über Nacht in Wasser einweicht. Jasminessenz verleiht zahlreichen thailändischen Desserts und Kuchen ein unvergleichliches Aroma. Sie ist auch in kleinen Flaschen erhältlich.

Kaffirlimone Zitrusfrucht mit sehr aromatischer Schale, die jedoch so gut wie keinen Saft enthält. Die abgeriebene Schale wird zum Verfeinern verschiedener Speisen verwendet. Die duftenden Blätter gibt man im Ganzen in Suppen und Currys oder in feine Streifen geschnitten in Salate. Die runden Limetten mit gelber Schale *(Jeruk nipis)* sind etwas größer als ein Golfball. Wegen ihres Saftes bevorzugt man in Indonesien und Malaysia kleine, dunkelgrüne Limetten *(Jeruk limau)*. Als Ersatz eignen sich Zitronen.

Kandiszucker Kristallisierter Rohrzucker, der in Stücken in Schachteln verkauft und in der chinesischen Küche für Schmorgerichte, Desserts und Getränke verwendet wird.

Karambole siehe **Sternfrucht; Bilimbi**

Kardamom Strohfarbene Fruchtkapsel mit 15–20 sehr aromatischen, schwarzbraunen Samen. Kaufen Sie möglichst ganze Schoten, sie haben mehr Geschmack als Kardamomkörner oder -pulver. Häufiger anzutreffen sind die kleinen, grünlichen oder gelblichen Kapseln mit etwa 12 winzigen, sehr aromatischen, schwarzen Samen. Große, schwarze, etwa sechsmal so große Schoten finden in einigen Gerichten der nordindischen Küche Verwendung.

Kartoffel In Japan wird *Yamato-imo* häufig als Kartoffel bezeichnet. Tatsächlich handelt es sich dabei aber um eine Bergyamswurzel, die geraspelt und wegen ihres klebrigen Fleischs und ihrer weißen Farbe roh verarbeitet wird. *Sato-imo*, ebenfalls eine Yamswurzelart, hat ein sehr viel feineres Fleisch und unterscheidet sich im Geschmack etwas von der Kartoffel. Als Ersatz eignen sich neue Kartoffeln.

Kelp siehe **Algen**

Kenari Weiche, ölige Nuß von den Molukken. Als Ersatz eignen sich am besten Mandeln.

Kencur oder **Zitwerwurzel** *Kencur* hat einen scharfen, kampferartigen Geschmack und sollte deshalb nur sparsam verwendet werden. Die Wurzeln werden vor Gebrauch gewaschen und geschabt. Als Ersatz eignen sich getrocknete *Kencur*-Scheiben oder -Pulver ($^1/_2$–1 Teelöffel entspricht $2^1/_2$ cm Wurzel). Die getrockneten Scheiben müssen vor der Zubereitung 30 Minuten in kochendem Wasser eingeweicht werden.

Kemirinuß oder **Kerzennuß** Ölige, cremefarbene Nuß; ähnelt in Größe und Form der Macadamia-Nuß, die sich – neben den preiswerteren Mandeln oder Cashew-Kernen – auch als Ersatz eignet. Die gemahlene Kemirinuß verleiht malaysischen und Nonya-Gerichten mehr Konsistenz und einen feinen Geschmack. Kerzennüsse eignen sich nicht zum Rohverzehr und müssen im Kühlschrank gelagert werden.

Kinome Blätter einer stacheligen Esche, die wegen ihres frischen Minzegeschmacks gerne zum Garnieren verwendet werden. Sie sind in Asienläden erhältlich und halten sich im Kühlschrank etwa 1 Woche. Als Ersatz eignet sich Brunnenkresse.

Knoblauch Der Knoblauch wird sowohl wegen seines Geschmacks als auch wegen seiner Heilkraft geschätzt. Er wird häufig zerstoßen oder püriert und für Currys verwendet. Da die Zehen in Südostasien meist relativ klein sind, muß man die Mengen entsprechend anpassen.

Kohl, gesalzen Stark eingesalzener Kohl, meist Senfkohl, ist eine beliebte Zutat in chinesischen und Nonya-Gerichten. Der Kohl muß vor der Zubereitung mindestens 15 Minuten in kaltes Wasser gelegt werden, um ihm das Salz zu entziehen; den Vorgang gegebenenfalls mehrmals wiederholen.

Kokosnuß Wird in Malaysia, Singapur und Indonesien nicht nur gerne zum Kochen verwendet, sondern man stellt daraus auch Zucker, alkoholische Getränke, Kochgeschirr und Holzkohle her. Das Fruchtfleisch wird häufig gerieben und zum Verfeinern von Speisen verwendet oder wird mit Wasser zu Kokosmilch verarbeitet. Dazu das geraspelte Fruchtfleisch einer Kokosnuß mit $^1/_8$ Liter lauwarmem Wasser in eine Schüssel geben und 1 Minute drücken und kneten. Anschließend in kleinen Portionen durch ein Sieb passieren, bis man eine dicke Milch erhält. Soll die Milch dünner sein, den Vorgang noch einmal mit 1 Liter Wasser wiederholen. Sofern nicht ausdrücklich dicke Kokosmilch verlangt ist, benötigen Sie für die Rezepte dieses Buches eine Mischung aus dicker und dünner Milch. Kokosmilch läßt sich auch einfrieren. Sie muß dann vor Gebrauch aufgetaut und gut umgerührt werden.

Als Ersatz eignet sich am besten Instant-Kokospulver, das gelegentlich unter dem Namen »Santan« angeboten wird. Bei der Zubereitung fol-

Curryblätter

Galgant

Kaffirlimone

Kinome

Limone

Shiitake-Pilze

Enokitake-Pilze

Getrocknete Pilze

gen Sie am besten der Packungsanweisung. Für Desserts und Kuchen kann man auch Kokoscreme aus der Dose nehmen.

Koriander In der asiatischen Küche weit verbreitetes Gewürz. In Thailand verarbeitet man sämtliche Teile der Pflanze: Die Wurzeln werden mit Knoblauch und schwarzem Pfeffer zerstoßen, die Samen geröstet und gemahlen und für Würzmischungen verwendet. Und die Blätter, gelegentlich auch »Cilantro« oder »chinesische Petersilie« genannt, werden als Gemüse zubereitet oder dienen zum Würzen bereits gegarter Speisen.

Krachai Form des Galgant. Die Wurzel erinnert im Aussehen an ein Büschel gelblichbrauner Finger und erfreut sich wegen ihres milden Geschmacks und ihrer Knackigkeit großer Beliebtheit. Getrocknete Wurzeln sind ein schlechter Ersatz, auf den man lieber verzichten sollte.

Kreuzkümmel Aromatische, hellbraune oder schwarze Samen, die im Aussehen dem Gemeinen Kümmel ähneln. Kreuzkümmel findet häufig zusammen mit Koriander in Gewürzmischungen und Currypasten Verwendung.

Krupuk (auch Krabbenchips genannt) Wird aus Tapiokastärke und Krabben- oder Fischfleisch hergestellt und gerne als Snack gereicht oder zum Garnieren verwendet. Die Chips sollten gut getrocknet und in Öl fritiert werden, bis sie an die Oberfläche steigen und knusprig sind.

Lilienknospen, getrocknet Die Chinesen nennen sie auch »goldene Nadeln«, denn sie sind sehr dünn und haben eine goldene Farbe. Aus dekorativen Gründen knotet man sie häufig zusammen und gibt sie in Suppen und Gemüsegerichte.

Limone In der asiatischen Küche finden verschiedene Limonenarten Verwendung, darunter grünlichgelbe Früchte von der Größe kleiner Eier und einem der Zitrone ähnlichen, sauren Geschmack oder walnußgroße grüne Limonen, *Kalamansi* genannt. Sie sind weniger sauer und haben einen aromatischeren Saft, der über Nudelgerichte geträufelt oder in *Sambals* verwendet wird. Siehe auch **Kaffirlimone**.

Lotos Die dicke Wurzel ist nicht nur wunderbar knackig, sondern sieht überdies ausgesprochen dekorativ aus, wenn man sie in Scheiben schneidet. Deshalb erfreut sie sich in der japanischen und chinesischen Küche auch großer Beliebtheit. Die Samen finden frisch in Süßspeisen und getrocknet in Eintopfgerichten Verwendung. Getrocknete Lotosnüsse weicht man 1 Stunde in kochendem Wasser ein, schält sie dann und entfernt den Kern mit einem dünnen Spieß oder einem Zahnstocher. Lotosnüsse aus der Dose sind in der Regel bereits entkernt.

Luffa Kürbisartige Pflanze mit erdigem Geschmack, die häufig in vietnamesischen Suppen verwendet wird. Als Ersatz eignen sich Gurken.

Mangopulver Unreife Mangos werden getrocknet und gemahlen und verleihen manchen indischen Gerichten eine säuerliche Note. Als Ersatz kann man auch einen Spritzer Zitronensaft nehmen.

Meerrettich, japanischer Meerrettich *(Wasabi)* ist in der japanischen Küche unerläßlich und wird fast überall in Tuben angeboten. Man bekommt ihn aber auch in winzigen Döschen als Pulver, das 10 Minuten vor Gebrauch mit etwas Wasser angerührt wird und dem Geschmack von frisch geriebenem Meerrettich weitaus näherkommt.

Minze Pfefferminze und Krause Minze sind beliebte Salatzutaten oder dienen zum Aromatisieren von Speisen.

Mioga-Blüte Die hübsche, blaßrosa Blüte mit grüner Spitze gehört zur Ingwerfamilie und findet wegen ihres würzigen Geschmacks und ihres dekorativen Aussehens in bestimmten japanischen Gerichten Verwendung.

Mirin Süßer Reiswein; wird gerne in der japanischen Küche verwendet. Als Ersatz eignet sich Zucker, wobei 1 Teelöffel Zucker 1 Eßlöffel *Mirin* entspricht.

Miso Eiweißreiche, salzige Paste aus fermentierten Sojabohnen. *Miso* ist eine der Hauptzutaten japanischer Suppen und ist in verschiedensten Sorten erhältlich, die sich in Geschmack, Konsistenz, Farbe und Aroma unterscheiden. Am bekanntesten sind das *rote Miso* mit rotbrauner Farbe und intensivem Aroma und das *weiße Miso*. Es hat eine goldgelbe Farbe, ist weniger salzig und geschmacksintensiv und eignet sich hervorragend für Suppen und Dressings. *Miso* wird in Tuben oder in Plastik verpackt in Asienläden und Naturkostläden angeboten.

Mitsuba Von diesem hübschen Kraut, einer Petersilienart, verwendet man in der japanischen Küche sowohl die Stengel als auch die Blätter. Im Geschmack erinnert es zwar eher an Sellerie, als Ersatz empfehlen wir aber Petersilie.

Mohnsamen Wegen ihres feinen, nussigen Geschmacks werden vor allem die winzigen weißen Mohnsamen gerne zum Andicken verwendet. Sie müssen vorher 10–15 Minuten in warmem Wasser eingeweicht und anschließend gemahlen werden. Als Ersatz eignen sich Cashew-Kerne oder Mandeln.

Mu-Err-Pilz Schrumpeliger, graubrauner Pilz, auch als Holzohr bekannt, der seine Größe um ein Mehrfaches vervielfacht, wenn man ihn einige Minuten in warmes Wasser legt. Er ist zwar nicht sehr intensiv im Geschmack, wird aber wegen der Konsistenz seines Fleischs geschätzt.

Mungobohnen Getrocknete und enthülste grüne Mungobohnen werden als gelbe Bohnen angeboten. Die gekeimten Bohnen haben einen feinen Geschmack und sind etwas knackig. Aus den gelben Bohnen bereitet man in Vietnam Soßen zu. Die Stärke der Bohnen dient zur Herstellung von Glasnudeln.

Muskatblüte Der spitzenähnliche, orangerote Samenmantel, der den Samen umgibt, findet in Gewürzmischungen und im *Garam masala* Verwendung und dient zum Würzen von süßen und pikanten Gerichten. Damit die Muskatblüte ihr Aroma behält, sollte sie erst unmittelbar vor Gebrauch gemahlen werden.

Muskatnuß Die Muskatnuß stammt ursprünglich von den Molukken. Dabei handelt es sich eigentlich um den Samen einer fleischigen Frucht. Kaufen Sie am besten ganze Nüsse und reiben Sie diese immer erst bei Bedarf.

Nigella Der indische Name für diese kleinen, schwarzen Samen ist *Kalonji*. Man kann sie notfalls auch weglassen. Für indisches Brot eignen sich schwarze Sesamsamen als Ersatz.

Nori siehe **Algen**

Nudeln In der asiatischen Küche verwendet man sowohl frische als auch getrocknete Nudeln, die aus Weizen-, Reis- oder Mungobohnenmehl hergestellt werden. Am beliebtesten sind *frische gelbe Nudeln (Hokkien)*, die aus Eiern und Mehl zubereitet werden und wie Spaghetti aussehen; *getrocknete Nudeln aus Weizenmehl*, die man in kochendem Wasser weich gart; frische, flache *Reisnudeln* - etwa 1 cm breite Bandnudeln -, die man für Suppen oder pfannengerührte Gerichte verwendet; frische *Laksa-Nudeln*, die aussehen wie weiße Spaghetti; getrocknete *Fadennudeln aus Reismehl* und *getrocknete Mungobohnennudeln*, auch Glasnudeln genannt, die vorwiegend für Suppen verwendet werden.

Die cremefarbene japanische Weizennudel *Udon* gibt es in verschiedenen Breiten, und sie kann flach oder rund sein. Man bekommt sie getrocknet in jedem Asienladen. *Somen-Nudeln* werden ebenfalls aus Weizenmehl hergestellt und sind sehr zart und weiß. *Soba-Nudeln*

Palmzucker

Pandanusblatt

Sato-imo-Kartoffeln

Daikon-Rettich

werden mit Buchweizenmehl zubereitet und manchmal mit grünem Tee aromatisiert. *Shirataki konnyaku* werden mit Teufelszunge zubereitet. Man weicht sie in heißem Wasser ein, bis sie aufgequollen und durchsichtig sind.

Okra Grüne, gerippte, 7–20 cm lange Gemüsefrucht, die beim Aufschneiden eine schleimige Substanz absondert. Wird gerne in Indien und Südostasien gegessen.

Öl, zum Kochen Verwenden Sie möglichst ein neutrales Öl. In der chinesischen Küche nimmt man zum Braten gemischte Pflanzenöle (niemals Olivenöl). Bei einigen Gerichten bevorzugt man Erdnußöl wegen seines besonderen Geschmacks.

Orangenschale, getrocknet Getrocknete Orangenschale wird gelegentlich zum Verfeinern von Speisen mit langer Garzeit verwendet. Sie ist in Asienläden erhältlich oder kann durch frische Schale ersetzt werden.

Palmzucker Zucker, der durch Einkochen des Saftes verschiedener Palmen gewonnen wird. Er wird meist in Form fester Kuchen oder Zylinder verkauft und kann in der Farbe von Goldgelb bis Hellbraun variieren. Als Ersatz eignet sich weicher brauner Zucker oder eine Mischung aus braunem Zucker und Ahornsirup. Um Palmzuckersirup herzustellen, mischt man gleiche Teile gehackten Palmzucker und Wasser und fügt gegebenenfalls noch ein Pandanusblatt hinzu. Die Mischung dann aufkochen lassen, 10 Minuten kochen, abseihen und im Kühlschrank aufbewahren.

Pandanusblatt Aromatisches Blatt der *Pandanus*- oder Schraubenpalme, in das man gewürzte Hähnchen- oder Schweinefleischstücke wickelt, das aber auch in verschiedenen Kuchen und Desserts Verwendung findet. Für Süßspeisen eignet sich Pandanusessenz aus der Flasche als Ersatz.

Papads Knusprige, hauchdünne Fladen aus gewürztem Weizen- und Linsenmehl – in Indien auch *Poppadum* genannt –, die in heißem Öl herausgebacken werden. Den Teig sollte man vor dem Fritieren gut trocknen lassen.

Pfeffer Soll ursprünglich von der indischen Malabarküste stammen. In Asien verwendet man vorwiegend schwarzen Pfeffer. Die Körner werden häufig im Ganzen zu den Speisen gegeben. Damit die Körner möglichst frisch bleiben und nicht an Geschmack einbüßen, sollte man sie erst unmittelbar vor Gebrauch zerstoßen oder mahlen.

Pflaumensoße Pikante rotbraune Würze aus eingesalzenen Pflaumen, Chillies, Essig und Zucker, die in Asienläden in Dosen oder Gläsern angeboten wird. Die Soße nach dem Öffnen im Kühlschrank aufbewahren.

Pilze Getrocknete, schwarze (*Shiitake-*)Pilze schätzt man vor allem in der japanischen und chinesischen Küche wegen ihres Geschmacks und ihres Fleischs. Die Pilze müssen vor der Zubereitung 15–20 Minuten in warmem Wasser eingeweicht werden, anschließend entfernt man die faserigen Stiele. Getrocknete Pilze aus Europa sind als Ersatz nicht geeignet. Frische *Shiitake*-Pilze sind aber zunehmend auch außerhalb Asiens erhältlich.

Der zarte *Reisstrohpilz* schmeckt hervorragend in Suppen und Gemüsegerichten. Der *Pfifferling* und der große, nicht sehr geschmacksintensive *Austernpilz* eignen sich gut für pfannengerührte Speisen. Der *Samtfußrübling (Enokitake)* wächst in dichten Büscheln und hat zarte, cremefarbene Stiele und winzige Köpfe. Man bekommt ihn frisch oder in Dosen. Vor der Zubereitung müssen die harten Stielenden entfernt werden. Der glitschige *Nameko-Pilz* hat einen hübschen, rotbraunen Kopf und wird meist in Gläsern oder Dosen verkauft. Siehe auch **Mu-Err-Pilz**.

Pilze, weiße Schrumpelige, goldfarbene, getrocknete Pilze, die nach dem Wässern durchsichtig werden. Wegen ihrer gummiartigen Beschaffenheit verwendet man sie in der chinesischen Küche gerne für Suppen und Desserts.

Pomelo Der Grapefruit ähnliche Zitrusfrucht mit trockenerem, süßerem Fruchtfleisch und dickerer, härterer Schale. Man ißt sie einfach so oder verwendet sie für Salate.

Raupenpilz Bei diesen getrockneten Schoten *(Cordyceps sinensis)* handelt es sich weder um Raupen noch um einen Pilz. In der chinesischen Küche schätzt man sie wegen ihrer Heilkraft.

Reis In Asien kennt man eine Vielzahl verschiedener Reissorten. Für die täglichen Mahlzeiten bevorzugt man den aromatischen *Jasminreis*, einen Langkornreis. In einigen indischen Gerichten wird der nussige *Basmati-Reis* verlangt. Weißer und braunschwarzer *klebriger Reis* findet sowohl in süßen wie salzigen Gerichten Verwendung. In Japan bevorzugt man einen etwas klebrigen *Rundkornreis*, deshalb sollten japanische Gerichte nie mit thailändischem Duftreis oder Basmati-Reis serviert werden.

Vor der Zubereitung muß der Reis mehrmals in frischem Wasser gewaschen werden. Für eine einfache Reisbeilage rechnet man pro Person mindestens 120 g. Den gewaschenen Reis in einen Topf mit schwerem Boden geben und etwa 2 cm hoch mit Wasser bedecken. Den Topf zudecken und den Reis bei starker Hitze aufkochen lassen. Den Deckel etwas öffnen, die Wärmezufuhr etwas verringern und den Reis so lange köcheln lassen, bis er das Wasser vollständig aufgesogen hat und sich an der Oberfläche kleine »Krater« bilden. Den Deckel wieder schließen und den Reis bei sehr schwacher Hitze noch mindestens 10 Minuten weitergaren. Den Deckel dann abnehmen, den Reis mit einer Gabel auflockern (vorher nicht umrühren), gegebenenfalls das Kondenswasser vom Deckel abwischen und den Topf bis zum Auftragen wieder zudecken. Der Reis bleibt so mindestens 15–20 Minuten warm.

Wie stark sich der Reis mit Wasser vollsaugt, ist vom Alter abhängig – junger Reis nimmt weniger Wasser auf als älterer. Wenn Sie also eine frische Packung Reis kochen wollen, gießen Sie zunächst weniger Wasser an, bis Sie festgestellt haben, wie stark er sich vollsaugt.

Reispapier Wird aus einem Teig aus Reismehl, Wasser und Salz hergestellt, der anschließend gedämpft und danach auf Bambusgittern in der Sonne getrocknet wird. Vor Gebrauch muß das Papier leicht mit lauwarmem Wasser befeuchtet werden.

Reiswein siehe **Chinesischer Reiswein; Sake**

Rettich, weißer 15–25 cm langes Wurzelgemüse, das sich in der japanischen Küche großer Beliebtheit erfreut. Der *Daikon*-Rettich wird entweder kleingehackt und roh zum Garnieren verwendet oder man schneidet ihn in Scheiben und gibt ihn zu Eintopf- und pfannengerührten Gerichten oder man legt ihn ein. Eingelegter, gesalzener Rettich ist nahezu unbegrenzt haltbar und wird häufig zu Reisporridge *(Congee)* und anderen Gerichten gegeben.

Rosenwasser Stammt ursprünglich aus dem Mittleren Osten und wird gerne in malaysischen Desserts und Getränken sowie in manchen indischen Reisgerichten verwendet.

Safran Das teuerste Gewürz der Welt. Es handelt sich dabei eigentlich um die getrockneten Blütennarben einer bestimmten Krokusart. Die Safranfäden müssen in warme Milch oder in Rosenwasser eingelegt werden, bevor man sie zu Reisgerichten und Desserts gibt. Safran lagert man am besten im Tiefkühlfach, da er rasch sein Aroma verliert.

Sago Das Mark der Sago-Palme wird zerstoßen und anschließend durch ein Sieb passiert. Sago ist sehr stärkehaltig, hat wenig Geschmack und findet vorwiegend in asiatischen Desserts Verwendung.
Sake Der japanische Reiswein wird gerne als Getränk genossen und spielt auch in der japanischen Küche eine wichtige Rolle. Er wird meist erhitzt, damit der Alkohol verdunstet. Nach dem Öffnen hält sich der Wein etwa 1 Monat. Bekommen Sie keinen roten *Sake*, können Sie ersatzweise auch herkömmlichen *Sake* nehmen.
Salamblatt Gehört zur Familie der Kassien und dient wegen seines feinen Aromas zum Verfeinern von Currys. Die Blätter sind frisch und getrocknet erhältlich.
Sansho (auch Japanischer Pfeffer genannt) Scharfes Pulver aus den Beeren des japanischen Gelbholzbaumes, das in Japanläden in kleinen Gläschen erhältlich ist. Gemahlener Sichuanpfeffer ist ein gleichwertiger Ersatz.
Saure Pflaumen Salzig eingelegte Pflaumen (*Umeboshi*) ißt man in Japan gerne zu einfachem Reis als Frühstück, da sie die Verdauung fördern sollen. Sie werden in Gläsern verkauft und sollten nach dem Öffnen im Kühlschrank gelagert werden.
Schalotte Kleine, runde, rosaviolette Zwiebel, mit der man *Sambals* und Currys eine süßliche Note verleiht. Fritierte Schalotten bekommt man abgepackt in Asienläden. Sind sie nicht mehr knusprig, streut man sie in eine große Auflaufform und läßt sie einige Minuten bei sehr schwacher Hitze im Backofen durchtrocknen. Anschließend läßt man sie auskühlen und füllt sie dann in ein Gefäß. Indonesische Schalotten sind kleiner und milder als die westlichen Arten.
Schnittlauch »Chinesischer« oder »grober« Schnittlauch hat flache, circa 30 cm lange, dunkelgrüne Blätter und wird sowohl als Gemüse als auch zum Würzen verwendet. Er hat einen ausgeprägteren Knoblauchgeschmack als herkömmlicher Schnittlauch.
Schwarze Bohnen, gesalzen Fermentierte und eingesalzene schwarze Sojabohnen werden gerne zum Würzen von Fisch und Rindfleisch verwendet. Man bekommt sie abgepackt oder in Dosen. In einem verschlossenen Glas sind sie im Kühlschrank mehrere Monate haltbar. Vor Gebrauch müssen sie abgespült werden, um ihnen das Salz zu entziehen.
Schwarze Soße, süß Dicke, sirupartige Soße, die in frischen Frühlingsrollen *(Popiah)* verwendet wird.
Schwarzer Moospilz Zarter, haariger Pilz, der sich in der chinesischen Küche großer Beliebtheit erfreut. Er muß vor Gebrauch zum Quellen in warmes Wasser gelegt werden.
Senföl Dieses aus gemahlenen Senfkörnern hergestellte Öl wird in Teilen Indiens, vor allem in Bengalen, gerne zum Kochen verwendet. Es verleiht den Speisen eine ganz besondere Note, deshalb sollten Sie in einem indischen Lebensmittelgeschäft danach fragen. Als Ersatz eignet sich jedes geschmacksneutrale Pflanzenöl.
Senfsamen In der indischen Küche findet sowohl der weiße als auch der braune Senf Verwendung. Beide sind nicht gegeneinander austauschbar.
Sesam In der japanischen Küche verwendet man schwarzen und weißen Sesam. Beliebter ist allerdings der weiße Sesam, der geröstet und zu einer Paste verarbeitet wird. Die Paste ist in Asienläden auch als Fertigprodukt erhältlich. *Tahina* kommt aus dem Mittleren Osten und hat einen etwas anderen Geschmack, da sie aus ungerösteten Sesamkörnern hergestellt wird.
Sesamöl Dient wegen seines Aromas und seines Geschmacks zum Verfeinern bestimmter chinesischer Gerichte. Das Öl wird den Speisen gewöhnlich erst in letzter Minute beigegeben und wird nie zum Braten verwendet.
Sesam-Reiscracker Dünne Chips aus Reismehl, die mit Sesam bestreut werden. Sie werden unmittelbar vor dem Servieren gegrillt oder kurz gebacken und zu Dips gereicht. Als Ersatz eignen sich Krabbenchips oder Vollreiswaffeln.
Shiso Scharf schmeckende, dunkelgrüne Blätter einer mit der Minze verwandten Nesselart (*Perilla frutescens*), die in Japan gern zum Garnieren verwendet werden. Die Blüte nimmt man ebenfalls häufig zum Garnieren und die winzigen Samen zum Kochen.
Sichuanpfeffer (auch Fagara, Anis- oder Blütenpfeffer genannt) Runde, rotbraune Beere mit ausgeprägtem Aroma und Geschmack; wird vorwiegend in der chinesischen Provinz Sichuan verwendet und ist Bestandteil des Fünf-Gewürze-Pulvers. In gemahlener Form wird der Sichuanpfeffer häufig auch unter dem japanischen Namen *Sansho* angeboten.
Sieben-Gewürze-Pulver (*Shichimi*) Mischung aus verschiedenen Gewürzen und Aromen, bestehend aus *Sansho*, Cayennepfeffer, Hanfsamen, getrockneter Orangenschale, *Nori*-Flocken, weißem Sesam und weißem Mohn. Das schärfere *Shichimi togarashi* wird mit verschiedenen Chillisorten zubereitet. Beide Gewürzmischungen sind in Asienläden erhältlich.
Sojabohnen, gesalzen Die salzigen Bohnen haben einen ganz eigenen Geschmack und werden meist leicht zerstoßen, bevor man damit Fisch, Nudeln oder Gemüse würzt. Chinesische Produkte tragen gelegentlich den Aufdruck »Gelbe Bohnensoße« (*Yellow Bean Sauce*) und müssen vor Gebrauch etwas zerdrückt werden. Bohnen aus der Provinz Sichuan enthalten zusätzlich noch Chilli. Gesalzene Sojabohnen sind ohne Kühlung unbegrenzt haltbar.
Sojasoße In der chinesischen Küche verwendet man drei verschiedene Sojasoßen: Die *helle Sojasoße* ist dünner, heller und weniger salzig als die *dunkle Sojasoße*, die meist dazu dient, den Speisen eine kräftigere Farbe zu verleihen. Von der *roten Sojasoße* macht man seltener Gebrauch. Sie ist feiner im Geschmack und kann durch helle Sojasoße ersetzt werden.
Für japanische Gerichte empfiehlt sich Kikkoman-Soße. *Tamari* ist dick, dunkel und sehr intensiv im Geschmack. Sie ist in Asienläden erhältlich und läßt sich durch dunkle Sojasoße ersetzen.
In der indonesischen Küche verwendet man vorzugsweise eine dicke, süße Sojasoße (*Kecap manis*) und eine dünnere, salzigere helle Sojasoße (*Kecap asin*). Als Ersatz für *Kecap manis* eignet sich dunkle chinesische Sojasoße, die man mit braunem Zucker süßt.
Stärkemehl Feines, weißes Mehl, mit dem man Soßen andickt. Das Mehl dazu mit Wasser anrühren, in den Topf geben und unter Rühren einige Sekunden aufkochen lassen, bis die Soße dick wird.
Staudensellerie Der asiatische Staudensellerie, auch »chinesischer Sellerie« genannt, ist sehr viel kleiner als die bei uns bekannten Sorten. Er hat zarte Stiele, und die Blätter haben einen sehr scharfen Geschmack. Als Gemüse wird er eher selten gegessen, sondern dient vielmehr zum Verfeinern von Suppen, Reisgerichten und pfannengerührten Speisen. Als Ersatz eignen sich herkömmliche Sellerieblätter.
Sternanis Achtzackiges, sternförmiges Gewürz mit süßlichem Aroma und scharfem, anis- oder lakritzeähnlichem Geschmack, das häufig in Suppen Verwendung findet.
Sternfrucht Längliche, gelbe Frucht, die meist roh gegessen wird. Man schneidet sie in feine Scheiben, die dann wie Sterne aussehen. Die jungen Früchte haben einen säuerlichen Geschmack und

Algen – Kelp (links) und Wakame (rechts)

Schalotten

Garnelenpaste

Sternanis

werden in Vietnam gerne zu gegrillten oder gebratenen Speisen serviert.

Tamarinde Große, braune Schote mit mehreren Samen. Die Tamarinde hat einen scharfen, sauren Geschmack und dient als Säuerungsmittel. Man bekommt sie frisch, getrocknet oder als Mark; meist wird sie ohne Samen in gepreßten Blöcken verkauft. Das Mark findet in scharfen und sauren Suppen oder in frischen Krabbengerichten Verwendung. Um Tamarindensaft herzustellen, weicht man 1 Teil Tamarindenmark 5 Minuten in 3 Teilen Wasser ein und preßt anschließend den Saft heraus. Vor Gebrauch müssen dann noch die Samen und die faserigen Teile entfernt werden.

Tapioka (auch Maniok genannt) Pflanze, von der man sowohl die Wurzel als auch die zarten, grünen Blätter ißt. Da die Blätter leicht giftig sind, müssen sie vor dem Verzehr mindestens 1 Stunde gekocht werden. Aus der geriebenen, mit Kokosnuß und Zucker gemischten Wurzel stellt man Kuchen her. Fermentierte Tapiokawurzel findet in einigen Desserts Verwendung, die getrocknete Wurzel wird hingegen zu kleinen Körnchen, ähnlich den Sagokörnern verarbeitet und auch so verwendet. Als Ersatz für Tapiokablätter kann Spinat verwendet werden.

Tapiokastärke Dient zum Andicken von gegarten Speisen und wird gelegentlich auch zur Herstellung von frischem Reispapier verwendet. In Verbindung mit Reismehl verleiht sie Gebäck einen durchsichtigen Glanz und etwas Biß. Tapiokastärke ist in vielen Asienläden erhältlich.

Taro Faßförmige, ovale Knolle mit brauner, behaarter Schale und weißem, von braunvioletten Adern durchzogenem Fleisch. Sie wird wie die Kartoffel in Suppen verwendet und schmeckt am besten, solange die Adern kaum zu erkennen sind.

Tempeh Leicht fermentierte, zu Kuchen gepreßte Sojabohnen. Tempeh hat einen nussigen Geschmack und wird meist in Naturkostläden angeboten.

Teufelszunge Graubraune Masse, die aus der stärkehaltigen Wurzel der Teufelszunge *(Konnyaku)* gewonnen wird. Sie ist abgepackt erhältlich und wird in der japanischen Küche zur Zubereitung von Suppen und Eintopfgerichten und zur Herstellung von Nudeln *(Shirataki konnyaku)* verwendet. Teufelszunge muß im Kühlschrank gelagert werden.

Tofu Beliebte Zutat in der thailändischen, chinesischen, malaysischen und japanischen Küche. Am gebräuchlichsten ist der *Momen-Tofu*, der auch – sofern nichts anderes vermerkt – in den hier vorgestellten Rezepten verwendet wird. Er ist in der Regel in Wasser eingelegt und abgepackt erhältlich. *Momen-Tofu* ist fester und einfacher zu verarbeiten als der feine *Kinu-goshi-Tofu*, der meist in Form von Platten oder Rollen in Plastik verpackt angeboten wird und den man, damit er seine Form behält, am besten vor dem Auspacken mit einem scharfen Messer zerteilt.

Fritierter Tofu (Aburage) wird in Plastikbeuteln verkauft und sollte vor Gebrauch mit kochendem Wasser abgespült werden, um überschüssiges Öl zu entfernen. *Gegrillter Tofu (Yakidofu)* hat eine fleckige, braune Oberfläche und wird ebenfalls in Plastikbeuteln verkauft. Getrockneter, fritierter Tofu wird gerne in kleinen Würfeln in langsam gegarte Speisen und einige Suppen gegeben. *Fermentierten, roten* oder *weißen Tofu (Nam yee)* bekommt man in Gläsern. Er wird in China in kleinen Mengen zum Würzen verwendet.

Tofuhaut Die Haut, die sich beim Kochen der Sojamilch bildet, wird abgeschöpft und getrocknet. Weicht man die getrocknete Haut in warmem Wasser ein, läßt sie sich wieder zu Blättern formen, die man zum Einwickeln oder für Schmorgerichte verwendet. Man kann sie aber auch mit verschiedenen Zutaten füllen und anschließend fritieren, kochen oder braten.

Wakame siehe **Algen**

Wasabi siehe **Meerrettich, japanischer**

Wasserkastanie Knackige Knolle mit dunkelbrauner Schale. Auch wenn das Schälen etwas mühsam ist, sollte man möglichst nur frische Wasserkastanien verwenden. Wegen ihres knackigen Fleischs und ihres süßlichen Geschmacks eignen sie sich hervorragend für Salate, pfannengerührtes Gemüse und Desserts. Als Ersatz ist frische Yamsbohne zu empfehlen; auf Wasserkastanien aus der Dose sollte man nicht zurückgreifen.

Wasserpfeffer *(Polygonum hydropiper)* Scharf schmeckendes Kraut mit langen, spitz zulaufenden Blättern mit violetten Sprenkeln, das in vietnamesischen Salaten und anderen asiatischen Gerichten Verwendung findet.

Wasserwinde Wasserpflanze, manchmal auch Wasserspinat genannt, deren Blätter wie Pfeilspitzen geformt sind. Die zarten Blätter werden gewöhnlich im Wok gebraten. Die harten, hohlen Stiele eignen sich nicht zum Verzehr. Die jungen Keime serviert man gern mit anderem rohem Gemüse und heißen Dip-Soßen.

Wilde Ingwerblüte Wachsartige, rosafarbene Blüte einer Ingwerpflanze (*Etlingera elatior*), die in einigen Gerichten der malaysischen und der Nonya-Küche Verwendung findet.

Yam Stärkehaltige Wurzelknolle mit rauher, brauner, meist haariger Schale. Das weiße bis gelbe, süßliche Fleisch wird gekocht oder im Ofen gebacken und hauptsächlich als Gemüse zubereitet oder für Desserts verwendet.

Yamsbohne Knolle mit knackigem, mildem, weißem Fleisch und hellbrauner Schale. Sie stammt ursprünglich aus Südamerika, wo sie unter dem Namen *Jicama* bekannt ist. Die Yamsbohne läßt sich leicht schälen und schmeckt wie eine Mischung aus Kartoffel und Apfel. Am besten genießt man sie roh mit einem pikanten Dip, man kann sie aber auch kochen.

Yunnan-Schinken Geräucherter, gepökelter Schinken, der vorwiegend zum Würzen verwendet wird. Er wird in Dosen angeboten. Als Ersatz eignet sich Räucherschinken aus Italien, Frankreich oder Spanien.

Yuzu-Orange Orangefarbene Zitrusfrucht, von der man nur die besonders aromatische Schale verwendet. Als Ersatz eignen sich Zitronen-, Limonen- oder auch Kaffirlimonenschale.

Zimt Beim echten Zimt handelt es sich um die Rinde eines auf Sri Lanka beheimateten Baumes. Er ist heller, feiner und auch teurer als Kassienrinde, die häufig als Zimt verkauft wird. Als Ersatz eignet sich gemahlener Zimt.

Zitronengras Nach Zitrone duftende Pflanze, die in Büscheln wächst. Verwendet werden nur die unteren 5–10 cm der Stengel. Soll das Zitronengras zerstoßen oder in einer Paste verarbeitet werden, entfernt man die äußeren Blätter und nimmt nur das zarte Innere. Man kann die Stengel auch zerdrücken und in Schmorgerichte geben. Zitronengras ist frisch, tiefgefroren, getrocknet und als Pulver erhältlich. Dabei entspricht 1 Teelöffel Pulver in etwa einem Stengel Gras.

Zuckerrohr Frischer Zuckerrohrsaft, der maschinell aus den Stangen gepreßt wird, ist in Vietnam ein beliebtes Getränk. Die geschälten Stangen benutzt man häufig als Spieße.

Gelbwurzel

Wasserwinde

Wilde Ingwerblüte

Yamsbohne

Irori, die traditionelle offene Kochstelle findet man heute in Japan fast nur noch in Museen.

Beliebte indonesische Kochutensilien: Löffel aus Holz oder Kokosnußschale

Die Bambusmatte ist in der japanischen Küche unverzichtbar

Mörser und Stößel aus Granit

Kochgeräte und Garverfahren

Die nicht selten raffinierte und aufwendige asiatische Küche kommt erstaunlicherweise mit wenigen – keineswegs exotischen – Utensilien aus, und die meisten Küchengeräte, über die der durchschnittliche westliche Haushalt verfügt, eignen sich auch für die Zubereitung asiatischer Gerichte. Einige typisch asiatische Geräte, etwa ein Wok oder ein Reiskocher, können die Zubereitung allerdings vereinfachen. Sehr viel zeitaufwendiger als das Kochen ist die Vorbereitung der Zutaten, die erst einmal geschält, gehackt, gerieben, gemahlen oder gemischt sein wollen.

Die Kochgeräte

Der wichtigste Gegenstand in einer asiatischen Küche ist der **Wok**, ein relativ flacher, meist gußeiserner Topf, der wie eine Schale geformt ist und in dem bis auf den Reis nahezu alles gegart wird. Der Wok hat zahlreiche Vorteile: Aufgrund seiner Form verteilt sich die Hitze schön gleichmäßig, und beim Rühren kann nichts herausfallen. Zum Fritieren benötigt man weniger Fett als in einem herkömmlichen Topf. Außerdem hat er den Vorzug, daß bei Speisen, die mit einer üppigen Soße zubereitet werden, genau die richtige Menge an Flüssigkeit verdunstet. Kaufen Sie möglichst einen schweren, gußeisernen Wok, der nicht kippen kann. Besonders zu empfehlen sind Woks mit einer Beschichtung, die das Anhängen der Speisen verhindert, die aber auch nicht zerkratzt, wenn man mit einem Metallpfannenwender arbeitet.

Vor dem ersten Gebrauch muß der Wok erst einmal »präpariert« werden, damit später nichts anhängt. Dazu wird er innen zunächst mit warmer Seifenlauge und einem weichen Tuch oder Schwamm gereinigt. Anschließend spült man mit klarem Wasser nach und trocknet ihn sorgfältig aus. Nun gibt man etwas Öl auf ein Stück Küchenpapier und reibt den Wok so lange damit aus, bis kein Öl mehr am Papier haftet. Zum Reinigen genügt es, ihn mit warmem Wasser auszuspülen und danach trockenzureiben; der Wok darf keinesfalls mit Spülmittel oder einem rauhen Schwamm behandelt werden.

In Indien benutzt man zum Braten und Sautieren den sogenannten **Kadai**. Er ist aus Eisen, Messing oder Aluminium und etwas tiefer als der Wok. Reis und Currys werden im **Degchi**, einem Topf mit geraden Wänden und einem flachen Deckel zubereitet.

Als Zubehör zu Ihrem Wok benötigen Sie einen **Pfannenwender** und eine **Schaumkelle**, mit der Sie die Speisen nach dem Fritieren herausheben können.

Nützlich ist auch ein **Drahtkorb** mit langem Griff, mit dem sich Nudeln oder Fritiergut mühelos herausheben lassen. In China werden die Speisen beim Fritieren meist mit zwei langen, hölzernen **Eßstäbchen** gewendet. Das erfordert allerdings etwas Geschick und Übung, und man kann dazu durchaus auch eine Zange nehmen.

Zum Garen asiatischer Gerichte eignet sich nahezu jeder **Topf**. Er darf, da häufig säurehaltige Zutaten wie Tamarinde oder Limonensaft verwendet werden, nur nicht anlaufen. Am besten geeignet ist antihaftbeschichtetes Kochgeschirr. Darin können die Gewürze nicht anhängen, und man benötigt zudem beim Braten weniger Öl. Suppen, Brühen und Speisen, die langsam gegart werden, bereitet

Der vielseitige Wok

Klassischer indischer Mahlstein

Chinesischer Tontopf

man in sandfarbenen **Tontöpfen** zu, die innen glasiert sind. Sie sind in unterschiedlichen Formen und Größen erhältlich, sehen ansprechend aus und sind zudem auch noch preiswert. Man kann dafür aber auch jeden anderen Topf verwenden.

Reis wird gewöhnlich in Töpfen aus Aluminium oder rostfreiem Stahl gegart. Die Anschaffung eines elektrischen **Reiskochers** lohnt sich, wenn Sie häufig Reis essen. Er ist einfach zu handhaben, der Reis wird schön trocken und locker und läßt sich darin außerdem lange warm halten.

Das Dämpfen ist ein ausgesprochen gesundes Garverfahren. Deshalb findet man in nahezu jedem asiatischen Haushalt einen **Bambusdämpftopf.** Er besteht aus einem Korb und einem geflochtenen Deckel. Der Bambusdeckel hat gegenüber einem Metalldeckel den Vorteil, daß er das Kondenswasser, das sonst wieder auf die Speisen tropft, vollständig aufsaugt (bei einem Metalltopf läßt sich dies vermeiden, indem man ein Geschirrtuch unter den Deckel legt). Der Dämpfkorb wird dann auf einem Dreifuß in den mit etwas kochendem Wasser gefüllten Wok gestellt. In Asienläden werden auch spezielle Metalldämpfeinsätze für den Wok angeboten. Sie sind sehr nützlich, wenn man nur ein Speise garen will. Während des Garens muß das Wasser immer wieder aufgefüllt werden, und es darf nicht aufhören zu köcheln.

Genauso unentbehrlich wie der Wok ist ein **Hackbeil** mit schwerer Klinge zum Durchtrennen von Knochen. Zum Hakken, Schneiden oder zum Zerdrücken von Knoblauchzehen nimmt man am besten ein leichteres **Hackmesser**. Daneben verfügen asiatische Köche meist noch über ein schmales Messer mit Doppelklinge. Damit lassen sich Früchte und Gemüse für die verschiedenen Röllchen und Teigtaschen besonders fein schneiden. Außerdem benötigen Sie noch ein stabiles Hackbrett.

Wenn Sie sich nicht die Mühe machen wollen, Ihre Gewürze und Samen mit einem **Mörser** aus Stein, Granit oder Porzellan zu zerstoßen, zu mahlen oder zu mischen, können Sie dies durchaus auch im Mixer oder in einer Kaffeemühle tun. Wichtig ist nur, daß sämtliche Zutaten, die zu einer Paste verarbeitet werden sollen, zuvor gut zerkleinert werden. Dabei beginnt man immer zuerst mit den härtesten Stücken (zum Beispiel getrocknete Gewürze und Nüsse, gehacktes Zitronengras und Galgant). Sind diese Zutaten fein zermahlen und gut vermischt, fügt man die weicheren Bestandteile, etwa frische Kurkuma und Ingwer oder eingeweichte, getrocknete Chillies, hinzu. Hat man diese ebenfalls gut zerkleinert und vermischt, folgen schließlich die saftigen Zutaten, zum Beispiel gehackte Schalotten und Knoblauch oder weiche Garnelenpaste.

Bereiten Sie Ihre Paste im Mixer oder in der Küchenmaschine zu, müssen Sie unter Umständen etwas Flüssigkeit zugeben, damit die Messer nicht stehenbleiben. Dazu verwenden Sie am besten etwas von der Garflüssigkeit – etwa dem Öl oder der Kokosmilch –, in der die Paste anschließend gebraten werden soll. Beim Pürieren müssen Sie das Gerät eventuell gelegentlich ausschalten und die Zutaten von den Wänden abkratzen. Manche Köche nehmen statt des Öls oder der Garflüssigkeit einfach nur Wasser. Dann muß die Paste, bevor man die restlichen Zutaten hinzufügt, allerdings länger vorgegart werden, damit das Wasser verdunstet und die Mischung tatsächlich angebraten und nicht einfach nur gekocht wird.

Das vielseitige **Bananenblatt** dient in Südostasien häufig zum Einwickeln der Speisen, die später gegrillt, geschmort oder direkt auf den heißen Kohlen gegart werden sollen. Die Blätter werden vorher saubergerieben und auf die gewünschte Größe zurechtgeschnitten. Damit sie schön geschmeidig werden, hält man sie über eine Gasflamme oder taucht sie in kochendes Wasser. Sollten Sie keine Bananenblätter bekommen, schlagen Sie die Speisen zuerst in Pergamentpapier und dann in Alufolie ein. So erzielen Sie einen ähnlichen Effekt.

Bambusmatten sind hilfreich, um mit Reis gefüllte Algen oder japanische Omeletts aufzurollen und um die Flüssigkeit aus gekochtem Gemüse herauszupressen.

Eine **japanische Reibe** aus Porzellan oder Bambus eignet sich hervorragend zum Reiben von Ingwer oder Meerrettich, weil sich die Fasern damit wunderbar aufbrechen lassen.

Der Teig für indisches Brot wird auf einer flachen, runden Steinplatte oder einem Holzbrett mit dem Nudelholz ausgerollt und auf einem schweren, eisernen Blech, der sogenannten **Tawa**, gebacken. Eine schwere, gußeiserne Pfanne oder ein herkömmliches Backblech sind aber ebenfalls geeignet.

Alter Ölkocher mit Metallplatte (Tawa) zum Backen von *Chapati*

Das traditionelle Tongeschirr wird in der indonesischen Küche noch heute verwendet.

Mörser und Stößel aus Holz

Bambusdämpftopf

Kupfer-*Kadai* zum
Braten und Sautieren

Klassische Kokosreiben

Die **Kokosreibe** ist in Asien ein unentbehrliches Utensil. Gelegentlich bekommt man sie auch in westlichen Ländern.

Die Garverfahren

Im großen und ganzen unterscheiden sich die in der asiatischen Küche angewandten Garverfahren kaum von denen der westlichen Länder.

Am gängigsten ist vermutlich das **Braten im Wok**. Dabei werden die Speisen bei starker Hitze und unter laufendem Rühren in Öl gegart. Damit sie gleichmäßig garen, müssen die Zutaten zuvor in gleich große Stücke zerteilt werden. Da sie durch das Rühren ständig mit den heißen Wänden und dem heißen Boden in Berührung kommen, werden sie sehr schnell gar, bleiben schön saftig und büßen nicht an Geschmack ein. Für das Gelingen pfannengerührter Speisen ist richtiges Timing besonders wichtig. Stellen Sie sich deshalb, bevor Sie mit dem Garen beginnen, die bereits gehackten Zutaten, die abgewogenen Gewürze, die Garnitur und auch die Teller zurecht.

Beim **Fritieren** werden die Speisen gegart, indem man sie vollständig in heißes Öl taucht. Das beste Ergebnis erzielt man, wenn man sie immer nur in kleinen Portionen in das heiße Fett (190–200 °C) gibt, damit es sich nicht zu sehr abkühlt. Vor dem Servieren läßt man sie auf Küchenpapier abtropfen.

Das **Dämpfen** ist in China und Japan das bevorzugte Garverfahren. Da die Speisen dabei besonders schonend gegart werden, büßen sie kaum an Frische und Geschmack ein. Vergessen Sie aber nicht, während des Garens immer wieder Wasser nachzugießen.

Großer Beliebtheit erfreut sich auch das **Grillen**. Fleisch wird vor dem Grillen mariniert und anschließend auf Spieße gesteckt (denken Sie daran, die Spieße vorher 1 Stunde zu wässern, damit sie nicht verbrennen). Die meisten der hier vorgestellten Gerichte können unter dem Backofengrill oder auf einem Holzkohlegrill gegart werden. Dabei müssen sie immer wieder mit der Marinade bestrichen werden.

Beim **Schmoren** werden die Speisen langsam bei schwacher Hitze in einer mit Gewürzen verfeinerten Flüssigkeit gegart. Dieses Verfahren eignet sich hervorragend für eher zähe Fleischstücke und bestimmte Gemüsesorten. Fleisch wird gerne auch in einer Brühe aus dunkler und heller Sojasoße, Sternanis oder Fünf-Gewürze-Pulver, chinesischem Kochwein und Zucker geschmort.

Beim **Pochieren** darf die Kochflüssigkeit nur leise köcheln. Das Fleisch sollte nur knapp damit bedeckt sein und muß sofort herausgenommen werden, wenn es gar ist.

Um Speisen – meist Gemüse – zu **blanchieren**, werden diese in kleinen Portionen kurz in sprudelnd kochendes Wasser gegeben, so daß sie anschließend gegart, aber noch knackig sind.

In Indien, Indonesien, Malaysia und Thailand bereitet man die Speisen gerne mit verschiedenen Gewürzen zu. Da die einzelnen Gewürze unterschiedlich lange brauchen, um ihren Geschmack und ihr Aroma zu entfalten, sollte man die Reihenfolge, in der sie den Speisen zugefügt werden, genau einhalten. Viele Gewürze müssen zuvor **ohne Fett geröstet** werden. Dazu eignet sich am besten eine schwere, gußeiserne Pfanne, die nicht zu heiß werden darf. Damit die Gewürze nicht anhängen, sollte man die Pfanne außerdem immer wieder rütteln. Es empfiehlt sich, Gewürze stets im Ganzen zu kaufen und sie erst unmittelbar vor Gebrauch zu mahlen. So bleiben Geschmack und Aroma am besten erhalten.

Beim Kochen mit Kokosmilch ist darauf zu achten, daß sie nicht gerinnt. Um das zu verhindern, rührt man sie laufend um, schöpft mit einer Kelle immer wieder etwas Milch heraus und gießt sie wieder in den Topf oder den Wok zurück. Nachdem die Milch gekocht hat, darf der Topf nicht mehr zugedeckt werden. Bei Gerichten, die zum Schluß mit dicker Kokosmilch angedickt oder verfeinert werden, darf die Milch nicht zum Kochen kommen und muß während des Erhitzens laufend umgerührt werden.

Reis sollte vor dem Garen gründlich gewaschen werden, um ihn von Schmutz und überschüssiger Stärke zu befreien. Dabei wechselt man das Wasser so lange, bis es klar bleibt. Wieviel Flüssigkeit der Reis aufnimmt, hängt von der Sorte und vom Alter ab. Je älter der Reis, desto mehr saugt er sich voll. Die Garzeit richtet sich nach der Sorte, dem Gewicht des Topfes und der Kochtemperatur. Wie man einen einfachen Reis gart, können Sie auf Seite 17 nachlesen.

Traditioneller indonesischer
Reisdämpftopf

Langstielige Schöpfkellen

Dekorativ und praktisch:
geflochtene Körbe zum
Aufbewahren von Lebensmitteln aus Thailand

Ein altes chinesisches Sprichwort sagt: »Dem Herrscher bedeutet das Volk die Seligkeit, für das Volk ist das Essen die Seligkeit.«

CHINA

Eine ebenso traditionsreiche wie phantasievolle Küche, die man auf der ganzen Welt schätzt.

Links: Drei Generationen haben sich hier im Hof eines alten Hauses in der südchinesischen Provinz Fujian zum gemeinsamen Essen versammelt.

Rechts: Gedämpfte Klöße zählen in China fast überall zu den Lieblingsspeisen. Nur der Kenner kann anhand der Füllung und der Soßen feststellen, aus welcher Region sie stammen.

Was anderes könnte man von einem Land, in dem man sich gewöhnlich mit den Worten Chi fan le mei you? *– Haben Sie schon gegessen? – begrüßt, erwarten als eine große Leidenschaft für das Essen. Der Reiselust der Chinesen ist es zu verdanken, daß ihre Küche auf der ganzen Welt bekannt ist. Daß sie sich so großer Beliebtheit erfreut, hängt im wesentlichen von zwei Dingen ab: den frischen Zutaten und ihrem ausgewogenen Geschmack. Sollten Sie einmal einen asiatischen Markt besuchen, beobachten Sie die Chinesen einmal genau und Sie werden sehen, wie sorgfältig sie Fisch und Gemüse prüfen oder Meeresfrüchte nach eingehender Begutachtung für gut befinden oder aber zurückweisen.*

Zwar spielen Gewürze und Soßen in der chinesischen Küche keine besondere Rolle, dafür legt man aber großen Wert auf Aussehen, Aroma und Geschmack. Wichtig sind darüber hinaus die Konsistenz und die Heilkraft der Speisen.

Welchen Stellenwert das Essen im Leben der Chinesen einnimmt, bringt ein altes chinesisches Sprichwort treffend zum Ausdruck: »Dem Herrscher bedeutet das Volk die Seligkeit; für das Volk ist das Essen die Seligkeit«.

Die großen chinesischen Regionalküchen

China ist ein immens großes Land mit einer bis heute umstrittenen Zahl verschiedener Regionalküchen. Kenner gehen jedoch von vier großen Küchen aus, die sich nach den vier Himmelsrichtungen einteilen lassen. Gelegentlich wird auch die Küche der im Südosten gelegenen Küstenprovinz Fujian als fünfte eigenständige Küche hinzugezählt.

Die Zutaten – Ingwer, Knoblauch, Frühlingszwiebeln, Sojasoße, Essig, Zucker, Sesamöl und Bohnenpaste – sind zwar überall die gleichen, werden aber auf sehr unterschiedliche Weise miteinander kombiniert.

Die kantonesische Küche ist vorwiegend in der südlichen Provinz Guandong und in

Hongkong anzutreffen und zeichnet sich durch die außergewöhnliche Vielfalt und Frische der Zutaten aus. Sie bevorzugt leichte Soßen und greift gerne auch auf fremde, »exotische« Gewürze wie Zitrone, Curry oder Worcestershire-Soße zurück. Kantonesische Köche verstehen sich besonders gut auf die Zubereitung von gebratenem und gegrilltem Fleisch (Ente, Gans, Hähnchen und Schweinefleisch). Eine besondere Spezialität ist *Dim Sum*, kleine Snacks, die man morgens oder mittags zum Tee reicht. Sie können süß oder salzig, gedämpft, gebraten, gebacken oder gekocht sein und werden einzeln in einem Bambusdämpfer oder auf Bambustellern serviert. *Dim Sum* essen ist immer mit *Yum Cha* – Tee trinken – verbunden. In den traditionellen Teehäusern gehen die Bedienungen mit

Diesen Kindern aus Shanghai schmeckt ihre Pausenmahlzeit ganz offensichtlich. Jede Region hat ihre eigenen kleinen Snacks, die die Zeit bis zu den nächsten Mahlzeiten überbrücken helfen.

einem Wagen oder einem Tablett herum und bieten ihre leckeren Häppchen an. *Dim Sum*-Restaurants sind eine wichtige Einrichtung. Denn dort trifft sich die einheimische Bevölkerung, um Geschäfte abzuwickeln, Zeitung zu lesen und Kontakte zu pflegen.

Sehr würzig ist die Küche der westlichen Provinz Sichuan mit den beiden großen Städten Chengdu und Chongqing. Die im Landesinneren gelegene Provinz zählt über 100 Millionen Einwohner. Die Vorliebe für herzhaftes Essen wird gelegentlich mit dem dort herrschenden Klima erklärt, denn das fruchtbare Becken ist die meiste Zeit des Jahres in Wolken gehüllt. Kräftige Gewürze sollen bei der feucht-kalten Witterung der Vorbeugung und der Stärkung der Abwehrkräfte dienen. Besonders beliebt sind Chilischoten und Sichuanpfeffer, deren Schärfe mit Zucker, Salz und Essig gemildert wird. Obwohl die Küche Sichuans in dem Ruf steht, außerordentlich scharf zu sein, sind viele der bekanntesten Gerichte, etwa die berühmte, gedünstete und geräucherte Ente, keineswegs scharf. Aber es sind eben vor allem die besonders scharfen Speisen wie *Ma Po Dou Fu* (gekochter Tofu und Hackfleisch in einer scharfen Soße) oder *Dou Ban Yu* (Fisch in scharfer Bohnensoße), die die Küche Sichuans auf der ganzen Welt bekannt gemacht haben.

Als man zur Zeit der Sui-Dynastie (581–618 v.Chr.) den Großen Kanal baute, entstanden an seinem südlichen Ende einige große Handelsstädte, darunter auch Huaian und Yangzhou, nach denen die regionale Küche (Huaiyang) des östlichen China mit den großen Zentren Jiangsu, Zhejiang und Shanghai benannt ist. Die fruchtbare, am unteren Lauf des Jangtse gelegene Region, das sogenannte »Land von Fisch und Reis«, war nicht nur reich an Agrarprodukten, sondern war außerdem berühmt für ihre Meeresfrüchte wie Fisch, Krabben, Aal und Krebse, die auf dem Kanal an den kaiserlichen Hof nach Beijing transportiert wurden. Außerhalb Chinas ist die Huaiyang-Küche nur wenig bekannt. Das mag daran liegen, daß sie auf Extreme verzichtet und sich um einen »Mittelweg« bemüht. Hier legt man vielmehr besonderen Wert auf Frische (*Xian*). *Xian* impliziert auch, daß die Soße den Geschmack der übrigen Zutaten nicht überdecken darf. Einige der bekanntesten Huaiyang-Gerichte, zum Beispiel Hähnchen mit Wasserkastanien, gedünstetes Schweinefleisch in Lotosblättern oder Fleischbällchen mit dem beziehungsreichen Namen »Löwenkopf«, werden langsam bei schwacher Hitze gedünstet oder gekocht.

Die nördliche Regionalküche hat ihren Mittelpunkt in der Hauptstadt Beijing und ist wahrscheinlich am stärksten von fremden Einflüssen geprägt. Zuerst machten die Mongolen die Stadt während der Yuan-Dynastie (1279–1368) zu ihrer Hauptstadt. Sie brachten das Lammfleisch mit, die Hauptzutat im mongolischen Feuertopf. Später folgten die Mandschus, die zur Zeit der Quing-Dynastie (1644–1911) in Beijing herrschten und verschiedene Zubereitungsarten für Schweinefleisch einführten. Da Beijing bereits seit acht Jahrhunderten Regierungssitz ist, zogen auch viele Regierungsbeamte in die Stadt, die, sofern sie aus den reichen südlichen Provinzen kamen, eigene Köche mitbrachten. Am stärksten beeinflußt wurde die Küche Beijings jedoch von der Nachbarprovinz Shandong, in deren Küche Meeresfrüchte eine wichtige Rolle spielen: Jakobsmuscheln und Tintenfische, Seegurke, Seemuscheln, Krebse und Haifischflossen, die häufig mit rohem Lauch und Knoblauch kombiniert werden. Das berühmteste Gericht Beijings, die Peking-Ente, ist aus den kulinarischen Traditionen verschiedener Landstriche entstanden: Die Art, wie sie gebraten wird, ist typisch für die Huaiyang-Küche, die Pfannkuchen, der rohe Lauch und die salzige Soße, die dazu gereicht werden, stammen hingegen aus Shandong.

Die Küche des Volkes

Mit zunehmender Verbreitung des Kühlschranks wurde eine Institution etwas in den Hintergrund gedrängt, die über Jahrhunderte wesentlicher Bestandteil des chinesischen Alltags war: der tägliche Einkauf auf den heimischen Märkten. Trotzdem gehen viele Chinesen nach wie vor jeden Tag zwei- bis dreimal auf den Markt.

Neben den Märkten, die ausschließlich frische Ware anbieten, gibt es auch Geschäfte, in denen man ein reiches Angebot an Fertigprodukten findet. In bestimmten Bezirken der großen Städte kann man außerdem zu jeder Tageszeit an Imbißständen im Stehen oder im Sitzen kleine Snacks zu sich nehmen.

Das Frühstück besteht meist aus gebratenen, in Pfannkuchen gewickelten Eiern, einem tellergroßen, gebratenen Brot, dem sogenannten »Elefantenohr«, Nudeln, Reisbrei oder Tofugrütze mit einem Krapfen (*You Tiao*) oder einem Stück Kuchen und einem Glas Milch. Mittags oder abends ißt man entweder ein Nudelgericht aus einer Garküche oder man bereitet sich selbst eine Mahlzeit zu.

Jede Region hat auch ihre eigenen Snacks, die meist zu einem geringen Preis auf der Straße verkauft werden. Zu den besonderen Spezialitäten Beijings zählen u.a. gekochte Kutteln mit frischem Koriander und gekochte Teigtaschen mit einer Füllung aus Schweinefleisch und Lauch (*Jiaozi*). Shanghai ist bekannt für seine *Baozi*-Röllchen und süßen Klebreis mit acht verschiedenen Leckereien (*Babaofan*), Sichuan hingegen für die pikanten *Dan Dan*-Nudeln, Teigtaschen in scharfer Soße und Tofugrütze (*Dou Hua*).

In den Städten nimmt man die Hauptmahlzeit meist am Abend ein. Sie besteht in der Regel aus Reis oder Nudeln, ein oder zwei gebratenen Speisen – davon ist mindestens eines ein Fleisch- oder Fischgericht – und einer Suppe. Anstelle von Reis ißt man im Norden vorzugsweise Weizen – in Form von Brötchen oder Nudeln, die gebraten oder in Brühe gekocht werden.

Die höfische Küche

Als »Sohn des Himmels« stand der Kaiser so weit über den gewöhnlich Sterblichen, daß er ein geradezu unvorstellbares Maß an Verehrung und Macht genoß. In der Verbotenen Stadt gab es keine Speisezimmer, vielmehr wurden, wo immer der Kaiser zu speisen wünschte, Tische vor ihm aufgestellt. Jede Mahlzeit war ein regelrechtes Festmahl. Von den nahezu hundert Gerichten kamen 60 bis 70 aus den kaiserlichen Küchen, der Rest wurde in den Küchen der einflußreichsten Konkubinen zubereitet. Viele Speisen dienten lediglich zur Dekoration und wurden außerhalb der Reichweite der kaiserlichen Eßstäbchen plaziert. Sie wurden später vor dem Palast an Feinschmecker verkauft, die begierig darauf waren, »mit dem Kaiser zu speisen«.

Die höfische Küche hielt mit der Zeit auch Einzug in die privaten Haushalten der Reichen und Mächtigen und in die

Haifischflossen, getrocknete Jakobsmuscheln und getrocknete Austern: Diese erlesenen und meist ausgesprochen teuren Zutaten werden in einigen beliebten chinesischen Gerichten verarbeitet.

Restaurants, in denen sich die Privilegierten amüsierten. Bankette sind in China bis heute wichtige gesellschaftliche Ereignisse, und viele hohe Beamte besuchen jede Woche fünf bis sechs solcher Festessen. Die Anlässe sind vielfältig: Das kann ein Geschäftsabschluß, eine Hochzeit, eine Auslandsreise, ein Universitätsabschluß, eine Beförderung, ein Umzug und vieles mehr sein.

Einige der besten Restaurants wurden bereits vor 1949 eröffnet und haben dank ihrer ausgezeichneten Küche und ihrer guten Lage bis heute überlebt. Dazu zählt unter anderem das Fangshan-Restaurant im Beihai-Park in Beijing. Es befindet sich in einem ehemaligen kaiserlichen Palast am Ufer eines künstlich angelegten Sees und bietet viele Gerichte aus der höfischen Küche der späten Qing-Dynastie an. Das Fangshan ist berühmt für sein Mandschurisch-Chinesisches Bankett, ein dreitägiges Festessen mit über hundert verschiedenen Speisen. Ein weiteres bekanntes Restaurant mit dem Namen »Listening to the Orioles Pavilion« findet man in den Gärten des berühmten Sommerpalastes (*Yi He Yuan*). Ein Abendessen für 10 Personen zum Preis von 1000 Dollar pro Tisch ist dort angeblich nichts Ungewöhnliches.

Küchenausstattung und Tischkultur

Eine chinesische Mahlzeit ohne Reis ist – besonders in Südchina – unvorstellbar. Den Reis vom fruchtbaren Jangtse-Delta zu den kaiserlichen Kornkammern im relativ trockenen Norden transportieren zu können, war deshalb auch einer der Gründe für den Bau des Großen Kanals im 6. Jahrhundert. Zur Zeit der Ming-Dynastie (1368–1644) begann man in den Vororten Beijings mit dem Anbau von Rundkornreis, der ursprünglich für den Palast bestimmt war und heute den jeweiligen Machthabern zukommt. Neben den zahlreichen chinesischen Reissorten wird überall auf den Märkten auch der teurere thailändische Reis angeboten. In Südchina bevorzugt man den weniger klebrigen Langkornreis, der, solange er heiß ist, etwas nach Holz schmeckt.

Diesem Kind schmeckt es offenbar so gut, daß es nicht auf Tischmanieren achtet. Es bedarf einiger Übung, um richtig mit Stäbchen zu essen.

Die meisten Grundrezepte, Grundzutaten und Garverfahren sind bereits etwa 6000 Jahre alt, inzwischen haben aber auch zahlreiche »fremde« Zutaten und Garverfahren Einzug in die chinesische Küche gehalten. Seit frühester Zeit teilen die Chinesen ihre Nahrungsmittel in zwei Hauptkategorien ein: *Fan* (gekochter Reis und Getreide) und *Cai* (Fleisch- und Gemüsegerichte). Beide Arten von Speisen sollten in einer Mahlzeit stets in einem ausgewogenen Verhältnis vertreten sein. Ausgewogenheit wird darüber hinaus auch im Hinblick auf das *Yin* (kühlend) und das *Yang* (Hitze erzeugend) angestrebt. Und schließlich sollte die Nahrung auch vorbeugende und heilende Wirkung haben. In welchem Verhältnis *Fan*- und *Cai*-Gerichte in einer Mahlzeit vertreten sind, hängt aber auch vom wirtschaftlichen Status und Anlaß ab. Je bedeutender der Anlaß, desto größer ist der Anteil an *Cai*-Speisen. Eine Tradition, die noch heute bei Banketten gepflegt wird, wo nach einer Vielzahl gekochter Speisen eine kleine, symbolische Schüssel mit einfachem, gekochtem Reis serviert wird.

In China nimmt man die Mahlzeiten stets gemeinsam ein. Eine Durchschnittsmahlzeit besteht aus drei bis vier *Cai*-Gerichten, einem *Fan*-Gericht und einer Suppe. Sämtliche Speisen werden gleichzeitig aufgetragen, und jeder bedient sich selbst. Jedes *Cai*-Gericht sollte aus einer anderen Hauptzutat – Fleisch, Fisch oder Gemüse – bestehen. Darüber hinaus sollten sich die einzelnen Speisen in Hinblick auf Geschmack, Konsistenz und Aroma ergänzen, und das gesamte Menü sollte sowohl das Auge als auch den Gaumen ansprechen.

Bei der Zubereitung chinesischer Gerichte empfiehlt es sich, sämtliche Zutaten vorzubereiten, bevor man mit dem Garen beginnt. Denn der Versuch, den heißen Wok im Auge zu behalten und gleichzeitig ein Hähnchen zu zerteilen, wird unweigerlich in einer Katastrophe enden!

Vor und nach den Mahlzeiten wird Tee getrunken. Zu den Mahlzeiten trinkt man ihn eher selten. *Maotai*, ein klarer Schnaps aus der südwestlichen Provinz Guizhou, wird während des Essens aus kleinen, henkellosen Tassen oder Gläsern getrunken.

Das Essen ist in China ein wichtiger Bestandteil des gesellschaftlichen Lebens, und es gibt spezielle Speisen, Snacks und Menüs für Hochzeiten, Geburtstage und hohe Feiertage.

Zum Schluß noch ein paar Worte zu den Tischsitten. Mit Eßstäbchen darf man nie auf jemanden deuten und man läßt sie auch nicht in seiner Reisschale stecken. Man stochert damit nicht in den Speisen herum, um sich einen besonderen Bissen herauszusuchen – wählen Sie das Stück, das Sie möchten, mit den Augen aus und nehmen es sich dann mit den Stäbchen, ohne dabei andere Stücke zu berühren.

Wenn Sie bei einem offiziellen Essen einen Schluck Wein trinken, müssen Sie zuerst einen Trinkspruch auf einen anderen Tischgast ausbringen, ganz gleich, ob dieser sein Glas ebenfalls erhebt oder nicht. Bringt man einen Toast auf Sie aus und Sie möchten gerade nicht trinken, berühren Sie als Geste der Höflichkeit einfach den Rand Ihres Glases mit den Lippen.

Dem Gastgeber obliegt es, seine Gäste so lange zum Essen und Trinken aufzufordern, bis sie satt sind. Das bedeutet auch, daß er gegebenenfalls noch Speisen nachbestellen und darauf achten muß, wessen Teller gerade leer ist. Es ist ein Gebot der Höflichkeit, dem Ehrengast die besten Stücke, etwa die Fischbacken, vorzulegen. Dazu benutzt man ein Paar eigens dafür bestimmte Eßstäbchen oder das obere Ende der eigenen Stäbchen. Und denken Sie daran: Alle Speisen sollten gerecht verteilt werden.

MENÜVORSCHLÄGE

Einfache Mahlzeiten

Menüvorschlag 1:
- Wintermelonensuppe (Seite 32);
- Bambussprossen mit Pilzen (Seite 36);
- in Scheiben geschnittene frische Früchte.

Menüvorschlag 2:
- Gedämpfter Tofu mit Schweinefleischfüllung (Seite 30);
- Rindfleisch mit schwarzem Pfeffer (Seite 35);
- Suppe mit roten Bohnen (Seite 40).

Dazu reicht man gedämpften Jasminreis.

Einladungen

Wollen Sie Ihre Gäste beeindrucken, servieren Sie am besten verschiedene kleine Vorspeisen und zwei Hauptgerichte, zum Beispiel:
- Marinierte Rindfleischscheiben (Seite 30), Möhren-Rettich-Rollen (Seite 30) und Meeresfrüchte im Tofumantel (Seite 30);
- Teochew-Scholle (Seite 36) oder Lychees mit Garnelen gefüllt (Seite 37) und Hühnchen mit getrockneten Chillies (Seite 39);
- Gebratene Xiamen-Nudeln (Seite 33);
- Weißer Pilz mit Melonenbällchen (Seite 40).

Dazu reicht man Nudeln.

Schüsselgerichte

Viele der hier vorgestellten Nudelgerichte werden einfach in kleinen Schüsseln serviert und eignen sich hervorragend als Mittag- oder Abendessen. In China ißt man Gerichte wie die folgenden häufig auch zum Frühstück oder als Zwischenmahlzeit.
- Scharfe, würzige Nudeln (Seite 32);
- Kalte Nudeln auf Chengdu-Art (Seite 33).

Quer durch die asiatische Küche

Für eine festliche kulinarische Reise durch verschiedene Länder Asiens empfehlen wir:
- Haifischflossensuppe (Seite 32) aus China;
- den unverzichtbaren, aber immer wieder köstlichen Reis mit Huhn (Seite 114) aus Malaysia/Singapur;
- Grünkohl mit knusprigem Schweinefleisch (Seite 134) aus Thailand;
- Mandelgelee (Seite 120) aus Malaysia/Singapur.

DIE WICHTIGSTEN ZUTATEN DER CHINESISCHEN KÜCHE

In der chinesischen Speisekammer dürfen **Knoblauch**, **Ingwer** und **Frühlingszwiebeln** nicht fehlen. Ein ordentlicher Vorrat an **frischem Jasminreis** und **getrockneten Eiernudeln** ist ebenfalls ein Muß. Zum Würzen benötigen Sie **Sojasoße**, **Reiswein**, **Sesamöl** und **Chillisoße**. **Bambussprossen** und **Tofu** sind eine beliebte Ergänzung in nahezu jedem Gericht. Dipsoßen werden gerne mit **Sesampaste** verfeinert, und **Sichuanpfeffer** verleiht den Speisen einen Hauch Schärfe.

Einige dieser kleinen Appetithappen eignen sich hervorragend als Vorspeise. Andere, zum Beispiel die Meeresfrüchte im Tofumantel und der Gedämpfte Tofu mit Schweinefleischfüllung, können auch als Hauptgericht serviert werden. Sie müssen die Mengen dann nur entsprechend angleichen.

NU ER HONG NIU ROU
Marinierte Rindfleischscheiben

Roter Reis, der in Asienläden erhältlich ist, wird hauptsächlich verwendet, um dem Gericht einen roten Farbton zu geben.

400 g Rinderbrust, in einem Stück
2 TL roter Reis (nach Wunsch)
2 EL chinesischer Reiswein
2 TL Salz · 4 Lorbeerblätter

Rindfleisch in einen Topf mit Wasser geben. Das Fleisch sollte bedeckt sein. Die übrigen Zutaten dazugeben und zugedeckt köcheln lassen, bis das Fleisch weich ist. Fleisch ab und zu wenden und bei Bedarf etwas Wasser nachgießen. Auskühlen lassen. Vor dem Servieren dünn aufschneiden und auf einer Platte anrichten. Dazu einen Dip reichen.

Gedämpfter Tofu mit Schweinefleischfüllung

CHAO LIAN XIA XIE JIAO
Meeresfrüchte im Tofumantel

200 g geschälte Garnelen
100 g Krebsfleisch, frisch oder aus der Dose
2 Wasserkastanien, grob gehackt
1 EL gehackte Korianderblätter
1 TL Salz
3–4 große Scheiben getrockneter Tofu
1 TL Stärkemehl, mit Wasser verrührt
Öl zum Fritieren

Garnelen und Krebsfleisch in einem Mixer grob zerhacken. Wasserkastanien, Koriander und Salz dazugeben und noch einige Sekunden mixen.

Tofuscheiben mit einem feuchten Tuch abwischen, damit sie geschmeidig werden, dann in 12 cm große Quadrate schneiden. Einen gehäuften Löffel der Füllung darauf verteilen. Die äußere Kante mit der Stärkemischung einstreichen, dann die Seiten einklappen und die Tofuscheibe aufrollen, so daß die Füllung gut eingeschlossen ist. In heißem Öl knusprig und goldbraun fritieren. Vor dem Servieren in mundgerechte Stücke schneiden.

DOU FU ROU JIANG ZHA
Gedämpfter Tofu mit Schweinefleischfüllung

500 g Tofu
3 TL Stärkemehl
100 g mageres Schweinefleisch, fein gehackt
3 getrocknete schwarze Pilze, eingeweicht und fein gehackt
2 TL gekörnte Hühnerbrühe
1/2 TL Salz · 1 TL Zucker
1 TL chinesischer Reiswein
150 g grünes Blattgemüse (Spinat, Kohl oder (Bai Cai/Bok Choy)**), blanchiert**
125 ml Hühnerbrühe (Seite 41)

Tofu in 8 cm große und 4 cm dicke Quadrate schneiden. Mit einem Teelöffel etwas Tofu aus der Mitte ausstechen, um Platz für die Schweinefleischfüllung zu schaffen. 1 Teelöffel Stärkemehl mit allen übrigen Zutaten außer den Blattgemüsen und der Brühe gründlich vermischen. Tofu damit füllen und bei großer Hitze 4 Minuten dämpfen.

Während der Tofu gedämpft wird, Gemüse in der Hühnerbrühe kochen. Abgießen und die Brühe aufbewahren. Gemüse auf einer Platte anrichten. Die restliche Stärke mit Wasser verrühren und die Brühe damit binden. Über das Gemüse gießen, darauf den gekochten Tofu setzen und servieren.

> **TIP**
> Die Tofufüllung schmeckt auch mit klein gehacktem Hühnchen- oder Rindfleisch. Für eine vegetarische Variante können Sie statt Fleisch eingeweichte, klein geschnittene dünne Nudeln verwenden.

MA LA LIAN OU
Lotoswurzelsalat

Im Buddhismus ist die Lotosblume ein Symbol für Reinheit. Gautama Buddha sagte, der Mensch solle danach streben, wie eine Lotosblume vom schlammigen Grund makellos an die Oberfläche des Wassers zu steigen.

1 Stück einer Lotoswurzel, ca. 15–20 cm lang
1 EL weißer Reisessig
2 EL Zucker
Salz zum Abschmecken

Lotoswurzel schälen und in circa 0,5 cm dicke Scheiben schneiden. Wasser in einem Topf zum Kochen bringen, dann die Lotoswurzelscheiben hineingeben und circa 5 Sekunden blanchieren. Abgießen und unter kaltem Wasser abspülen.

Scheiben im Essig wenden, dann auf einer Platte anrichten. Nach Geschmack mit Zucker und Salz abschmecken und sofort servieren.

MÖHREN-RETTICH-ROLLEN

1 große Möhre, geraspelt
1 Stück großer weißer Rettich, 8 cm lang, geschält, der Länge nach so dünn wie möglich geschnitten
3 TL Zucker
2 TL weißer Reisessig
2 TL Sesamöl
1/2 TL Salz

Möhre und Rettich separat in etwas kochendem Wasser blanchieren. Gut abtropfen lassen und mit Küchenpapier trockentupfen. Rettichscheiben auf ein flaches Brett legen und jeweils etwas von den geraspelten Möhren in die Mitte setzen. Rettichscheiben aufrollen und dann jede Rolle diagonal in circa 1 cm große Stücke schneiden.

Auf einer Platte anrichten. Die übrigen Zutaten verrühren,

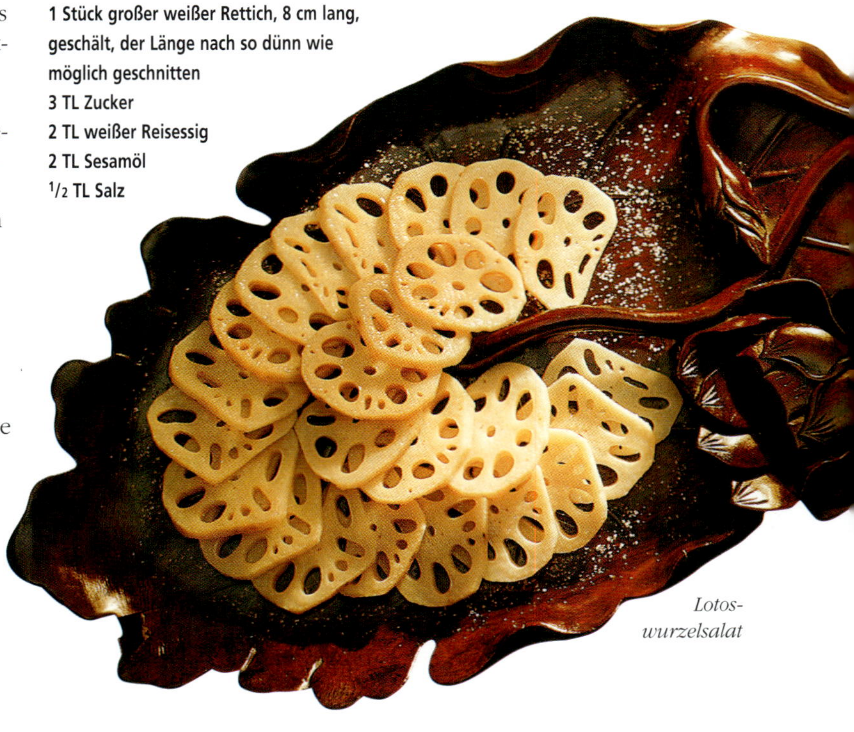

Lotoswurzelsalat

Gekochte Teigtaschen in scharfer Soße

bis sich der Zucker aufgelöst hat. Über die Rollen gießen und servieren.

SESAM-TINTENFISCH

150 g Tintenfisch, enthäutet und gereinigt
1/2 Liter Wasser
1 TL Salz
1 EL Sesampaste
2 TL Sesamöl

Tintenfisch in circa 5 x 2 cm große Stücke schneiden. Mit einem scharfen Messer rautenförmige Muster einschneiden, dabei das Fleisch halb durchschneiden, damit sich die Tintenfischstücke beim Kochen etwas einrollen. Wasser und Salz zum Kochen bringen und den Tintenfisch hineingeben. Köcheln lassen, bis der Tintenfisch weiß wird und sich aufrollt (circa 1 Minute), dann abtropfen lassen.

Sesampaste und Öl in einer Schüssel vermischen, den Tintenfisch dazugeben und gut vermengen.

GONG CAI XIAN SHEN PIAN

Enteninnereien

Enten- oder Hühnerinnereien werden im Westen oft weggeworfen oder in den Suppentopf verbannt. In China sind sie jedoch wegen ihrer zarten Konsistenz und ihres Geschmacks sehr beliebt.

300 g Enten- oder Hühnerinnereien
2 TL Salz
4 ganze Sternanis
4 Lorbeerblätter
100 g gesalzener Senfkohl, eingeweicht, ausgedrückt und in Scheiben geschnitten
1 TL Sesamöl
1 kleine rote Chilischote (nach Wunsch)

Innereien säubern und abwaschen. Mit Salz, Sternanis und Lorbeerblättern in eine Pfanne geben. Mit Wasser bedecken, aufkochen und dann circa 30 Minuten köcheln lassen, bis sie weich sind. Innereien herausnehmen, abtropfen lassen und bis zum Gebrauch im Kühlschrank aufbewahren. Vor dem Servieren in dünne Scheiben schneiden, dann mit dem gesalzenen Kohl und dem Sesamöl vermischen. Je nach Geschmack mit roten Chilliringen dekorieren. Kalt servieren.

CHUAN WEI HUN TUN

Gekochte Teigtaschen in scharfer Soße

Gedämpfte oder gekochte Teigtaschen sind fast überall in China ein sehr beliebtes Zwischengericht. Man bekommt sie von Beijing im Norden bis Shanghai an der Ostküste, von der südlichen Provinz Guangdong bis Sichuan im Westen. Die Füllung variiert je nach Region und Jahreszeit, so ist z. B. im Sommer in Beijing Schweinefleisch, eventuell mit frischem Dill gewürzt, Hauptbestandteil der Füllung. Die Teigtaschen können gedämpft, gebraten, gekocht, in Brühe serviert (wie die berühmte kantonesische Wantan-Suppe) oder – wie in diesem Rezept aus Sichuan – mit einer scharfen Soße gereicht werden.

50 frische Wantan-Hüllen
200 g mageres Schweinefleisch, fein gehackt · 1 Ei, leicht verquirlt
1 1/2 TL sehr fein gehackter Ingwer
2 EL chinesischer Reiswein
1 TL Salz · 1/4 TL gemahlener weißer Pfeffer

Für die Soße:
1 TL fein gehackter Knoblauch
4 EL dunkle Sojasoße
1/2 TL Zucker
1/2 TL gemahlener Zimt
4 EL Chilliöl (Seite 41)
1 EL Frühlingszwiebeln, in feinen Scheiben

Die meisten Wantan-Hüllen gibt es als 8–10 cm große Quadrate zu kaufen. Eine kleine chinesische Suppenschale oder ein Glas auf den Kopf stellen und mit einem scharfen Messer Kreise ausschneiden.

Schweinefleisch, Ei, Ingwer, Reiswein, Salz und Pfeffer vermischen. Einen gehäuften Teelöffel voll in die Mitte jedes Kreises setzen. Mit den Fingerspitzen etwas Wasser an den Rändern verstreichen, dann zu Halbkreisen zusammenfalten, Ränder gut zusammendrücken. Wenn alle Taschen fertig sind, in sprudelnd kochendes Wasser geben und 2–3 Minuten köcheln. Abtropfen lassen.

Nehmen Sie vier Schalen und bereiten Sie die Soße für jede Portion separat zu. 1/4 Teelöffel Knoblauch, 1 Eßlöffel dunkle Sojasoße, je eine Prise Zucker und Zimt in jede Schale geben. Die gekochten Taschen auf die vier Schalen verteilen und 1 Eßlöffel Chilliöl über jede Portion geben. Mit etwas Frühlingszwiebeln garnieren. Vor dem Verzehr umrühren.

Enteninnereien (unten rechts) und marinierte Rindfleischscheiben (unten links)

Die kräftigen, sättigenden chinesischen Suppen werden gewöhnlich zu den Mahlzeiten getrunken. Lassen Sie sich von den bisweilen exotischen Zutaten nicht abschrecken – die meisten von ihnen bekommen Sie in jedem Asienladen.

DONG GUA TANG
Wintermelonensuppe

Wintermelone gilt als yin, soll den Körper reinigen und gut für die Haut sein. Da bei diesem Rezept der Geschmack der Hühnerbrühe und das zarte Aroma der Wintermelone im Vordergrund stehen, sollte unbedingt Gourmet-Brühe oder eine gute frische Hühnerbrühe, jedoch kein Brühwürfel verwendet werden.

1 große Wintermelone · 1 TL Salz
1,5 Liter Gourmet- oder Hühnerbrühe (Seite 41)
6 getrocknete Lotosnüsse, eingeweicht, geschält und ohne Kern
125 g Strohpilze, halbiert
50 g gekochte Hühnerbrust, in Streifen geschnitten
50 g gekochtes Entenfleisch, in Streifen geschnitten (oder die Menge des Hühnerfleisches verdoppeln)
50 g gekochte Leber (von Ente, Huhn oder Schwein), in Streifen geschnitten
25 g gekochtes Krebsfleisch oder aus der Dose
50 g Spargelspitzen aus der Dose, abgetropft · Salz zum Abschmecken

Eine Wintermelone auswählen, die mindestens 1,5 Liter Flüssigkeit aufnehmen kann. Deckel abschneiden. Wenn die Melone sehr groß ist, kann sie auch halbiert werden. Schale dekorativ einschnitzen. Fasern und Kerne aus der Mitte entfernen. Fruchtfleisch bis auf einen Rand von circa 2 cm aushöhlen. Innen mit Salz bestreuen, dann in einen großen Topf mit kochendem Wasser geben; die Melone soll bedeckt sein. 30 Minuten köcheln, abtropfen lassen. Anschließend in einen großen Dämpftopf geben und noch 30 Minuten dämpfen.

Brühe aufkochen, Lotosnüsse zugeben und in die Melone gießen. Zudecken und 25 Minuten köcheln lassen. Alle übrigen Zutaten dazugeben und servieren. Wenn die Suppe in einzelnen Schalen serviert wird, etwas Fruchtfleisch abschaben und in jede Schale geben.

Haifischflossensuppe

YU CHI TANG
Haifischflossensuppe

Haifischflossen gelten als Delikatesse und werden wegen ihrer Konsistenz und ihrer Fähigkeit, den Geschmack anderer Zutaten anzunehmen, sehr geschätzt. Sie werden getrocknet und entweder im ganzen oder in Streifen geschnitten in unterschiedlichsten Qualitäten verkauft.

Wintermelonensuppe

30 g getrocknete Haifischflossen, in Streifen geschnitten
3/8 Liter Gourmet- oder Hühnerbrühe (Seite 41) · 3 TL dunkle Sojasoße
1 TL Schalottenöl (siehe unten) · 1/2 TL Salz
1/4 TL gemahlener weißer Pfeffer
3 cm Ingwer, in sehr feine Streifen geschnitten
50 g gekochtes Huhn, in feine Streifen geschnitten · 10 g getrocknete Jakobsmuscheln (nach Wunsch)
10 g getrockneter Fischmagen (nach Wunsch)
2 EL Stärkemehl, mit Wasser verrührt
1 gehäufter EL Yunnan-Schinken, in feine Streifen geschnitten
Schwarzer Reisessig (nach Wunsch)
3/8 Liter Hühnerbrühe (nach Wunsch)
1 TL trockener Sherry (nach Wunsch)
1 cm Ingwer, in Scheiben geschnitten (nach Wunsch) · 1 Stengel einer Frühlingszwiebel (nach Wunsch)

Für das Schalottenöl:
1/4 Liter Öl · 8 Schalotten, geschält und in Scheiben geschnitten

Für das Schalottenöl das Öl erhitzen, die Schalottenscheiben hineingeben und bei niedriger Hitze goldgelb anbraten. Nicht anbrennen lassen. Abtropfen lassen und das Öl in einem Glas mit festsitzendem Deckel aufbewahren.

Die getrockneten Haifischflossen circa 30 Minuten in heißem Wasser einweichen, bis sie aufquellen und transparent werden. Abtropfen lassen.

Brühe mit Sojasoße, Schalottenöl, Salz und Pfeffer erhitzen, dann Haifischflossen, Ingwer, Hühnchen, nach Wunsch Muscheln und Fischmagen dazugeben. Mit Stärkemehl binden und servieren. Mit Yunnan-Schinken garnieren. In Südchina werden meist bei Tisch ein paar Tropfen schwarzer Reisessig zur Suppe gegeben.

Muscheln und Fischmagen kann man je nach Geschmack dazugeben. Man erhält sie bereits getrocknet. Die Muscheln werden in eine Schüssel mit Hühnerbrühe, trockenem Sherry, Ingwer und Frühlingszwiebeln gegeben. In einem Dämpftopf dämpfen, bis die Muscheln weich sind. Fischmagen zum Quellen in eine Schüssel geben und mit heißem Wasser übergießen. Zudecken und beiseite stellen, bis er weich ist.

HONG TANG DAN DAN MIAN
Scharfe, würzige Nudeln

Nudeln sind in China zu jeder Tages- und Nachtzeit beliebt. Sie werden zum Frühstück, zum Mittagessen, als Zwischenmahlzeit und spät am Abend gegessen. Dieses beliebte, würzige Gericht, das oft von Straßenverkäufern angeboten wird, stammt aus Sichuan.

1 TL Öl zum Kochen
250 g mageres Schweinefleisch, sehr fein gehackt
100 g eingelegter salziger Rettich, fein gehackt
1/2 Liter Hühnerbrühe (Seite 41)
4 EL dunkle Sojasoße
1 1/2 EL schwarzer Reisessig
1 EL sehr fein gehackter Knoblauch
2 TL Sesamöl · 1 TL Chilliöl (Seite 41)
1 TL gemahlener weißer Pfeffer
500 g frische Weizenmehlnudeln oder
1 kleine Packung getrocknete flache Nudeln
1 gehäufter EL Frühlingszwiebeln, in feine Scheiben geschnitten

Öl erhitzen und das Schweinefleisch 2–3 Minuten bei sehr großer Hitze pfannenrühren, bis es durch ist. Gut mit dem eingelegten Rettich vermischen und beiseite stellen.

Hühnerbrühe erhitzen und alle übrigen Zutaten außer den Nudeln und den Frühlingszwiebeln dazugeben. Brühe warm halten, während die Nudeln gegart werden. Nudeln abtropfen lassen und auf vier kleine Schalen verteilen. Heiße Brühe darübergießen, Schweinefleischmischung dazugeben, mit Frühlingszwiebeln garnieren.

CHAO MIAN XIAN

Gebratene Xiamen-Nudeln

Für dieses in der südlichen Küstenprovinz Fujian beliebte Gericht werden sehr dünne, frische Weizenmehlnudeln verwendet, die aufgrund ihrer Konsistenz getrockneten Nudeln vorzuziehen sind.

300 g kleine Garnelen
500 g frische Weizenmehlnudeln
Öl zum Fritieren
2 EL sehr fein gehackter Knoblauch
200 g Bambussprossen, in streichholzgroße Streifen geschnitten
100 g mageres Schweinefleisch, fein gehackt · 1 kleine Möhre, in dünne Streifen geschnitten
3–4 getrocknete schwarze Pilze, eingeweicht und in feine Scheiben geschnitten
1/4 Tasse grober chinesischer Schnittlauch, gehackt · 2 EL chinesischer Reiswein
1 TL Salz
1/2 TL gemahlener weißer Pfeffer
4 Schalotten, in Scheiben geschnitten und goldbraun fritiert

Garnelen schälen, Köpfe und Innereien entfernen. Garnelenfleisch aufheben und Köpfe und Schalen mit 1 Tasse Wasser in einen Topf geben. Aufkochen, dann 10 Minuten köcheln lassen. Durch ein Sieb gießen, dabei Köpfe und Schalen gut ausdrükken, um möglichst viel Brühe zu erhalten. Beiseite stellen.

Frische Nudeln schütteln, um sie voneinander zu trennen, dann einige Sekunden in sehr heißem Öl goldbraun fritieren. Gut abtropfen lassen und beiseite stellen.

1 Eßlöffel Öl in den Wok geben, Knoblauch einige Sekunden pfannenrühren, dann Garnelen, Bambussprossen, Schweinefleisch, Möhren, Pilze und Schnittlauch dazugeben. Pfannenrühren, bis das Fleisch und die Garnelen etwas Farbe annehmen. Eine halbe Tasse der beiseite gestellten Garnelenbrühe dazugeben, Wein, Salz und Pfeffer hinzufügen und 5 Minuten ohne Deckel köcheln lassen. Ab und zu umrühren.

Die gebratenen Nudeln dazugeben und weitere 5 Minuten pfannenrühren. Mit gebratenen Schalotten garnieren und servieren.

Scharfe, würzige Nudeln

CHENGDU LENG MIAN

Kalte Nudeln nach Chengdu-Art

Gekühlte Nudeln sind im Sommer in China sehr beliebt. Das Gericht läßt sich schnell zubereiten; die Nudeln werden am Morgen gekocht, dann läßt man sie auskühlen, vermengt sie mit der Soße – und schon hat man ein schnelles Mittagessen zubereitet.

500 g frische Weizenmehlnudeln, gekocht, abgetropft und gekühlt
75 g Bohnensprossen, einige Sekunden blanchiert und abgekühlt
1 Frühlingszwiebel, in feine Scheiben geschnitten

Für die Soße:
2 EL sehr fein gehackter Ingwer
1 EL sehr fein gehackter Knoblauch
1 EL Sesampaste
1 EL Erdnußbutter
1 TL Erdnußöl oder Öl zum Kochen
3 EL dunkle Sojasoße
2 TL Zucker
2 TL schwarzer Reisessig
1 TL Sesamöl
1 TL Chilliöl (Seite 41)

In einer Schüssel alle Zutaten für die Soße gut vermischen. Nudeln dazugeben und umrühren, damit die Nudeln von der Soße überzogen werden, dann die Bohnensprossen hinzufügen und vorsichtig unterheben. Auf vier Schälchen verteilen und jede Portion mit Frühlingszwiebeln bestreuen.

Kalte Nudeln nach Chengdu-Art

YU XIANG QIE ZI

Auberginen mit Schweinefleisch

250 g Auberginen, geschält und in 8 x 1 cm große Stücke geschnitten
Öl zum Fritieren
50 g mageres Schweinefleisch, gehackt
2 EL getrocknete Garnelen, eingeweicht und sehr fein gehackt
2 TL Chillipaste
1 TL gesalzene Sojabohnen, zerdrückt
2 TL Frühlingszwiebeln, in feinen Scheiben
1 TL getrocknete schwarze Pilze, eingeweicht und sehr fein gehackt
1/4 Liter Hühnerbrühe (Seite 41)
1 TL chinesischer Reiswein
1 TL Sesamöl
2 TL süß-saure Soße aus der Flasche
1/2 TL dunkle Sojasoße
1/4 TL Salz
1 TL Stärkemehl, mit Wasser verrührt
Korianderzweige als Garnierung

Auberginenstücke in sehr heißem Öl 1 Minute fritieren. Abtropfen lassen und beiseite stellen.

Öl bis auf 2 Teelöffel abgießen und Schweinefleisch bei großer Hitze 2 Minuten pfannenrühren. Getrocknete Garnelen, Chillipaste, gesalzene Sojabohnen, 1 Teelöffel der Frühlingszwiebeln und die Pilze dazugeben. 30 Sekunden pfannenrühren, dann die übrigen Zutaten, bis auf die restlichen Zwiebeln, das Stärkemehl und die Korianderzweige, hinzufügen. Erhitzen, dann die Auberginen unterheben und weitere 30 Sekunden köcheln lassen. Mit Stärke binden und mit dem Koriander und den restlichen Zwiebeln garniert servieren.

MA PO DOU FU

Würziger Tofu mit Rinderhack

Bei diesem Rezept stehen der milde Tofu und die scharfen Sichuan-Gewürze im Vordergrund.

500 g weicher Tofu
3 EL Öl (oder Chilliöl)
125 g mageres Rinderhack
1 EL gesalzene schwarze Bohnen, gehackt
1 EL gesalzene Sojabohnen, gehackt
1 EL sehr fein gehackter Ingwer
1 EL sehr fein gehackter Knoblauch
2 EL Chillipaste
2–3 Frühlingszwiebeln, in feinen Scheiben
1/4 Liter Hühner- oder Rinderbrühe
1 EL dunkle Sojasoße
Salz zum Abschmecken
2 TL Stärkemehl, mit Wasser verrührt
1 TL gemahlene Sichuan-Pfefferkörner oder Sansho

Tofu in 2 cm große Würfel schneiden. Öl erhitzen und Rinderhack und schwarze Bohnen 3–4 Minuten darin pfannenrühren. Gesalzene Sojabohnen, Ingwer, Knoblauch, Chillipaste und die Hälfte der Zwiebeln dazugeben. Weitere 2 Minuten pfannenrühren, dann die Brühe und den Tofu hinzufügen.

5 Minuten köcheln lassen. Mit Sojasoße und Salz abschmecken, dann mit Stärke binden. Vor dem Servieren mit Sichuan-Pfeffer und den restlichen Frühlingszwiebeln bestreuen

Auberginen mit Schweinefleisch (oben) und pfannengerührtes gemischtes Gemüse (unten)

JIANG CONG CHAO ZHU GAN

Pfannengerührte Schweineleber

Für dieses einfache Gericht sollten Sie alle Zutaten griffbereit zur Hand haben. Dann ist es schnell zubereitet.

300 g Schweineleber, in feinen Scheiben
2 EL chinesischer Reiswein
2 TL Öl
2 TL fein gehackter Knoblauch
3 cm Ingwer, in feine Scheiben geschnitten
1 Frühlingszwiebel, in 3 cm langen Stücken
1/2 rote Chilischote, entkernt, in Scheiben geschnitten
1 TL gekörnte Hühnerbrühe
1 TL helle Sojasoße
1/2 TL Zucker
1 TL Stärkemehl, mit Wasser verrührt

Leber circa 5 Minuten im Wein marinieren. Öl erhitzen und Knoblauch einige Sekunden darin braten, dann abgetropfte Leber, Ingwer, Zwiebeln und Chilli dazugeben. Einige Sekunden bei großer Hitze pfannenrühren. Gekörnte Brühe, Sojasoße und Zucker hinzufügen und weitere 1–2 Minuten pfannenrühren, bis die Leber gar ist. Mit Stärkemehl binden.

CHAO QUING CAI

Pfannengerührtes gemischtes Gemüse

75 g Zuckerschoten, Enden abgeschnitten
2 TL Öl
1 Prise Salz
1/4 TL Zucker
75 g Bambussprossen, der Länge nach geviertelt und in 5 cm lange Stücke geschnitten
6–8 getrocknete schwarze Pilze, eingeweicht
1/4 Liter Hühnerbrühe (Seite 41)
1 TL Austernsoße
1/4 TL Sesamöl
1/4 TL Salz
1/4 TL dunkle Sojasoße
1 Prise gemahlener weißer Pfeffer
1 TL Stärkemehl, mit Wasser verrührt

Zuckerschoten in kochendem Wasser 5 Sekunden blanchieren, dann abgießen. Öl erhitzen und blanchierte Zuckerschoten mit Salz und Zucker 30 Sekunden pfannenrühren. Aus dem Wok nehmen. Bambussprossen, Pilze, Hühnerbrühe und alle Gewürze hineingeben und aufkochen. 1 Minute köcheln lassen, Zuckerschoten dazugeben und mit Stärke binden. Sofort servieren.

Pfannengerührte Schweineleber

SHUAN YANG ROU

Mongolischer Feuertopf mit Lamm

Als die Mongolen in Nordchina eindrangen, brachten sie auch ihre Vorliebe für Lammfleisch mit. Bis heute steht Lammfleisch in Beijing und den westlichen autonomen Provinzen auf dem Speiseplan, während es in fast allen anderen Regionen Chinas verpönt ist. Mongolischer Feuertopf ist im Winter sehr beliebt und wird auch gerne in geselliger Runde gegessen, bei der jeder Gast seine Portion selbst im Feuertopf kocht.

500 g Lammkeule ohne Knochen
1–2 Laibe Tofu, in Scheiben geschnitten
200 g langer Weißkohl, grob gehackt
100 g getrocknete Reisnudeln, in heißem Wasser eingeweicht

Für die Brühe:
3 cm Ingwer, in feine Scheiben geschnitten
1 Frühlingszwiebel, grob gehackt
2 TL dunkle Sojasoße
1,5 Liter Brühe aus Lammknochen, im Wasser gekocht

Für Dips und Garnierung:
1/2 Tasse Sesampaste
2 EL fermentierter Tofu, zerdrückt
1/8 Liter helle Sojasoße
1/8 Liter roter Reisessig
1/8 Liter chinesischer Reiswein
4 EL Chilliöl (Seite 41)
4 EL eingelegter Knoblauch (Seite 41)
1 Bund Korianderblätter, gehackt

Lamm in papierdünne Scheiben schneiden, etwas vom Fett stehenlassen (typisch für Beijing, kann aber auch weggeschnitten werden). Scheiben aufrollen und auf einen Teller legen. Tofu und Kohl auf separate Teller legen und die eingeweichten Reisnudeln auf sechs Suppenschalen verteilen.

Dips und Garnierung in kleinen Schalen anrichten und auf den Tisch stellen, damit sich jeder nach Belieben bedienen kann.

TIP

Der Feuertopf ist eine Art Fondue, der mit Holzkohle beheizt wird, es gibt aber auch elektrische und gasbetriebene Versionen. Die Holzkohle wird über einer Gasflamme angezündet und mit einer Zange in den Kamin in der Mitte des Feuertopfes gegeben. Sie können aber auch ein normales Fondue-Set benutzen.

Mongolischer Feuertopf mit Lamm

Alle Zutaten für die Brühe in einem Topf erwärmen und vorsichtig in den Feuertopf gießen. Erneut aufkochen. Jeder Gast kocht das Fleisch, den Tofu und den Kohl selbst und würzt dann mit Dips seiner Wahl sowie mit eingelegtem Knoblauch und Koriander. Wenn alle Zutaten aufgebraucht sind, wird die würzige Brühe in die Suppenschalen über die Nudeln gegeben und als letzter Gang gegessen.

HEI JIAO NIU ROU

Rindfleisch mit schwarzem Pfeffer

Dieses Rezept aus Sichuan ist einfach zuzubereiten.

200 g Rinderfilet, in 2,5 cm große Würfel geschnitten · 2 EL chinesischer Reiswein
1 EL Wasser · 1/2 TL Salz
1/4 TL gemahlener weißer Pfeffer
Öl zum Fritieren
1 EL fein gehackter Knoblauch
2 TL grob zerdrückte schwarze Pfefferkörner · 1 TL zerdrückte Sichuan-Pfefferkörner oder Sansho
1 TL Austernsoße
2 TL helle Sojasoße · 1 TL Sesamöl
geschnittener Kopfsalat als Garnierung

Rindfleisch in eine Schüssel legen und Wein, Wasser, Salz und weißen Pfeffer darübergeben. Gut verrühren, bis das Fleisch die ganze Flüssigkeit aufgesogen hat.

Öl erhitzen und Rindfleisch bei sehr großer Hitze circa 30 Sekunden pfannenrühren. Öl bis auf 1 Teelöffel abgießen. Den Knoblauch einige Sekunden anbraten, dann das Fleisch und alle übrigen Zutaten außer dem Salat dazugeben. Einige Sekunden pfannenrühren, bis alles gut vermischt ist und sofort auf dem Salat servieren.

Rindfleisch mit schwarzem Pfeffer

Gefüllte Gemüse und Tofu

GUANG DONG NIANG SAN BAO
Gefüllte Gemüse und Tofu

Bei diesem in Kanton und Hakka beliebten Rezept werden verschiedene Gemüse und Tofu mit Garnelenfarce gefüllt. Die Soße mit gesalzenen schwarzen Bohnen verleiht den köstlich gefüllten Gemüsen eine salzig-scharfe Note.

1 große grüne Paprika · 1 lange dünne Aubergine · 1 harter Tofu
1 TL Stärkemehl · Öl zum Fritieren

Für die Füllung:
200 g geschälte Garnelen, gehackt
50 g Schweinespeck, gehackt
1 EL schwarze Moospilze, eingeweicht
1/2 TL Salz
1 Prise gemahlener weißer Pfeffer

Für die Soße:
1 TL gesalzene schwarze Bohnen, leicht zerdrückt
1 TL fein gehackte, rote Chilischoten
1 TL sehr fein gehackter Knoblauch
1 TL sehr fein gehackter Ingwer
1 Tasse Hühnerbrühe (Seite 41)
1/2 TL dunkle Sojasoße
2 TL Stärkemehl, mit Wasser verrührt

Für die Füllung alle Zutaten im Mixer pürieren. Beiseite stellen.

Paprika vierteln und Kerne entfernen. Aubergine in 4 cm große Stücke schneiden und auf einer Seite einschlitzen, um eine Tasche für die Füllung zu schaffen. Tofu vierteln und jeweils eine Tasche einschneiden. Das Innere der Gemüse und des Tofus mit Stärke bestreuen, damit die Füllung gut haftet, dann mit der Garnelenpaste füllen.

Öl im Wok erhitzen und die gefüllten Gemüse und Tofu darin portionsweise fritieren, bis sie goldbraun und gar sind. Herausnehmen und beiseite stellen. 1 Teelöffel Öl im Wok für die Zubereitung der Soße lassen.

Für die Soße schwarze Bohnen, Chilischoten, Knoblauch und Ingwer einige Sekunden pfannenrühren, bis sie duften, dann die Brühe und die Sojasoße dazugeben. Erhitzen, die fritierten Gemüse und Tofu hinzufügen und 1 Minute köcheln lassen. Mit Stärke binden und sofort servieren.

TIP

Es können auch Bittermelone und rote und grüne entkernte Chilischoten als Gemüse verwendet werden. Die Füllung kann man schon im voraus zubereiten und auch das Gemüse putzen, allerdings sollte es noch nicht geschnitten und gefüllt werden.

XIANG GU CHAO JIAO BAI
Bambussprossen mit Pilzen

Die Bambussprossen, die in Südchina für dieses Gericht verwendet werden, sind besonders fest und schmackhaft und erinnern an frische Palmherzen. Wenn Sie frische *Jiao* nicht bekommen können, eignen sich auch Bambussprossen aus der Dose als Ersatz.

400 g *Jiao Bai* oder Bambussprossen
2 TL Öl
1 gehäufter TL sehr fein gehackter Knoblauch
10 getrocknete schwarze Pilze, eingeweicht
1 TL chinesischer Reiswein
1 TL gekörnte Hühnerbrühe
1 TL Zucker
1/2 TL Salz

Bei frischem *Jiao Bai* die äußere Schicht entfernen und dann grob hacken. Bambussprossen aus der Dose 5 Minuten in kochendem Wasser garen, abgießen und dann in Scheiben schneiden.

Öl im Wok erhitzen und Knoblauch und Pilze unter Rühren anbraten, bis sie leicht duften. *Jiao Bai* oder Bambussprossen und alle Gewürze dazugeben und 1–2 Minuten pfannenrühren. Sofort servieren.

CHAO ZHOU ZHENG CHANG YU
Gedämpfte Teochew-Scholle

Die Chao Zhou (auch Chiu Chow oder Teochew) Südchinas sind berühmt für ihre leichte Küche und die köstliche Zubereitung von Meeresfrüchten. Dieses Rezept ist ein hervorragendes Beispiel ihrer großartigen Kochkunst.

1 frische Scholle, ca. 750 g
100 g gesalzener Senfkohl, eingeweicht und in feine Streifen geschnitten
1 Tomate, ohne Kerne und in Streifen geschnitten · 2 saure gesalzene Pflaumen (in Gläsern erhältlich)
1 rote Chilischote, entkernt und fein geschnitten
1 Frühlingszwiebel, in 4 cm große Stücke gehackt · 8 cm Ingwer, fein geraspelt
1 Würfel Tofu, geraspelt
1 getrockneter schwarzer Pilz, eingeweicht und fein geschnitten
2 TL gekörnte Hühnerbrühe · 1/2 TL Zucker
1/4 TL Salz · Korianderzweige als Garnierung

Fisch innen und außen säubern und trockentupfen. Auf einen ovalen Teller geben und darüber alle Zutaten außer Hühnerbrühe, Zucker und Salz anrichten. Mit Hühnerbrühe, Zucker und Salz bestreuen und in einen großen Dämpftopf stellen. Bei großer Hitze circa 8 Minuten dämpfen, bis der Fisch gar ist. Nicht zu lange kochen, sonst verliert er Biß und Geschmack. Mit Korianderzweigen garnieren.

Gedämpfte Teochew-Scholle

YU XIANG CUI PI GUI YU

Knusprig gebratener Mandarinfisch

Die Chinesen ziehen Fische aus Seen, Flüssen und Fischteichen wegen ihres Geschmacks und ihrer Konsistenz den Meerwasserfischen vor. Dieses Rezept verwendet frischen Mandarinfisch, man kann aber durchaus auch zarte Salzwasserfische wie beispielsweise Barsch oder Brasse verwenden.

1 frischer Fisch, 750 g–1 kg, geputzt und ausgenommen
8 cm Ingwer, in feine Scheiben geschnitten
1 Frühlingszwiebel, grob gehackt
1 TL gemahlener weißer Pfeffer
1/8 Liter chinesischer Reiswein
2 EL Stärkemehl
Öl zum Fritieren
1 Frühlingszwiebel, in feine Scheiben geschnitten, als Garnierung

Für die Soße:
1–2 EL Chillipaste
1 1/2 TL fein gehackter Knoblauch
1 1/2 TL fein gehackter Ingwer
1 1/2 TL weißer Reisessig
1 TL Zucker
1/2 TL Salz
180 ml Hühnerbrühe (Seite 41)
1 Frühlingszwiebel, in feine Scheiben geschnitten
2 TL Stärkemehl, mit Wasser verrührt

4 oder 5 diagonale Schlitze auf jeder Seite des Fisches einschneiden, damit er schneller gar wird. Den Fisch 15 Minuten in Ingwer, gehackten Frühlingszwiebeln, Pfeffer und Reiswein marinieren. Abtropfen lassen und alle Marinadenreste abkratzen. Anschließend gründlich trockentupfen.

Wok erhitzen und Öl hineingeben. Sobald das Öl heiß ist, Fisch auf beiden Seiten mit Stärkemehl einstäuben, etwas abschütteln. Vorsichtig ins Öl geben und bei mittlerer Hitze circa 5–8 Minuten goldbraun braten. Abtropfen lassen, auf eine Servierplatte legen und warm halten.

Öl bis auf 1 Teelöffel abgießen. Für die Soße Chillipaste, Knoblauch und Ingwer einige Sekunden pfannenrühren, bis sie duften, dann alle übrigen Zutaten außer der Stärke dazugeben. 2 Minuten köcheln lassen, dann mit Stärke binden. Soße über den Fisch gießen und mit Frühlingszwiebeln garnieren. Sofort servieren.

Lychees mit Garnelen gefüllt

ZENG CHENG BAI HUA NIANG XIAN GUO

Lychees mit Garnelen gefüllt

Dieses Rezept ist ein schönes Beispiel für die Kreativität und Qualität der kantonesischen Küche. Es besteht aus frischen, mit Garnelen gefüllten Lychees, die von den meisten Chinesen als die beste Frucht angesehen werden. Man kann auch Lychees aus der Dose verwenden, falls keine frischen erhältlich sind. Diese müssen aber vor Gebrauch gut abgewaschen werden, damit der Zuckersirup ganz abgespült wird.

250 g geschälte Garnelen, fein gehackt oder püriert
1 TL Salz · 1 TL Stärkemehl
1/4 TL gemahlener weißer Pfeffer
10 frische Lychees oder aus der Dose, geschält und entsteint
einige Endiviensalatblätter zum Garnieren
Korianderblättchen zum Garnieren
Chilliflocken zum Garnieren (nach Wunsch)

Für die Soße:
1/4 Liter Hühnerbrühe (Seite 41)
1 TL neutrales Öl · 1/2 TL Salz
1 TL Stärkemehl, mit Wasser verrührt
2 Eiweiße

Garnelen, Salz, Stärkemehl und Pfeffer vermischen. Mischung in 10 Portionen aufteilen. Das Innere jeder Lychee mit etwas Stärkemehl einstäuben und mit der Garnelenpaste füllen – diese fest hineindrücken. Lychees auf einen Teller geben und bei großer Hitze in einem Dämpfkorb 6–8 Minuten dämpfen, bis die Garnelenfüllung fest und gar ist.

Endiviensalatblätter in einer flachen Schüssel anrichten und die Lychees darauf setzen.

Brühe, Öl und Salz zum Kochen bringen. Hitze reduzieren und mit Stärke binden, dann Eiweiß unterrühren und vom Feuer nehmen. Über die Lychees gießen und sofort servieren.

SUAN RONG ZHENG DAN CAI

Gedämpfte Miesmuscheln mit Knoblauch

Dieses Rezept eignet sich auch für Austern und Venusmuscheln. Die Miesmuscheln werden gekocht, bis sie sich gerade öffnen, dann mit Gewürzen gedämpft.

12 frische Miesmuscheln oder Austern oder 24 Venusmuscheln
6–8 Knoblauchzehen · 1 TL Öl
1 TL gekörnte Hühnerbrühe
1 TL Zucker · 1/2 TL helle Sojasoße
1 rote Chilischote, fein gehackt
1 Frühlingszwiebel, in feine Scheiben geschnitten
Korianderblätter (nach Wunsch)

Wasser in einen Wok füllen und zum Kochen bringen. Miesmuscheln dazugeben und kochen, bis sie sich etwas öffnen. Herausnehmen, abtropfen lassen und eine Schalenhälfte entfernen. Die Schalenhälften mit Muscheln auf einem Teller anrichten.

Die Hälfte des Knoblauchs in Scheiben schneiden und in Öl sanft goldbraun und knusprig braten. Abtropfen lassen und beiseite stellen. Übrigen Knoblauch sehr fein hacken und ein wenig über jede Muschel streuen, dann mit gekörnter Hühnerbrühe, Zucker und Sojasoße bestreuen. In einen Dämpftopf stellen und bei großer Hitze 3 Minuten kochen.

Mit gebratenem Knoblauch, Chillies, Frühlingszwiebeln und Koriander garniert servieren.

Gedämpfte Miesmuscheln mit Knoblauch

YOU BAO YOU YU JUAN

Tintenfisch mit Bambussprossen

Tintenfisch ist in den Küstenregionen Chinas sehr beliebt und schmeckt wie alle Meeresfrüchte ganz frisch am besten. In China wie auch in anderen asiatischen Ländern wird er oft mit einem Messer so eingeschnitten, daß er nach dem Kochen wie ein Kiefernzapfen aussieht.

500 g frischer Tintenfisch, enthäutet und gesäubert · Öl zum Fritieren
1 TL fein gehackter Knoblauch
75 g Bambussprossen, der Länge nach in 5 cm große Stücke geschnitten
1/4 Gurke, der Länge nach in 5 cm große Stücke geschnitten
1 große Möhre, in dünne, 5 cm lange Stücke geschnitten · 1 Frühlingszwiebel, in Scheiben geschnitten
2 EL chinesischer Reiswein · 1 TL Salz
1 TL Stärkemehl, mit Wasser verrührt

Tintenfisch der Länge nach halbieren und jedes Stück mit einem scharfen Messer rautenförmig einschneiden, dabei darauf achten, das Fleisch nicht ganz durchzuschneiden. Den eingeschnittenen Tintenfisch in etwa 6 x 2 cm große Stücke schneiden. Gut abtrocknen.

Öl erhitzen und Tintenfisch darin 5 Sekunden fritieren. Abtropfen lassen und beiseite stellen. Öl bis auf 1 Teelöffel abgießen und erneut erhitzen. Knoblauch einige Sekunden pfannenrühren, bis er duftet, dann Tintenfisch dazugeben und eine weitere Minute rühren. Bambussprossen, Gurken, Möhren und Frühlingszwiebeln hinzufügen und noch eine Minute unter Rühren garen. Mit Reiswein und Salz abschmecken, dann mit Stärkemehl binden.

Bettler-Hühnchen

QI GAIJI

Bettler-Hühnchen

Der Überlieferung zufolge stammt dieses Rezept von einem armen Mann, der ein Hühnchen gestohlen hatte. Er wollte es über dem Feuer braten, als plötzlich der Besitzer vorbeikam. Um das Huhn zu verstecken, wickelte er es schnell in Schlamm ein und warf es auf das Feuer. Später, als die Gefahr vorbei war, brach er den hart gewordenen Schlamm auf und fand darin einen saftigen, gegarten Vogel. Bei diesem Rezept wird das Hühnchen mit Zutaten gefüllt, von denen jener Bettler nur träumen konnte. Es wird statt in Schlamm in einen eßbaren Brotteig gehüllt.

1 frisches küchenfertiges Hühnchen, ca. 1,5 kg
2 getrocknete Lotosblätter

Für die Füllung:
150 g Schweinefleisch, in feine Streifen geschnitten
100 g getrocknete Gemüse *(Mei Cai)*, fein gehackt
5 getrocknete schwarze Pilze, eingeweicht und in feine Streifen geschnitten
8 cm Ingwer, fein geraspelt
1–2 Frühlingszwiebeln, in feine Scheiben geschnitten
2 TL gekörnte Hühnerbrühe
2 TL Zucker
2 TL helle Sojasoße
3 EL Reiswein
1 Prise gemahlener Ingwer

Für den Teigmantel:
1 kg Weizenmehl
4 TL getrocknete Hefe
2 EL Zucker
1 EL Salz
2 Eier, verquirlt
1/2 Liter warmes Wasser

Zuerst die Teighülle zubereiten. Mehl in eine Schüssel sieben, alle übrigen Zutaten dazugeben und gut zu einem geschmeidigen Teig vermengen. Etwas Wasser oder Mehl hinzufügen, um die richtige Konsistenz zu erhalten. Zugedeckt gehen lassen, während das Hühnchen zubereitet wird.

Alle Zutaten für die Füllung gut vermischen. Hühnchen damit füllen und jedes Ende mit einem festen Zahnstocher zustecken. Hühnchen ganz in die Lotosblätter wickeln. Auf einen Teller legen und bei großer Hitze in einem Dämpfkorb 30 Minuten dämpfen.

Teig kneten, zu einem großen Rechteck ausrollen und das gedämpfte Hühnchen darin einwickeln. Teigenden gut verschließen. Bei mittlerer Hitze im Ofen backen, bis der Teig goldbraun wird (circa 15 Minuten). Am Tisch aufschneiden und Hühnchen samt Füllung servieren. Der Teig ist eßbar.

Hinweis: Eingelegte chinesische Gemüse, die sowohl in Dosen als auch in Plastikverpackungen erhältlich sind, schmekken zu jedem chinesischen Gericht.

Tintenfisch mit Bambussprossen

CUI PI SHAN DONG JI

Fritiertes Shandong-Hühnchen

Bei diesem Rezept werden – wie bei vielen anderen chinesischen Gerichten aus der nordöstlichen Provinz Shandong – zwei Kochmethoden angewendet: Das Hühnchen wird erst geköchelt und dann fritiert. Man serviert es mit einer klaren, nicht eingedickten Soße, die leicht süßsauer schmeckt.

1 frisches Hühnchen, ca. 1,25 kg
1/2 TL Salz
Öl zum Fritieren
1 Frühlingszwiebel, nur der weiße Teil, in feine Streifen geschnitten
4 Knoblauchzehen, fein gehackt und fritiert

Für die Soße:
1 rote Chilischote, entkernt und in Scheiben geschnitten
4 Knoblauchzehen, in Scheiben geschnitten
1 TL Chillipaste
1/4 Liter Hühnerbrühe (Seite 41)
1 EL helle Sojasoße
4 EL weißer Essig
2 EL Zucker oder Honig
Salz zum Abschmecken

Hühnchen innen und außen mit Salz einreiben und 30 Minuten beiseite stellen. In einem großen Topf Wasser zum Kochen bringen und das Huhn hineingeben. Auf niedrigste Hitze reduzieren und das Hühnchen 30 Minuten köcheln lassen. Abgießen, Huhn trockentupfen und an einen luftigen Platz hängen, damit es ganz abtrocknet.

Kurz vor dem Servieren im Wok Öl zum Fritieren erhitzen. Das Hühnchen wird nur knusprig, wenn es absolut trocken ist (manchmal kann auch ein kurzer Einsatz mit einem Fön helfen). Das ganze Huhn mit der Brust nach unten ins Öl geben und etwa 5 Minuten goldbraun fritieren. Wenden und nochmals 5 Minuten fritieren. Herausnehmen, abtropfen lassen und in mundgerechte Stücke schneiden. Auf einer tiefen Servierplatte anrichten, damit noch Soße darübergegossen werden kann.

Öl aus dem Wok abgießen, aber den Wok nicht auswischen. Alle Zutaten für die Soße hineingeben und 2 Minuten köcheln lassen. Über das Hühnchen gießen und mit Frühlingszwiebeln sowie gebratenem Knoblauch garnieren.

TIP

Um einen leicht rauchigen Geschmack zu erhalten, sollten Sie für dieses Gericht möglichst getrocknete Chillies verwenden. Wenn Sie nur frische Schoten zur Verfügung haben, sollten Sie diese nicht braten, sondern in der Soße mitköcheln lassen.

GONG BAO FENG HUA

Hühnchen mit getrockneten Chillies

150 g Hühnerbrust · 1/2 TL Salz
1 Eiweiß · 2 EL chinesischer Reiswein
2 TL Stärkemehl
1 TL fein gehackter Knoblauch
1 TL fein gehackter Ingwer
1 EL dunkle Sojasoße
1 EL weißer Reisessig · 1 TL Zucker
2–3 getrocknete Chilischoten, in 1 cm große Stücke geschnitten, knusprig, leicht braun fritiert
1 Tasse Frühlingszwiebeln, in feinen Scheiben
2 EL gebratene Erdnüsse, ohne Haut

Hühnerbrust mit diagonalen Schnitten, die etwa 1/2 cm auseinander liegen, einschneiden, dabei aber nicht ganz durchschneiden. Fleisch in 1/2–2 cm große Stücke schneiden. Mit Salz, Eiweiß, Wein und Stärkemehl gut vermischen. 2–3 Minuten beiseite stellen, während das Öl zum Fritieren erhitzt wird. Fleisch bei sehr großer Hitze 30 Sekunden fritieren, abtropfen lassen und beiseite stellen.

Bis auf 1 Teelöffel alles Öl aus dem Wok abgießen. Knoblauch und Ingwer einige Sekunden pfannenrühren, dann Sojasoße, Essig und Zucker dazugeben. Gut verrühren, Hühnchen, getrocknete Chillies und Frühlingszwiebeln hinzufügen und 3–4 Minuten pfannenrühren. Erdnüsse unterrühren und sofort servieren.

PI PA XIA

Pipa-Garnelen

Dieses Gericht ist nach dem klassischen chinesischen Saiteninstrument Pipa benannt, an das die Garnelen von der Form her erinnern. Ganze Garnelen werden in eine pürierte Garnelenpaste getaucht und gedämpft. Sie können schon vorbereitet und einige Stunden kalt gestellt werden, um sie dann kurz vor dem Servieren zu fritieren.

12 mittelgroße Garnelen, ca. 6–8 cm lang
Öl zum Fritieren
1 Eiweiß, leicht aufgeschlagen
2 EL Stärkemehl
12 kleine chinesische Weintassen oder Eierbecher

Für die Garnelenpaste:
300 g Garnelen
75 g Schweinespeck, gewürfelt
1 getrockneter schwarzer Pilz, eingeweicht und fein gehackt
1 EL fein gehackte Bambussprossen oder Wasserkastanien
1 TL Salz
2 Eiweiße
2 EL Stärkemehl

Für die Soße:
1 Tasse Hühnerbrühe (Seite 41)
1 TL Reiswein
Salz zum Abschmecken
2 TL Stärkemehl, mit Wasser verrührt

Als erstes die Garnelenpaste zubereiten. Garnelen schälen, Köpfe, Schwänze, Schalen und Innereien entfernen. Garnelen mit dem gewürfelten Speck einige Sekunden im Mixer pürieren. Alle übrigen Zutaten für die Garnelenpaste dazugeben und gut mixen.

Kleine chinesische Weinschalen oder Eierbecher mit etwas Öl einfetten, dann mit Garnelenpaste füllen.

Die mittelgroßen Garnelen schälen, Köpfe entfernen, aber Schwänze aus Dekorationsgründen daranlassen. Das Kopfende jeder Garnele in ein Schälchen mit Garnelenpaste stecken und das Schwanzende herausschauen lassen. Dann 20 Minuten dämpfen. Abkühlen lassen und mit einem spitzen Messer aus den Schalen oder Eierbechern lösen.

Erst kurz vor dem Servieren die Soße zubereiten. Brühe, Wein und Salz aufkochen. Mit Stärkemehl binden und warmhalten.

Öl zum Fritieren im Wok erhitzen. Die gedämpften Garnelen mit Stärkemehl einstäuben, in das Eiweiß tauchen und goldbraun fritieren. Auf eine Servierplatte legen und die Soße darübergießen.

Fritiertes Shandong-Hühnchen

Hühnchen mit getrockneten Chillies

Die typische chinesische Nachspeise besteht aus frischen, in Scheiben geschnittenen Früchten. Die hier vorgestellten Desserts eignen sich für größere Einladungen und werden gewöhnlich als kleine Zwischenmahlzeit oder Mitternachtsimbiß gegessen.

BING TANG YIN ER
Weißer Pilz mit Melonenbällchen

Weiße Pilze sollen sehr förderlich für die Gesundheit sein. Diese warm oder gekühlt servierte süß-saure Suppe aus Pilzen und Kandiszucker soll die Augen klar werden lassen und den Appetit anregen. Der Pilz selbst hat kaum Kalorien und ist geschmacklos, wird aber wegen seiner Konsistenz und seiner Heilwirkung sehr geschätzt.

50 g gewürfelter weißer Pilz
100 g Kandiszucker · 3/4 Liter Wasser
75 g Honigmelone

Pilz gut waschen, dann 1 Stunde in warmem Wasser einweichen. Stiele und alle harten Stellen entfernen und in mundgerechte Stücke schneiden. Beiseite stellen.

Kandiszucker und Wasser in einem Topf erhitzen, dabei rühren, bis sich der Zucker aufgelöst hat. In eine Schüssel gießen und weißen Pilz dazugeben. Zugedeckt in einen Dämpftopf stellen. 1,5 Stunden dämpfen, bis der Pilz weich ist. Abkühlen lassen und dann kalt stellen.

Kurz vor dem Servieren kleine Melonenbällchen ausstechen. Zu den gekühlten Pilzen geben und in kleinen Schälchen servieren.

Weißer Pilz mit Melonenbällchen

LIAN ZI HONG DOU SHA
Suppe mit roten Bohnen

50 g getrocknete Lotosnüsse oder aus der Dose · 250 g getrocknete rote Azukibohnen
1 Streifen frische Orangenschale
1 Liter Wasser · 125–180 g Zucker

Getrocknete Lotosnüsse 1 1/2 Stunden in heißem Wasser einweichen, abtropfen lassen, schälen und mit einem Zahnstocher den Kern herausschieben.

Nüsse aus der Dose abtropfen lassen; Flüssigkeit wegschütten.

Rote Bohnen 30 Minuten in warmem Wasser einweichen. Abtropfen lassen, mit Wasser bedecken und mit Orangenschale 1 Stunde leise köcheln lassen. Lotosnüse dazugeben und eine weitere Stunde kochen. Zucker nach Geschmack beigeben und umrühren, bis er sich aufgelöst hat. Warm servieren.

Pfannkuchen mit roten Bohnen

DOU SHA WO BING
Pfannkuchen mit roten Bohnen

Die Pfannkuchen werden mit einer Paste aus roten Bohnen gefüllt. Ist keine Bohnenpaste erhältlich, weichen Sie 100 g rote Bohnen 2 Stunden lang ein. Mit einem Streifen Orangenschale weich dämpfen. Zerdrücken und mit Zucker abschmecken. Man kann auch rote Datteln beim Dämpfen zu den Bohnen geben.

150 g Mehl, gesiebt
1/4 TL Vanillesoßenpulver · 1 Ei
Wasser zum Verrühren
100 g Paste aus roten Bohnen
Öl zum Braten

Mehl, Vanillesoßenpulver, Ei und genügend Wasser zu einem dünnen cremigen Teig verrühren. Wok erhitzen und mit 1 Teelöffel Öl innen vollständig einfetten. Etwa 1/4 Tasse Teig hineingießen und den Wok so schwenken, daß ein dünner Pfannkuchen entsteht. Oben sollte er fest und unten goldbraun sein. Aus dem Wok nehmen, beiseite stellen und wiederholen, bis der Teig aufgebraucht ist.

Pfannkuchen mit der braunen Seite nach oben auf eine glatte Oberfläche legen. Die Mitte jedes Pfannkuchens mit Bohnenpaste bestreichen und dann zusammenklappen. Etwas Öl im Wok erhitzen und die gefüllten Pfannkuchen goldbraun braten. In mundgerechte Stücke schneiden und servieren.

BA SI PING GUO
Kandierte Äpfel

Für diese Nachspeise können Äpfel oder Birnen verwendet werden. Es ist wichtig, daß alle Zutaten bereit liegen, damit der letzte Kochvorgang schnell durchgeführt werden kann.

4 große grüne Äpfel, geschält, ohne Kerngehäuse, in 8 Spalten geschnitten
Öl zum Fritieren

Für den Teig:
125 g Weizenmehl · 2 TL Stärkemehl
1 TL Backpulver · 1/2 Ei, verquirlt
Wasser nach Bedarf

Für den Sirup:
125 g Zucker · 2 EL Wasser

Für den Teig alle Zutaten vermischen und so viel Wasser dazugeben, daß er eine dicke cremige Konsistenz erhält.

Zucker und Wasser bei mittlerer Hitze erhitzen, dabei umrühren, bis der Sirup goldbraun wird. Warm halten.

Eine Schüssel mit Eiswasser und eine eingefette Platte bereit stellen. Öl zum Fritieren erhitzen. Wenn es sehr heiß ist, jeweils einige Apfelspalten in den Teig tauchen und im Öl goldbraun braten. Herausnehmen, abtropfen lassen, in Sirup tauchen und gründlich darin wenden. Apfelspalten sofort ins Eiswasser geben, so daß der Sirupmantel fest wird, dann auf eine Servierplatte legen und servieren.

CHILLIÖL

12 EL Erdnußöl
1 EL Sichuanpfefferkörner
2 getrocknete Chilischoten, in Scheiben geschnitten

Wok erhitzen und Öl, Pfefferkörner und Chillies hineingeben. Bei niedriger Hitze 10 Minuten kochen. Abkühlen lassen, dann 2–3 Tage zugedeckt in Gläsern stehen lassen. Pfefferkörner und Chillies entfernen.

Das Öl kann an einem kühlen Ort in dicht schließender Flasche bis zu 6 Monaten aufbewahrt werden.

SICHUANPFEFFERÖL

2 EL Sichuanpfefferkörner
12 EL Erdnußöl

Pfefferkörner im trockenen Wok pfannenrühren, bis sie ihr Aroma entfalten. Öl dazugeben und bei niedriger Hitze 10 Minuten braten. Abkühlen lassen und in einem zugedeckten Glas 1–2 Tage aufbewahren. Pfefferkörner entfernen. Das Öl ist in einer dichten Flasche und im Kühlschrank aufbewahrt bis zu 6 Monaten haltbar.

GOURMET-BRÜHE

500 g Schweinerippchen, blanchiert
375 g Hühnchenteile, blanchiert
375 g Ententeile, blanchiert
375 g geräucherter Schinken
2 Frühlingszwiebeln, grob gehackt
5 cm Ingwer, in Scheiben geschnitten
4 EL chinesischer Reiswein
5 Liter Wasser

Alle Zutaten 2 Stunden im offenen Topf köcheln lassen. Anschließend die Brühe durch ein Küchentuch seihen.

HÜHNERBRÜHE

1 Suppenhuhn oder 1,5 kg Hühnchenteile
1 Selleriestange mit Blättern, gehackt
5 cm Ingwer, zerstoßen
2,5 Liter Wasser

Huhn oder Hühnchenteile in einen großen Topf mit kochendem Wasser geben und 1 Minute köcheln lassen. Wasser abgießen und dann Fleisch und alle übrigen Zutaten in frisches Wasser geben. Aufkochen lassen und im offenen Topf 2 Stunden köcheln lassen. Schaum oder andere Teilchen, die nach oben steigen, abschöpfen. Brühe durch ein Küchentuch seihen. Die Brühe kann in großen Mengen zubereitet werden und in kleinen Portionen für den weiteren Gebrauch eingefroren werden.

EINGELEGTER KNOBLAUCH

3/4 Liter Wasser
6–8 ganze Knoblauchknollen mit Schale
1/4 Liter weißer Reisessig
3 EL Zucker
1 TL Salz
1 Lorbeerblatt

Wasser aufkochen, Knoblauch dazugeben und vom Feuer nehmen. Übrige Zutaten dazugeben und abkühlen lassen. Knoblauch in ein Glas geben, mit Flüssigkeit auffüllen und 3 Tage zugedeckt ziehen lassen. Abgetropft als Beilage oder Vorspeise servieren.

INGWER-KNOBLAUCH-SOSSE

30 g junger Ingwer
6 Knoblauchzehen
1 TL Salz
1 TL Zucker
1 TL Sesamöl
1 EL neutrales Öl

Ingwer und Knoblauch pürieren und mit den übrigen Zutaten vermischen. In ein Glas mit Deckel geben und kurz vor dem Servieren durchschütteln.

CHILLI-KNOBLAUCH-SOSSE

5 rote Chilischoten, gehackt
3 Knoblauchzehen, gehackt
3 EL weißer Reisessig
1 TL Zucker
1/2 TL Salz

Alle Zutaten fein pürieren. Im verschlossenen Glas im Kühlschrank aufbewahren. Zu gedämpftem Geflügel und anderen gekochten Gerichten reichen.

SOJA-INGWER-DIP

2 TL helle Sojasoße
2 EL sehr fein gehackter Ingwer
1 EL Frühlingszwiebeln, in feinen Scheiben
1/2 TL Zucker
2 EL Erdnußöl
1 EL Sesamöl

Sojasoße, Ingwer, Zwiebeln und Zucker vermischen. Öle erhitzen, bis sie rauchen, dann über die Ingwermischung gießen und verrühren. Sofort zu gedämpftem Huhn oder Fisch servieren.

SESAMSOSSE

4 EL Sesampaste
4 EL kalte Hühnerbrühe (siehe oben)
1 TL Sesamöl
1/2 TL Salz
1/2 TL Zucker

Zutaten gut vermischen und zu Meeresfrüchten servieren.

Ingwer-Knoblauch-Soße (oben), Chilli-Knoblauch-Soße (links) und Chillischeiben in Sojasoße (ohne Rezept)

INGWER-DIP MIT SCHWARZEM ESSIG

8 cm junger Ingwer, geputzt und sehr fein geraspelt
3 EL schwarzer Reisessig

Ingwer und Essig vermischen. Zu Peking-Teigtaschen oder *Dim Sum*-Gerichten servieren.

Gewürze sind Indiens natürliche Reichtümer. Die Küche dieses faszinierenden Landes ist zugleich ein Spiegel seiner wechselvollen Geschichte.

INDIEN

Die wechselvolle dreitausendjährige Geschichte des Subkontinents spiegelt sich auch in der indischen Küche wider.

Links: In indischen Restaurants heute groß in Mode: ein erlesen gedeckter Tisch, darauf Thalis mit Speisen aus Rajasthan. Aufmerksame Diener kümmern sich um das leibliche Wohl der Gäste.

Rechts: Einer der zahlreichen Kanäle, die den südindischen Staat Kerala durchziehen.

Indien ist ein riesiges, traditionsreiches Land, das sich von den schneebedeckten Bergen Kaschmirs über die unwirtlichen, unfruchtbaren Wüsten Rajasthans und die abgelegenen Stammesgebiete Assams bis zur burmesischen Grenze hinzieht. Die indischen Provinzen bieten von palmengesäumten Stränden über Wüsten bis hin zu geschäftigen Großstädten und winzigen Dörfern beinahe alles.

Indien ist aber auch die Geburtsstätte zweier großer Weltreligionen – des Buddhismus und des Hinduismus – und hat daneben noch eine Vielzahl weiterer Religionen, darunter den Jainismus und die Sikh-Religion, hervorgebracht. Und jede dieser Religionen, aber auch das Kastenwesen, hat die Ernährungsgewohnheiten der Inder auf unterschiedliche Weise geprägt.

Ob es angesichts all dieser Gegensätze die eine indische Küche überhaupt gibt und welche Gemeinsamkeiten die verschiedenen Küchen aufweisen, soll im folgenden beschrieben werden.

Das im Süden Asiens gelegene Indien erstreckt sich vom Himalaya im Norden über die weite Ebene des Ganges bis nach Kerala, dem fruchtbaren südwestlichen Küstenstreifen. Aufgrund seiner Ausdehnung – Indien ist das siebtgrößte Land der Welt – umfaßt das Land vier Klimazonen, die sich deutlich voneinander unterscheiden.

Im kälteren Norden und in der Ganges-Ebene sind Reis und Weizen die Hauptnahrungsmittel. In den Wüsten Rajasthans und Gujarats ernährt man sich hingegen vorwiegend von Hirse und Mais. Auch im Osten, dessen weites, fruchtbares Schwemmland die idealen Voraussetzungen für den Reisanbau liefert, gehört Reis zu den Grundnahrungsmitteln. Entlang der Küste von Kerala bevorzugt man dagegen Fisch und Fleisch.

Gewürze sind ein unverzichtbarer Bestandteil der indischen Küche und werden nahezu überall angebaut. Kardamom, Gewürznelken und Pfefferschoten findet man überwiegend im Süden. Rajasthan, Kaschmir und Gujarat

Oben: Auf dem Gewürzmarkt von Cochin: Händler beim Abwiegen von Muskatnüssen
Unten: Ein südindischer Thali mit verschiedenen Gemüsegerichten, Pickles, Suppen, Reis, Brot, Banane und Dessert

sind berühmt für ihre Chillies und Kurkuma. Einen prächtigen Anblick bieten die Felder mit lilafarbenen Krokussen, die das teuerste Gewürz der Welt, den Safran, liefern.

Ursprünge und Entwicklung der indischen Küche

Die Veden, religiöse Schriften, die von 1700 bis 1500 v.Chr. entstanden, legten den Grundstein für das, was wir heute landläufig als Hindu-Kultur bezeichnen. Sie legen Zeugnis ab über das Leben der Nomadenstämme der Arier, die, vom oberen Ural kommend, im Osten bis nach Indien und im Westen bis nach Irland vorstießen. Diese Stämme prägten die hinduistische Eßkultur zunächst nur im indischen Norden und Nordwesten, im Laufe der Zeit aber auch im ganzen Land. Die Arier betrachteten die Nahrung als Teil eines kosmischen Kreislaufs. Sie unterschieden drei verschiedene Arten von Speisen: solche, die wieder ausgeschieden werden müssen, solche, die der Körper aufnimmt und schließlich solche, die in Geisteskraft umgewandelt werden. Zu letzteren, den sogenannten *Manas*, zählten nur die feinsten und seltensten Speisen. Mit dem Begriff *Prasad* bezeichneten sie Speisen, die von Opfergaben an die Götter übriggeblieben waren; sie galten als Nektar, der keine Spuren hinterließ und die Spiritualität förderte. *Ghee* (geklärte Butter) wurde zu einer beliebten Zutat. Sie stand für Reinheit und diente auch als Opfergabe. In der traditionellen nordindischen Küche bevorzugt man noch heute das cholesterinreiche *Ghee*, während die modernen Inder dazu übergegangen sind, mit Öl zu kochen.

Fremde Religionen, wie Islam, Juden- und Christentum, der Handel und Besatzungsmächte veränderten die traditionellen Eßgewohnheiten und belebten die indische Küche. Buddhismus und Jainismus stellten die hinduistischen Bräuche in Frage. Man predigte Enthaltsamkeit, Mäßigung und Einfachheit und forderte den Verzicht auf Fleisch, Tabak und Alkohol. Die Jainas maßen den sogenannten »unschuldigen« Speisen besondere Bedeutung zu, und daraus entstand der Vegetarismus, der unter anderem die Küche des westlichen Küstenstaats Gujarat in hohem Maße prägte. Durch den Zuzug der Parsen um 850 n.Chr., die seit jeher Fleisch, Eierspeisen, Rosinen, Nüsse, Butter und Sahne bevorzugten, entwickelte sich dort im Laufe der Zeit eine Mischküche, aus der beispielsweise Gerichte wie gedünsteter Fisch im Bananenblatt und *Dhansak*, ein Eintopfgericht aus verschiedenen *Dal*-Sorten, Gewürzen, Fleisch und Gemüse, hervorgingen.
Die islamischen Moguln, die für ihre exotischen, nichtvegetarischen Speisen berühmt sind, bereicherten die indische Küche mit neuen Geschmacksrichtungen, gehaltvollen Beilagen, Fleisch mit Sahne- und Buttersoßen, Datteln, Nüssen und köstlichen Süßigkeiten.
Unauslöschliche Spuren hat schließlich auch die britische Kolonialherrschaft hinterlassen: In den Haushalten der Mittelschicht hielten Eßtisch und Besteck Einzug, und das Bananenblatt wurde durch Porzellangeschirr ersetzt. Die Briten verfeinerten ihre Speisen mit indischen Gewürzen. Daraus entstanden Gerichte wie Kedgeree (eine Mischung aus Reis und Linsen), die Mulligatawny-Suppe (wörtlich »Pfefferwasser«, indisch *Mooloogoo Thani*) und das allgegenwärtige Curry. Curry (das Wort leitet sich möglicherweise vom tamilischen *Kari* – Soße – her) ist eine Sammelbezeichnung, die von den Briten eingeführt wurde. Sie bezeichneten damit jedes Fleisch-, Fisch- oder Gemüsegericht, das mit einer scharfen Soße zubereitet wurde.

Die verschiedenen Regionalküchen

Pikante, gehaltvolle Speisen und fein abgestimmte, aromatische Gewürze sind charakteristisch für die Küche des im nordwestlichen Himalaya gelegenen Kaschmir-Tals. Zu den beliebtesten Gerichten dieser Region zählen in Joghurt mariniertes Lamm, in Milch geschmortes und mit Muskat gewürztes Hammelfleisch und kräftige Fleischcurrys.

In der Ganges-Ebene bestehen die Mahlzeiten für gewöhnlich aus Reis, kurz angebratenem und mit Gewürzen verfeinertem Gemüse, *Dal*, ungesäuertem Brot, Naturjoghurt und einer Süßspeise. Dazu werden meist noch Chutneys und Mixed Pickles gereicht.

Die bengalische Küche gilt als besonders raffiniert. Anders als im übrigen Indien werden die einzelnen Speisen in Bengalen nacheinander aufgetragen. Neben Reis, *Dal* und Chutney spielt hier auch Fisch eine wichtige Rolle.

In Südindien ernährt man sich vorwiegend von Reis, der auf unterschiedlichste Weise zubereitet wird. Gerne ißt man auch hauchdünne Reismehlpfannkuchen (*Dosay*) oder *Idli* (gedämpfte Reisklößchen), zu denen verschiedene Chutneys, Gemüse und leichte *Dal*-Brühen (*Sambar*) gereicht werden.

Im südindischen Bundesstaat Karnataka ernährt man sich vorwiegend von Gemüse – besonders beliebt sind Auberginen und Bittergurken –, das mit verschiedenen Relishes als Beilage zu *Dosay*, *Idli* oder gekochtem Reis serviert wird.

In Goa sind Kokum-Früchte, scharfe Chilischoten und Essig (im übrigen Indien verwendet man als Säuerungsmittel gewöhnlich Tamarinde, Limonensaft oder Mangopulver) beliebte Zutaten. Sie finden beispielsweise im Schweinefleischcurry *Vindaloo* (der Name setzt sich aus den portugiesischen Wörtern für Essig und Knoblauch zusammen) und einem säuerlich-scharfen Curry aus Schweinefleisch, Leber und Schweineblut (*Sorpotel*) Verwendung.

Die indische Küche und ihre Gewürze

Gewürze, dies belegen alte Sanskrit-Texte, sind bereits seit dreitausend Jahren nicht nur als Geschmacksverstärker, sondern auch als Konservierungs- und Heilmittel unverzichtbarer Bestandteil der indischen Küche. Gewöhnlich verfügt die indische Hausfrau über ein ganzes Arsenal von Gewürzen, eine Riesenauswahl verschiedener Sorten, Farben und Aromen, die von süßlichem Kümmel und Koriander bis hin zu scharfem Asafötida und Kurkuma reicht. Zu den Gewürzen zählt man in Indien auch getrocknete Samen, Beeren, Baumrinde, Wurzeln, Blüten, Blätter und Chilischoten. Sie werden frisch oder in getrockneter Form, im Ganzen oder als Pulver geröstet, gemahlen oder in heißem Öl angebraten, damit sie ihr Aroma besser entfalten. Manche Gewürze eignen sich nur zum Verfeinern von Fleisch, da sie den feineren Geschmack von Meeresfrüchten und Gemüse überdecken würden. Andere, etwa Kardamom, Safran und Zimt, verwendet man sogar für Desserts.

Mischungen aus verschiedenen Gewürzen nennt man *Masala*. Am beliebtesten ist das *Garam Masala*, eine aromatische Kombination von Zimt, Nelken, schwarzem Pfeffer und Kardamom, die in den nördlichen Regionen gelegentlich noch Muskatnuß, Muskatblüte und Safran enthält. Vielfach werden die Gewürze auch mit frischen Wurzeln und Blättern, zum Beispiel Ingwer, Knoblauch, Kurkuma, Minze und Chilischoten, kombiniert.

Ein Marktstand mit Opfergaben – Kokosnüsse, Bananen, Blumen und Weihrauch – in einem typischen südindischen Dorf

Bei der Zubereitung der Speisen werden stets auch die Heilkraft der Gewürze und ihre Wechselwirkung mit den natürlichen Eigenschaften eines bestimmten Gemüses oder *Dals* berücksichtigt.

Viele der im folgenden vorgestellten Currys sind sehr gut haltbar. Viele behaupten sogar, ein Curry schmecke am nächsten Tag noch besser, da es seinen Geschmack erst dann richtig entfaltet hat. Bereiten Sie deshalb möglichst gleich eine doppelte Menge zu und frieren den Rest in einem luftdicht verschlossenen Behälter ein – so haben Sie, wenn es einmal schnell gehen muß oder wenn unerwartet Besuch kommt, immer eine schnelle Mahlzeit zur Hand!

Die meisten Würzsoßen sind bei richtiger Lagerung im Kühlschrank bis zu einem Monat haltbar. Bevor Sie die Soße in den Kühlschrank stellen, versiegeln Sie die Oberfläche am besten mit einem dünnen Ölfilm. Und achten Sie darauf, daß Sie die Soße mit einem sauberen, trockenen Löffel aus dem Glas nehmen. Die Gewürze für ein *Garam Masala* sollten immer erst bei Bedarf geröstet und gemahlen werden, da die gemahlenen Gewürze sehr schnell ihr Aroma einbüßen.

Küchenausstattung und Tischkultur

Die Ausstattung der indischen Küchen ist erstaunlich einfach: Sie besteht in der Regel nur aus einem – häufig mit Holzkohle beheizten – Ofen und einigen wenigen Küchengeräten, darunter der *Kadai* (eine Art Wok) sowie verschiedene Töpfe und Pfannen.

Der Gast gilt in Indien als gottgesandt, und entsprechend respektvoll wird er behandelt. Die Ernährungsgewohnheiten der indischen Familien sind in hohem Maße von den klimati-

Die üppige Küche der Moguln-Kaiser erfreut sich nicht nur in Indien, sondern auf der ganzen Welt großer Beliebtheit.

schen Bedingungen und der Religionszugehörigkeit geprägt. Großer Wert wird auf die Ausgewogenheit der Speisen gelegt. Die indische Hausmannskost ist in der Regel sehr einfach. Die Grundlage der Mahlzeiten bilden Reis, Brot und *Dal,* die mit Gemüse, Fleisch oder Fisch und pikanten Beilagen wie eingelegtem Gemüse, *Papads, Raita* oder Chutneys ergänzt werden.

Das Essen wird meist auf einem Bananenblatt oder einem *Thali* aus rostfreiem Stahl serviert. Ein wichtiges Ritual ist das Händewaschen vor dem Essen, denn die Inder essen gewöhnlich mit den Fingern und nehmen ihre Mahlzeiten in der Hocke – in der Regel auf dem Küchenfußboden – ein. Man sitzt dabei auf einer kleinen Strohmatte, und der *Thali* oder das Bananenblatt wird – auf dem Boden oder auf einem kleinen Schemel – über der Matte plaziert.

Mit Ausnahme der Mutter oder Hausfrau, die die Speisen serviert, nehmen die Familienmitglieder ihre Mahlzeiten gemeinsam ein. In den Haushalten der Mittelschicht wird das Servieren allerdings häufig von Bediensteten besorgt. Man sitzt dabei meist nebeneinander in einer Reihe, und die Hausfrau serviert und füllt die *Thalis* immer wieder auf.

Sämtliche Speisen werden aus ein und demselben *Thali* gegessen, und die einzelnen Gänge werden meist in einer ganz bestimmten Reihenfolge eingenommen: Zuerst ißt man ein wenig Reis mit *Ghee* oder einem Chutney und pikanten Beilagen. Danach folgen Linsen (*Dal*) mit verschiedenen Gemüsen. Die besten Stücke vom Fisch oder Fleisch bietet man stets dem Gast an. Brot (*Roti, Puri* und *Paratha*) gehört in Nordindien zu jeder Mahlzeit und wird zu *Dal* und Gemüse gegessen. Eine Süßspeise, meist aus Milch hergestellt, beschließt die Mahlzeit. Im Süden ißt man nach dem Dessert allerdings noch Reis mit Quark oder Buttermilch. Das soll den Magen beruhigen.

Traditionsbewußte Inder kauen ganz zum Schluß noch eine Betelnuß mit verschiedenen Gewürzen (*Paan*), die in ein Betelblatt gewickelt ist. Das *Paan*-Kauen soll nicht nur die Verdauung fördern, sondern hat auch symbolische Bedeutung, ist es doch unter anderem auch ein Zeichen der Gastfreundschaft oder dient zur Bekräftigung moralischer und rechtlicher Abmachungen.

MENÜVORSCHLÄGE

Einfache Mahlzeiten

Das folgende Menü schmeckt nicht nur köstlich, sondern hat darüber hinaus noch den Vorzug, daß Sie es im voraus zubereiten und nach Belieben auch lauwarm servieren können.

- Samosa (Seite 48) und etwas Pakora (Seite 48);
- Pikante Kichererbsen (Seite 51) und Tikka-Hühnchen (Seite 53) mit einem frischen Salat und Brot (oder auch verschiedenen Brotsorten);
- frisches Obst mit Kulfi (Seite 57).

Einladungen

Wollen Sie bei einer Abendeinladung indische Hausmannskost mit etwas exotischeren Speisen kombinieren, servieren Sie doch einmal das folgende Menü:

- Bananen-Kartoffel-Bällchen (Seite 49);
- Hausgemachter Käse am Spieß (Seite 51) und Tandoori-Huhn (Seite 52). Dazu reichen Sie verschiedene Raitas und Chutneys (Seite 58), die Sie auch fertig kaufen können.
- Fritierte Milchklößchen in Sirup (Seite 57), die Sie mit eßbarer Gold- oder Silberfolie bestäuben.

Quer durch die indische Küche

Wollen Sie eine kulinarische Reise durch ganz Indien unternehmen, bieten Sie doch einfach Currys aus verschiedenen indischen Regionen an.

- Zitronenreis (Seite 50) mit Brot – besonders fein sind Puris (Seite 48);
- Pikante Kartoffeln in Joghurt (Seite 51), Mildes Hühnercurry (Seite 52), Schweinefleischcurry nach Goa-Art (Seite 55) und ein Sahniges Garnelencurry (Seite 54);
- Frischkäseklößchen in Sirup (Seite 57).

Quer durch die asiatische Küche

Als Querschnitt durch die asiatische Küche empfehlen wir:

- Den indonesischen Rohkostsalat Karedok (Seite 68) und Knusprige Erdnußchips (Seite 67);
- indisches Krebscurry (Seite 54) mit viel Reis oder *Dosay* (Seite 48);
- und thailändische Reisklößchen in Kokosmilch (Seite 138).

DIE WICHTIGSTEN ZUTATEN DER INDISCHEN KÜCHE

Gewürze wie **Kardamom, Kreuzkümmel, Muskatnuß, Zimt, Fenchelsamen** und **Bockshornklee** dürfen in keiner indischen Küche fehlen. Achten Sie beim Einkauf darauf, daß sie frisch sind und rösten und mahlen Sie sie immer erst bei Bedarf. Frische und getrocknete **Chillies** werden zerstoßen oder fein geschnitten und mit **Knoblauch, Zwiebel** und **Ingwer** zu Pasten verarbeitet. Zu Currys ißt man **Linsen** und andere **Hülsenfrüchte**, **Brot** und **Basmati-Reis**. **Safran** und **Kurkuma** verleihen den Speisen Farbe und Geschmack. Aus **Joghurt** bereitet man nicht nur süße und pikante Speisen zu, er ist auch Hauptbestandteil des beliebten Getränks *Lassi*.

Hier finden Sie Rezepte für all die Leckerbissen, die gewöhnlich in den kleinen indischen Lebensmittelläden und in den Garküchen angeboten werden. Fritiertes Gebäck (Samosas) und Gemüse (Pakoras) eignen sich hervorragend als kleine Partysnacks. Und mit den Broten kann man die köstlichen Soßen der Currys auftunken. Wenn Sie darauf achten, daß das Öl beim Fritieren schön heiß bleibt, und wenn Sie das Fritiergut gut abtropfen lassen, dann werden Ihnen diese kleinen Leckerbissen auch nicht schwer im Magen liegen.

CHAPATI

Ungesäuertes Brot

Der *Chapati*-Teig muß gut durchgeknetet werden, entweder in der Küchenmaschine oder 10–15 Minuten lang von Hand.

250 g sehr feines Vollkornmehl (*Atta*)
oder weißes Mehl
Ca. 1/4 Liter warmes Wasser
2 TL *Ghee* oder Butter, weich

Mehl und Wasser in einer Schüssel zu einem Teig verarbeiten, der geschmeidig, aber nicht zu klebrig ist. *Ghee* oder Butter hinzufügen und den Teig entweder auf ein bemehltes Brett oder in die Küchenmaschine geben. Mit der Hand 10–15 Minuten, mit der Maschine 5 Minuten lang bei niedriger Geschwindigkeit kneten. Teig dann zu einem Ball formen, mit einem feuchten Tuch bedecken und mindestens 1 Stunde ruhen lassen. Danach den Teig nochmals 3–4 Minuten lang kneten und in golfballgroße Portionen teilen. Teigbällchen mit der Hand flach drücken und zu Kreisen von 20 cm Durchmesser ausrollen.

Ein schweres Backblech (*Tawa*) oder eine Pfanne sehr stark erhitzen. Ein *Chapati* rösten, bis die Unterseite braune Flecken zeigt, dann umdrehen und die andere Seite rösten, dabei mit einem sauberen Tuch auf das *Chapati* drücken, damit sich Luftblasen bilden. *Chapatis* zum Warmhalten in ein sauberes Tuch wickeln. Brot mit Currys, *Dal* oder Gemüse servieren.

PURI

Fritiertes Brot

Puris sind eine köstliche Alternative zu *Chapati,* und Sie können denselben Teig verwenden. Damit sich die *Puris* kräftig aufblähen, sollten Sie beim Fritieren immer wieder Öl über den Teig gießen.

1 Menge *Chapati*-Teig
Öl zum Fritieren

Den Teig wie für *Chapati* ausrollen und die Kreise (20 cm Durchmesser) mit einem Tuch bedecken. Öl in einem Wok sehr heiß werden lassen. Einen Teigkreis hineingeben und sofort mit einer Kelle etwas vom Fritieröl darüber gießen, damit sich das *Puri* zu einem Ball aufbläht. Nach ein paar Sekunden das *Puri* umdrehen und auf der anderen Seite goldbraun backen. Sogleich auftragen. *Puris* schmecken gut zu Currys, *Dal* oder Gemüse.

SAMOSA

Gebäck mit Gemüsefüllung

100 g *Ghee* oder feste Butter
250 g weißes Mehl
1/2 TL Caromsamen (Ajwain)
1/2 TL Salz
Wasser für einen festen Teig
Öl zum Fritieren

Für die Füllung:
3 EL Öl
1/2 TL Kreuzkümmelsamen
250 g Kartoffeln, gekocht und fein gewürfelt
50 g grüne Erbsen, gekocht
1/2 TL Salz
1 TL gemahlener Koriander
1/2 TL Kurkumapulver
1/2–1 TL Cayennepfeffer
1 grüne Chilischote, entsamt und fein gehackt
1 TL Mangopulver

Ghee oder feste Butter schnell mit dem Mehl verkneten. Zu der krümeligen Masse Caromsamen und Salz geben und genügend Wasser für einen festen Teig. Unter einem feuchten Tuch etwa 30 Minuten ruhen lassen.

Für die Füllung Kreuzkümmel rösten, bis die Samen knacken; restliche Zutaten beigeben und 1 Minute lang sautieren. Abkühlen lassen. Teig in kleine Portionen teilen und dünn ausrollen. Kreise von 8 cm Durchmesser ausstechen und halbieren. Einen Löffel voll Füllung auf jeden Halbkreis setzen, eine Ecke über die andere schlagen und fest andrücken. Dann die Samosas goldbraun fritieren.

PAKORA

Panierte Gemüse

1 Kartoffel, geschält
1 kleine Aubergine
1 große Zwiebel
2 Tassen Kichererbsenmehl (*Besan*)
1 TL Salz
1 TL Cayennepfeffer
1/2 TL Natron
Wasser

Die Kartoffeln der Länge nach halbieren und ebenso wie die ungeschälte Aubergine in 1/2 cm dicke Scheiben schneiden. Mit den geschälten Zwiebeln ebenso verfahren. Das Gemüse beiseite stellen.

Mehl, Salz, Cayennepfeffer und Natron gründlich vermischen. Mit genügend kaltem Wasser zu einem dickflüssigen Teig verarbeiten.

Öl erhitzen und die Gemüsescheiben einzeln in den Panadeteig tauchen. Gemüse halbgar fritieren (circa 2–3 Minuten), auf Küchenpapier abtropfen lassen. Erst kurz bevor die *Pakora* serviert werden sollen, wird das Öl wieder erhitzt. Gemüse zum zweiten Male fritieren und noch heiß auftragen.

Fritiertes Brot

Bananen-Kartoffel-Bällchen

DOSAY

Südindische Reismehlpfannkuchen

In Südindien ißt man diese geschmackvollen Pfannkuchen besonders gern zum Frühstück. Oft gibt es dazu frische Kokosnuß- und Tomaten-Chutneys sowie *Dal* als Dip. Außerdem kann man die Pfannkuchen mit gewürzten Kartoffeln füllen, um *Masala Dosay* herzustellen.

600 g Langkornreis
200 g enthülste *Blackgram Dal* (*Urad Dal*) · 1 TL Salz
1 Zwiebel, halbiert · 3 EL Öl

Reis und *Dal* jeweils in eine Schüssel geben, mit Wasser bedecken und über Nacht einweichen lassen. Am nächsten Tag sowohl Reis als auch *Dal* in der Küchenmaschine mahlen. Wasser zugeben, bis eine glatte Masse entsteht. Nun Reis und *Dal* vermischen und bei Zimmertemperatur etwa 24 Stunden fermentieren lassen. Danach kann der Teig bis zu 24 Stunden im Kühlschrank aufbewahrt werden, bis er weiterverarbeitet wird.

Anschließend den Teig rühren und Salz sowie genügend Wasser hinzugeben, um die Konsistenz von dicker Sahne zu erreichen. Eine beschichtete Pfanne oder ein schweres Backblech erhitzen und mit einer halbierten Zwiebel einreiben. Dann mit etwas Öl leicht einfetten und 1 Kelle voll Teig (etwa 1/4 Tasse) hineingießen.

Teig schnell mit dem Rücken der Kelle verteilen, so daß ein dünner Pfannkuchen von rund 12–15 cm Durchmesser entsteht. Circa 2–3 Minuten rösten, bis die Unterseite goldfarben wird und sich die Oberseite zu festigen beginnt. Jetzt umdrehen und die andere Seite rösten. Heiß servieren.

VECCHU PARATHA

Leichtes, gebratenes Brot

Der Teig für dieses wunderbar leichte Brot wird normalerweise kreisförmig ausgeworfen wie ein Fischernetz (*Vecchu*) oder Pizzateig, bis er dünn wie Papier ist. Er kann aber auch von Hand gezogen werden, ähnlich wie Strudelteig.

500 g weißes Mehl, gesiebt
3 Eier, verquirlt
1/4 Liter Wasser
1 TL Salz
180 ml Öl

Aus Mehl, Eiern, Salz und Wasser einen weichen Teig rühren und gut durchkneten. 12 Bällchen daraus formen, mit einem feuchten Tuch bedecken und 30 Minuten ruhen lassen.

Die Teigbälle einzeln auf einer eingeölten Oberfläche so weit und dünn wie möglich auseinanderziehen. Vorgehen wie bei einem Strudelteig. Mit Mehl bestäuben, mehrfach zusammenfalten und zu einem Ball aufrollen. Dann 15 Minuten ruhen lassen. Jeden Ball mit der Hand zu einem Kreis von 15 cm Durchmesser auseinanderdrücken.

Ein Backblech oder eine schwere Pfanne einölen und das Brot portionsweise auf beiden Seiten rösten, bis es goldbraun ist. Heiß zu *Dal* oder Currys servieren.

Leichtes, gebratenes Brot

NAAN

Tandoori-Brot

Dieses Brot erhält seine typische Tropfenform dadurch, daß der Teig während des Backens an der Wand des *Tandoor* hinunterläuft.

500 g Mehl
1/2 TL Backpulver
1 TL Salz
1/8 Liter Milch
1 EL Zucker
1 Ei · 4 EL Öl
1 TL Nigellasamen

Mehl, Backpulver und Salz in eine Schüssel sieben und eine Kuhle in die Mitte drücken. Milch, Zucker, Ei und 2 Eßlöffel Öl in einer anderen Schüssel vermischen und danach in die Mehlvertiefung gießen. Alles verkneten und eventuell Wasser zugeben, bis ein weicher Teig entsteht. Restliches Öl beigeben, Teig wieder kneten, mit feuchtem Tuch abdecken und 15 Minuten stehen lassen.

Anschließend den Teig noch einmal kneten, wieder bedecken und 2–3 Stunden ruhen lassen. Ungefähr 30 Minuten, bevor das *Naan* gebraucht wird, stellen Sie den Backofen auf die höchste Stufe ein. Den Teig in 8 Portionen teilen und 5 Minuten ruhen lassen. Das Backblech mit Nigellasamen ausstreuen und im Ofen vorheizen. Nun die Teigbälle in eine ovale Form drücken. Die Brote backen, bis sie aufgebläht und goldbraun sind.

KELE KA TIKKA

Bananen-Kartoffel-Bällchen

350 g Kochbananen, weich gedünstet
150 g gekochte Kartoffeln, zerstampft
1 TL *Chaat Masala* (Seite 58)
1 TL Koriandersamen, geröstet und gemahlen
1/4 TL *Garam Masala* (Seite 58)
1/2 TL Salz
2 cm Ingwer, fein gehackt
1 gehäufter EL gehackte Korianderblätter
2 grüne Chilischoten, entsamt und fein gehackt
1 gehäufter EL Stärkemehl
100 g Fadennudeln aus Weizenmehl, in kleine Stücke zerbrochen
Öl zum Fritieren

Die gedünsteten Kochbananen zerreiben und dann mit den Kartoffeln und allen anderen Zutaten außer Nudeln und Öl vermischen. Die Masse portionsweise zu Bällchen formen und in den Nudelstückchen rollen. Nudeln gut andrücken. Öl erhitzen und goldbraun fritieren. Mit Minze-Koriander-Chutney (Seite 58) servieren. Sollten Kochbananen nicht erhältlich sein, nimmt man stattdessen 500 g Kartoffeln.

Zitronenreis

Wenn Sie die köstlichen Soßen richtig genießen wollen, darf Reis oder Brot als Beilage zu diesen Gerichten nicht fehlen. Die hier vorgestellten Rezepte zeigen, wie meisterhaft die Inder den Umgang mit Gewürzen beherrschen: ein bißchen von diesem, ein bißchen von jenem und vielleicht auch noch ein bißchen davon …

DAL MAHARANI

Bohnen-Linsen-Eintopf

100 g ganze *Blackgram Dal (Urad Dal)*, mit Schale, über Nacht eingeweicht
30 g getrocknete Pinto- oder Kidneybohnen, 4 Stunden lang eingeweicht
2,5 cm Ingwer, in Scheiben geschnitten
1 TL Salz · 1 EL *Ghee* oder Butter
1 TL Kreuzkümmelsamen
1–2 grüne Chilischoten, längs halbiert
2 mittelgroße Tomaten, gehackt
½ Tasse Sahne
2 TL *Garam Masala* (Seite 58)

Dal, Bohnen, Ingwer und Salz in eine Pfanne geben, mit Wasser bedecken und zugedeckt eben gar kochen. In *Ghee* oder Butter Kreuzkümmel und Chillies sautieren, bis die Gewürze zu krachen beginnnen. Zusammen mit Tomatenstücken und der Hälfte des *Garam Masala* zum *Dal* geben, köcheln, bis die Tomaten weich sind. Sahne bis auf 1 Eßlöffel zufügen. Mit Sahne und restlichem *Garam Masala* garniert heiß zu indischem Brot servieren.

CHITRANNAM

Zitronenreis

300 g Langkornreis, gewaschen und abgetropft
1 EL Öl
1 TL schwarze Senfsamen
1 Prise Asafötida
1 Zweiglein Curryblätter
½ TL fein gehackter Ingwer
½ grüne Chilischote, fein gehackt
2–3 getrocknete Chilischoten, in 2,5 cm Stücke gebrochen
1 EL halbe rohe Cashewnüsse, leicht geröstet
1 TL enthülste *Blackgram Dal (Urad Dal)*
1 TL *Channa Dal*, leicht geröstet
½ TL Kurkumapulver
2½ EL Zitronensaft
1 TL Salz
1 EL Wasser
Korianderblätter zum Garnieren

Den Reis eben gar kochen, abtropfen lassen und beiseite stellen. Öl in einer Pfanne erhitzen, Senfsamen anbraten, und wenn sie zu knallen beginnen, Asafötida, Curryblätter, Ingwer, grünen Chilli, getrocknete Chillies, Cashewnüsse, *Blackgram Dal*, *Channa Dal* und Kurkumapulver zufügen. Wenige Sekunden sautieren, Zitronensaft, Salz und Wasser zufügen. Etwa 2–3 Minuten köcheln, dann Reis einstreuen und erhitzen. Mit Korianderblättern garniert servieren.

UNDIYA

Pikante gemischte Gemüse

Dieses Gujarati-Gericht, eine Kombination aus gemischten, gewürzten Gemüsen und frischer Kokosnuß, wird als Teil einer Hauptmahlzeit serviert. Es paßt gut zu indischem Brot oder Reis. Sollten Yamswurzeln oder Kochbananen nicht erhältlich sein, erhöht man den Anteil an Kartoffeln, Auberginen und Süßkartoffeln etwas.

80 g rote *Dal* (*Masoor Dal*), 4 Stunden in warmem Wasser eingeweicht
75 g Tomaten, grob gehackt
75 g kleine neue Kartoffeln oder geschälte, gewürfelte Kartoffeln
75 g Auberginen, gewürfelt
75 g Süßkartoffeln, geschält und gewürfelt
75 g purpurne oder weiße Yamswurzeln, geschält und gewürfelt (nach Wunsch)
75 g Kochbananen, geschält und gewürfelt (nach Wunsch)
2 EL Öl
1 TL Kreuzkümmelsamen
½ TL Caromsamen (*Ajwain*)
1 Prise Asafötida
2 EL frische oder angefeuchtete getrocknete Kokosraspeln zum Garnieren

Pikante gemischte Gemüse

Für die Masalapaste:
2 EL Koriandersamen
1 TL Kreuzkümmelsamen
1/2 TL Caromsamen (*Ajwain*)
2 EL rohe Erdnüsse
3–4 grüne Chilischoten, gehackt
2 EL gehackte Korianderblätter
1 TL zerdrückter Knoblauch
1 TL geriebener Ingwer
1 EL frische oder angefeuchtete getrocknete Kokosraspeln
1 EL gehackter Palmzucker (*Jaggery*)
1 TL Salz

Dal abtropfen lassen. Alle Gemüse vorbereiten und beiseite stellen. Für *Masala* Koriander-, Kreuzkümmel- und Caromsamen sowie Erdüsse rösten, bis die Gewürze zu knacken beginnen. Dann mahlen und mit Wasser zu einer Paste verarbeiten. In der Küchenmaschine mit allen anderen *Masala*-Zutaten zu einer Masse mit glatter Konsistenz mixen.

Öl in einer Pfanne erhitzen und Kreuzkümmel, Carom und Asafötida anbraten, bis die Gewürze zu knallen beginnen. *Masala* hinzufügen und 5 Minuten köcheln lassen. Tomaten beigeben und mitkochen. Wenn die Tomaten weich sind, *Dal* und vorbereitete Gemüse unterrühren. Zugedeckt köcheln, bis die Gemüse zart sind. Zum Garnieren die Kokosraspeln darüberstreuen und heiß servieren.

PINDI CHANNA

Pikante Kichererbsen

200 g Kichererbsen
1 Teebeutel oder 1 EL schwarze Teeblätter in Nesseltuchsäckchen gebunden
1,5 Liter Wasser
6 cm Ingwer, 2 cm davon fein geschnitzelt
2–3 EL Öl
2 Zwiebeln, gehackt
2 grüne Chilischoten, in Scheiben geschnitten
2 TL fein zerstoßener Knoblauch
3 mittelgroße Tomaten, gehackt
2 TL gemahlener Koriander
1 1/2 TL gemahlener Kreuzkümmel
1/2 TL Kurkumapulver
1 TL Cayennepfeffer
1 TL Salz
2 TL gehackte Korianderblätter
1/4 TL *Garam Masala* (Seite 58)

Kichererbsen 1 Stunde einweichen, dann abtropfen lassen. Kichererbsen in 1,5 Liter frischem Wasser mit dem Teebeutel kochen, bis die Erbsen gar sind. Abtropfen lassen und 1 Tasse Kochflüssigkeit aufheben. Ingwer fein hacken. In heißem Öl Zwiebeln goldbraun braten. Knoblauch, Ingwer und Chillies zugeben und 5 Minuten rösten. Nun Tomaten, Koriander-, Kreuzkümmel-, Kurkumapulver und Cayennepfeffer unterrühren und auf milder Hitze sautieren, bis sich das Öl absetzt. Kichererbsen samt Kochwasser, Salz und der Hälfte der Korianderblätter zugeben. Unbedeckt köcheln lassen, bis alle Flüssigkeit aufgesogen ist. Mit 1 Prise *Garam Masala* abrunden und mit restlichem *Masala*, Ingwer und Koriander garnieren.

DUM ALOO

Pikante Kartoffeln in Joghurt

Melonensamen oder Cashewnüsse verleihen dem Gericht eine nussige Note, und die dicke Soße läßt sich gut mit Brot auftippen. Servieren Sie diese würzigen Kartoffeln anstelle der üblichen Bratkartoffeln auch einmal zum Sonntagsbraten.

500 g kleine neue Kartoffeln
3 EL Öl
2 Zwiebeln, in Scheiben geschnitten und braun gebraten
250 g Joghurt
4 schwarze Kardamomschoten
1 TL Fenchel
5 cm Zimtstange
4 cm Ingwer, fein gehackt
4 Knoblauchzehen, fein gehackt
1 1/2 TL gemahlener Koriander
1 TL gemahlener Kreuzkümmel
1 TL Kurkumapulver
1/2 TL Cayennepfeffer
2 EL Melonensamen oder Cashewnüsse, eingeweicht und zu Paste gemahlen
1 Tasse Wasser
1 TL Salz

Kartoffeln halb gar kochen, schälen und in Öl goldbraun sautieren. Abtropfen lassen und beiseite stellen. Öl aufheben. Zwiebeln und die Hälfte des Joghurts im Mixer pürieren.

In einer trockenen Pfanne Kardamom, Fenchel und Zimt rösten, bis die Gewürze zu duften beginnen. Gewürze zu Pulver mahlen und beiseite stellen.

Ingwer und Knoblauch im Kartoffelöl sautieren; Koriander, Kreuzkümmel, Kurkuma und Cayennepfeffer beigeben und 1 Minute lang durchrühren. Den restlichen Joghurt aufschlagen und zusammen mit der Nußpaste dazugeben. Erhitzen, Kartoffeln, Wasser sowie Salz beifügen und unbedeckt köcheln, bis die Kartoffeln gar sind. Nun die gemahlenen Gewürze sowie Zwiebel-Joghurt-Püree unterheben und servieren.

Hausgemachter Käse am Spieß

PANEER SHASHLIK

Hausgemachter Käse am Spieß

500 g *Paneer* (Seite 59), in 1 cm dicke Scheiben geschnitten
2 grüne oder rote Paprikaschoten
2 Zwiebeln
2 Tomaten
1 Tasse Ananasstücke
8 Champignons
Öl zum Einfetten der Spieße

Für die Marinade:
3 EL Joghurt
1 EL Öl
1 TL Tomatenpaste
1 TL Salz
1 TL Cayennepfeffer
1/2 TL gemahlener Koriander
1/2 TL gemahlener Kreuzkümmel

Paneer, Paprika, Zwiebeln, Tomaten und Ananas in 3 cm große Quadrate schneiden. Alle Zutaten für die Marinade mischen und über *Paneer*, Gemüse, Ananas und Pilze gießen. Circa 1 Stunde ruhen lassen, dann auf Spieße stecken. Entweder im *Tandoor* oder im sehr heißen Backofen backen oder über Holzkohle grillen. Nach der halben Garzeit mit Öl einpinseln.

TIP

Sie können den Paneer auch mit anderen Früchten und Gemüsen, wie Zucchini, kleinen Auberginen oder in Würfel geschnittenen Mango, kombinieren. Die Spieße schmecken köstlich, auch wenn sie nicht nach Originalrezept zubereitet sind.

BINDI BHARWAN
Gefüllte Okraschoten

Dieses Gericht kann auch mit Zucchini zubereitet werden. Um die Früchte zu füllen, müssen Sie etwas Fruchtfleisch herausschaben.

500 Okraschoten, gewaschen und getrocknet
3 EL Öl
1 TL Kreuzkümmelsamen
1 mittelgroße Zwiebel, gehackt
2 grüne Chilischoten, entsamt und gehackt
2 cm Ingwer, fein gehackt
1 Tomate, gehackt
1 Prise Asafötida

Für die Füllung:
3 TL gemahlener Koriander
2 TL Kurkumapulver
2 TL Fenchelpulver
2 TL Mangopulver
1 TL Cayennepfeffer
1/2 TL Salz

Die Okraschoten entstielen und der Länge nach auf einer Seite einschneiden. Füllungszutaten gründlich mischen und in die Okras stopfen. Kreuzkümmel in etwas Öl sautieren, bis er zu springen beginnt, dann Zwiebel, Chillies und Ingwer beigeben. Sautieren, bis die Zwiebelstücke glasig werden. Asafötida zufügen und einige Sekunden kochen. Die Tomatenstücke unterrühren und kochen, bis sie zerfallen. Zum Schluß Okras unterheben und etwa 5 Minuten weiterkochen oder bis sie gar sind.

MURGH KORMA
Mildes Hühnercurry

Aus der Mogul-Küche stammt das *Korma,* eine Kreation mit duftenden Gewürzen und Nüssen. Hühnchen-*Korma* ist wahrscheinlich das bekannteste Gericht dieser Zubereitungsart, doch man findet auch verschiedene Gemüse-, Lamm- und Hammel-*Kormas.*

750 g Hühnerfleisch ohne Knochen
2 Zwiebeln, gehackt
4–6 Knoblauchzehen, gehackt
4 cm Ingwer, gehackt
100 g *Ghee* oder Butter
4 grüne Kardamomschoten, zerstoßen
1 schwarze Kardamomschote, zerstoßen
4 cm Zimtstange
2 Lorbeerblätter
2 Nelken
1/2 TL gemahlener Kreuzkümmel
1/2 TL gemahlener Koriander
250 g aufgeschlagener Joghurt (Seite 59)
1/4 TL frisch geriebener Muskat
1 1/2 TL gemahlener weißer Pfeffer
1 TL Salz
2 EL Sahne
1 TL *Garam Masala* (Seite 58)
1 TL gehackte Korianderblätter zum Garnieren

Für die Nußpaste:
3 EL weiße Mohnsamen, eingeweicht und 30 Minuten lang geköchelt
3 EL ungesalzene Melonensamen, eingeweicht
2 EL Chironjinüsse oder geschälte Mandeln
3 EL rohe Cashewnüsse, eingeweicht

Das Hühnerfleisch in 2–3 cm große Stücke schneiden und beiseite stellen. Fein gehackte Zwiebeln mit Knoblauch und Ingwer sautieren, bis sie glasig werden und zu bräunen beginnen. Dann im Mixer mit etwas Wasser zu einer Paste verarbeiten. Ebenfalls in der Küchenmaschine mit etwas Wasser die Nußpaste aus den genannten Zutaten herstellen.

Ghee erhitzen und Kardamom, Zimt, Nelken sowie Lorbeerblätter einige Minuten sautieren und danach Kreuzkümmel- und Korianderpulver sowie Zwiebelpaste hinzugeben. Auf ganz milder Hitze und unter ständigem Rühren braten, bis sich das Öl absetzt. Joghurt einrühren und 15 Minuten kochen lassen. Gelegentlich umrühren. Muskat, Pfeffer und Hühnerfleisch zufügen. Noch einmal auf kleiner Hitze unbedeckt 10–15 Minuten köcheln, bis das Fleisch gar ist. Zum Schluß die Nußpaste beigeben und weitere 3–5 Minuten mitkochen.

1 Eßlöffel Sahne, Salz und die Hälfte des *Garam Masala* unterrühren. Vom Herd nehmen und mit restlicher Sahne, Koriander und dem restlichen *Garam Masala* garniert servieren.

MURGH TANDOORI
Tandoori-Huhn

Ursprünglich stammt die *Tandoori*-Küche aus dem Nordwesten Indiens, doch heutzutage ist sie im ganzen Land beliebt und wird in vielen Restaurants angeboten. Mariniertes Huhn, das im *Tandoor* oder mit Holzkohle befeuerten Tonofen gebacken wird, hat einen unnachahmlichen Geschmack und bleibt sehr saftig. Doch auch im Backofen gelingt nachfolgendes Gericht sehr gut.

2 Stubenküken, von jeweils etwa 650 g Gewicht
1 EL Chillipaste
2 TL Zitronensaft
1 TL Salz
1 TL *Chaat Masala* (Seite 58)
geschmolzene Butter zum Einpinseln

Für die Marinade:
500 g fester Joghurt (Seite 59)
1 1/2 EL Chillipaste
1 EL zerstoßener Knoblauch
1 EL zerstoßener Ingwer
1 EL Öl
2 TL Zitronensaft
1 TL *Garam Masala* (Seite 58)
1 Prise Kurkumapulver

Brust, Schenkel und Unterbeine der Hühnchen rundherum tief einschneiden, damit die Marinade gründlich eindringen kann. Chillipaste, Zitronensaft und Salz vermischen und Stubenküken damit einreiben. Dann 30 Minuten im Kühlschrank ruhen lassen.

Für die Marinade werden alle Zutaten mit dem Joghurt verrührt. Marinade dann ebenfalls gründlich außen auf die Hühnchen reiben und mit einem kleinen Teil davon den Brustbereich von innen ausstreichen. Im Kühlschrank 3–4 Stunden einziehen lassen.

Backofen auf höchste Stufe stellen. Stubenküken auf den Rost über der Fettpfanne legen und mit etwas Butter bestreichen. Etwa 15 Minuten backen, bis die Hühnchen braunschwarz und gar sind. Mit *Chaat Masala* bestreuen und Minze-Koriander-Chutney (Seite 58), Zwiebelringe und Zitronenspalten dazu servieren.

Gefüllte Okra (links) und Mildes Hühnercurry (rechts)

MURGH TIKKA

Tikka-Hühnchen

600 g Hühnerbein ohne Knochen
375 g fester Joghurt (siehe TIP)
1 1/2 TL zerstoßener Knoblauch
1 TL zerstoßener Ingwer
2 TL Chillipaste
1 1/2 EL Öl
2 TL Zitronensaft
1 TL Salz
1 TL *Garam Masala* (Seite 58)

Hühnerfleisch in 3 cm große Würfel schneiden. Restliche Zutaten verrühren und das Fleisch unterheben. Hühnchen 2–3 Stunden von der Marinade bedeckt im Kühlschrank durchziehen lassen.

Danach die Fleischwürfel auf Spieße stecken und mit Öl einpinseln. Über Holzkohle oder unter dem sehr heißen Backofengrill 6–8 Minuten grillen, dabei einmal wenden. Wenn das Fleisch gar und goldbraun ist, zusammen mit Minze-Koriander-Chutney (Seite 58), Zwiebelringen, Zitronenspalten und *Naan* (Seite 49) oder anderem indischen Brot servieren.

KEEMA KOFTA

Würzige Fleischklößchen

Diese Spezialität stammt aus Utar Pradesch. Die Fleischklößchen schwimmen in einer würzigen Soße mit zerstampften Cashewnüssen und Mandeln. In Indien kauft man das Fleisch am Stück, reibt es mit den Gewürzen ein und läßt es vom Metzger durch den Fleischwolf drehen. In der westlichen Küche kommt statt dessen die Küchenmaschine zum Einsatz.

Würzige Fleischklößchen

500 g mageres Lammfleisch
3 grüne Chilischoten in Scheiben geschnitten
1 EL gehackte Korianderblätter
1 cm Ingwer, fein gehackt
1/4 TL Nelkenpulver
1/4 TL Muskatblütenpulver
1 Prise *Garam Masala* (Seite 58)
1/2 TL Salz
1 EL Ghee oder Butter

Für die Soße:
2 EL rohe Cashewnüsse
2 EL geschälte Mandeln
1 gehäufter EL Ghee oder Butter
3 Zwiebeln, fein gehackt
3/4 TL zerstoßener Knoblauch
3/4 TL zerstoßener Ingwer
1/4 TL Kurkumapulver
1/2 TL Cayennepfeffer
3 Tomaten, fein gehackt oder püriert
4 EL aufgeschlagener Joghurt (Seite 59)
1 EL gehackte Minzeblätter
1 TL Salz
1 Prise *Garam Masala* (Seite 58)

Lammfleisch würfeln und in einer Schüssel mit Chillies, Koriander, Ingwer, Gewürzen und Salz vermischen. Dann durch den Fleischwolf mit feinem Einsatz drehen. Klößchen von ungefähr 2 cm Durchmesser formen und in *Ghee* oder Butter anbräunen. Beiseite stellen.

Für die Soße Cashewnüsse und Mandeln 10 Minuten in heißem Wasser ziehen lassen, dann im Mixer zu Paste mahlen. In heißem *Ghee* Zwiebeln goldbraun braten. Nun Knoblauch, Ingwer, Kurkuma und Cayennepfeffer zufügen und sautieren, bis sich das Öl absetzt. Jetzt die Tomaten beigeben und weich kochen. Danach Joghurt und Nußpaste einrühren und köcheln, bis sich das Öl absetzt.

Schließlich die Fleischklößchen einlegen, Pfanne zudecken und alles 5–7 Minuten köcheln lassen, dabei gelegentlich umrühren. Salz und die Hälfte der Minzeblätter zugeben. Als Garnitur restliche Minze und *Garam Masala* benutzen.

TIP

Joghurt wird in Indien häufig in ein Baumwoll- oder Nesseltuch eingeschlagen, damit die Molke abtropfen kann und eine festere Masse entsteht, die sich besser verarbeiten läßt. Um festen Joghurt herzustellen, können Sie aber auch eine Filtertüte aus Papier verwenden. Füllen Sie den Joghurt ein, setzen Sie den Kaffeefilter auf ein Gefäß und lassen sie die Flüssigkeit ablaufen.

Tikka-Hühnchen

Sahniges Garnelencurry

CHINGDI MACHER
Sahniges Garnelencurry

2 cm Ingwer
6 Knoblauchzehen
1/2 TL Kreuzkümmelsamen
3 EL Senföl · 1 Lorbeerblatt
4 Nelken
5 cm Stück Zimtstange
4 grüne Kardamomschoten, zerstoßen
1 große Zwiebel, gehackt
4 grüne Chilischoten, entsamt und gehackt
Salz nach Geschmack · 1/8 Liter Wasser
500 g Garnelen, geschält und ohne Darm
1/4 Liter dicke Kokosmilch
1 TL Zucker
gehackte Korianderblätter zum Garnieren

Im Mixer Ingwer, Knoblauch und Kreuzkümmel zu einer Paste verarbeiten. Lorbeerblatt, Nelken, Zimt und Kardamom in heißem Öl anbraten, bis die Gewürze zu duften beginnen. Zwiebeln hinzugeben und 5 Minuten sautieren. Nun grüne Chillies sowie Ingwer-Knoblauch-Paste zufügen. Nach weiteren 2 Minuten salzen und Wasser angießen. Unbedeckt 5 Minuten köcheln lassen, dann die Garnelen weitere 3 Minuten mitkochen. Schließlich Kokosmilch zugießen und die Garnelen gar kochen. Zucker einrühren und mit Korianderblättern garniert servieren.

NANDU KARI
Krebscurry

Dieses Gericht kommt aus Mangalore an der Südwestküste, einer Region, in der man Meeresfrüchte und Kokosnüsse sehr schätzt. Zu diesem saftigen Curry gehören Kokosmilch und frische Kokosraspeln, um die delikate Soße zuzubereiten.

4 lebende Kebse von jeweils etwa 250–300 g Gewicht
2 EL Öl
1 TL schwarze Senfsamen
3 Zweiglein Curryblätter
2 Lorbeerblätter
3 grüne Chilischoten, längs halbiert
1 Prise Asafötida
3 Zwiebeln, gehackt
1/4 TL Kurkumapulver
1 TL Cayennepfeffer
2 Tomaten, gehackt
1 Tasse Kokosmilch
Salz nach Geschmack
1/4 Tasse frische oder angefeuchtete getrocknete Kokosraspeln

Krebse in einem großen Topf mit kochendem Wasser 2–3 Minuten sieden, dann abtropfen lassen und in große Stücke hacken. Die Schalen anschlagen, damit die Gewürze einziehen können. Graue, schwammähnliche Masse entfernen. Krebse gründlich trocknen lassen. Anschließend im Wok in heißem Öl Senfsamen braten, bis sie zu knallen beginnen. Dann Curry- und Lorbeerblätter sowie grüne Chillies zufügen und 1 Minute lang sanft sautieren. Asafötida einstreuen.

Die Zwiebeln mitbraten, bis sie glasig werden, und Kurkuma sowie Cayennepfeffer beigeben. Nach 1 Minute Krebsstücke und Tomaten unterheben. Wok zudecken und ohne Wasserzugabe unter gelegentlichem Rühren kochen, bis die Krebse gar sind (circa 10 Minuten). Dann Kokosmilch und Salz einrühren. Kurz aufkochen und unter Rühren Kokosraspeln zugeben. Zu gekochtem Reis servieren.

AATIRACHI
Lammcurry nach Kerala-Art

2 EL Öl
6 grüne Kardamomschoten, zerstoßen
1/2 TL schwarze Pfefferkörner
8–10 Schalotten, in Scheiben geschnitten
600 g Lammfleisch ohne Knochen, in 2,5 cm große Würfel geschnitten
1/2 TL Salz
180 ml Wasser
Korianderblätter zum Garnieren

Für die Masalapaste:
2 Zwiebeln, gehackt
2 cm Ingwer, geschält und gehackt
4–6 Knoblauchzehen, geschält und gehackt
1/2 cm frischer Kurkuma oder
1/2 TL Kurkumapulver
2 reife Tomaten, gehackt
4–6 getrocknete Chilischoten, zerbröckelt und eingeweicht
2 grüne Chilischoten, gehackt
6 grüne Kardamomschoten
1 TL schwarze Senfsamen
1/2 TL schwarze Pfefferkörner

In der Küchenmaschine die *Masala*-Zutaten zu Paste verarbeiten und beiseite stellen.

Kardamomschoten und Pfefferkörner 2 Minuten in heißem Öl braten, dann die Schalotten zugeben und goldbraun braten. Die Fleischwürfel zufügen und anbräunen. *Masala* einrühren und auf kleiner Flamme 10–15 Minuten sautieren. Wasser und Salz hinzugeben und das Fleisch gar kochen. Mit Korianderblättern garnieren und zu Reis oder mit Vecchu Paratha (Seite 49) servieren.

Krebscurry

Schweinefleischcurry nach Goa-Art

MACHER JHOL
Bengalisches Fischcurry

750 g weiße Fischkoteletts oder -filets
2 TL Salz
1 TL Kurkumapulver
Senföl zum Braten
1 große Kartoffel, in Spalten geschnitten
1 kleine Aubergine in Scheiben geschnitten
1/4 Liter Wasser
4 grüne Chilischoten, entsamt und längs halbiert

Für die Masalapaste:
1 TL Kreuzkümmelsamen
1 TL Fenchelsamen
1 TL schwarze Senfsamen
1/2 TL Bockshornkleesamen
1/2 TL Nigellasamen (*Kalonji*)

Fisch trockentupfen, von beiden Seiten mit Salz und Kurkumapulver bestreuen und 5 Minuten ruhen lassen. Öl in einer Pfanne erhitzen und Fisch von beiden Seiten goldbraun braten. Beiseite stellen. In demselben Öl die *Masala*-Gewürze sautieren, bis sie zu knistern beginnen. Dann Kartoffeln und Auberginenscheiben zugeben und sautieren, bis sie gut mit Gewürzmischung bedeckt sind. Wasser angießen und köcheln, bis die Gemüse weich sind. Schließlich Fisch und Chillies zufügen, erwärmen und mit Reis servieren.

KESARI MURGH
Safran-Hühnchen

1 Hühnchen (1 kg)
1 TL Salz
3 EL Ghee oder Butter
8 cm Stück Zimt
4 grüne Kardamomschoten, zerstoßen
3 ganze Nelken
250 g Zwiebeln, geschält, gekocht und püriert
1 TL zerstoßener Knoblauch
2 TL zerstoßener Ingwer
250 g aufgeschlagener Joghurt (Seite 59)
1 Prise Safran, in 1 EL warmer Milch eingeweicht
100 g Cashewnüsse, eingeweicht und zu Paste gemahlen
1/8 Liter Sahne
Korianderblätter zum Garnieren

Zuerst das Hühnerfleisch von den Knochen lösen, mit Salz bestreuen und beiseite stellen. In heißem *Ghee* Zimt, Kardamom und Nelken 1 Minute sautieren, dann die pürierten Zwiebeln, Knoblauch und Ingwer zufügen und braten, bis sie Farbe annehmen. Joghurt und Safran einrühren und unter gelegentlichem Rühren 15 Minuten kochen. Das Hühnerfleisch zugeben und 5 Minuten weiterkochen. Erst jetzt die Cashewnußpaste untermischen. Köcheln, bis das Huhn gar ist, dann Sahne zufügen, wieder durchwärmen und mit Korianderblättern garniert auf den Tisch bringen.

VINDALOO
Schweinefleischcurry nach Goa-Art

Dieses Gericht wurde früher auf Seereisen mitgenommen, da es lange haltbar war. Das beim Garen entstandene Oberflächenfett schloß das Fleisch gegen Luft ab und konservierte es. Traditionelle *Vindaloos* waren sehr scharf, aber nachstehendes Rezept sollte nur mäßig schweißtreibend wirken. Wählen Sie hierfür fettes Schweinefleisch aus.

500 g Schweinefleisch, in 2 cm große Würfel geschnitten
8 Knoblauchzehen
3 TL Cayennepfeffer
4 grüne Chilischoten
1 TL schwarze Pfefferkörner
2,5 cm frischer Ingwer, fein gehäckt
1 TL Kreuzkümmelsamen
2 Zwiebeln, gehackt
1/4 Liter Kokosessig
Salz nach Geschmack
1/4–1/2 Liter Wasser
1 TL Zucker
2 EL *Feni* oder Brandy

Das Fleisch im eigenen Fett 5 Minuten anbraten, notfalls ein wenig Wasser zugeben. Während die Fleischwürfel brutzeln, in der Küchenmaschine Knoblauch, Cayennepfeffer, Chillies, Pfeffer, Ingwer und Kreuzkümmel mit Essig zu einer dicken Paste verarbeiten.

Nehmen Sie 1 Eßlöffel von dem Fett, das aus dem Schweinefleisch ausbrät, und geben Sie es in eine andere Pfanne. Darin die Zwiebeln goldbraun sautieren. Dann die Gewürzpaste einrühren und 5 Minuten mitbraten. Die Mischung zum Fleisch geben und die Hälfte des Wassers sowie Salz hinzufügen. Etwa 1 1/2 Stunden köcheln, bis die Soße sehr dick ist. Gegebenenfalls noch mehr Wasser angießen, damit das Fleisch nicht zu trocken wird. Zum Schluß mit Zucker sowie *Feni* oder Brandy abrunden.

Safran-Hühnchen

Nach einem scharfen Curry ißt man in Indien am liebsten frische, in Scheiben geschnittene Früchte. Das heißt aber nicht, daß es nicht auch andere Nachspeisen gibt. Vor allem die Bengalen sind bekannt für ihre köstlichen Süßspeisen. Hier finden Sie eine Auswahl der beliebtesten indischen Desserts.

Süßer Joghurt mit Safran

KHEER
Reispudding

Diese beliebte Speise aus dem Norden Indiens hat mit dem üblichen Reispudding, den zahllose Kinder zuhause vorgesetzt bekamen, wenig gemeinsam.

100 g Langkornreis, gewaschen und abgetropft
3/4 Liter Milch
2–3 grüne Kardamomschoten, zerstoßen
2 EL geschälte Mandeln in Splittern
1 Prise Safranfäden, in etwas heißer Milch eingeweicht
1 EL geschälte Pistazien, gehackt
1 EL Rosinen (nach Wunsch)
2–3 EL Zucker

Reis, Milch und Kardamom in eine Pfanne geben und köcheln, bis der Reis weich ist und die Körner zu zerfallen beginnen. Mandeln, Safran, Pistazien und Rosinen (wenn gewünscht) zufügen und weitere 3–4 Minuten wallen lassen. Jetzt Zucker einrühren und auflösen lassen. Pfanne vom Herd nehmen und das Dessert entweder warm oder gekühlt servieren.

Reispudding

SHRIKAND
Süßer Joghurt mit Safran

In Indien wird dieses beliebte Dessert aus dem Staat Gujarat immer mit *Puri* (Seite 48) serviert. Da es sehr nahrhaft und sättigend ist, kann man es jedoch auch ohne Beilage auftischen. Statt Safran können Sie auch 1/2 Tasse Mangofruchtfleisch verwenden.

1,5 Liter Joghurt
125 g Puder- oder Staubzucker
1 EL geschälte, gehackte Pistazien
2 TL gehackte Chironjinüsse, Haselnüsse oder Mandeln
1/4 TL Kardamompulver
1 Prise Safran, in heißer Milch eingeweicht

Den Joghurt in ein großes Sieb geben, das mit einem feuchten Nesseltuch ausgelegt ist, und 6–8 Stunden abtropfen lassen, bis er sehr fest geworden ist.

Zucker auf den Joghurt streuen, umrühren und Masse durch ein feines Sieb drücken. Nun die Hälfte der Pistazien sowie Nüsse, Kardamom und Safran (oder nach Wunsch Mangofleisch) hinzugeben. Gut mischen und kühl stellen. Zum Servieren mit den restlichen Pistazien garnieren, eventuell auch mit zusätzlichen Safranfädchen.

TIP

Wenn Sie das Dessert im voraus zubereiten und über Nacht in den Kühlschrank stellen, wird der Geschmack von Safran und Kardamom intensiver.

CHANNA DAL PAYASAM
Südindisches Dessert

In Südindien ist *Payasam*, das aus gesüßter Milch und verschiedenen Nüssen, *Dal*, Sago oder sogar Fadennudeln aus Weizenmehl besteht, überaus beliebt. Unser Rezept verwendet *Channa Dal* und wird mit Kokosmilch angereichert.

2 EL *Channa Dal* (halbierte Kichererbsen)
1/2 Liter Milch
1/8 Liter dicke Kokosmilch
2 EL Palmzucker (*Jaggery*)
1 EL *Ghee*
1–2 grüne Kardamomschoten, zerstoßen
1 EL grob gehackte, rohe Cashewnüsse
1 EL Rosinen oder Sultaninen

Kichererbsen waschen und in 1 Tasse Wasser halb gar kochen. Milch angießen und weiterköcheln, bis die Erbsen ganz weich sind. Kokosmilch und Palmzukker zufügen und unter Rühren einkochen. Cashewnüsse und Rosinen in *Ghee* goldbraun rösten, dann zur Erbsenmischung geben.

Obwohl *Payasam* in der Regel warm oder bei Zimmertemperatur serviert wird, kann man diese Nachspeise auch gekühlt genießen.

RASGULLA
Frischkäseklößchen in Sirup

Weicher hausgemachter Frischkäse, *Chenna* genannt, wird zu Bällchen geformt und in Sirup geköchelt. Eine einfache, doch sättigende Nachspeise. Zu besonderen Anlässen erhält dieses Dessert in Indien eine extravagante Garnitur: feine Streifen aus hauchdünn getriebener Silberfolie.

250 g *Chenna* (Seite 59)
1 TL Mehl

Für den Sirup:
1 kg Zucker
3/4 Liter Wasser

Zucker und Wasser kochen, um den Sirup zuzubereiten. Den Herd ausschalten und den Sirup stehenlassen.

Chenna und Mehl mischen und Klößchen formen. Nun den Sirup wieder zum Kochen bringen und die Klößchen darin 20 Minuten lang köcheln. Alle 5 Minuten 2 Eßlöffel Wasser zum Sirup geben, damit die Flüssigkeit nicht zu sehr eindickt. Wenn die Bällchen gekocht sind, abtropfen lassen und bis zum Gebrauch in Wasser aufheben. Zum Servieren etwas Sirup über die Klößchen gießen.

KULFI
Indische Eiscreme

2 Liter Vollmilch
125 g Zucker
1–2 EL geschälte, gehackte Pistazien
2 EL fein gemahlene Mandeln (nach Wunsch)

Für das Falooda:
200 g Stärkemehl
1 Liter Wasser

Um die Eiscreme zuzubereiten, die Milch in eine große, schwere Pfanne gießen und unter ständigem Rühren auf kleiner Flamme köcheln lassen, bis sie auf 2 Tassen reduziert ist. Von den Pfannenrändern immer wieder zur Mitte rühren, damit die Milch nicht anbrennt. Anschließend Zucker und Pistazien zugeben. Nach Wunsch können auch gemahlene Mandeln untergehoben werden.

Die Masse abkühlen lassen. Anschließend in Metallförmchen füllen, in das Gefrierfach des Kühlschranks stellen und gefrieren lassen. Zum Servieren das Eis aus den Förmchen stürzen und mit *Falooda* garnieren.

Um *Falooda* zuzubereiten, Stärkemehl in 1 Tasse Wasser auflösen. Das restliche Wasser erhitzen, das aufgelöste Stärkemehl einrühren und zu einer dicken Masse einkochen. Noch heiß durch eine Nudelpresse mit feinen Löchern drücken und die Stärkemehlfäden direkt in eine Schüssel mit eiskaltem Wasser fallen lassen. Das *Falooda* bis zum Gebrauch im Wasser aufheben.

Falooda abtropfen lassen und sofort mit der Eiscreme servieren.

Frischkäseklößchen in Sirup

GULAB JAMUN
Fritierte Milchklößchen in Sirup

1 kg *Khoa* (Seite 58)
200 g *Chenna* (Seite 59)
2 EL Mehl
1 Prise Natron
2 EL geschälte, gehackte Pistazien
Öl zum Fritieren

Für den Sirup:
300 ml Wasser
500 g Zucker

Wasser und Zucker etwa 10 Minuten lang unter gelegentlichem Rühren kochen, bis der Sirup dicklich wird. Dann beiseite stellen.

Khoa zerkrümeln und mit *Chenna*, Mehl, Natron und Pistazien mischen, so daß ein weicher Teig entsteht. Einen sehr kleinen Ball aus dem Teig formen, um die Konsistenz zu testen. Öl auf mittlere Hitze erwärmen und Bällchen fritieren. Wenn es auseinanderbricht, ist die Mischung zu feucht, dann sollten Sie etwas mehr Mehl an den Teig geben. Schließlich aus dem Teig Klößchen von etwa 6 cm Durchmesser formen und portionsweise fritieren, bis sie goldbraun sind. Gut abtropfen lassen und in warmem Sirup servieren.

Indische Eiscreme (links) und fritierte Milchklößchen in Sirup (rechts)

SAUNTH KI CHATNI
Tamarinden-Ingwer-Chutney

5 EL getrocknetes Tamarindenfruchtfleisch
5 Datteln, entsteint (nach Wunsch)
1 TL Cayennepfeffer
3/4 TL Ingwerpulver
1/4 TL Nigellasamen, geröstet und gemahlen
3/4 TL Fenchelsamen, geröstet und gemahlen
1 TL Kreuzkümmelsamen, geröstet und gemahlen
4 EL Palmzucker (*Jaggery*)
1 TL weißer Zucker oder nach Geschmack
Salz nach Geschmack

Tamarindenfruchtfleisch 4 Stunden lang in 2 Tassen Wasser einweichen. Fruchtfleisch, Flüssigkeit und Datteln 30 Minuten köcheln lassen. Dann die Masse durch ein Sieb streichen; die Rückstände fortwerfen. Das Fruchtmark wieder in die Pfanne geben und mit Cayennepfeffer, Ingwer-, Nigella-, Fenchel- und Kreuzkümmelpulver auf kleiner Flamme 10 Minuten lang kochen. Palmzucker zugeben und unter Rühren auflösen. Mit weißem Zucker und Salz abschmekken. Zu Pakora oder Samosa servieren. Gekühlt etwa 1 Woche haltbar.

HUSSAINI TAMATAR QOOT
Tomaten-Chutney

1 TL Öl
3/4 TL schwarze Senfsamen
1/2 TL Nigellasamen
1 Zweiglein Curryblätter
1 Prise Asafötida
4 grüne Chilischoten, der Länge nach geteilt und ohne Samen
1 TL zerstoßener Knoblauch
3/4 TL zerstoßener Ingwer
4 mittelgroße reife Tomaten, grob gehackt
1/2 TL Kurkumapulver
1 TL Cayennepfeffer · 2 TL Zucker
Salz nach Geschmack

Das Öl erhitzen und Senf- und Nigellasamen sowie Curryblätter und Asafötida anbraten, bis die Gewürze zu knistern beginnen. Knoblauch und Ingwer zufügen und einige Minuten lang sautieren. Nun die Tomaten 10 Minuten lang mitkochen. Danach Kurkuma, Cayennepfeffer und Zucker einrühren. Zucker schmelzen lassen, salzen und heiß servieren. Dieses Chutney kann man 3–4 Tage zugedeckt im Kühlschrank aufbewahren.

PUDINA KI CHATNI
Minze-Koriander-Chutney

1 Tasse Korianderblätter
1/2 Tasse Minzeblätter
2 grüne Chilischoten, gehackt
1 cm Ingwer, gehackt
3 Knoblauchzehen, gehackt
2 TL Joghurt
1 TL Zucker
1/2 TL Cayennepfeffer
Salz nach Geschmack
1 TL *Chaat Masala* (siehe unten)
Zitronensaft nach Geschmack

Alle Zutaten im Mixer fein zerkleinern. Mit Knabbergebäck oder Tandoori-Speisen servieren.

MANGGA THUVIAL
Grünes Mango-Chutney

3 unreife, grüne Mangos (etwa 500 g)
1/2 TL Sesamsamen
3–4 getrocknete Chilischoten, in 2,5 cm Stücke zerbrochen
2 mittelgroße Zwiebeln, gehackt
2 EL frisch geraspeltes oder getrocknetes Kokosfleisch
1 Zweiglein Curryblätter
1 EL gehackte Korianderblätter
1 TL Öl
1 TL schwarze Senfsamen
1 1/2 TL *Channa Dal* (halbierte Kichererbsen)
Salz nach Geschmack

Mangos schälen, entkernen und grob hacken. Sesamsamen und zerkleinerte Chillies rösten, bis sie knusprig sind. Anschließend Fruchtfleisch, Sesamsamen, Chillies, Zwiebeln, Kokosraspeln, Curryblätter und Koriander in der Küchenmaschine zerkleinern.
Das Öl erhitzen und die Senfsamen und Dal anbraten, bis die Senfsamen zu springen beginnen. Ölmischung unter die Mangomasse rühren, salzen und servieren.

> **TIP**
> Servieren Sie diese fruchtigen Chutneys zu Vorspeisen wie Pakora oder Samosa (Seite 48). Sie passen aber auch hervorragend zu Tandoori-Gerichten.

GARAM MASALA

1/2 Tasse Kreuzkümmelsamen
2 EL Koriandersamen
4 Zimtstangen, jeweils 5 cm lang
10–12 grüne Kardamomschoten, zerstoßen
4–5 schwarze Kardamomschoten, zerstoßen
10 Nelken
1/2 Muskatnuß, zerstoßen
3–4 Blätter Muskatblüte
1 EL schwarze Pfefferkörner
4 ganze Sternanis
5 Lorbeerblätter

Alle Gewürze in eine trockene Pfanne geben (vorzugsweise beschichtet) und auf kleiner Flamme unter mehrfachem Schütteln erhitzen. Wenn die Gewürze zu duften beginnen, etwas abkühlen lassen und dann fein zermahlen. Entweder luftdicht verpacken oder im Tiefkühlfach aufheben.

RASAM MASALA

2 TL Koriandersamen
1/2 TL Kreuzkümmelsamen
1 TL Bockshornkleesamen
1 TL schwarze Pfefferkörner
1 TL schwarze Senfsamen
6 getrocknete Chilischoten, in Stücke gebrochen
1 Zweiglein Curryblätter
1/2 TL enthülste *Blackgram Dal* (*Urad Dal*)
1/2 TL *Channa Dal* (halbierte Kichererbsen)
1 Prise Asafötida

Alle Zutaten – bis auf das Asafötida – in einer Pfanne auf kleiner Flamme erhitzen, bis die Chillies knusprig werden und die Gewürze zu duften beginnen. Nach dem Abkühlen in der Küchenmaschine mahlen, dann Asafötida untermischen. Diese Mischung wird zum Würzen der südindischen Suppe Rasam benutzt.

KADAI MASALA

6 getrocknete Chilischoten, in Stücke zerbrochen
2 EL Koriandersamen
1/4 TL Garam Masala (siehe oben)

Chillies und Koriandersamen in einer Pfanne erhitzen, bis sie zu duften beginnen. Nach dem Mahlen zum *Garam Masala* geben.

CHAAT MASALA

1 EL Kreuzkümmelsamen
1 EL schwarze Pfefferkörner
5 Nelken
3 Kubeben (Stielpfeffer), als Ersatz: Pfefferkörner (nach Wunsch)
1/2 EL getrocknete Minzeblätter
1/4 TL Caromsamen (Ajwain)
1/4 TL Asafötida
1 EL Steinsalz
2 1/2 EL Mangopulver
1 TL Ingwerpulver
1 TL Cayennepfeffer
1/4 TL Weinsteinsäure
2 TL Salz

Die ersten 7 Zutaten bei milder Hitze erwärmen, bis die Gewürze ein feines Aroma abgeben. Pfanne vom Feuer nehmen, Salz hinzugeben und die warme Masse sofort mahlen. Restliche Zutaten unterrühren und in einem fest verschlossenen Behälter kühl aufbewahren. Dieses salzige und säuerliche *Chaat Masala* wird als Geschmacksverstärker über bereits gekochte Speisen gestreut.

KHOA
Kondensmilch

1 Liter frische Milch

Die Milch in einer großen Pfanne mit schwerem Boden zum Kochen bringen. Unter ständigem Rühren auf starker Hitze die Milch zu einem Klumpen reduzieren. Dies dauert etwa 25 Minuten und ergibt etwa 90 g Khoa.

DAHI
Joghurt

1 Liter frische Milch
2 EL Vollmilchpulver
1 EL Joghurt

Milchpulver in der frischen Milch auflösen und bei mittlerer Hitze bis kurz vor dem Siedepunkt wärmen. Dabei von Zeit zu Zeit umrühren. Dann vom Feuer nehmen und auf Körpertemperatur abkühlen lassen. Sie sollten einen Finger 10 Sekunden lang in die Milch halten können, ohne sich zu verbrennen. Nun geben Sie die Joghurtkultur in einen sauberen Behälter und rühren die heiße Milch ein. Mit einem Tuch bedecken und an einen warmen Ort stellen. In kühleren Klimazonen kann man eine Thermosflasche benutzen, um sicherzugehen, daß der Joghurt ganz langsam abkühlt. Sobald er sich gesetzt hat, sollte man den Joghurt in den Kühlschrank stellen und eine kleine Menge zum Ansetzen des nächsten Joghurts entnehmen.

Oft wird der Joghurt kräftig durchgerührt, um die Molke mit dem Geronnenen zu verbinden, bevor er zum Kochen benutzt wird; er wird dann aufgeschlagener Joghurt genannt.

Joghurt, der mehrere Stunden lang abgehangen wurde, damit die Molke abtropfen kann, nennt man festen Joghurt (auf Seite 53 wird beschrieben, wie man ihn herstellen kann).

CHENNA/PANEER
Hausgemachter Frischkäse

1 Liter frische Milch
1 EL Essig, mit 1 EL Wasser oder
2 EL Joghurt vermischt
1/2 Liter kaltes Wasser

Die Milch in einer Pfanne mit schwerem Boden langsam unter gelegentlichem Rühren zum Kochen bringen. Darauf achten, daß sie nicht anbrennt. Dann vom Herd nehmen und auf 75°C abkühlen lassen. Den Essig mit Wasser oder Joghurt hinzufügen und kräftig durchrühren, bis die Milch zu gerinnen beginnt. Sofort das kalte Wasser angießen, um die Temperatur zu senken und zu verhindern, daß die Mischung zäh wird. In ein mit Nesseltuch ausgelegtes Sieb geben und die Molke abtropfen lassen. Der übrigbleibende Quark heißt *Chenna* und sollte zu einer glatten Konsistenz verknetet werden. Im Kühlschrank zur weiteren Verwendung aufheben.

Paneer erhält man, indem man den Quark zu einem Rechteck formt und fest in dasselbe Nesseltuch einwickelt. Anschließend muß der Quark 2 Stunden lang mit einem Gewicht beschwert ruhen. Der zusammengepreßte Frischkäse läßt sich nun in beliebige Formen schneiden.

Oben: Chilli-Pickle (ohne Rezept), Zitronen-Mango-Pickle (rechts); unten (von rechts nach links): Mixed Pickles, Grünes Chilli-Pickle (ohne Rezept) und Zwiebel-Senf-Pickle

PYAZ KA ACHAR
Zwiebel-Senf-Pickle

1/4 Liter Senföl
4 EL schwarze Senfsamen
2 TL Cayennepfeffer
1 TL Kurkumapulver
3 EL Essig
2 1/2 EL Zucker
1/2 EL Salz
3 EL Mangopulver
15–18 grüne Chilischoten
30 Knoblauchzehen, geschält
1 1/2 EL zerstoßener Ingwer
1 1/2 EL zerstoßener Knoblauch
1 kg Zwiebeln, in Scheiben geschnitten

Öl erhitzen, bis es raucht, dann abkühlen lassen. Mit der Küchenmaschine eine Paste aus Senfsamen, Cayennepfeffer und Kurkumapulver, Essig, Zucker, Salz und Mangopulver herstellen. Zusammen mit allen anderen Zutaten zum Öl geben und gut vermischen. In sterilisierte Gläser abfüllen und gut mit Öl bedecken. Die Pickles halten sich, fest verschlossen und an einem kühlen Ort aufbewahrt, 3–4 Wochen.

NIMBU AUR AAM KA ACHAR
Zitronen-Mango-Pickle

1 kg Zitronen, geviertelt
10–15 grüne Chilischoten, längs halbiert
3–4 unreife grüne Mangos, geschält und in Würfel geschnitten
1/4 Liter Zitronensaft
1 1/2 EL gemahlener Kreuzkümmel
1 EL Kurkumapulver
1 1/2 TL Cayennepfeffer
4 1/2 EL Salz
2 1/2 EL Zucker
3/8 Liter Senföl

In einer Schüssel Zitronen, Chillies, Mangos und Zitronensaft mischen und mit den Gewürzen sowie Salz und Zucker bestreuen. Alle Zutaten in große Glasbehälter füllen, mit einem Tuch bedecken und 6 Tage lang in die Sonne stellen. Dann das Öl erhitzen, bis es raucht, abkühlen lassen und die Mischung einrühren. Weitere 4 Tage in die Sonne stellen, dann die Gefäße fest verschließen und an einem kühlen, dunklen Ort aufheben. Mehrere Monate haltbar.

SABZI ACHAR
Mixed Pickles

250 g Möhren, unreife grüne Mangos, grüne Chilischoten und Lotoswurzel
4 Zitronen, geviertelt
1 Tasse Senföl
2 TL Fenchelsamen
1 TL Nigellasamen
1 TL schwarze Senfsamen
2 1/2 TL Cayennepfeffer
2 1/2 TL Kurkumapulver
2 TL *Garam Masala* (Seite 58)
1 Zwiebel, gehackt und püriert
1 1/2 EL zerstoßener Ingwer
1 1/2 EL zerstoßener Knoblauch
4 1/2 EL Salz

Möhren und Mangos schälen und in kleine Spalten schneiden. Auch die Lotoswurzel schälen, dann in Scheiben schneiden. Chillies ganz lassen. Erhitzen Sie nun das Senföl, bis es raucht. Fenchel-, Nigella- und Senfsamen in dem Öl braten, bis sie zu knistern beginnen. Cayennepfeffer, Kurkuma- und *Garam-Masala*-Pulver hinzugeben sowie Zwiebeln, Ingwer und Knoblauch. Kräftig umrühren und Gemüse und Zitronen beifügen. Die Pfanne vom Feuer nehmen und salzen. Einige Male umrühren und gut durchmischen. Die Mixed Pickles in sterilisierte Gläser füllen. Dabei darauf achten, daß sie ganz mit Öl bedeckt sind. Haltbarkeit: 3–4 Monate.

»Silahkan makan« – Bitte greifen Sie zu. Das werden Sie sich in Indonesien nicht zweimal sagen lassen!

INDONESIEN

So vielfältig wie die Sprachen, Religionen und Kulturen der Inselgruppe ist auch ihre Küche.

Links: Chilischoten, ob nun im Ganzen oder zu einer Paste zermahlen, sind aus der indonesischen Küche nicht wegzudenken.

Rechts: Ein Javanese auf dem Weg zum Markt. Sein Fahrrad ist mit Tongeschirr beladen.

Mit seinen vielen tausend Inseln ist Indonesien die größte Inselgruppe der Welt. Angesichts der landschaftlichen Vielfalt, die von schneebedeckten Bergen und üppigen Regenwäldern bis zu unfruchtbaren Savannen, Sumpfgebieten und künstlich bewässerten Reisfeldern reicht, konnte sich das Land kein treffenderes Motto auf die Fahne schreiben als »Bhinneka Tunggal Ika« – *Einheit in der Vielfalt.*

In den vergangenen 2000 Jahren erlebten auf Sumatra, Java und Borneo buddhistische, hinduistische und moslemische Königreiche ihren Aufstieg und Niedergang. Mit ihnen kamen Kaufleute aus China, dem Mittleren Osten und Indien, aus Siam und Malakka. Ihr Interesse galt vor allem den Gewürzen, zählen doch einige der östlichen Inseln des Archipels zu den sogenannten Gewürzinseln.

Aufgrund der geographischen und kulturellen Vielfalt ist es nicht verwunderlich, daß man in Indonesien viele unterschiedliche Küchen vorfindet, die über die Jahrhunderte durch die Einführung von Zutaten und Garverfahren aus China, Indien, dem Mittleren Osten und Europa beeinflußt wurden.

Tanah Air: Land und Wasser

Die etwa 18 000, beiderseits des Äquators gelegenen Inseln Indonesiens erstrecken sich über circa 8000 Kilometer und beherbergen mehr als 190 Millionen Menschen. Indonesien liegt innerhalb des sogenannten »Feuerrings«, an dem zwei der tektonischen Platten der Erde zusammentreffen. Dadurch werden die Inseln immer wieder von tektonischen Beben erschüttert. Aus schwelenden Vulkanen ergießt sich zudem von Zeit zu Zeit fruchtbare Asche über das Land.

Auf den westlichen Inseln trifft man auf eine üppige, immergrüne Vegetation. Auf Borneo findet man Regenwälder und sumpfige Küstenstriche, Java und Sumatra sind reich an fruchtbaren Gärten, Kokospalmenhainen und Reisfeldern. Die östlichen Inseln, insbesondere die Kleinen Sundainseln sind hingegen zumeist felsig und nicht besonders fruchtbar. Dort sind die Dürreperioden auch länger als im übrigen Indonesien. Abholzungen und dadurch verursachte Erosionen haben der Landwirtschaft noch zusätzlichen Schaden zugefügt. Auf den Molukken findet man eine üppige tropische Vegetation vor, während Irian Jaya, der westliche Teil der Insel Neuguinea, von Sümpfen über Regenwälder bis hin zum fast 5000 Meter hohen Mount Jaya – nahezu alles bietet.

Ein Sambal auf einem *Daun mangokan*-Blatt angerichtet. Auf Sumatra verwendet man die dekorativen Blätter auch zum Würzen.

In ganz Indonesien herrscht ein warmes Tropenklima mit relativ hoher Luftfeuchtigkeit. Auf den Bergen sinkt die Temperatur allerdings beträchtlich. Weite Teile der Inselgruppe erleben eine Trockenzeit, auf die lebensspendende Monsunregen folgen.

Reis ist in ganz Indonesien das wichtigste Grundnahrungsmittel. Er wird zum Teil auf künstlich bewässerten Feldern angebaut, wo man durch den Einsatz spezieller Sorten und Dünger bis zu drei Ernten pro Jahr erzielt. In Gegenden, wo der Reisanbau nicht möglich ist, ernährt man sich vorwiegend von anderen Feldfrüchten, etwa Süßkartoffeln, Maniok und Mais.

Als Beilage zum Reis ißt man am liebsten Fisch, der häufig nur gebraten und mit Tamarinde, Kurkuma und Salz gewürzt wird. Bisweilen kocht man ihn auch in gewürztem Wasser oder Kokosmilch. Einige wildwachsende Blätter und Pflanzen, aber auch die Triebe von Pflanzen, die man wegen ihrer Früchte oder Wurzeln anbaut – zum Beispiel Sternfrucht, Papaya, Süßkartoffel und Maniok – werden als Gemüse zubereitet. Gerne gegessen werden auch Wasserwinde (*Kangkung*), grüne Bohnen, Auberginen, Kürbisse und Gurken. Auf Inseln mit fruchtbarer vulkanischer Erde gedeihen in höheren Lagen auch Gemüsesorten, die ein gemäßigtes Klima benötigen und die von den Holländern eingeführt wurden.

Eine kulinarische Reise durch den Archipel

Besonders auf den größeren Inseln hat man im Laufe der Jahrhunderte Zutaten und Garverfahren verschiedensten Ursprungs übernommen. Arabische und indische Kaufleute brachten ihre Gewürze ins Land. Die Spanier führten die Chilischote ein, und aus China stammen die inzwischen allgegenwärtigen Nudeln (*Mie*), die Sojasoße – die die Indonesier mit Zucker zu *Kecap manis* abwandelten –, Mungobohnen, Tofu und Sojabohnen, die hier zu *Tempeh* verarbeitet werden.

Trotz der langen Kolonialherrschaft beeinflußten die Holländer – abgesehen von der Reistafel – die indonesische Küche nicht wesentlich. Die Reistafel hat sich aus dem indonesischen Brauch, Reis mit verschiedenen pikanten Beilagen und Soßen zu servieren, entwickelt und kann aus bis zu zwanzig verschiedenen Gerichten bestehen.

Die Javaner aus den Sultanaten von Yogyakarta und dem benachbarten Surakarta haben eine sehr hochentwickelte Kultur. Der Höhepunkt ritueller Ereignisse ist ein gemeinsames Fest (*Selamatan*), in dessen Mittelpunkt häufig gelber, zu einem kegelförmigen Berg aufgeschütteter Reis steht, zu dem mindestens zwölf verschiedene Gerichte, darunter *Gudeg* (junge in Kokosmilch gegarte Jackfrucht), in Kokosmilch gekochtes und gebratenes Huhn, fermentierte Sojabohnenkuchen (*Tempeh*) mit Garnelen, rote Chilli-Sambal und knusprige Krabbenchips (*Krupuk*), serviert werden.

Besonders scharf und würzig ist die Küche der in Westsumatra gelegenen Region Padang. In den Restaurants stehen die fertigen Speisen gewöhnlich in einer Vitrine, davon werden dem Gast zehn bis zwanzig verschiedene Gerichte an den Tisch gebracht. Dazu wird dampfender, weißer Reis serviert. Der Gast nimmt sich, wovon er möchte und bezahlt nur, was er tatsächlich verzehrt hat. Kräuter, Wurzeln und andere Gewürze wie Chillies, Ingwer, Knoblauch, Schalotten, Galgant, Kurkuma, Zitronengras, Basilikum, scharfe, getrocknete Garnelenpaste und aromatische Limonen- und *Salam*-Blätter sind aus der Küche Padangs nicht wegzudenken.

Sulawesi (Celebes) ist berühmt für seinen Fisch. Eine Spezialität der Insel ist *Ikan bakar*, über Holzkohle gerösteter Fisch, der mit verschiedenen Dips serviert wird.

Auf Bali feiert man fast jeden Tag ein Fest, und da die Balinesen im Unterschied zum Rest der Nation nicht zum Islam konvertiert sind, wird hier auch Schweinefleisch gegessen.

Borneo ist bekannt für sein Wild, das aus dem inneren Hochland stammt. Berühmt ist der Wildschweinbraten *Babi guling*. Aus wildwachsenden Pflanzen, jungen Trieben von Bäumen oder jungen Farntrieben bereitet man Gemüse zu.

Erfrischend und köstlich: typische indonesische *Es*-(Eis-)Drinks, die man überall an Ständen und bei fahrenden Händlern bekommt.

Saftige exotische Früchte wie die riesige Jackfrucht, die berühmte Durian und die stachelige Rambutan gibt es in Indonesien in Hülle und Fülle.

Unreife Früchte, zum Beispiel die Jackfrucht oder die Papaya, werden hier ebenfalls als Gemüse gegessen. Eine wichtige Zutat der Küche Borneos ist die Kokosnuß: Das Fruchtfleisch wird gerieben und zum Verfeinern von Gemüse verwendet, man brät es mit Gewürzen, um daraus eine Würzsoße herzustellen, oder verarbeitet es zu Kokosmilch.

Die Küche des Volkes

Wer die ganze Geschmacksvielfalt der indonesischen Küche kennenlernen möchte, sollte einmal durch die Straßen gehen und einen *Warung* aufsuchen. *Warungs* sind einfache, aus Bambusgeflecht oder Holz gefertigte Buden. Sie sind nicht nur beliebte Treffpunkte für die Einheimischen, sondern man findet hier auch nahezu alles, was man für den Haushalt benötigt: Moskitonetze, Waschpulver oder die unverzichtbaren, nach Gewürznelken duftenden Zigaretten. Darüber hinaus wird in den *Warungs* eine bunte Mischung an abgepackten Snacks, Kuchen, Keksen, Getränken und frischem Obst – Bananen, Avocados, Papayas oder Guaven – angeboten.

Außer Haus zu essen ist für viele Indonesier kein Luxus, sondern eine Notwendigkeit, und deshalb findet man in nahezu jeder größeren Ortschaft zahlreiche einfache Garküchen, die Speisen zu günstigen Preisen anbieten. Hier bekommt man häufig auch die beliebtesten regionalen Spezialitäten. So können Sie etwa am Hafen von Ujung Padang in Südsulawesi *Soto makassar* (eine sättigende Rindfleischsuppe) und gegrillten Fisch (*Ikan bakar*) kaufen. In Mataram, der Hauptstadt der Insel Lombok, wird an vielen Ständen das beliebte, über Holzkohle gegrillte Hühnchen angeboten, das mit einer würzigen Soße serviert wird. Und das berühmte gebratene Wildschwein (*Babi guling*) findet man auf fast jedem balinesischen Markt.

Straßenhändler mit rumpelnden Karren gehören ebenfalls vielfach zum Straßenbild. Sie bieten *Mie bakso* (eine Suppe mit Nudeln und Fleischklößchen) oder Eis mit Sirup, Gelees und Früchten an. Manche bereiten Ihnen auf Wunsch auf einem Holzkohlenfeuer auch ein Saté zu.

In vielen Gegenden Indonesiens zieht man Kaffee (*Kopi tobruk*) dem Tee vor. Da die Indonesier gerne Süßes mögen, wird der Kaffee stets mit Zucker serviert, es sei denn, man verlangt ihn *pahit* – bitter.

Mit Ausnahme der islamischen Gegenden bekommt man in Indonesien auch alkoholische Getränke. Zwei beliebte heimische Biersorten, Bintang und Anker, werden nach holländischen Rezepten hergestellt und sind mit europäischem Lagerbier vergleichbar. In vielen nichtmoslemischen Gegenden wird aus Reis oder dem Saft der Kokos- oder Lontar-Palme eine Art Bier gebraut. Bali ist bekannt für sein *Brem*, ein süßliches Reisbier. Palmwein (*Toddy*) wird aus dem Saft, den die Blüten der Kokos- oder Lontar-Palme absondern, hergestellt. Man trinkt ihn frisch oder läßt ihn einige Tage reifen; aus den Resten destilliert man einen hochprozentigen Arrak.

Küchenausstattung und Tischkultur

»Silahkan makan« lautet die Aufforderung, die jedem Essen, zu dem man Gäste eingeladen hat, vorausgeht. Ein Satz, auf den man als Fremder ebenso warten sollte wie auf den kleinen Snack, der einem von den indonesischen Gastgebern angeboten wird. In den meisten Familien sind die Mahlzeiten allerdings eher eine zwanglose Angelegenheit.

Reis ist das wichtigste Grundnahrungsmittel und wird in großen Mengen mit pikanten Beilagen und Würzsoßen verzehrt. Von den – meist vier oder fünf – Hauptgerichten, ißt man hingegen nur wenig. Denn den Indonesiern kommt es mehr auf die Vielfalt als auf die Menge an.

Neben den pikanten Beilagen dürfen auch scharfe Soßen nicht fehlen. Meist serviert man ein Chilli-*Sambal* und dazu etwas, das einen knackigen Kontrast bietet, etwa fritiertes Tempeh, winzige fritierte Sardellen (*Ikan teri*), *Krupuk* (Chips aus Tapiokamehl) oder gebratene Erdnußchips (*Rempeyek*).

Der Reis und die Beilagen werden in der Regel bereits früh am Tag, unmittelbar nach dem Einkauf auf dem Markt, zubereitet. Die fertigen Speisen bleiben in der Küche stehen, und die Familienmitglieder bedienen sich davon, wann immer sie Hunger haben. Die Abendmahlzeit wird eingenommen, wenn die einzelnen Familienmitglieder vom Feld, aus der Schule oder von ihrer Arbeit in der Stadt zurückgekehrt sind. Sie besteht meist aus den Resten des Mittagessens, das gegebenenfalls noch um ein oder zwei zusätzliche Gerichte ergänzt wird.

Nimmt man die Mahlzeiten in Gesellschaft ein, werden der Reis und sämtliche Beilagen in die Mitte des Tisches oder auf eine Matte auf dem Fußboden gestellt, und jeder nimmt sich davon. Sich den Teller gleich beim ersten Gang vollzuladen, gilt als unhöflich; im Laufe der Mahlzeit hat man noch ausreichend Gelegenheit, sich satt zu essen.

Die Indonesier benutzen zum Essen traditionell die rechte Hand (die linke gilt bei Moslems als unrein). Zum Vorlegen der Speisen verwendet man einen Löffel. In vielen modernen Haushalten und in fast allen Restaurants bekommt man auch Messer und Gabel.

In wohlhabenderen Familien stellt man die Beilagen gerne so zusammen, daß sie hinsichtlich Geschmack und Konsistenz möglichst viel Abwechslung bieten. Hat eine der Beilagen eine dicke Kokosmilchsoße, wird als Kontrast noch ein trockenes, vielleicht auch schärferes Gericht serviert. Als Ausgleich zu einem scharfen *Sambal goreng* (eine gebratene, scharf mit Chilli gewürzte Speise) wird also vielleicht ein mildes oder sogar süßes Gericht serviert, das mit *Kecap manis* (süße, dunkle Sojasoße) oder Palmzucker zubereitet wurde.

Bei der Zubereitung der Speisen für eine Familienfeier hilft die ganze Familie mit. Bei größeren Festen beteiligt sich sogar die gesamte örtliche Gemeinschaft, die dabei von einem auf die Zubereitung traditioneller Speisen spezialisierten Koch – der immer ein Mann ist – beaufsichtigt wird. Die Arbeiten sind streng nach Geschlechtern verteilt: Die Männer sind für das Schlachten der Schweine oder Tauben, das Reiben des Kokosfleisches und das Mahlen der Gewürze zuständig, während die Frauen die Tätigkeiten ausführen, die mehr Fingerspitzengefühl erfordern, etwa das Schälen und Hacken der frischen Gewürze, das Reiskochen und das Putzen des Gemüses.

Die Ausstattung der indonesischen Küche ist einfach und praktisch. Die Speisen werden meist über einem Holzfeuer oder dem *Kompor*, einem Kerosinbrenner, gegart.

Was vielleicht nur wenigen bekannt ist: Auf den Molukken, die als »Gewürzinseln« Berühmtheit erlangten, werden Nelken und Muskatnuß nur selten zum Kochen verwendet, sondern gelten als Heilpflanzen. Die Muskatblüte, der fleischige Samenmantel, der die harte Nuß umschließt, wird gewöhnlich eingelegt und als Snack gegessen. Das beliebteste Gewürz ist der Koriander, ein kleiner, runder, hellbrauner Samen, der mit Pfefferkörnern und Knoblauch zum Würzen verwendet wird.

MENÜVORSCHLÄGE

Einfache Mahlzeiten

Als schnelles, aber raffiniertes Familienessen eignen sich folgende Speisen. Dazu reicht man Gelben Reis (Seite 72).

- Marinierte saure Garnelen (Seite 66);
- Gegrillter Fisch im Bananenblatt (Seite 66);
- Farnspitzen in Kokosmilch (Seite 73);
- und als Dessert Kokospfannkuchen (Seite 79).

Vorschlag 2:

- Würzige Spare-Rib-Suppe (Seite 70);
- Gemüse mit würziger Kokosnuß (Seite 72) und Gekochter Süßwasserfisch (Seite 75) mit gedämpften Reis.

Einladungen

Viele der im folgenden vorgestellten Gerichte eignen sich hervorragend als Häppchen für eine Party, so zum Beispiel:

- Gegrillter Fisch im Bananenblatt (Seite 66), Gewürztes Rindfleisch (Seite 74) und Würzige, gebratene Sardinen (Seite 75);
- Bungis-Huhn (Seite 76) oder Yogya-Huhn (Seite 77) und Scharfes gebratenes Tempeh (Seite 39) kann mit Reis nach der Vorspeise serviert werden;
- als glanzvoller Abschluß Pudding aus schwarzem Reis (Seite 79).

Salatmahlzeiten

Die hier vorgestellten Salate werden jeden Gemüsefreund begeistern und sind, wenn Sie die Zutaten erst einmal vorbereitet haben, im Handumdrehen fertiggestellt. Mit Brot oder Reis ergeben sie ein ideales Mittagessen.

Quer durch die asiatische Küche

Als gemischtes asiatisches Abendessen empfehlen wir:

- Grüne Papayasuppe (Seite 70) aus Indonesien;
- Scharfe Flußgarnelen (Seite 152) aus Vietnam und Gefüllte Gemüse und Tofu (Seite 36) aus China;
- Sago mit Honigmelone (Seite 120) aus Malaysia/Singapur.

DIE WICHTIGSTEN ZUTATEN DER INDONESISCHEN KÜCHE

Für das indonesische *Rempah* benötigt man **Knoblauch**, **Ingwer**, **Galgant**, **Chillies** und **Garnelenpaste**, außerdem brauchen Sie frischgepreßten **Limonensaft** und **Salam-Blatt**. Eine typische indonesische Spezialität ist das **Tempeh**. Die **Kokosnuß** – die Milch und das Fruchtfleisch – ist ein wichtiger Bestandteil der indonesischen Küche und wird in Salaten, Currys und Desserts verarbeitet. **Palmzucker** verwendet man sowohl für pikante wie für süße Speisen. Die wichtigsten Grundnahrungsmittel sind **Nudeln** und **Reis**.

Marinierte, saure Garnelen (oben links) und Thunfisch-Sambal (unten rechts)

In Indonesien würde man diese kleinen Gerichte als Hauptgang zu Reis servieren. Wenn Sie dies ebenfalls tun möchten, müssen Sie nur etwas größere Portionen davon zubereiten.

ASAM UDANG

Marinierte, saure Garnelen

Belimbing wuluh, kleine saure Karambole-Früchte, wachsen reichlich in vielen Küchengärten in ganz Indonesien sowie in anderen Regionen Südostasiens. Sie verleihen diesem Salat aus Nord-Sumatra einen leckeren Geschmack. Grapefruits oder saure Orangen können aber als Ersatz verwendet werden.

1 kg große Garnelen (mit Schale)
6 Schalotten, geschält und fein gehackt
3 rote Chilischoten, entkernt und in feine Scheiben geschnitten
4 saure Karambole (*belimbing wuluh*), in Scheiben geschnitten, oder 1 saure Grapefruit, geschält und gehackt
1/2 TL Salz

Legen Sie die Garnelen in eine Pfanne mit 2 Liter Wasser; zum Kochen bringen. 4 Minuten sieden lassen, das Wasser abschütten und die Garnelen 30 Sekunden lang in Eiswasser geben. Das Wasser abgießen, dann die Garnelen schälen.

Mahlen oder mixen Sie die Schalotten, Chillies und Karambole zu einer feinen Paste. Abschmecken und ein wenig Limonen- oder Zitronensaft sowie Salz hinzufügen, wenn sie nicht sauer genug ist. Die Garnelen dazugeben und servieren.

SAMBAL TAPPA

Mango-Thunfisch-Sambal

Dieses Rezept stammt von der Molukken-Insel Ambon, wo Thunfisch reichlich vorkommt. Falls frischer Fisch nicht zur Verfügung steht, kann Thunfisch aus der Dose verwendet werden, obwohl der Geschmack nicht so gut ist.

5 saure grüne Mangos, geschält und in Stückchen
2 TL Salz
600 g frischer Thunfisch, gegrillt und in Stückchen
3 Schalotten, geschält und in Scheiben geschnitten
1 TL weiße Pfefferkörner, gemahlen
4 EL dicke Kokosmilch

Die Mangos mit Salz vermischen und 10 Minuten stehen lassen. Auspressen, um die saure Flüssigkeit zu entfernen. Mit Thunfisch, Schalotten, Pfeffer und Kokosmilch vermischen und servieren.

OTAK OTAK

Gegrillter Fisch im Bananenblatt

Bei diesem Rezept aus Kalimantan wird gehackter und gewürzter Fisch in Bananenblätter gewickelt und direkt auf Holzkohle gegrillt, was ihm einen unvergleichlichen Geschmack verleiht.

600 g grätenlose weiße Fischfilets (z. B. Schnappbarsch), enthäutet, gehackt
15 Schalotten, geschält und in Scheiben
3 Knoblauchzehen, geschält und in Scheiben geschnitten
3 Frühlingszwiebeln, gehackt
1 TL grob gemahlener weißer Pfeffer
1/8 Liter dicke Kokosmilch
1 EL Limonensaft
1 TL Salz
3 Eier
Bananenblattstücke, 12 cm x 12 cm zum Einwickeln (oder Aluminiumfolie)

Pürieren Sie den Fisch in einem Mixer einige Sekunden lang. Alle anderen Zutaten außer dem Bananenblatt hinzufügen und alles gut miteinander vermischen.

3 gehäufte Eßlöffel Fischmasse in die Mitte eines jeden Bananenblattquadrats legen, das Blatt fest aufrollen und die beiden Ende der Rolle mit Zahnstochern fixieren. Die Bündel 15 Minuten lang dünsten, dann 5 Minuten direkt auf Holzkohle oder einen Grill legen und hin und wieder wenden, bis die Blätter gleichmäßig braun werden.

Im Bananenblatt servieren.

Gegrillter Fisch im Bananenblatt

SATÉ SAPI
Rindfleisch-Saté

600 g Rinder-Oberschale, in 1-cm-Würfeln
3–5 Vogelaugenchilischoten
2 EL brauner Zucker

Für die Gewürzpaste:
10 Schalotten, geschält und in Scheiben geschnitten
6 Knoblauchzehen, geschält und in Scheiben geschnitten
10 cm Galgant, geschält und in Scheiben geschnitten
5 cm Ingwer, geschält und in Scheiben geschnitten
6 rote Chilischoten, in Scheiben geschnitten
7 Vogelaugenchilischoten, in Scheiben geschnitten
10 Kemirinüsse
Jeweils 1 EL schwarzer Pfeffer und Koriander
4 EL gehackter Palmzucker
2 *Salam*-Blätter
4 EL Öl

Für die Gewürzpaste alle Zutaten außer *Salam*-Blättern und Öl miteinander vermischen. Die Mischung mit den *Salam*-Blättern 5 Minuten in Öl goldbraun braten. Abkühlen lassen und dann mit Fleisch, Chillies und Zukker mischen. Im Kühlschrank 24 Stunden lang marinieren (die Mischung hält sich bis zu 4 Tagen). Die Fleischwürfel auf Saté-Spieße stecken und bei hoher Hitze grillen. Mit Erdnußsoße (Seite 81) servieren.

Rohes Gemüse (links) und Gekochtes Gemüse mit Erdnußsoße (rechts).
Rezepte siehe Seite 68

SATÉ LILIT
Saté aus gehackten Meeresfrüchten

Dies ist wahrscheinlich das beste Saté, das Sie je kosten werden. Die zarten Aromen von Garnelen und Fisch werden intensiver, wenn Sie frische Zitronengrasstengel als Spieße verwenden und die Spieße über einem Kokosschalenfeuer statt Holzkohle grillen. Aber auch mit Holzspießchen und einem gewöhnlichen Holzkohlengrill werden Ihre Gäste immer wieder um »Nachschlag« bitten.

300 g Schnappbarschfilet ohne Haut und Gräten, andere Barscharten, Doraden, Makrelen oder sonstige festfleischige Fischarten sind auch geeignet
300 g rohe Garnelen, geschält
2 Tassen frisch geriebene Kokosnuß oder $1\frac{1}{2}$ Tassen Kokosraspel, angefeuchtet
$\frac{1}{2}$ Tasse Würzpaste für Meeresfrüchte (Seite 80) · 5 Zitronenblätter, in haarfeine Streifchen geschnitten
1 TL schwarze Pfefferkörner, fein zerdrückt
2 TL Salz · 3–5 grüne Vogelaugenchilischoten, sehr fein gehackt
2 EL brauner Zucker
Zitronengras, in 15 cm lange Stücke geschnitten, oder Saté-Spießchen

Die Fischfilets zusammen mit den Garnelen in einer Küchenmaschine oder mit dem Hackmesser sehr fein hacken. Alle anderen Zutaten dazugeben und gut durchmischen.

Nun einen gehäuften Eßlöffel dieser Mischung um ein Holzspießchen oder um einen zurechtgeschnittenen Stengel Zitronengras pressen, gut festdrücken und die Spieße über einem Holzkohlenfeuer goldbraun grillen.

TIP
Bei diesem Gericht ist es wichtig, frische Garnelen und frischen Fisch zu verwenden, weil Meeresfrüchte nach dem Einfrieren und Abtauen zuviel Flüssigkeit absondern würden. Der braune Zucker verleiht nicht nur einen Hauch Süße, sondern trägt auch zu dem leicht verbrannten Aussehen bei, das für balinesisches Saté typisch ist.

Rindfleisch-Saté

REMPEYEK KACANG
Knusprige Erdnußchips

200 g rohe Erdnüsse · 150 g Reismehl
100 g einfaches Mehl
$\frac{1}{4}$ Liter Kokosmilch · Öl zum Fritieren

Für die Gewürzpaste:
1 TL Koriander · 2 Kemirinüsse
2 Knoblauchzehen · 1 cm frische Kurkuma, geschält und in Scheiben geschnitten
5 Kaffirlimonenblätter, zerkleinert (nach Wunsch) · 1 TL Salz

Braten Sie die Erdnüsse in einem Wok bei niedriger Hitze 5 Minuten lang. Die Häute durch Reiben entfernen und die Erdnüsse beiseite stellen. Die Zutaten der Gewürzpaste mahlen, dann die beiden Mehlsorten beigeben. Gut vermischen und die Kokosmilch einrühren. Nun die Erdnüsse zufügen.

Reichlich Öl in einem Wok erhitzen, den Ausbackteig eßlöffelweise hineingeben und goldbraun backen. Gut abkühlen lassen.

Gemüsesalat mit Erdnußsoße

Ein indonesischer Salat wird vielleicht eine Überraschung für Sie sein, denn er hat nur wenig mit einem erfrischenden »westlichen« Salat gemein. Was Sie erwartet ist vielmehr eine köstliche Mischung aus süßen, sauren, scharfen, salzigen und würzigen Zutaten.

KAREDOK
Rohes Gemüse

Die Sundanesen auf Westjava lieben rohes und gekochtes Gemüse, das sie oft als Zwischenmahlzeit essen. Natürlich können diese Gerichte auch mit Reis als Teil einer Hauptmahlzeit serviert werden.

1/4 mittelgroßer runder Weißkohl, gehobelt
1 kleine Gurke, geschält, der Länge nach halbiert und in Scheiben geschnitten
200 g Sojabohnensprossen, gesäubert
4 winzige runde Auberginen oder 1 kleine lange Aubergine, in feinen Scheiben
100 g junge grüne Bohnen, gewürfelt
4 Stiele Basilikum
gebratene Schalotten und Garnelenchips (*Krupuk*) als Garnitur

Für die Gewürzpaste:
4 Zehen Knoblauch, geschält und geschnitten · 8 rote Chilischoten, entkernt und geschnitten
5 cm *Kencur*, geschält und geschnitten
1 TL getrocknete Garnelenpaste (*Terasi*), geröstet · 1 EL Tamarindensaft
4 EL gehackter Palmzucker · 2 TL Salz

Das vorbereitete Gemüse in eine Schale geben. Die Zutaten der Gewürzpaste mahlen oder mixen, wenn nötig Wasser beigeben. Die Soße übers Gemüse gießen. Gut mischen, mit Schalotten und *Krupuk* garnieren

LOTEK
Gekochtes Gemüse mit Erdnußsoße

Die Soße, die mit diesem gekochten Gemüsesalat serviert wird, enthält gemahlene Erdnüsse und ist daher nicht nur schmackhaft, sondern auch nährstoffreich. Es heißt, daß die sundanesischen Frauen eine schöne Haut haben, weil sie so viel Gemüse essen.

250 g Wasserwinde (*Kangkung*) oder Spinat, gedünstet
250 g Kürbis, in Stücke geschnitten und gedünstet · 250 g grüne Bohnen, in 4 cm lange Stücke geschnitten und gedünstet
250 g junge Jackfrucht, gewürfelt und in Wasser gesiedet, bis sie zart sind
100 g Sojabohnensprossen, blanchiert
1 große Kartoffel, gekocht, geschält und gewürfelt · 5 Vogelaugenchilischoten, in Scheiben geschnitten
2 cm *Kencur*, in Scheiben geschnitten
1/2 TL getrocknete Garnelenpaste, geröstet
1 TL gehackter Palmzucker · 1/4 TL Salz
1/2 Tasse geröstete Erdnüsse, gemahlen

Bereiten Sie das Gemüse vor, und stellen Sie es beiseite. Chillies, Kencur, Garnelenpaste, Palmzucker und Salz mahlen oder mixen. Gut zu einer Soße vermischen. Nach Geschmack würzen. Das Gemüse mit der Soße darüber servieren und mit gemahlenen Erdnüssen besprenkeln.

GADO GADO
Gemüsesalat mit Erdnußsoße

100 g grüne Bohnen, geschnitten und blanchiert · 1 Tasse Sojabohnensprossen, blanchiert · 100 g Spinat, blanchiert
1/4 kleiner Kohl, gehackt und blanchiert · 1 mittlere Möhre, in dünne Scheiben geschnitten und blanchiert
4 Quadrate harter Tofu, fritiert und in Scheiben geschnitten · 4 hartgekochte Eier, in Scheiben geschnitten
2 EL gebratene Schalotten

Für die Erdnußsoße:
500 g geröstete Erdnüsse
4 Knoblauchzehen, geschält
10 Vogelaugenchilischoten, in Scheiben geschnitten · 8 cm *Kencur*, geschält und gehackt · 3 Kaffirlimonenblätter
1/8 Liter süße Sojasoße · 2 TL Salz
1,5 Liter Wasser · 3 EL gebratene Schalotten
1 EL Limonensaft

Mahlen Sie für die Soße die ersten 4 Zutaten zu grober Konsistenz. Mit allen anderen Zutaten – außer Schalotten und Limonensaft – in die Pfanne geben. Bei niedriger Hitze 1 Stunde sieden lassen, dabei umrühren, um ein Ankleben zu verhindern. Limonensaft und Schalotten kurz vor dem Servieren einrühren.

Die Gemüsesorten auf einer Platte anordnen und die Soße darübergießen. Mit Tofu, Eiern und Schalotten garnieren und mit Krupuk servieren.

TIMUM MESANTEN
Gurke mit Kokossoße

Der unspektakuläre Geschmack von Gurken läßt sich verbessern, wenn man sie mit Kokosmilch und Gewürzen zubereitet.

2 EL Öl · 3 Schalotten, geschält und in Scheiben geschnitten
2 Knoblauchzehen, geschält und in Scheiben geschnitten
2 große rote Chilischoten, ohne Samen und in Scheiben geschnitten
1/2 TL getrocknete Garnelenpaste
1/2 Liter Kokosmilch
2 mittelgroße Gurken, geschält, ohne Samen und in Scheiben geschnitten
1 TL Salz
1/4 TL schwarze Pfefferkörner, zerdrückt
gebratene Schalotten als Garnitur (Seite 81)

Das Öl in einer schweren Kasserolle erhitzen. Darin bei schwacher Hitze Schalotten, Knoblauch und Chillies 2 Minuten lang sautieren. Die Garnelenpaste einrühren und eine weitere Minute braten. Die Kokosmilch angießen, alles aufkochen und die Mischung bei niedriger Temperatur 5 Minuten köcheln lassen.

Die Gurken in die Brühe legen und zum Kochen bringen. Schwach sieden, bis die Gurke gar ist und die Soße dick wird. Mit Salz und Pfeffer abschmecken und mit gebratenen Schalotten garnieren.

TIP
Wenn möglich sollten Sie japanische Gurken verwenden, die einen besseren Geschmack und eine festere Konsistenz haben.

Salat aus grünen Bohnen und Hähnchen

LAWAR
Salat aus grünen Bohnen und Hähnchen

Dieses Gericht wird zu jeder großen religiösen oder privaten Feier gereicht. Nur die ältesten und erfahrensten Männer dürfen die zahlreichen Zutaten mischen. Das gehackte Hühnerfleisch kann durch Rind-, Schweinefleisch oder kleingeschnittene Jackbaumfrucht ersetzt werden.

3 Tassen blanchierte lange Bohnen, in Scheiben von 1/2 cm Stärke
1/2 Tasse geriebene Kokosnuß, geröstet
6 Knoblauchzehen, geschält, in Scheiben geschnitten und gebraten
6–8 Schalotten, geschält, in Scheiben geschnitten und gebraten
2 große rote Chilischoten, ohne Samen und in feine Streifen geschnitten
4–6 Vogelaugenchilischoten, in feine Scheibchen geschnitten
3 TL gebratene Chilischoten (*Sambal Sere Tabia*, Seite 81)
2 EL Würzpaste für Hähnchen (Seite 80)
gebratene Schalotten als Garnitur (Seite 81)

Für das Salatdressing:
250 g Hähnchen ohne Knochen, gehackt
2 EL Würzpaste für Hähnchen
Bananenblattquadrat von 30 cm Seitenlänge
1 TL frisch gepreßter Limonensaft
1 TL Salz
1/2 TL schwarze Pfefferkörner, zerdrückt

Bohnen, Kokosnuß, Knoblauch, Schalotten, alle Chillies und die Würzpaste für Hähnchen in einer großen Schüssel mischen.

Für das Dressing das gehackte Hühnerfleisch gründlich mit 2 Eßlöffeln Würzpaste für Hähnchen vermischen. Das gehackte Fleisch der Länge nach in die Mitte eines Bananenblattes legen und dieses sehr fest aufrollen. Dieses Päckchen auf ein Stück Alufolie setzen und dieses wieder sehr fest aufrollen. Die Enden gleichzeitig in entgegengesetzte Richtungen drehen, damit die Rolle fester wird. Die Rolle 20 Minuten lang dämpfen. Alufolie und Bananenblatt entfernen und die Fleischrolle mit einer Gabel wieder zu Hackfleisch zerdrücken.

Das gehackte Hühnerfleisch unter die Bohnenmischung rühren und mit Salz, Pfeffer sowie Limonensaft abschmecken. Mit knusprig gebratenen Schalotten garnieren.

Hühnerfleischstreifen mit Chillies und Limone

AYAM PELALAH
Hühnerfleischstreifen mit Chillies und Limone

Für diesen angenehm scharfen Hähnchensalat können gebratene, gedämpfte oder gebackene Fleischreste verwendet werden.

1 ganzes Hähnchen von ca. 1,2 kg
1 Tasse Würzpaste für Hähnchen (Seite 80)
1/2 Tasse *Sambal Tomat* (Seite 80)
3 EL frisch gepreßter Limonensaft

Reiben Sie das Hähnchen innen und außen mit der Würzpaste ein. Im Backofen auf den Grillrost legen und bei 180°C braten, bis es gar ist. Nach dem Abkühlen die Haut entfernen und wegwerfen. Das Fleisch von den Knochen lösen und in feine Streifen reißen. Nun die Fleischstreifen mit den übrigen Zutaten gut vermischen und abschmekken. Das Gericht lauwarm mit gedämpftem Reis servieren.

TIP
Falls Hähnchenfleisch übrigbleibt, kann man es mit Kartoffelpüree mischen und zu Plätzchen formen. Braten Sie diese einfach in etwas heißem Öl, bis sie eine goldene Farbe annehmen. Kartoffeln sind zwar nicht ausgesprochen balinesisch, aber das Gericht schmeckt sehr gut.

RUJAK
Salat aus Gemüse und Früchten mit Palmzuckersoße

Dieser beliebte Imbiß – eine Mischung aus süß, sauer und scharf – wird von zahllosen *Warungs* auf ganz Bali angeboten.

1 kleine Ananas, geschält und in gleichmäßige Scheiben geschnitten
1 saure Mango, geschält und in Scheiben geschnitten · 1 Pomelo oder Grapefruit, geschält und zerteilt
1 kleine Gurke, geschält, entsamt und in Scheiben geschnitten · 3 Chirimoyas (*Jambu*), geviertelt (falls vorhanden)
1 mittelgroße Karambole, in Scheiben geschnitten · 1/2 kleine Papaya, geschält, halbiert, entsamt und der Länge nach in gleichmäßige Scheiben geschnitten
1 grüner Apfel, geschält und in Scheiben geschnitten

Für die Rujaksoße:
6 EL Tamarindenmark
1/4 Liter Palmzuckersirup (Seite 81)
1 TL getrocknete Garnelenpaste (*Terasi*), geröstet · 6 Vogelaugenchilischoten
1/2 TL Salz · 1/8 Liter Wasser

Für die Soße alle Zutaten in einer schweren Pfanne verrühren und langsam zum Kochen bringen. 10 Minuten köcheln lassen, dabei ständig rühren. Nach dem Abkühlen durch ein Sieb gießen, die Masse gut ausdrücken.

Die vorbereiteten Früchte in eine Schüssel geben und gut mit der Soße vermischen.

Würzige Spare-Rib-Suppe

DAGING BELACANG
Rindfleischsuppe mit Chillies und Tamarinde

Diese Suppe aus Timor in Ostindonesien eignet sich hervorragend für festere Rindfleischstücke und hat einen süß-sauren Geschmack.

1 kg Oberschale (Rind), in einem Stück
2 Liter Wasser · 5 Schalotten, geschält und in Scheiben geschnitten
1 Knoblauchzehe, geschält und in Scheiben geschnitten · 1/2 TL getrocknete Garnelenpaste (*Terasi*), geröstet
3/4 EL gehackter Palmzucker · 3 EL Öl
1 TL süße Sojasoße · 1 EL Tamarindensaft
Salz nach Geschmack
2 rote Chilischoten, entkernt und in feine Streifen geschnitten
2 Frühlingszwiebeln, in Stücken von 2,5 cm Länge

Lassen Sie das Fleisch im Wasser köcheln, bis es halb gar ist, und schneiden Sie es dann in 2 cm große Würfel. Die Brühe aufbewahren. Das Fleisch in 2 Eßlöffeln Öl sautieren und dann beiseite stellen.

Schalotten, Knoblauch, Garnelenpaste und Palmzucker pürieren und dann in 1 Eßlöffel Öl sautieren, bis die Mischung duftet. Das gebratene Fleisch und süße Sojasoße hinzufügen und einige Minuten lang braten. Rinderbrühe, Tamarindensaft und Salz zugeben und köcheln lassen, bis das Rind zart ist. Mit Chillies und Frühlingszwiebeln garnieren.

KONRO MAKASAR
Würzige Spare-Rib-Suppe

Die Makassaresen von Südsulawesi sind für ihre herzhaften Rindfleischsuppen berühmt.

1 kg Rinderrippchen, in jeweils 5 cm Länge geschnitten
4 Liter Wasser
4 Schalotten, geschält und geschnitten
2 Knoblauchzehen, geschält und geschnitten
3 Kemirinüsse
3 Tassen frisch geraspelte oder getrocknete Kokosnuß, goldbraun gebraten und dann zerstoßen
5 Stengel Zitronengras, zerstoßen und gebunden
2,5 cm Galgant, geschält und in Scheiben geschnitten
3 Kaffirlimonenblätter
1/2 TL grob gemahlene, weiße Pfefferkörner
1 TL Salz
1 EL gebratene Schalotten
2 EL zerschnittene chinesische Sellerieblätter

Legen Sie die Rinderrippchen in eine große Pfanne mit Wasser. Offen sieden lassen, bis das Rindfleisch zart ist.

Schalotten, Knoblauch und Kemirinüsse mahlen und zu den Kokosraspeln geben. Zusammen mit allen anderen Zutaten außer den gebratenen Schalotten und den Sellerieblättern in die Brühe geben. Sieden lassen, bis das Fleisch sehr zart ist, jedoch nicht von den Knochen fällt. Mit gebratenen Schalotten und Sellerie garniert servieren.

SOP KEPALA IKAN
Fischkopfsuppe

Dieses Gericht kann entweder mit einem großen Fischkopf oder einigen kleineren Exemplaren zubereitet werden. Der Kopf enthält nicht viel Fleisch, sondern soll der Suppe vor allem Geschmack geben. Diese Version wird in Westsumatra mit Reis serviert.

2 Liter Wasser
1 TL Salz
3 Stengel Zitronengras, zerstoßen
5 Kaffirlimonenblätter
500 g Schnappbarschköpfe, gut gesäubert und gewaschen
1 EL gebratene Schalotten (Seite 81)

Für die Gewürzpaste:
7 rote Chilischoten, entkernt und geschnitten
6 Schalotten, geschält und gehackt
3 Knoblauchzehen, geschält und gehackt
5 cm Ingwer, geschält und gehackt
4 cm frische Kurkuma, geschält und in Scheiben geschnitten · 1 EL Öl

Für die Gewürzpaste alle Zutaten außer dem Öl zerkleinern. Im Öl 2–3 Minuten lang sautieren. Wasser, Salz, Zitronengras und Limonenblätter hinzufügen und zum Kochen bringen. Den Fischkopf hineinlegen, aufkochen und unbedeckt sieden lassen, bis der Fischkopf gar ist. Garniert mit gebratenen Schalotten servieren.

GEDANG MEKUAH
Grüne Papayasuppe

Wenn Sie Papayas lieber reif und goldgelb essen, können Sie diese Suppe auch mit Kürbis oder mit chinesischen Wintermelonen zubereiten.

1 unreife Papaya, ca. 750 g
1 Liter Hühnerbrühe (Seite 81)
1 Tasse Würzpaste für Gemüse (Seite 80)
2 *Salam*-Blätter
1 Stengel Zitronengras, zerdrückt
1/4 TL gemahlener weißer Pfeffer
1 TL Salz
gebratene Schalotten als Garnitur (Seite 81)

Die Papaya schälen, der Länge nach halbieren und die Samen entfernen. Der Länge nach in 4 bis 6 Scheiben, dann quer in circa 1/2 cm dicke Scheiben schneiden.

Die Hühnerbrühe erhitzen, Würzpaste dazugeben und alles zum Kochen bringen. 2 Minuten köcheln, dann *Salam*-Blätter, Zitronengras und Papaya hinzufügen und leicht köcheln lassen, bis die Papaya weich ist. Wenn die Brühe zu stark einkocht, diese nachfüllen. Mit Pfeffer und Salz abschmecken und mit den gebratenen Zwiebeln garnieren.

TIP

Um Zeit zu sparen, können Sie statt der selbstgemachten Brühe auch Hühnerbrühwürfel verwenden – allerdings schmeckt die Suppe dann nicht annähernd so gut.

Fischkopfsuppe

GULAI TEMPEH
Tempeh-Eintopf

Ein Gericht aus Sumatra, das proteinreiches Tempeh verwendet und für Indonesien ungewöhnlich ist, weil es ohne Chillies zubereitet wird. Jedes grüne Blattgemüse, etwa Spinat oder Wasserwinde (*Kangkung*), kann die Tapiokablätter ersetzen.

1/2 Liter Kokosmilch · 2 ganze Gewürznelken
4 fermentierte Sojabohnenkuchen (Tempeh), in Würfel geschnitten
1 Büschel (etwa 250 g) Tapiokablätter oder anderes Blattgemüse · Salz nach Geschmack
gebratene Schalotten als Garnitur

Für die Gewürzpaste:
4 Zehen Knoblauch, geschält und geschnitten
1 TL weiße Pfefferkörner, zerstoßen
2,5 cm Ingwer, geschält und geschnitten
4 cm frische Kurkuma, geschält, geschnitten · 1 EL gehackter Palmzucker

Für die Gewürzpaste alle Zutaten pürieren oder fein zerstoßen. Kokosmilch zum Kochen bringen, dann Gewürzpaste, Nelken, Tempeh und Tapioka-Blätter hinzufügen. Unbedeckt sieden lassen, bis das Gemüse zart und die Soße angedickt ist. Mit Salz abschmecken und mit gebratenen Schalotten garnieren.

CRAM CAM
Klare Hühnersuppe mit Schalotten

Traditionsgemäß gibt es diese Suppe nach einem Hahnenkampf. Der Gewinner erhält den Hahn des Verlierers als Preis.

1 Liter Hühnerbrühe (Seite 81)
1/2 Tasse Würzpaste für Hähnchen (Seite 80) · 1 TL zerdrückter schwarzer Pfeffer · 1 *Salam*-Blatt
1 Stengel Zitronengras, zerdrückt
400 g Hähnchen ohne Knochen und Haut, gehackt
Salz und Pfeffer nach Geschmack
2 EL gebratene Schalotten (Seite 81)

Bringen Sie die Hühnerbrühe in einem Suppentopf zum Kochen. Die Würzpaste und den schwarzen Pfeffer in ein Baumwolltuch einbinden und das Bündel mit dem *Salam*-Blatt und dem Zitronengras zur Brühe geben. Etwa 10 Minuten soll die Suppe nun vor sich hinköcheln.

Anschließend das gehackte Hühnerfleisch hineingeben und alles 15 Minuten köcheln. Das Gewürzpäckchen herausnehmen und wegwerfen, die Suppe mit Salz und Pfeffer abschmecken und mit gebratenen Schalotten garnieren.

Klare Hühnersuppe mit Schalotten

SOTO BABAT
Klare Kuttelsuppe

Diese Suppe wird gewöhnlich mit *Sambal Tomat* als Beilage gereicht. Das Zuckerrohr hat eher die Aufgabe, die Garzeit der Kutteln zu verringern als die Suppe zu süßen. Steht kein Zuckerrohr zur Verfügung, müssen Sie die Suppe etwas länger kochen lassen.

600 g Rinderkutteln, gereinigt und gründlich gewaschen · 3 Liter Wasser
1 Liter Rindfleischbrühe
5 cm Zuckerrohr, der Länge nach gespalten (nach Wahl)
2,5 cm Ingwer, geschält und der Länge nach in Scheiben geschnitten
4 Knoblauchzehen, geschält und in Scheiben geschnitten
1 EL weißer Essig
200 g großer weißer Rettich, geschält und in 1 cm große Würfel geschnitten
5 Zweige Sellerieblätter, gehackt
1 EL gebratene Schalotten (Seite 81)

Spülen Sie die Kutteln gründlich unter fließendem Wasser, bis sie völlig sauber sind. In einem großen Topf Wasser zum Kochen bringen, die Kutteln hineingeben und etwa 1 Stunde köcheln lassen, bis sie weich sind.

Das Wasser abgießen, die Kutteln in Eiswasser abschrekken und in Stücke von circa 2,5 cm x 1 cm schneiden. Bringen Sie Rindfleischbrühe, Zukkerrohr, Ingwer, Knoblauch und Essig zum Kochen. Kutteln und Rettich hineingeben und alles köcheln lassen, bis die Gemüse weich sind. Mit Selleriebättern und gebratenen Schalotten garnieren.

Tempeh-Eintopf

TIP

Statt der großen weißen Rettiche (den japanischen Daikon) können auch verschiedenste Kürbisse oder chinesische Wintermelonen verwendet werden. Diese Suppe läßt sich gut aufwärmen.

Um sich Arbeit zu ersparen, sollten Sie Gewürzpasten gleich in größeren Mengen zubereiten. Anschließend in Schraubgläser abfüllen, die Oberfläche mit einem Ölfilm versiegeln und im Kühlschrank aufbewahren. So sind sie mindestens 2 Wochen haltbar. Achten Sie aber darauf, daß Sie die Pasten immer mit einem sauberen Löffel aus dem Glas nehmen.

Gelber Reis

NASI KUNING
Gelber Reis

Mit Kurkuma gefärbter und zu einem Kegel geformter Reis wird oft bei festlichen Anlässen aufgetischt. Die Form erinnert an den mythischen Hindu-Berg Meru, während Gelb die Farbe des Königstums und eine der vier heiligen Farben der balinesischen Hindus ist.

300 g Langkornreis, gründlich gewaschen
5 cm frische Kurkuma, geschält und zerkleinert
3/8 Liter Kokosmilch
1/8 Liter Hühnerbrühe
1 *Salam*-Blatt
1 Pandanusblatt, verknotet
1 Stengel Zitronengras, zerstoßen
2 cm Galgant, geschält und in Scheiben geschnitten
2 TL Salz

Lassen Sie den Reis in einem Sieb abtropfen. Kurkuma mit 1/4 Tasse Wasser in einem Mixer fein pürieren. Durchsieben, um allen Saft zu extrahieren. 2 Eßlöffel davon aufbewahren. Falls frische Kurkuma nicht zur Verfügung steht, 2 Teelöffel Kurkumapulver mit 2 Eßlöffeln Wasser mischen.

Reis, Kurkumawasser und alle anderen Zutaten in einen schweren Topf geben. Zugedeckt bei mittlerer Hitze zum Kochen bringen. Umrühren, die Hitze auf ein Minimum verringern und den Reis gar kochen. Alle Blätter und Galgant vor dem Servieren entfernen und den Reis – falls erwünscht – zu einem Kegel formen.

TIP
Wenn der Reis zu trocken wird, bevor die Körner ausgequollen sind, etwas heiße Hühnerbrühe angießen und weiterkochen lassen.

Eier in Kokosmilch nach Padang-Art

GULAI TELUR
Eier in Kokosmilch nach Padang-Art

Ein würziges Gericht, das oft in Westsumatra serviert wird.

1/2 Liter Kokosmilch
1/2 Kurkumablatt, zerkleinert (nach Wunsch)
8 hartgekochte Eier, ohne Schale
1 EL Tamarindensaft (Seite 19)
Salz nach Geschmack
gebratene Schalotten als Garnitur

Für die Gewürzpaste:
5 Schalotten, geschält und in Scheiben geschnitten
3 Knoblauchzehen
4 Vogelaugenchilischoten, gehackt
2,5 cm Ingwer, geschält und gehackt
1 cm frische Kurkuma, geschält und in Scheiben geschnitten
2,5 cm Galgant, geschält und gehackt

Die Zutaten für die Gewürzpaste grob zerkleinern. Kokosmilch allmählich zum Kochen bringen; Gewürzpaste, Kurkumablatt und Eier hinzufügen. Sieden lassen, bis die Soße andickt, dann Tamarindensaft und Salz beigeben und 1 Minute sieden lassen. Mit Schalotten garnieren.

JANGAN OLAH
Gemüse mit würziger Kokosnuß

100 g grüne Bohnen
100 g junge Farnspitzen oder Spinat
100 g Sojabohnensprossen, blanchiert
gebratene Schalotten als Garnitur

Für die Soße:
7 Vogelaugenchilischoten, in Scheiben geschnitten
8 rote Chilischoten, entkernt und in Scheiben geschnitten
1 EL getrocknete Garnelenpaste (*Terasi*), geröstet
4 Knoblauchzehen, geschält und in Scheiben geschnitten
4 Schalotten, geschält und in Scheiben geschnitten · 2,5 cm frische Kurkuma, geschält und in Scheiben geschnitten
1 EL gehackter Palmzucker
3 Tassen geraspelte oder getrocknete Kokosnuß
1 Liter Wasser · 3 *Salam*-Blätter
Salz nach Geschmack

Für die Soße die ersten 7 Zutaten fein zerstoßen oder pürieren. Mit den restlichen Zutaten sieden lassen, bis die Soße dick wird. Auf Zimmertemperatur abkühlen lassen. Bohnen und Farnspitzen oder Spinat hacken und dann leicht garen oder dünsten. Wasser gründlich abgießen und Gemüse auf einem Teller arrangieren. Sojabohnensprossen hinzufügen. Gemüse mit Soße übergießen und mit gebratenen Schalotten servieren.

SAMBAL GORENG TEMPEH
Scharfes gebratenes Tempeh

Süß durch Palmzucker und schmackhaft durch Chillies: Eine javanische Spezialität, die mit Reis und anderen Gerichten serviert wird.

2 fermentierte Sojabohnenkuchen (*Tempeh*), in lange schmale Streifen geschnitten und fritiert
1 EL Öl · 2 Schalotten, geschält und in Scheiben geschnitten
3 Knoblauchzehen, in Scheiben geschnitten
2 rote Chilischoten, in Scheiben geschnitten
2,5 cm Galgant, geschält und in Scheiben geschnitten
1/2 TL getrocknete Garnelenpaste (*Terasi*)
5 EL gehackter Palmzucker
3 EL Wasser
1 EL Tamarindensaft (Seite 19)
Salz nach Geschmack
8 Vogelaugenchilischoten, gehackt

Das Tempeh vorbereiten und dann beiseite stellen. Öl erhitzen und Schalotten, Knoblauch, Chillies, Galgant und Garnelenpaste 2–3 Minuten darin sautieren. Palmzucker, Wasser und Tamarindensaft hinzufügen und umrühren, bis sich der Zucker aufgelöst hat. Das Tempeh beigeben und garen, dabei häufig umrühren, bis die Soße reduziert ist und eine hellbraune Farbe angenommen hat. Mit Salz abschmecken und die Vogelaugenchillies kurz vor dem Servieren einrühren.

Farnspitzen in Kokosmilch

GULAI DAUN PAKIS
Farnspitzen in Kokosmilch

Die Spitzen verschiedener Arten junger Farne, die einen hervorragenden Geschmack haben, sind in Indonesien sehr beliebt. Man findet sie in ganz Südostasien oft auf Märkten. Wenn Sie keine Farnspitzen bekommen, können Sie Spinat oder frischer Spargel verwenden.

3/4 Liter Kokosmilch
500 g Farnspitzen, gesäubert
2 Kurkumablätter (nach Wunsch)
1 EL Tamarindensaft (Seite 19)
Salz nach Geschmack

Für die Gewürzpaste:
3 Schalotten, geschält und in Scheiben geschnitten · 2 Knoblauchzehen, geschält und in Scheiben geschnitten
10 rote Chilischoten, entkernt und in Scheiben geschnitten · 2,5 cm Galgant, geschält und in Scheiben geschnitten
2,5 cm frische Kurkuma, geschält und in Scheiben geschnitten · 2,5 cm Ingwer, geschält und in Scheiben geschnitten

Alle Zutaten für die Gewürzpaste zusammen pürieren oder fein zerstoßen. Die Paste mit der Kokosmilch in einen Topf geben und unter Rühren zum Kochen bringen. Eine Minute sieden lassen, dann die Farnspitzen, Kurkumablätter und den Tamarindensaft beigeben. Unter häufigem Rühren sieden lassen, bis die Farnspitzen zart sind. Mit Salz abschmecken.

Schweinefleisch in süßer Sojasoße

BE CELENG BASE MANIS
Schweinefleisch in süßer Sojasoße

Dieses delikate, süße Schweinefleischgericht mit einem Hauch von Ingwer und vielen Chillies gibt es oft bei festlichen Anlässen, zu denen ein ganzes Schwein geschlachtet wird.

2 EL Öl
5 Schalotten, geschält und in Scheiben geschnitten · 5 Knoblauchzehen, geschält und in Scheiben geschnitten
600 g Schweineschulter oder -keule ohne Knochen, in Würfel von ca. 2 cm Seitenlänge geschnitten
8 cm Ingwer, geschält und der Länge nach in Scheiben geschnitten
4 EL süße Sojasoße
2 EL dünne Sojasoße
1 TL schwarze Pfefferkörner, zerdrückt
1/2 Liter Hühnerbrühe (Seite 81)
6–10 ganze Vogelaugenchilischoten

Erhitzen Sie das Öl in einem Wok oder in einer schweren Kasserolle. Schalotten und Knoblauch dazugeben und 2 Minuten bei mittlerer Hitze sautieren, bis sie leicht Farbe angenommen haben. Nun Schweinefleisch und Ingwer hinzufügen und weitere 2 Minuten bei starker Hitze braten. Mit den beiden Sojasoßen und dem schwarzen Pfeffer würzen und noch 1 Minute köcheln lassen.

Hühnerbrühe und Chillies in den Topf geben und alles bei mittlerer Hitze etwa 1 Stunde sanft köcheln lassen. Wenn das Gericht fertig ist, sollte sehr wenig Soße übrig und das Fleisch glänzend und dunkelbraun sein. Wird das Fleisch während des Kochens zu trocken, gießen Sie noch ein wenig Hühnerbrühe an.

TIP

Um eine dickere Soße zu erhalten, können Sie Schalotten, Knoblauch und Ingwer zusammen zerstoßen. Anschließend die Mischung anbraten, bevor sie das Fleisch hineingeben.

BABI MASAK TOMAT
Schweinefleisch mit Tomaten

Ein einfaches Rezept von den Dayak aus Kalimantan, wo Schwein – besonders Wildschwein – sehr beliebt ist.

500 g Schweinefleisch, in 2 cm große Würfel geschnitten
4 Tomaten, in Scheiben geschnitten
4–6 Stengel grober Schnittlauch (*Kucai*) oder Frühlingszwiebeln · 1 Stengel Zitronengras, zerstoßen · 1/4 Liter Wasser

Für die Gewürzpaste:
4 Schalotten, geschält und in Scheiben geschnitten · 4 rote Chilischoten, in Scheiben geschnitten
2,5 Ingwer, geschält und in Scheiben geschnitten · 1 TL Salz

Für die Gewürzpaste alle Zutaten miteinander pürieren oder fein zerstoßen. In einem Topf mit allen anderen Zutaten mischen und sieden lassen, bis das Fleisch zart ist. Falls die Soße zu trocken wird, etwas warmes Wasser hinzufügen.

BE SAMPI MESITSIT

Trockenes, gewürztes Rindfleisch

Lassen Sie sich von dem eher langweiligen Aussehen und Namen dieses Rindfleischgerichts nicht täuschen. Es ist wundervoll gewürzt, so daß es sich lohnt, eine größere Menge davon zuzubereiten. Das Fleisch sollte nicht mit einer Küchenmaschine zerkleinert werden. Die richtige Konsistenz entsteht nur, wenn Sie es mit den Fingern oder mit einer Gabel zerreißen.

1 kg Rinderoberschale, in 4 Steaks zu je 250 g geschnitten
8 Knoblauchzehen, geschält
2 TL Koriandersamen, zerdrückt
1 EL gehackter Palmzucker
2 große, rote Chilischoten, ohne Samen
2 EL Galgant, geschält und in Scheiben geschnitten
2 TL getrocknete Garnelenpaste
2 Nelken, gemahlen · 1 TL Salz
1 TL schwarze Pfefferkörner, grob gemahlen
2 EL Öl
2 TL frisch gepreßter Limonensaft

Bringen Sie in einem Suppentopf 5 Liter leicht gesalzenes Wasser zum Kochen. Das Fleisch darin etwa 1 Stunde lang kochen, bis es so zart ist, daß man die Fasern leicht auseinanderziehen kann. Die Brühe aufheben. Das Fleisch dann flachklopfen und in feine Fasern zerreißen.

Knoblauch, Koriander, Palmzucker, rote Chillies, Galgant, getrocknete Garnelenpaste, Nelken, Salz und Pfeffer in der Küchenmaschine grob pürieren oder in einem Steinmörser zerstoßen. In einer schweren Kasserolle Öl erhitzen und die Paste 2 Minuten bei mittlerer Hitze sautieren. Die Fleischfasern hinzugeben, alles gründlich vermischen und braten, bis die Mischung trocken ist. Mit Limonensaft abschmecken.

TIP

Wenn noch Reste übrig sind, fritieren Sie das Fleisch, bis es sehr knusprig ist. Lassen Sie das Fett gut abtropfen. Das Fleisch kann in einem luftdichten Behälter aufbewahrt werden. Dieses knusprige Rindfleisch eignet sich auch hervorragend als Häppchen zu Cocktails oder als wohlschmeckende Beilage zu Reisgerichten.

Rindfleisch in Kokosmilch

RENDANG SAPI

Rindfleisch in Kokosmilch

Dies ist eines der populärsten Padang-Gerichte aus Westsumatra.

1 kg Oberschale (Rind)
2 Liter Kokosmilch (aus 2 Kokosnüssen)
3 *Salam*-Blätter
3 Kaffirlimonenblätter
3 frische Kurkumablätter (nach Wunsch)
8 cm Zimtstangen
5 ganze Sternanise
5 Kardamomhülsen, zerstoßen
1 TL Salz

Für die Gewürzpaste:
8 rote Chilischoten, in Scheiben geschnitten
12 Schalotten, geschält und in Scheiben geschnitten
10 Knoblauchzehen, geschält und in Scheiben geschnitten
5 cm Ingwer, geschält und in Scheiben geschnitten
5 cm Galgant, geschält und in Scheiben geschnitten
1 TL schwarze Pfefferkörner, zerstoßen

Die Zutaten für die Gewürzpaste fein zerstoßen oder pürieren und vermischen.

Das Fleisch in $^1/_2$ cm dicke Scheiben und dann in $2^1/_2$ cm große Würfel schneiden. Fleisch mit der Gewürzpaste und alle anderen Zutaten in einen Wok geben und langsam erhitzen, dabei ständig umrühren, damit sich die Kokosmilch nicht absetzt. Bei niedriger Hitze garen und hin und wieder umrühren, bis das Fleisch sehr zart und die Flüssigkeit verdunstet ist. Das Fleisch im verbleibenden Öl der Kokosmilch weitergaren, bis es eine braune Farbe hat.

SAMBAL UDANG

Garnelen in scharfer Soße

Der charakteristische und etwas bittere Geschmack der *Petai*-Bohnen bietet einen hervorragenden Kontrast zu den Garnelen dieses würzig-scharfen Gerichts. Selbst wenn keine *Petai* erhältlich sind, schmecken die Garnelen mit den Kartoffeln und der würzigen Soße ausgezeichnet.

500 g Garnelen
5 *Petai*-Schoten (etwa 20 Bohnen; nach Wunsch)
$^1/_2$ Liter Kokosmilch
4 Kartoffeln, geschält, in Stücke geschnitten
1 EL Tamarindensaft
1 TL Salz

Für die Gewürzpaste:
5 Schalotten
2 Knoblauchzehen
5 rote Chilischoten, in Scheiben geschnitten
$^1/_2$ TL getrocknete Garnelenpaste
2 EL ÖL

Die Garnelen schälen und die Eingeweide entfernen. Die Schoten öffnen und die Bohnen herausnehmen.

Außer dem Öl alle Zutaten für die Gewürzpaste zerstoßen oder pürieren. Öl erhitzen und die Paste sautieren, bis sie duftet.

Die Garnelen beigeben und braten, bis sich ihre Farbe ändert. Bohnen und Kokosmilch hinzufügen und unter Rühren zum Kochen bringen. Kartoffeln und Tamarindensaft beigeben und offen köcheln lassen, bis Kartoffeln und Garnelen gar sind und die Soße angedickt ist. Mit Salz abschmecken und servieren.

Garnelen in scharfer Soße

UDANG PANTUNG KUNING

Hummer in gelber Soße

Ein Gericht für Feinschmecker aus Bali, das sich auch mit Riesengarnelen zubereiten läßt. Auf Bali werden Kokosstücke direkt über Holzkohle geröstet. Anschließend kratzt man die verbrannten Flächen ab und raspelt das Fruchtfleisch, aus dem die Kokosmilch gewonnen wird.

4 kleine Hummer von je etwa 500 g oder
1 kg große Garnelen · 1,25 Liter Wasser
2 Stengel Zitronengras, zerstoßen
2 duftende Limonenblätter
Ein paar Tropfen weißer Essig
1 Liter Kokosmilch
gebratene Schalotten als Garnitur (Seite 81)

Für die Gewürzpaste:
5 rote Chilischoten, entkernt und gehackt
3 Knoblauchzehen, geschält und gehackt
7 Schalotten, geschält und gehackt
5 cm frische Kurkuma, geschält und gehackt · 5 cm Ingwer, geschält und gehackt · 5 Kemirinüsse · 1½ TL Koriander
½ TL getrocknete Garnelenpaste (*Terasi*), geröstet · 1 kleine Tomate, geschält und entkernt · 2 EL ÖL
1½ EL Tamarindenfruchtfleisch
1 *Salam*-Blatt
1 Stengel Zitronengras, zerstoßen

Für die Gewürzpaste alle Zutaten außer Öl, Tamarinde, *Salam*-Blatt und Zitronengras mahlen. Öl erhitzen, Gewürzpaste und die restlichen Zutaten hinzufügen. Bei mittlerer Hitze etwa 5 Minuten garen, dann abkühlen lassen.

Die Hummer waschen. Wasser zum Kochen bringen und darin die Hummer 15 Minuten sieden lassen. Dann die Hummer herausnehmen, 1 Minute in Eiswasser tauchen, das Wasser abgießen und das Hummerfleisch aus den Schalen entfernen. Die Schalen wieder in den Wassertopf legen; das Fleisch beiseite stellen.

Gewürzpaste, Zitronengras, Limonenblätter und Essig ins Wasser zu den Schalen geben und sieden lassen, bis etwa 1 Liter Brühe übriggeblieben ist. Kokosmilch angießen und 10 Minuten sieden lassen. Brühe in eine Pfanne geben. Den Hummer hineinlegen und 1 Minute sieden lassen. Mit gebratenen Schalotten garnieren und mit weißem Reis servieren.

ARSIN IKAN MAS

Gekochter Süßwasserfisch

Dieses Süßwasserfisch-Gericht stammt aus Sumatra, wo es reichlich Seen und Flüsse gibt.

750 g Süßwasserfisch, entweder 1 großer Fisch oder 2–4 kleinere Fische, gesäubert und ausgenommen · ½ TL Salz
Eine großzügige Prise gemahlener weißer Pfeffer · ½ Liter Wasser
2 Stengel Zitronengras, zerstoßen
2 EL Tamarindensaft (Seite 19)

Für die Gewürzpaste:
8 Schalotten, geschält und gehackt
3 Knoblauchzehen, geschält und gehackt
½ TL Salz · 6 Kemirinüsse
2,5 cm Ingwer, geschält und in Scheiben geschnitten · 2,5 cm frische Kurkuma, geschält und in Scheiben geschnitten
2,5 cm Galgant, geschält und in Scheiben geschnitten · 15 rote Chilischoten, entkernt und in Scheiben geschnitten

Für die Garnitur:
3 Frühlingszwiebeln, gehackt
½ kleine Ananas, geschält und in Scheiben geschnitten · 2 frische Limonen oder Zitronen, in Scheiben geschnitten

Würzen Sie den Fisch innen und außen mit Salz und Pfeffer. Für die Gewürzpaste alle Zutaten pürieren oder fein zerstoßen. In eine Pfanne mit dem Wasser und allen anderen Zutaten außer dem Fisch geben. Zum Kochen bringen, die Hitze reduzieren und offen 10 Minuten sieden lassen.

Den Fisch hineinlegen und weiter köcheln lassen, bis er gar ist; dabei den Fisch hin und wieder wenden. Vorsichtig aus der Brühe heben, auf eine Platte legen und mit der Soße übergießen. Mit Frühlingszwiebel, Ananas und Limone garnieren.

Würzige, gebratene Sardinen

IKAN BUMBU ACAR

Würzige, gebratene Sardinen

Kleine frische Fische wie Sardinen werden für dieses typische Gericht verwendet, das aus den Fischerdörfern bei Pekalongan an der Nordküste Zentraljavas stammt.

600 g Sardinen oder andere kleine Fische, gesäubert · 2 TL Salz · 6 EL Öl
2 rote Chilischoten, entkernt und in Scheiben geschnitten
13 grüne Vogelaugenchilischoten, in Scheiben geschnitten
2 Knoblauchzehen, geschält und in Scheiben geschnitten
7 Schalotten, geschält und in Scheiben geschnitten · 1 cm Ingwer, geschält und in Scheiben geschnitten
1 cm Galgant, geschält und in Scheiben geschnitten
1 große Tomate, in Scheiben geschnitten
2 EL Tamarindensaft (Seite 19)
1 *Salam*-Blatt
½ TL brauner Zucker · 3 EL Wasser
Basilikumstiele als Garnitur (nach Wunsch)

Für die Gewürzpaste:
2,5 cm frische Kurkuma, geschält und gehackt
1 cm Ingwer, geschält und gehackt
2 Kemirinüsse · 2 Schalotten, geschält und in Scheiben geschnitten
2 Knoblauchzehen, geschält und gehackt
1 TL weiße Pfefferkörner, zerstoßen
½ TL Koriander, zerstoßen
2 EL Pflanzenöl

Alle Zutaten für die Gewürzpaste außer dem Öl pürieren oder fein zerstoßen. Öl erhitzen und die Gewürzpaste 3–5 Minuten sautieren, bis sie duftet. Dann beiseite stellen.

Die Sardinen waschen und mit Salz bestreuen. 3 EL Öl erhitzen und Chillies, Knoblauch, Schalotten, Ingwer, Galgant, Tomate, Tamarindensaft und *Salam*-Blatt bei starker Hitze und unter ständigem Rühren 1 Minute sautieren. Zucker und dann die Gewürzpaste hinzufügen und weitere 2 Minuten braten, dabei häufig umrühren.

In einer anderen Pfanne das restliche Öl erhitzen und den Fisch goldbraun braten. Das Öl abgießen, dann den Fisch mit der würzigen Soße in den Wok geben und Wasser hinzufügen. Eine weitere Minute garen, durch Rühren gut vermischen und dann mit Basilikum garniert servieren.

Hummer in gelber Soße

PESAN BE PASIH

Gegrillter Fisch im Bananenblatt

Dies ist die balinesische Version des beliebten javanischen Gerichts *Ikan Pepes.* Wenn es keine Bananenblätter gibt, nehmen Sie eingefettete Alufolie. In Bali verwendet man gern kleine ganze Fische statt der Filets eines großen Fisches. Passen Sie einfach die Größe des Bananenblattes entsprechend an.

500 g Barschfilet ohne Haut und Gräten, in 4 Stücke zerteilt · 1 TL Salz
1 Tasse Würzpaste für Meeresfrüchte (Seite 80) · 8 Zweige Zitronenbasilikum
4 *Salam*-Blätter · 4 Bananenblätter, in Quadrate von 15 cm Seitenlänge geschnitten

Den Fisch salzen und ihn gleichmäßig mit der Würzpaste für Meeresfrüchte bestreichen. Zudecken und 6 Stunden an einem kühlen Ort ziehen lassen. Jedes Filet in die Mitte eines Bananenblatts legen, darauf je 2 Zweige Zitronenbasilikum und 1 *Salam*-Blatt geben. Die Bananenblätter um die Filets zu kleinen Päckchen falten und mit einem Zahnstocher sichern. Die Päckchen 15 Minuten lang dämpfen, dann auf einen Holzkohlengrill oder unter den Backofengrill legen und 5 Minuten lang grillen, bis die Bananenblätter gleichmäßig gebräunt sind.

TIP

Sie können die Päckchen schon mehrere Stunden im voraus zubereiten und erst kurz vor dem Servieren unter dem Grill bräunen.

KENUS MEBASE BALI

Balinesischer Tintenfisch

Dieses köstliche Gericht schmeckt auch mit festen Fischfilets, z.B. vom Seebarsch oder Schwertfisch.

600 g Babytintenfisch
1 EL frisch gepreßter Limonensaft
1/3 TL gemahlener weißer Pfeffer
1/2 TL Salz · 3 EL Öl
5 Schalotten, geschält und in Scheiben geschnitten
2 große rote Chilischoten, ohne Samen und in Scheiben geschnitten
1/2 Tasse Würzpaste für Meeresfrüchte (Seite 80)
1/4 Liter Hühnerbrühe (Seite 81)
5 Zweige Zitronenbasilikum, zerschnitten
gebratene Schalotten (Seite 81) und Zweige von Zitronenbasilikum als Garnitur

Die Tintenfische häuten und Tentakel und Kopf herausziehen. Der Kopf kann weggeworfen werden, aber heben Sie, falls erwünscht, die Tentakel auf. Die Tintenfische gründlich innen und außen reinigen und dann mit Limonensaft, Pfeffer und Salz marinieren.

Das Öl in einem Wok erhitzen und darin Schalotten, Chilies und Tintenfische 2 Minuten lang bei starker Hitze sautieren. Würzpaste für Meeresfrüchte dazugeben und nochmals 1 Minute braten. Mit Hühnerbrühe und zerschnittenem Basilikum aufkochen, dann die Hitze reduzieren und alles 1 Minute lang köcheln lassen. Abschmecken, mit gebratenen Schalotten und Basilikumzweigen garnieren.

Huhn nach Art der Bugis

AYAM MASAK BUGIS

Huhn nach Art der Bugis

Eine Spezialität aus Südsulawesi: in gewürzter Brühe und Kokosmilch gegartes ganzes Huhn. 5-10 Minuten vor Ende der Kochzeit können Sie Gemüsesorten wie grüne Bohnen, Maiskölbchen, Spinat oder Tomaten zugeben.

1 ganzes Huhn (1,2–1,5 kg)
1 Liter Hühnerbrühe · 2 Knoblauchzehen, geschält und in Scheiben geschnitten
12 Schalotten, geschält und in Scheiben geschnitten
1 EL getrocknete Garnelenpaste (*Terasi*), geröstet · 2 EL Tamarindensaft
2 TL grob zerstoßene, weiße Pfefferkörner
2 *Salam*-Blätter · 8 cm Zimtstange
4 Gewürznelken
1/4 TL frisch geriebene Muskatnuß
1 TL Salz · 1 TL gehackter Palmzucker
1 EL weißer Essig · 1 Liter Kokosmilch
gebratene Schalotten als Garnitur (Seite 81)

Lassen Sie das Huhn ganz. Hühnerbrühe in einem schweren Topf zum Kochen bringen, dann alle anderen Zutaten außer dem Huhn, der Kokosmilch und den gebratenen Schalotten hineingeben. Wieder zum Kochen bringen, die Hitze verringern und offen 5 Minuten sieden lassen.

Huhn und Kokosmilch hinzufügen. Unter häufigem Rühren wieder zum Kochen bringen und dann die Hitze verringern. Offen köcheln lassen und das Huhn hin und wieder wenden, bis es zart ist. Das Huhn aus dem Topf nehmen und die Brühe weitersieden lassen, bis sie auf die Hälfte reduziert ist. Mit gebratenen Schalotten garniert sowie mit weißem Reis und gemischtem Gemüse servieren.

Balinesischer Tintenfisch

TIP

Balinesischer Tintenfisch: Wenn Sie gefrorenen Tintenfisch verwenden, blanchieren Sie ihn 30 Sekunden in kochendem Wasser, damit er sich sautieren läßt, statt Flüssigkeit abzusondern und darin zu kochen.

AYAM GORENG YOGYA

Gebratenes Huhn nach Yogya-Art

Eine zentraljavanische Spezialität: Das gewürzte Huhn wird gekocht, bis es fast gar ist, und anschließend fritiert.

1 frisches Huhn (1,25 kg), in 8 Stücke geschnitten · 1/2 Liter Wasser
Öl zum Fritieren

Für die Gewürzpaste:
1 EL Koriandersamen · 3 Knoblauchzehen, geschält und in Scheiben geschnitten
2 cm frische Kurkuma, geschält und in Scheiben geschnitten · 2 cm Ingwer, geschält und in Scheiben geschnitten
1 cm Galgant, geschält und in Scheiben geschnitten · 1 EL gehackter Palmzucker
2 EL Öl · 2 *Salam*-Blätter

Pürieren oder zerstoßen Sie alle Zutaten für die Gewürzpaste außer Öl und *Salam*-Blättern. Öl in einem Wok erhitzen und Gewürzpaste sowie *Salam*-Blätter 3 Minuten lang darin sautieren. Das Huhn zugeben und unter Rühren kochen lassen, bis es gut von der Soße umhüllt ist. Wasser hinzufügen und offen köcheln lassen, bis das Huhn fast gar und die Soße trocken ist. Abkühlen lassen.

Öl erhitzen und das Huhn knusprig und goldbraun braten. Mit Sambal nach Wahl servieren.

BEBEK MENYATNYAT

Entencurry

Enten, die an den Ufern der Reisfelder entlangwatscheln, sind auf Bali ein normaler Anblick. Ente erfreut sich bei festlichen Anlässen großer Beliebtheit. Gewürzte und gefüllte Ente, im Bananenblatt gebacken, ist ein populäres Gericht, ebenso wie folgende curryähnliche Spezialität. Statt Ente kann auch Huhn verwendet werden.

1 ganze Ente, etwa 2 kg
2 Liter Kokosmilch
2 Stengel Zitronengras, zerstoßen
2 *Salam*-Blätter · 1 EL Salz
1 TL schwarze Pfefferkörner, zerstoßen
gebratene Schalotten als Garnitur

Für die Gewürzpaste:
12 Schalotten, geschält und in Scheiben geschnitten
6 Knoblauchzehen, geschält und in Scheiben geschnitten
4 rote Chilischoten, in Scheiben geschnitten
2,5 cm Galgant, geschält und in Scheiben geschnitten
2,5 cm *Kencur*, geschält und in Scheiben geschnitten
5 cm frische Kurkuma, geschält und in Scheiben geschnitten
2 TL Koriandersamen, zerstoßen
3 Kemirinüsse
1 TL getrocknete Garnelenpaste (*Terasi*)
1/4 TL schwarze Pfefferkörner, zerstoßen
Eine Prise frisch gemahlene Muskatnuß
2 Gewürznelken · 3 EL ÖL

Die Ente in 12 Stücke schneiden und trockentupfen.

Für die Gewürzpaste werden alle Zutaten außer dem Öl zerstoßen oder püriert. Das Öl erhitzen und die Gewürzpaste 2 Minuten lang sautieren. Die Ente hineingeben, die Hitze erhöhen und unter häufigem Rühren 3 Minuten braten. Die Kokosmilch und alle anderen Zutaten außer den gebratenen Schalotten hinzufügen und offen sieden lassen, bis die Ente zart und die Soße angedickt ist.

Mit den gebatenen Schalotten garnieren und mit weißem Reis servieren.

Entencurry

Huhn mit grünen Tomaten

AYAM CINCANE

Huhn mit grünen Tomaten

Dieses Rezept stammt aus West- und Südkalimantan, wo es meist mit einem freilaufenden Kampung-Huhn zubereitet wird. Da dies oft so zäh wie geschmackvoll ist, läßt man es zuerst in Wasser sieden. Wenn Sie ein normales, zartes Huhn verwenden, ist dieser erste Schritt sehr kurz.

1 frisches Huhn (1,2–1,5 kg), in 8–12 Stücke geschnitten
1 TL Salz
1 EL Limonen- oder Zitronensaft
10 rote Chilischoten, entkernt und in Scheiben geschnitten
12 Schalotten, geschält und in Scheiben geschnitten
4 grüne Tomaten, in Scheiben geschnitten
1 Stiel Basilikum · 3 Kaffirlimonenblätter
2 Frühlingszwiebeln, in Scheiben geschnitten · 1 cm Ingwer, geschält und in Scheiben geschnitten
5 Vogelaugenchilischoten, in Scheiben geschnitten

Das Huhn mit Salz und Limonensaft würzen und 20 Minuten lang ziehen lassen. Anschließend in einen Wok legen, 1/2 Liter Wasser hinzufügen und offen köcheln lassen, bis es zart ist. Alle restlichen Zutaten außer den Vogelaugenchillies beigeben und weitere 5 Minuten garen.

Mit Vogelaugenchillies bestreuen und servieren.

Indonesische Desserts sind meist sehr farbenfroh und werden vorzugsweise mit Kokosnuß, Palmzucker und Pandanusblättern zubereitet.

Sagorollen

ES CAMPUR
Gemischtes Eis

¼ reife Papaya, geschält und gewürfelt
½ Avocado, geschält und gewürfelt
1 Tomate, gewürfelt
¼ reife Ananas, geschält und gewürfelt
8 EL *Agar-Agar*-Geleewürfel
8 EL gewürfelte, fermentierte Tapioka (*Tape*; nach Wunsch)
8 EL gewürfelte *Kolang Kaling* (Palmfrucht), in Dosen erhältlich
1 junge Kokosnuß, das Fruchtfleisch mit einem Löffel herausgenommen (nach Wunsch)
¼ Liter Kokoswasser, aus der jungen Kokosnuß · ⅛ Liter Kondensmilch
⅛ Liter Palmzuckersirup (Seite 81)
4 Tassen zerstoßenes Eis

Schneiden Sie alle Früchte in winzige Würfel (½ cm). Mit allen anderen Zutaten außer dem Eis gut mischen. Das zerstoßene Eis hinzugeben und sofort servieren.

ONGOL-ONGOL
Sagorollen

Eine preiswerte Nachspeise in Indonesien, wo Sagomehl, Palmzucker und Kokosnuß immer zur Verfügung stehen.

1 Tasse Sagomehl · 1 Tasse gehackter Palmzucker · 2 Pandanusblätter
850 ml Wasser · 1 großes Bananenblattquadrat oder Pergamentpapier
Frisch geraspelte Kokosnuß oder angefeuchtete getrocknete Kokosnuß
½ TL Salz
Palmzuckersirup (Seite 81)

Geben Sie Mehl, Zucker, Pandanusblätter und Wasser in eine schwere Pfanne, und bringen Sie die Mischung zum Kochen. Bei niedriger Hitze 30 Minuten sieden lassen, bis sie sich verdickt hat, und dann abkühlen lassen.

Die Mischung auf ein großes Bananenblattquadrat legen und zu einem Zylinder einrollen. Die Enden mit Zahnstochern sichern. Ongol-Ongol in Scheiben servieren. Darüber ein wenig Kokosnuß vermischt mit Salz streuen und mit Palmzuckersirup begießen.

KUE NAGASARI
Gedünsteter Bananenkuchen

Bananen sind die beliebtesten Früchte Indonesiens. Es überrascht also nicht, daß sie für so viele Nachspeisen verwendet werden.

200 g Mungobohnenmehl (*Tepong Hoen Kwe*) oder Reismehl · 80 g weißer Zucker
625 ml Kokosmilch · 1 Prise Salz
Bananenblätter in Quadraten von 15 cm Seitenlänge · 6 kleine oder 2 große Bananen, in 1 cm dicke Scheiben von ca. 6 cm Länge geschnitten

Mehl und Zucker gründlich in einer Schüssel vermischen. Die Kokosmilch einrühren und gut unterrühren. Salz hinzufügen und die Mischung in einer schweren Pfanne (vorzugsweise beschichtet) langsam zum Kochen bringen. Sieden lassen, bis die Masse sehr dick ist, dann abkühlen lassen.

Einen gehäuften Eßlöffel davon auf ein Bananenblattquadrat geben. Darauf eine Scheibe Banane legen und mit einem weiteren Eßlöffel des Teiges bedekken. Das Bananenblatt wie einen Umschlag zusammenfalten. Etwa 20 Minuten dünsten, abkühlen lassen und lauwarm servieren.

TIP

Tepong Hoen Kwe wird in von Papier umhüllten Gefäßen verkauft; manchmal ist das Mehl rosa oder grün gefärbt – entsprechend ist auch die Farbe des Papiers. Dieses Mehl macht den Teig geschmeidiger als Reismehl, das aber in Indonesien oft als Ersatz verwendet wird.

WAJIK
Reismehlkuchen mit Palmzucker

Ein beliebter Kuchen, der sich im Kühlschrank mehrere Tage hält. Normalerweise wird er bei Zimmertemperatur serviert, aber er kommt auch heiß und mit Kokosmilch übergossen auf den Tisch. Bei einer anderen Variante gibt man reife, gewürfelte Jackbaumfrucht (oder auch Sultaninen) dazu, wenn der Reis halb gar gekocht ist.

200 g weißer Klebreis
¼ Liter Wasser · 1 Pandanusblatt
⅛ Liter Palmzuckersirup (Seite 81)
gut 4 EL dicke Kokosmilch

Den Reis unter fließendem Wasser 2 Minuten lang gründlich waschen, bis das Wasser klar bleibt. Dann 4 Stunden lang einweichen. Anschließend den Reis, ¼ Liter Wasser und das Pandanusblatt in einen Reiskocher oder Dämpftopf geben und circa 20 Minuten kochen lassen oder bis die Flüssigkeit aufgesogen ist.

Palmzuckersirup, Kokosmilch und Salz dazugeben und weiter 15 Minuten dämpfen. Dann den Reis gleichmäßig 2,5 cm dick auf eine Platte streichen und auf Zimmertemperatur abkühlen lassen. Ein scharfes Messer in warmes Wasser tauchen und den Kuchen in gleichmäßige Vierecke schneiden.

TIP

Die Einweichzeit wird verkürzt, wenn Sie kochendes Wasser über den Reis gießen und ihn 1 Stunde stehen lassen. Anschließend das Wasser abgießen, nochmals kochendes Wasser über den Reis geben und ihn 30 Minuten stehen lassen. Wenn Sie den Reis in einem Dämpfeinsatz garen, legen Sie den Boden mit einem feuchten Tuch aus, damit keine Reiskörner durchfallen.

DADAR
Kokospfannkuchen

Diese Pfannkuchen mit ihrer süßen Kokosfüllung (*Unti*) sind als kleine Zwischenmahlzeit sehr beliebt. Manchmal werden sie auch zum Frühstück gereicht.

Für die Pfannkuchen:
100 g Reismehl · 2 EL Zucker
1/4 TL Salz · 3 Eier
1/4 Liter frische Kokosmilch · 2 EL Kokosöl

Für die Unti-Füllung:
1/8 Liter Palmzuckersirup (Seite 81)
1 Tasse frische Kokosraspel
1 Pandanusblatt

Für die Pfannkuchen Reismehl, Zucker, Salz, Eier, Kokosmilch und Kokosöl in einer tiefen Schüssel mischen. Die Mischung kräftig mit dem Schneebesen durchschlagen, bis keine Klümpchen mehr vorhanden sind. Den Teig durch ein Haarsieb gießen. Er sollte sehr dünnflüssig sein. Eine beschichtete Pfanne auf mäßige Hitze bringen. Für jeden Pfannkuchen 4 Eßlöffel Teig in die Pfanne geben und circa 2 Minuten lang backen, bis die Oberfläche gerade fest wird. Den Pfannkuchen wenden und eine weitere 1 Minute backen. Dies wiederholen, bis der ganze Teig verbraucht ist. Abgekühlt servieren.

Für die *Unti*-Füllung den Zuckersirup mit den Kokosraspeln mischen. Das Pandanusblatt dazugeben und die Mischung in einer Pfanne bei mäßiger Hitze 2 Minuten lang unter ständigem Rühren braten. Abkühlen lassen.

Einen Eßlöffel der Kokosfüllung in die Mitte eines jeden Pfannkuchens geben und ihn von der Seite sehr fest einrollen.

PISANG GORENG
Fritierter Bananenkuchen

Ganze, in einen Teigmantel gehüllte und fritierte Bananen sind sehr populär. Sind die Bananen überreif, werden sie oft zu Brei zerstoßen und nach folgender Methode zubereitet.

6 mittelgroße reife Bananen, geschält
1 EL weißer Zucker · 1 EL einfaches Mehl
Öl zum Fritieren

Bananen zu einem feinen Brei pürieren. Mit Zucker und Mehl vermischen. Öl in einem Wok erhitzen und einen großen Eßlöffel Ausbackteig hineingeben. Sie können mehrere Kuchen auf einmal braten. Sind die Kuchen knusprig und goldbraun, auf einem Papiertuch abtropfen lassen. Heiß servieren.

Pudding aus schwarzem Reis

TIP

Da frische Kokosmilch ziemlich schnell ranzig wird, gibt man gewöhnlich eine Prise Salz hinein, damit sie sich ein paar Stunden hält.

Kokospfannkuchen

BUBUH INJIN
Pudding aus schwarzem Reis

Man wird wohl kaum einen Touristen auf Bali treffen, der sich nicht in den herrlich nussigen Geschmack und die schmelzend zarte Konsistenz dieses Puddings verliebt, der mit einem Schuß cremiger Kokosmilch auf den Teller oder das Bananenblatt kommt.

200 g schwarzer Klebreis
150 g weißer Klebreis · 2 Pandanusblätter
1,25 Liter Wasser
1/8 Liter Palmzuckersirup (Seite 81)
1 Prise Salz · 3/8 Liter frisch ausgepreßte dicke Kokosmilch

Spülen Sie beide Reissorten 2 Minuten lang unter fließendem Wasser gründlich ab. Abtropfen lassen. 1,25 Liter Wasser, beide Reissorten und das Pandanusblatt in einen schweren Topf geben. Zum Kochen bringen und bei mittlerer Hitze etwa 40 Minuten köcheln. Palmzuckersirup zugeben und das Ganze weiterkochen lassen, bis die Flüssigkeit überwiegend aufgesogen ist. Mit einer Prise Salz abschmecken. Den Topf vom Herd nehmen und den Pudding abkühlen lassen. Er wird lauwarm serviert, mit einem Schuß frisch ausgepreßter Kokosmilch übergossen.

BASE BE SIAP
Würzpaste für Hähnchen

14 Schalotten, geschält
26 Knoblauchzehen, geschält
2,5 cm *Kencur*, geschält und gehackt
4 cm Galgant, geschält und gehackt
10 Kemirinüsse
12 cm frische Kurkuma, geschält und gehackt
4 EL gehackter Palmzucker
4 EL Pflanzenöl
2 Stengel Zitronengras, angequetscht
2 *Salam*-Blätter
10 Vogelaugenchilischoten, in dünne Scheiben geschnitten

Schalotten, Knoblauch, *Kencur*, Galgant, Kemirinüsse, Kurkuma und Palmzucker in einer Küchenmaschine grob mahlen. Das Öl erhitzen und alle Zutaten unter häufigem Rühren braten, bis die Paste eine goldene Farbe annimmt. Abkühlen lassen.

BASE BE SAMPI
Würzpaste für Rindfleisch

Damit das Fleisch richtig aromatisch wird, reiben Sie es gut mit dieser Paste ein. Anschließend sollte es 24 Stunden im Kühlschrank ruhen.

10 Schalotten, geschält und gehackt
6 Knoblauchzehen, geschält und gehackt
5 cm Ingwer, geschält und gehackt
10 cm Galgant, geschält und gehackt
6 große rote Chilischoten, ohne Samen und gehackt
7 Vogelaugenchilischoten
10 Kemirinüsse
1 EL Koriandersamen
1 EL schwarze Pfefferkörner
4 EL gehackter Palmzucker
4 EL Öl
2 *Salam*-Blätter

Alle Zutaten außer Öl und *Salam*-Blättern in der Küchenmaschine grob mahlen. Lassen Sie Öl in einem schweren Topf oder Wok sehr heiß werden. Nun die gemahlenen Zutaten mit den *Salam*-Blättern hineingeben und bei mittlerer Hitze unter häufigem Rühren 5 Minuten lang braten, bis sich die Paste golden färbt. Beiseite stellen und abkühlen lassen.

Würzpaste für Rindfleisch

BASE BE PASIH
Würzpaste für Meeresfrüchte

10 große rote Chilischoten, ohne Samen und gehackt
6 Knoblauchzehen, geschält und gehackt
15 Schalotten, geschält und gehackt
10 cm Ingwer, geschält und gehackt
10 cm frische Kurkuma, geschält und gehackt
1 mittelgroße Tomate, enthäutet und ohne Samen
1 EL Koriandersamen
10 Kemirinüsse
1 TL getrocknete Garnelenpaste
4 EL Öl
3 EL Tamarindenmark
2 *Salam*-Blätter
2 Stengel Zitronengras

Alle Zutaten außer Öl, Tamarindenmark, *Salam*-Blättern und Zitronengras grob zerstoßen oder mahlen.

Das Öl erhitzen, alle Zutaten dazugeben und bei mäßiger Hitze unter häufigem Rühren circa 5 Minuten braten, bis alles goldfarben wird. Vor der Verwendung abkühlen lassen.

BASE JUKUT
Würzpaste für Gemüse

8 Schalotten, geschält und gehackt
10 Knoblauchzehen, geschält und gehackt
30 cm Galgant, geschält, in dünne Scheiben geschnitten
1 TL Koriandersamen
10 cm frische Kurkuma, geschält und in Scheiben geschnitten
6 große rote Chilischoten, ohne Samen und gehackt
3–5 Vogelaugenchilischoten
5 cm *Kencur*, geschält und gehackt
1 TL getrocknete Garnelenpaste
2 EL Öl
1 TL Salz
1/4 TL gemahlener weißer Pfeffer
1 ganzes *Salam*-Blatt
1 Stengel Zitronengras, zerquetscht

Schalotten, Knoblauch, Galgant, Koriandersamen, Kurkuma, Chillies, *Kencur* und getrocknete Garnelenpaste in der Küchenmaschine leicht pürieren oder in einem Mörser grob zerreiben. Das Öl in einem Wok oder einem schweren Topf erhitzen. Die gemahlene Paste und alle anderen Zutaten 2 Minuten lang sautieren, bis sich die Farbe der Paste ändert. Abkühlen lassen.

SAMBAL TOMAT
Tomaten-Sambal

Dieses würzige Sambal mit einem Hauch Limonensaft paßt ideal zu gegrilltem Fisch.

4 EL Öl
15 Schalotten, geschält und in Scheiben geschnitten
10 Knoblauchzehen, geschält und in Scheiben geschnitten
14 große rote Chilischoten, ohne Samen und in Scheiben geschnitten
2 mittelgroße Tomaten, geachtelt
2 TL geröstete getrocknete Garnelenpaste
2 TL frisch gepreßter Limonensaft
Salz nach Geschmack

Erhitzen Sie das Öl in einem schweren Topf oder Wok. Schalotten und Knoblauch darin bei geringer Hitze 5 Minuten lang sautieren. Chillies dazugeben und nochmals 5 Minuten rösten. Tomaten und Garnelenpaste hinzufügen und alles weitere 10 Minuten köcheln lassen.

Limonensaft angießen und die Mischung in der Küchenmaschine grob pürieren. Mit Salz abschmecken und abkühlen lassen. Dieses Sambal können Sie einfrieren.

Tomaten-Sambal

SAMBAL SERE TABIA
Gebratene Vogelaugenchillies

25 Vogelaugenchilischoten · 4 EL Öl
1½ TL getrocknete Garnelenpaste
¼ TL Salz

Chillies waschen und die Stiele entfernen. Das Öl in einem Wok oder einer Kasserolle erhitzen, bis es raucht. Die Garnelenpaste zerkrümeln und mit Salz vermischen.

Chillies, Garnelenpaste und Salz ins Öl geben, 1 Minute lang rühren, dann den Wok vom Herd nehmen und alles abkühlen lassen. In einem luftdichten Behälter kann man Chillies und Öl circa 1 Woche im Kühlschrank aufbewahren.

BASE KACANG
Erdnußsoße

500 g rohe Erdnüsse, 2 Minuten fritiert
4 Knoblauchzehen, geschält
8 cm *Kencur*, geschält und grob gehackt
10–15 Vogelaugenchilischoten, in Scheiben geschnitten · 3 Zitronenblätter
⅛ Liter süße Sojasoße
2 EL gebratene Schalotten (siehe unten)
1 EL frisch gepreßter Limonensaft
2 TL Salz · 1,5 Liter Wasser

Erdnüsse, Knoblauch, *Kencur* und Chillies zusammen mahlen oder zu einer groben Paste zerreiben. Die Mischung mit den anderen Zutaten außer Limonensaft und Schalotten in einen schweren Topf geben. 1 Stunde bei sehr schwacher Hitze köcheln lassen und dabei ständig umrühren, damit die Soße nicht anbrennt. Unmittelbar vor dem Servieren den Zitronensaft hineinrühren und die Schalotten darüberstreuen.

KUAH SIAP
Hühnerbrühe

5 kg Hühnerknochen, in Stücken von 2,5 cm · 1½ Tassen Würzpaste für Hähnchen (Seite 80)
1 Stengel Zitronengras, leicht zerdrückt
3 Zitronenblätter · 2 *Salam*-Blätter
1 TL schwarze Pfefferkörner, grob zerstoßen · 1 TL Salz

Die Knochen abspülen, bis das Wasser klar bleibt. Anschließend die Knochen in einer großen Kasserolle mit kaltem Wasser zum Kochen bringen. Das Wasser abgießen, die Knochen nochmals unter fließendem Wasser abwaschen. Mit frischem Wasser erneut aufkochen, die Temperatur verringern und den aufsteigenden Schaum mit einer Kelle abschöpfen.

Alle Würzzutaten hinzufügen und die Brühe 3–3½ Stunden leicht köcheln lassen. Immer wieder den Schaum abnehmen. Der Topf sollte während des Kochens offen sein, weil die Brühe sonst trüb wird. Geben Sie die Brühe durch ein Haarsieb. Für Rinder-, Enten- und Schweinefleischbrühe gelten die gleichen Mengen. Das Schweinefleisch muß jedoch nur 2 Stunden köcheln. Ergibt 3 Liter.

SAMBAL MATAH
Sambal aus Schalotten und Zitronengras

15 Schalotten, geschält und in feine Scheiben geschnitten
4 Knoblauchzehen, in feinen Scheibchen
10–15 Vogelaugenchilischoten, in Scheiben geschnitten
5 Zitronenblätter, in haarfeinen Streifchen
1 TL geröstete, getrocknete Garnelenpaste
4 Stengel Zitronengras, nur den zarten Teil, in sehr feine Scheibchen geschnitten
1 TL Salz · ¼ TL schwarze Pfefferkörner, fein zerstoßen · 2 EL frisch gepreßten Limonensaft · 5–6 EL Öl

Alle Zutaten mischen. 1–2 Minuten gründlich umrühren. Das Sambal mit Fisch oder Hähnchen servieren.

BAWANG GORENG
Gebratene Schalotten

10–15 Schalotten
4 EL Öl

Schalotten schälen und in feine Scheibchen schneiden. Auf einem Papiertuch trocknen lassen. Öl mäßig erhitzen und die Schalotten darin goldbraun braten. Herausnehmen und gründlich abtropfen lassen. Zur Aufbewahrung empfiehlt sich ein luftdichter Behälter.

PALMZUCKERSIRUP

Gehackten Palmzucker und Wasser zu gleichen Teilen mischen und ein Pandanusblatt dazugeben. Zum Kochen bringen, 10 Minuten sieden lassen, durchsieben und im Kühlschrank aufbewahren.

Die moderne japanische Küche bezieht auch fremde Komponenten mit ein, die verfeinert und den heimischen Vorlieben bezüglich Geschmack und Präsentation angepaßt werden.

JAPAN

Ihr unerschöpflicher Erfindungsreichtum und ihre erlesene Küche haben den Japanern weltweite Anerkennung eingebracht.

Links: Ob Schulkinder oder Berufstätige, ja sogar buddhistische Mönche – O-bentos mag jedermann.

Rechts: Ein Symbol der klassischen japanischen Kultur: der Goldene Pagodentempel in Kyoto.

Es gibt wohl keine zweite Küche auf der Welt, die ein so durch und durch ästhetisches Erlebnis für Augen, Nase und Gaumen bietet. Die stilvolle Präsentation der Speisen ist für die Japaner ebenso wichtig wie die sorgfältige Zubereitung der Speisen selbst, und man legt größten Wert auf Details, Farbe, Form und Ausgewogenheit. Kochkunst und Kultur sind in Japan eins. Die Nahrung ist dazu bestimmt, Ordnung aus dem Chaos zu schaffen, ohne jedoch die Natur zu verfälschen. Es ist eine Küche, die aus Kargheit und dem Willen zur Enthaltsamkeit geboren ist.

Land und Leute

Aufgrund seiner Lage – Japan liegt im Nordosten des südostasiatischen Monsungürtels – herrscht nahezu im ganzen Land ein gemäßigtes ozeanisches Klima. Ein japanisches Sprichwort sagt, eine Mahlzeit müsse stets »etwas aus dem Gebirge und etwas aus dem Meer« beinhalten. Das Meer liefert den Japanern die wichtigsten Nahrungsmittel – Algen, Fisch und Meeresfrüchte –, aus dem Gebirge kommen Gemüse und Reis.

Man ißt zwar auch Fleisch und Geflügel, eine weitaus wichtigere Rolle spielt jedoch die einfache Sojabohne, aus der man Tofu, *Miso* (fermentierte Sojapaste, die zum Würzen verwendet wird) und Sojasoße herstellt.

Über 43 Prozent der insgesamt 124 Millionen Einwohner leben auf engstem Raum in den drei großen Küstenmetropolen Tokio, Osaka und Nagoya. Ganze zwei Drittel der Landesfläche bestehen aus Gebirgen oder Wäldern, über 14 Prozent werden landwirtschaftlich genutzt und nur etwas mehr als 4 Prozent dienen als Wohnraum.

Japan setzt sich aus den vier großen Inseln Hokkaido, Honshu, Shikoku und Kyushu und mehreren tausend kleineren Inseln zusammen, die sich über 3000 Kilometer erstrecken.

Hokkaido ist eine dünn besiedelte Insel mit ausgedehnten Weidegründen und Bauernhöfen, die Milchwirtschaft und Viehzucht betreiben. Hier leben die Ainu, die Ureinwoh-

Jede Jahreszeit hat ihre eigenen Gerichte, und selbst das Geschirr wird den Jahreszeiten angepaßt. Hier eine Auswahl herbstlicher Speisen.

ner Japans, eine kleine kaukasische Minderheit. Ursprünglich waren sie Jäger und Fischer und sollen weite Teile des nördlichen Honshu durchstreift haben.

Zentraljapan umfaßt die Küstengebiete entlang des Japanischen Meeres und die sogenannten Japanischen Alpen um die Präfektur Nagano, manchmal auch „das Dach Japans" genannt. Drei große Gebirgszüge durchziehen Nagano, und von der durch Zentral-Nagano führenden Koumi-Zuglinie aus genießt man die Aussicht auf den aktiven Vulkan Asama und den Fujiyama, den mit 3774 Metern höchsten Berg Japans.

Kyushu, die drittgrößte der japanischen Inseln, ist berühmt für die Imari- und Arita-Keramiken, ihre Geysire und aktiven Vulkane. Das im Westen der Insel gelegene Nagasaki ist seit jeher das Zentrum des Handels mit China und Holland und Japans Tor zur Welt. Die viertgrößte Insel ist Shikoku.

Der Ryukyu-Archipel, zu dem auch Okinawa, die südlichste japanische Provinz, gehört, umfaßt 160 Inseln und erstreckt sich bis nach Taiwan.

Geschichte und Entwicklung der japanischen Küche

Die Entwicklung der klassischen japanischen Küche begann während der Heian-Periode (794–1185). Damals wurde die Hauptstadt von Kyoto nach Nara verlegt, und der aufstrebende Adel frönte seinen Interessen – Kunst, Literatur, Poesie, feiner Küche und ausgeklügelten Spielen. Erlesen zu speisen wurde zum Ausdruck von Lebensstil. Die Adligen waren aber nicht nur Gourmets, sondern auch Gourmands, die neben den üblichen zwei Mahlzeiten am Tag noch zahlreiche kleine Zwischenmahlzeiten zu sich nahmen. Heute gilt *Kyo ryori*, die Küche Kyotos mit ihren stilvoll angerichteten Delikatessen, als Krönung der japanischen Eßkultur.

Als 1185 der Regierungssitz nach Kamakura verlegt wurde, vollzog sich durch die enthaltsame Lebensweise der Samurai und den Zen-Buddhismus ein Wandel hin zu einer einfacheren Küche. *Shojin ryori* (vegetarische buddhistische Tempelkost) besteht aus einer Vielzahl kleiner vegetarischer Gerichte, die nach einem der fünf Standardgarverfahren zubereitet werden. Bei den *Shojin ryori*-Gerichten sollten immer fünf Farben (grün, rot, gelb, weiß und schwarzviolett) und sechs Geschmacksrichtungen (bitter, sauer, süß, scharf, salzig und mild) vertreten sein. Die *Shojin ryori*-Küche wurde zu einer bedeutenden kulinarischen Strömung, die sich bis heute überliefert hat und aus der sich Mitte des 16. Jahrhunderts *Cha kaiseki* – Speisen, die vor einer Teezeremonie gereicht werden – entwickelte. Durch die weltweiten Handelsbeziehungen, die Japan vom 14. bis 16. Jahrhundert pflegte, wurde auch seine Küche beeinflußt. Im 16. Jahrhundert führten die Portugiesen *Kabocha*, einen Kürbis mit grüner Schale, ein. Durch sie sollen auch die *Tempura* (in einem speziellen Fritierteig herausgebackene Speisen) und der beliebte *Kasutera*-Kuchen (*Castilla*) nach Japan gelangt sein. Im 17. Jahrhundert brachten die Holländer Mais, Kartoffeln und Süßkartoffeln ins Land. Europäische Zubereitungsarten erweckten Interesse, und daraus entwickelte sich die sogenannte »Küche der Barbaren aus dem Süden« (*Nanban ryori*).

Während der Edo-Periode (1603–1857) durchlebte Japan fast dreihundert Jahre der selbstgewählten Isolation und entwickelte in dieser Zeit eine ganz eigene, hochkarätige Kultur. Erst in der Meiji-Periode (1868–1912) nahm man die Handels- und Außenbeziehungen wieder auf, und zu Beginn des 20. Jahrhunderts erwachte auch wieder das Interesse für Fremdes.

Die moderne japanische Küche bezieht auch fremde Komponenten mit ein, die allerdings verfeinert und den heimischen Vorlieben bezüglich Geschmack und Präsentation angepaßt wurden. Daraus sind einzigartige Kompositionen aus Elementen der fernöstlichen und der westlichen Küche entstanden, darunter zum Beispiel Grüntee-Eis und Kartoffelchips mit Algengeschmack oder Spaghetti mit Kabeljaurogen.

Unverkennbar ist der chinesische Einfluß. Schließlich waren es ja die Chinesen, von denen die Japaner die Kunst der Tofuzubereitung und das Essen mit Stäbchen lernten. Und aus China stammte ursprünglich auch die Sojasoße. Im 9. Jahrhundert importierte man erstmals Tee aus China. Er geriet danach allerdings wieder in Vergessenheit und wurde erst Ende des 12. Jahrhunderts von einem Zen-Priester wiederentdeckt. Mit dem Reisanbau begann man in Japan um das Jahr 300 v.Chr., und Reis ist noch heute der wichtigste Bestandteil jeder japanischen Mahlzeit.

Die Küche des Volkes

Die großen Klimaunterschiede – das Spektrum reicht von extremer Kälte auf Hokkaido bis zu subtropische Klima auf den Okinawa-Inseln – haben zur Entstehung verschiedener Regionalküchen geführt.

Auf Hokkaido, wo kein Reisanbau möglich ist, entwickelten die Menschen eine Vorliebe für Kartoffeln, Mais, Milchprodukte, gegrilltes Fleisch und Lachs. Zu den Spezialitäten dieser Region zählen unter anderem *Sapporo ramen*, eine Abwandlung der chinesischen Nudeln, und *O-nabe*, ein Eintopf mit Krebsfleisch, Jakobsmuscheln und Lachs.

Die Gegend um Kyoto ist berühmt für ihre leichte und delikate Küche, während flache *Udon-Nudeln* und *Uiro*, ein süßes Reisgelee, als Spezialität von Nagoya (zwischen Tokio und Kyoto gelegen) gelten. Sanuki-*Udon*-Nudeln, frische Sardinen und Mandarinen sind bei den Pilgern, die die buddhistischen Tempel auf Shikoku besuchen, besonders beliebt. Kyushu ist bekannt für Tee, Obst und Meeresfrüchte, aber auch für die von China und der westlichen Welt beeinflußte Küche, die über Nagasaki auf die Insel gelangte.

Auf den Okinawa-Inseln ißt man gerne Schweinefleisch. Beliebt sind auch Süßigkeiten aus Rohzucker, Ananas und Papaya und alkoholische Getränke wie *Awamori* (aus Süßkartoffeln) und *Habu-Sake*.

O-Bento ist eine kulinarische Besonderheit. Es besteht aus weißem Reis und einer Reihe winziger Portionen Fleisch, Fisch, Gemüse, Ei und Obst, die mit einer sauren Pflaume (*Umeboshi*) in kleinen, rechteckigen Kästchen angerichtet werden. Da die Portionen sehr klein sind und die Auswahl an Speisen möglichst ausgewogen sein sollte, kann die Zubereitung eines richtigen *O-bento* eine sehr zeitaufwendige Angelegenheit sein. Wie bei fast allen japanischen Gerichten legt man auch hier größten Wert auf eine ansprechende Präsentation. Die bekanntesten kommerziell hergestellten *O-bentos*, die sogenannten *Ekiben*, bekommt man auf den meisten japanischen Bahnhöfen zu kaufen.

Die vier Jahreszeiten

Eine besonders bemerkenswerte Eigenschaft der japanischen Küche ist, daß sie sich an den Jahreszeiten orientiert. Dadurch kann man sicher sein, daß immer nur absolut frische Zutaten verwendet werden.

Die mit Abstand beliebteste jahreszeitliche Spezialität ist *Osechi ryori*, das sind besondere Speisen, die in der ersten Woche nach Neujahr serviert werden. Dutzende kleiner Leckerbissen werden ansprechend in Lackkästchen mit mehreren Fächern angerichtet, die man in den ersten Tagen des neuen Jahres verschenkt. Dabei hat jede Familie und jede Region ihre eigenen Spezialitäten. Zu den klassischen Neujahrsspeisen zählen *Kamaboko* (Fischwürstchen mit hübschen Dekorationen), *Konbu* (Algenröllchen, die mit getrockneten Kürbisstreifen zu Schleifen gebunden werden), Wasserkastanien in einer dicken Süßkartoffelpaste, Heringsrogen mit geraspelten Möhren und Rettich in einem süß-sauren Dressing und eingelegte Lotoswurzel.

Gemüse, zum Beispiel *Shiitake*-Pilze, Rettich, Lotoswurzeln, Möhren und Klette, werden in Sojasoße und *Dashi*-Brühe gekocht. Sehr beliebt ist auch der pikante, gedämpfte Eierpudding *Chawan-mushi*.

Dazu ißt man in der Regel *O-mochi*, das sind Reiskuchen, die gebraten oder in einer Suppe (*O-Zoni*) gekocht werden. Dafür wird *Mochi-gome*, ein besonders klebriger Reis, gekocht und heiß zu Klößchen geformt, die anschließend in einem großen, hölzernen Mörser gestampft werden. Danach wird der Reis ausgerollt und in rechteckige Kuchen zerteilt.

Mit Kirschblütenfesten feiert die Mehrzahl der Japaner traditionell die Ankunft des Frühlings. In guten Restaurants wird man Ihnen dann stets eine Tasse Kirschblütentee, ein klares, leicht salziges Getränk, in dem Kirschblüten schwimmen, servieren. Zu den typischen Frühlingsspezialitäten zählen außerdem Bambussprossen, *Bonito* und Rapsblüten.

Im Sommer wird häufig gegrillter Aal gegessen. Daneben kommen Oktopus, Abalone, frisches Obst und Gemüse auf den Tisch. Und natürlich das beliebte Sommergericht *Edamame* – frische Sojabohnen, die in der Schote gekocht und mit etwas Salz bestreut werden –, ein idealer Snack zu einem kühlen Bier an einem heißen Sommerabend. Gerne ißt man auch kalte Nudeln, die mit *Dashi* und einem Sojadip serviert werden.

Im Herbst kann man von den Dachvorsprüngen vieler Bauernhäuser Stränge mit Dattelpflaumen herabhängen sehen, die dort zum Trocknen aufgehängt werden. Dann stehen Wasserkastanien, *Soba*-Nudeln und Pilze, vor allem *Matsutake*-Pilze, die man wegen ihres einzigartigen Aromas besonders schätzt, auf dem Speiseplan. Im Spätherbst wird auch das Gemüse für den Winter eingelegt. In Japan kennt man eine ganze Reihe verschiedener Konservierungsmethoden, am verbreitetsten ist aber das Einlegen mit *Miso*, Salz und Essig oder mit Reiskleie.

Im Winter kommt *Fugu sashimi* auf den Tisch. Der Genuß des rohen Kugelfischs kann tödlich enden, wenn er nicht von einem speziell ausgebildeten Koch zubereitet wird. Gerne gegessen werden dann auch Mandarinen und Eintopfgerichte (*O-nabe*). Am letzten Tag des Jahres ißt man traditionell *Soba*-Nudeln, die Gesundheit und ein langes Leben garantieren sollen.

Eine typisch japanische Tradition ist die Teezeremonie. Sie spiegelt die Disziplin und Mystik der japanischen Kultur wider. *Cha-noyu*, die Kunst des Teetrinkens, entstand im 15. Jahrhundert. Damals wollte man damit in erster Linie aus China importierte Kunstgegenstände zur Schau stellen. Aus *Chanoyo* entwickelten sich zwei Besonderheiten der japanischen Küche: *Cha kaiseki*, die japanische Haute Cuisine, die als leichte Mahlzeit vor der Zeremonie serviert wird, und *Wagashi*, die klassischen Süßigkeiten, die ab der Mitte des 16. Jahrhunderts zu einem wichtigen Bestandteil der Teezeremonie wurden.

Eine Tafel mit phantasievoll gestaltetem japanischem Keramik-, Lack-, Porzellan- und Korbgeschirr

Die japanische Tischkultur

Die Befürchtung, daß Sie von einem japanischen Essen in Anbetracht der kleinen Portionen nicht satt werden könnten, ist unbegründet. Denn die Speisen sind so abwechslungsreich, daß Sie am Ende der Mahlzeit rundum zufrieden sein werden.

Ein japanisches Menü gliedert sich in einen Anfangs-, einen Mittel- und einen Schlußteil. Den Anfang bilden kleine Appetithappen, klare Suppen und roher Fisch (*Sashimi*). Daran schließen sich verschiedene Meeresfrüchte-, Fleisch-, Geflügel- und Gemüsegerichte an, die gegrillt, gekocht, fritiert oder mit Essig als Salat zubereitet werden. Man serviert stets eine Auswahl an unterschiedlich gegarten Speisen, um eine möglichst große Vielfalt zu gewährleisten. Gibt es also beispielsweise fritierten Fisch, wird man das Gemüse in einer gewürzten Brühe kochen, das Fleisch grillen und dann noch eine Mischung aus gedämpften Eiern und pikanten Leckerbissen reichen. Den Abschluß bilden Reis, *Miso*-Suppe und eingelegtes Gemüse, grüner Tee und frisches Obst. Die Beilagen variieren je nach Jahreszeit und dem Angebot des Marktes und richten sich auch danach, wieviel Zeit für die Zubereitung zur Verfügung steht.

Neben dem erlesenen *Kaiseki ryori*, das mindestens ein Dutzend verschiedene Speisen umfaßt, die in winzigen Portionen gereicht werden, bietet die japanische Küche auch einfache Mahlzeiten, die aus gekochtem Reis, *Miso*-Suppe und eingelegtem Gemüse bestehen und gelegentlich noch um eine Vorspeise und einige weitere Gerichte mit Fisch, Fleisch, Geflügel oder Gemüse erweitert werden. Eine Mahlzeit kann sich aber auch auf eine einfache Vorspeise und ein Eintopfgericht wie zum Beispiel *Sukiyaki* beschränken, die man dann noch mit Reis, Suppe und eingelegtem Gemüse beschließt.

In den privaten Haushalten, aber auch in vielen Restaurants, werden sämtliche Speisen gleichzeitig aufgetragen. Bei offiziellen Anlässen werden hingegen zuerst die Vorspeisen serviert, und danach folgen entsprechend ihrer Zubereitungsart nacheinander die Gerichte des mittleren Gangs.

Das Anrichten japanischer Speisen ist eine Kunst, die den Köchen Phantasie und Kreativität abverlangt. Selbst das Geschirr wird entsprechend der Jahreszeit und der Art der Speisen ausgewählt. In der Regel werden runde Speisen auf quadratischen oder rechteckigen Tellern serviert, quadratisch geformte Speisen hingegen auf runden Tellern. Die Japaner legen allerdings einen solchen Einfallsreichtum an den Tag, daß Teller und Schüsseln nicht einfach nur rund, quadratisch oder rechteckig sind; sie können vielmehr auch sechseckig oder halbrund sein, Fächer-, Blatt- oder Muschelform haben. Und auch Garnituren – die man in den meisten Fällen mitessen kann – dürfen nicht fehlen.

Bitterer grüner Tee und zarte Wagashi gehören zu jeder Teezeremonie.

MENÜVORSCHLÄGE

Einfache Mahlzeiten

Eine japanische Mahlzeit besteht aus vielen kleinen Speisen. Sie müssen sich aber nicht sklavisch an diesen Brauch halten.

Für ein Essen im Kreis der Familie empfehlen wir Ihnen folgendes Menü:

- Gerollte Sushi (Seite 92);
- Miso-Tofu (Seite 94) und als kleine Beilage Grüne Bohnen mit Sesam (Seite 94) - dazu ißt man Reis;
- Geleepflaumen (Seite 100) sind einfach zuzubereiten und sehen besonders ansprechend aus.

Einfache Mahlzeiten

Vorschlag 2:

- Zunächst bekommt jedes Familienmitglied ein Schüsselchen mit Würziger Eierspeise (Seite 89);
- es folgen Miso-Suppe mit Pilzen (Seite 90) und Garnelen mit Sake (Seite 96);
- Eis aus grünem Tee (Seite 100) ist immer ein beliebter Abschluß.

Einladungen

Nach dem folgenden Menü werden sich Ihre Gäste bestimmt die Finger lecken:

- Pilze mit Garnelenfüllung (Seite 88), dazu als kleine Beilagen Spinat mit Sesamdressing (Seite 88) und Fritierter Breitling in Brühe (Seite 90);
- Sukiyaki (Seite 98) oder Shabu-shabu (Seite 98), das die Gäste während des Essens selbst garen;
- Lilienknollenklößchen (Seite 100) sind ein erfrischender und zugleich äußerst ansprechender Abschluß.

Quer durch die asiatische Küche

Bevorzugen Sie ein gemischtes asiatisches Menü, dann könnten Sie folgende Speisen zusammenstellen:

- Lachs-Tofu-Klößchen (Seite 88) aus Japan;
- Safran-Huhn (Seite 55) mit Naan-Brot (Seite 49) aus Indien und Würzige Wasserwinde (Seite 118) aus Malaysia/Singapur;
- abgerundet wird die Mahlzeit mit ein paar einfachen, aber köstlichen Ananastörtchen (Seite 156) aus Vietnam, zu denen man in Scheiben geschnittene frische Früchte serviert.

DIE WICHTIGSTEN ZUTATEN DER JAPANISCHEN KÜCHE

Für die klare *Dashi*-Brühe, die in der japanischen Küche häufig verwendet wird, sind **getrockneter Bonito** und **Konbu-Algen** unverzichtbar. Aus würzigem **Miso** können Sie mit **Tofu** und **Wakame**- oder **Nori-Algen** eine schnelle, einfache Suppe zubereiten. Zum Würzen bevorzugt man **Ingwer**, **Sake** und **Sojasoße**. Der Reis für **Sushis** wird mit **Mirin** oder **Reisessig** verfeinert. **Sesampaste** benötigt man für Dips.

Spinat mit Sesamdressing

In Japan serviert man die Vorspeisen gewöhnlich in kleinen Portionen auf gemustertem Lack- oder Keramikgeschirr. Viele der hier vorgestellten Leckerbissen eignen sich auch hervorragend als erster Gang bei einem Essen in größerem Rahmen oder als kleine Snacks zu einem Drink.

HORENSO GOMA AE
Spinat mit Sesamdressing

Bei dieser einfachen, aber schmackhaften Vorspeise wird der Spinat bei Zimmertemperatur serviert – man kann ihn deshalb im voraus zubereiten.

300 g Spinat, gewaschen, aber im Ganzen belassen · 50 g weißer Sesam
5 TL helle Sojasoße · 2 TL Zucker
4 TL *Dashi*-Brühe (Seite 101)
1 EL sehr fein geschnittener, gerösteter *Nori*

Einen großen Topf Wasser zum Kochen bringen, Spinatblätter dazugeben und kochen, bis die Blätter weich und in der Farbe dunkler sind. Spinat in ein Sieb geben und unter fließendem Wasser abkühlen. Abtropfen lassen, dabei den Spinat mit einem Holzlöffel ausdrükken. Spinat auf eine Bambusmatte geben und dicht aufrollen, um alle Flüssigkeit herauszupressen und eine Rolle zu erhalten.

Sesam in einer trockenen Pfanne goldbraun rösten, dann in einem Mörser oder Mixer grob zerkleinern. Sojasoße, Zucker und *Dashi* dazugeben, und zu einer glatten Paste verrühren.

Vor dem Servieren die Spinatrolle in 2,5 cm dicke Stücke schneiden und auf vier kleine Teller geben. Jeweils mit etwas Sesampaste garnieren und fein geschnittenen *Nori*-Seetang darüberstreuen.

URAJIRO SHIITAKE
Pilze mit Garnelenfüllung

400 g frische Garnelen, geschält
16 frische *Shiitake*-Pilze, ohne Stiele
3 EL Stärkemehl
Öl zum Fritieren
4 Zweige Brunnenkresse oder Petersilie
$1/2$ Tasse *Tempura*-Teig (Seite 101)
2 EL *Daikon*, sehr fein gerieben und nach Geschmack mit Cayennepfeffer vermischt

Für die Soße:
1 Tasse *Dashi*-Brühe (Seite 101)
4 EL Zucker
4 EL dunkle Sojasoße

Garnelen zu einer feinen Paste zerstampfen oder pürieren. Etwas von dieser Paste in jeden Pilz drücken, dann etwas Mehl darüberstäuben. Pilze 2 Minuten in heißem Öl portionsweise fritieren. Abtropfen lassen und auf vier Tellern anrichten.

Brunnenkresse oder Petersilie waschen und gut abtropfen lassen. Anschließend in *Tempura*-Teig tauchen und fritieren, bis der Teig goldgelb ist. Herausnehmen, abtropfen lassen und neben die Pilze legen. Jede Portion mit $1/2$ Eßlöffel des Rettichs garnieren.

Für die Dipsoße *Dashi*, Zucker und Sojasoße gut vermischen und auf vier Schälchen verteilen.

SAKE NO TSUMIRE-AGE
Lachs-Tofu-Klößchen

Dieses leichte, köstliche Gericht ist eine Kombination aus gewürztem Lachs und Tofu.

200 g Lachsfilet, grob gehackt
280 g Tofu
Eine Handvoll *Mitsuba*- oder Petersilienblätter mit Stengeln
2 frische *Shiitake*-Pilze, ohne Stiele; Kappen in sehr feine Streifen geschnitten
3 cm großes Stück Möhre, in dünne Stifte geschnitten
1 Wolkenohrpilz, eingeweicht und dann in feine Streifen geschnitten
1 Ei, leicht verquirlt
$1/2$ TL Salz
2 TL helle Sojasoße
1 TL Zucker
5 TL Stärkemehl
Öl zum Fritieren

Für die Beilagen:
4 EL helle Sojasoße
2 TL japanische Senfpaste

Den gehackten Lachs in eine Schüssel geben. Tofu 1–2 Minuten in Wasser einweichen, ein Sieb mit einem Leinentuch auslegen und den Tofu darin abtropfen lassen, dann fest in das Tuch wickeln und Feuchtigkeit herauspressen. Zum Lachs geben.

Stiele der gewaschenen und gut abgetropften *Mitsuba* oder Petersilie fein hacken; die ganzen Blätter beiseite legen. 1–2 Teelöffel der gehackten Stiele zum Lachs und Tofu geben, dann alle weiteren Zutaten, außer dem Öl und den Beilagen hinzufügen. Gut vermischen und zu kleinen Bällchen formen.

In heißem Öl goldbraun fritieren, dabei häufig wenden. Abtropfen lassen und in Servierkörbchen oder auf Teller legen. *Mitsuba*- oder Petersilienblätter mit etwas Wasser besprühen, dann in etwas Stärkemehl tauchen. Einige Sekunden in heißem Öl fritieren, bis sich die Stärke ein wenig setzt. Lachsklößchen mit den Blättchen garnieren. Separat dazu in kleinen Schälchen jeweils 1 Eßlöffel Sojasoße und $1/2$ Teelöffel Senf servieren.

TIP

Dieses Gericht schmeckt auch mit jedem anderen festfleischigen Fisch.

Pilze mit Garnelenfüllung (links) und Lachs-Tofu-Klößchen (rechts)

GYUNIKO NO TATAKI
Gedörrtes Rindfleisch

500 g Rinderlende in einem Stück
1 TL Salz
200 g Zwiebeln
8 cm großes Stück *Daikon*, in feine Streifen geschnitten
4 *Ohba*-Blätter oder Brunnenkresse
4 TL fein geriebener *Daikon*, nach Geschmack mit etwas Cayennepfeffer vermischt
1 EL Frühlingszwiebel, in feinen Scheiben
4 EL *Ponzu*-Soße (Seite 101)

Fleisch mit Salz bestreuen und in einer sehr heißen Pfanne einige Sekunden von allen Seiten anbraten, bis es dunkler wird. Vom Herd nehmen und einige Sekunden in Eiswasser abschrecken. Mit einem Tuch abtrocknen und in 1/2 cm dünne Scheiben schneiden.

Zwiebeln schälen, der Länge nach halbieren, dann in dünne Scheiben schneiden. Scheiben mit den Fingern aufbrechen und in Eiswasser legen. Abspülen, abtropfen lassen und abtrocknen.

Das Rindfleisch kreisförmig auf einem Teller anordnen. In der Mitte Daikonstreifen anrichten, mit *Ohba* oder Kresse umgeben und die Zwiebeln daraufsetzen; mit Frühlingszwiebeln und kleinen Bällchen aus geriebenem Rettich und Cayennepfeffer garnieren. Dazu separat *Ponzu*-Soße als Dip servieren.

TORI NO MATSUKAZE
Hühnchenauflauf

Winzige Mohnsamen werden über diesen würzigen Auflauf gestreut; sie sollen vielleicht an einen Sandstrand erinnern. Das Gericht heißt »Wind in den Pinien«.

400 g gehacktes Hühnerfleisch
2 Eier, leicht verquirlt
2 cm großes Stück Ingwer, sehr fein gehackt
40 g rotes *Miso*
2 TL *Sake*
2 TL dunkle Sojasoße
2 EL Zucker
2 TL Weizenmehl
1 EL weiße Mohnsamen

Hühnchenfleisch pürieren oder ein zweites Mal durchdrehen. Alle anderen Zutaten, bis auf die Mohnsamen, dazugeben und gründlich verrühren.

Eine Backform von 20 x 20 cm einfetten und mit Backpapier auskleiden. Hühnchenmischung hineingeben, gleichmäßig verteilen und dann mit den Mohnsamen bestreuen. Form in einen halb mit Wasser gefüllten Topf stellen und im Ofen circa 30 Minuten bei 180°C backen, bis die Mitte fest ist.

Aus dem Ofen nehmen und Backpapier mitsamt dem Auflauf herausheben. In rechteckige oder fächerförmige Stücke schneiden. Zimmerwarm servieren.

CHAWAN MUSHI
Würzige Eierspeise

60 g Hühnerbrust, in mundgerechten Stücken
2 TL helle Sojasoße
50 g gebackener Aal (wird vakuumverpackt verkauft), in 4 Stücke geschnitten
20 g Lilienwurzel, gesäubert und in 4 Stücke geschnitten (nach Wunsch)
4 frische *Shiitake*-Pilze ohne Stiele
4 große Garnelen, geschält und ohne Innereien
1 EL 3 cm lange *Mitsuba*- oder Petersilienstengel
8 Gingkonüsse, blanchiert und enthäutet
2 große Eier
350 ml *Dashi*-Brühe (Seite 101)
3 TL helle Sojasoße
etwas geriebene Schale einer *Yuzu*-Orange oder Zitrone zum Garnieren

Hühnerfleisch mit Sojasoße beträufeln. Aal, Lilienwurzel, Pilze, Garnelen, *Mitsuba*- oder Petersilienstengel und Gingkonüsse bereit stellen.

Aufgeschlagene Eier in eine Schüssel geben und mit Eßstäbchen vorsichtig verrühren; es sollen keine Blasen entstehen. *Dashi*-Brühe und Sojasoße dazugeben. Gut vermischen und durchsieben. Alle Zutaten auf 4 chinesische Schälchen mit Deckel verteilen und die Eimischung darübergießen. 10 Minuten bei mittlerer Hitze dämpfen. Mit *Yuzu*- oder Zitronenschale garniert servieren.

Hühnchenauflauf

TAMAGO DOFU
Kalte, pikante Eierspeise

Diese gekühlte Eierspeise ist eine erfrischende, sommerliche Vorspeise, die so gut schmeckt, wie sie mit ihrer *Perilla*- oder *Shiso*-Blüte als Garnierung aussieht. Man kann jede andere kleine Blüte (z. B. blühendes Basilikum) als Ersatz verwenden; sie muß nicht unbedingt eßbar sein.

3 Eier · 200 ml *Dashi*-Brühe (Seite 101)
2 EL helle Sojasoße · 1 TL *Mirin*
4 mittelgroße Garnelen, ca. 80 g, gekocht, geschält und ohne Schwanz
150 ml *Soba Dashi* (Nr. 2, Seite 101)
Etwas geriebene Schale einer *Yuzu*-Orange, Limone oder Zitrone
4 *Shiso*-Blütenzweige (siehe oben)

Eier, *Dashi*-Brühe, Sojasoße und *Mirin* vermischen. Durch einen Filter in eine kleines, circa 10 cm großes, rechteckiges Gefäß gießen. Dieses in einen Dämpfkorb stellen und etwa 25 Minuten über kochendem Wasser stocken lassen. Abkühlen lassen und dann in den Kühlschrank stellen.

Eierspeise kurz vor dem Servieren in 4 Quadrate schneiden und in Schälchen plazieren. Jeweils eine Garnele darauf setzen, etwas *Soba-Dashi* dazugeben. Mit geriebener Schale und *Shiso*-Blüte garnieren.

Gedörrtes Rindfleisch und Würzige Eierspeise

Japanische Suppen haben nur wenig mit den Suppen der westlichen Küche gemein. Sie sind für gewöhnlich leichter und haben einen klareren Geschmack, etwa so wie eine Consommé. Verwenden Sie möglichst frische Zutaten und Sie werden mit einer herrlichen Suppe belohnt!

WAKATAKE SUI

Klare Bambussprossensuppe

4 mittelgroße Garnelen (ca. 80 g), ohne Schale, der Länge nach halbiert
2 TL Stärkemehl
3/4 Liter klare Suppe (Seite 101)
30 g gedämpfte Bambussprossen, in Scheiben geschnitten
80 g *Wakame*-Algen
***Kinome*-, Kresse- oder Petersilienzweige**

Garnelen und Stärkemehl in eine Plastiktüte geben und schütteln, Garnelen dann in ein Sieb legen und überschüssiges Mehl abschütteln. Garnelen etwa 20 Sekunden in kochendem Wasser blanchieren, bis sich das Stärkemehl setzt. Sofort herausnehmen, einige Sekunden in Eiswasser tauchen und beiseite stellen.

Klare Suppe in einen Topf gießen, Bambussprossen dazugeben, aufkochen, dann Garnelen und *Wakame* hinzufügen. Erneut aufkochen und sofort vom Herd nehmen. Bambussprossen, *Wakame* und Garnelen auf vier Lackschälchen verteilen und mit Suppe aufgießen. Mit *Kinome*, Kresse oder Petersilie garnieren und zu Beginn einer Mahlzeit servieren.

SHIRAUO FUBUKI JITATE

Fritierter Breitling in Brühe

Frischer Breitling, in *Tempura*-Teig getaucht, verleiht dieser klaren Suppe eine besondere Note.

1 Eigelb
2 EL *Tempura*-Teig (Seite 101)
50 g frischer Breitling
2 EL Weizenmehl
Öl zum Fritieren
500 g *Daikon*
3/4 Liter klare Brühe (Seite 101)
Salz zum Abschmecken
***Mitsuba*- oder Petersilienzweige**
etwas geriebene Schale einer *Yuzu*-Orange, Limone oder Zitrone

Eigelb mit dem *Tempura*-Teig verrühren. Breitling und Mehl in eine Plastiktüte geben und schütteln, danach in den Teig tauchen und in heißem Öl knusprig und goldbraun fritieren.

Daikon schälen und reiben, in ein Tuch geben und alle Flüssigkeit herausdrücken. Klare Brühe aufkochen und geriebenen Rettich dazugeben. Mit Salz abschmecken und *Mitsuba* oder Petersilie hinzufügen. Auf vier Suppenschalen verteilen und den fritierten Fisch kurz vor dem Servieren einlegen. Etwas geriebene Zitrusschale darüberstreuen.

Klare Bambussprossensuppe

Fritierter Breitling in Brühe

TOFU TO NAMEKO NO MISO SHIRU

Miso-Suppe mit Pilzen

Rötlichbraune, kleine *Nameko*-Pilze schmecken frisch ausgezeichnet, aber man kann bei diesem Rezept auch Dosenpilze verwenden.

3/4 Liter *Dashi*-Brühe (Seite 101)
60 g *Inaka Miso*
30 g *Nameko*-Pilze, abgebraust
150 g *Kinu-goshi*-Tofu, fein gewürfelt
4 TL sehr fein geschnittene Frühlingszwiebeln

Dashi- Brühe in einem Topf aufkochen. *Miso* dazugeben und umrühren, bis es sich auflöst. Die Pilze und den Tofu darin erhitzen, aber nicht kochen lassen. Suppe in vier Lackschälchen gießen und jede Portion mit 1 Teelöffel Frühlingszwiebeln bestreuen.

TEMPURA SOBA

Buchweizennudeln mit Tempura

3 Liter Wasser
1 TL Salz
280 g Buchweizen-Nudeln *(Soba)*
1 Liter *Soba Dashi*-Brühe (Nr. 1, Seite 101)
4 TL fein geschnittene Frühlingszwiebeln
Sieben-Gewürze-Pulver *(Shichimi)* zum Abschmecken

Für die Tempura-Häppchen:
8 mittelgroße Garnelen
1 gehäufter EL Mehl
4 frische *Shiitake*-Pilze, ohne Stiele, Kappen kreuzweise eingeschnitten
4 *Shiso*-Blätter
1 1/4 Tassen *Tempura*-Teig (Seite 101)
Öl zum Fritieren

Wasser und Salz zum Kochen bringen und Nudeln dazugeben. Unbedeckt 4–5 Minuten kochen, bis die Nudeln gar sind. Abtropfen lassen, in Eiswasser abschrecken und wieder abtropfen lassen.

Soba Dashi in einem Topf aufkochen. Warm halten und inzwischen die *Tempura* zubereiten.

Garnelen schälen, Kopf und Innereien, aber nicht den Schwanz entfernen; vorsichtig zu einer Schmetterlingsform aufdrücken. Anschließend die Garnelen in Mehl wenden, abschütteln, in den Teig tauchen und goldbraun fritieren. Die gewaschenen und abgetropften *Shiitake*-Pilze und *Shiso*-Blätter in den Teig tauchen und fritieren. Abtropfen lassen.

Die gekochten Nudeln in die *Soba Dashi* geben und erneut erhitzen. Nudeln auf vier Schälchen verteilen. *Soba Dashi* eventuell noch etwas salzen, dann über die Nudeln gießen. Auf jede Nudelportion 2 Garnelen, 1 Pilz und 1 *Shiso*-Blatt legen und mit 1 Teelöffel Frühlingszwiebeln und etwas Sieben-Gewürze-Pulver garnieren.

Kalte Buchweizennudeln mit verschiedenen Beilagen

BANSHU-MUSHI
Fisch mit Nudeln

250 g Rotbarschfilet
1/2 TL Salz
125 g getrocknete, feine Weizennudeln *(Somen)*
100 g *Shimeji*-Pilze
1 gehäufter EL sehr fein geriebener *Daikon*
4 cm großes Stück Frühlingszwiebel, der Länge nach in sehr feine Streifen geschnitten

Für die Brühe:
1/4 Liter *Dashi*-Brühe (Seite 101)
2 1/2 EL *Mirin*
2 1/2 EL helle Sojasoße

Fisch salzen, in 4 Stücke schneiden und auf einen Teller legen. 5–6 Minuten im Dämpfkorb garen, herausnehmen und beiseite stellen.

Alle Zutaten für die Brühe in einem Topf erhitzen, dann beiseite stellen. Nudeln in vier Bündel aufteilen und jedes Bündel an einem Ende mit Küchenzwirn zusammenbinden, damit die Nudeln während des Kochens nicht auseinanderfallen. Anschließend die Nudeln in reichlich kochendem Wasser *al dente* kochen, unter kaltem Wasser abbrausen und abtropfen lassen, Zwirn noch nicht entfernen.

Jedes Nudelbündel in eine Servierschale geben, dabei die Hälfte des Bündels über den Schalenrand hängen lassen. Auf jedes Bündel ein Stück Fisch legen und die heraushängenden Nudeln darüberklappen. Das zusammengebundene Ende der Nudeln nun abschneiden und wegwerfen. Pilze dazugeben und nochmals in den Dämpfkorb stellen. Über sprudelnd kochendem Wasser 5 Minuten dämpfen.

Die Schalen aus dem Dämpfkorb nehmen und heiße Brühe über den Fisch gießen. Aus je 1/2 Eßlöffel Rettich ein Bällchen formen. Jede Fischportion mit einem Rettichbällchen und etwas Frühlingszwiebeln garnieren und servieren.

TIP

Damit ihre Tempura knusprig werden, aber nicht fettgetränkt sind, müssen Sie darauf achten, daß das Fritieröl sehr heiß ist, bevor Sie die Zutaten hineintauchen. Nach dem Fritieren sollten Sie die Häppchen auf Küchenpapier gut abtropfen lassen.

WANKO SOBA
Kalte Buchweizennudeln mit verschiedenen Beilagen

Nudeln aus Buchweizenmehl *(Soba)* werden vorzugsweise in kalten Regionen verzehrt. In den Sommermonaten ißt man in Japan gerne auch kalte *Soba*-Nudeln.

400 g getrocknete Buchweizennudeln *(Soba)* · 1/2 Liter *Soba Dashi*-Brühe (Nr. 2, Seite 101)

Für die Beilagen:
geschmorte *Shiitake*-Pilze (siehe unten)
***Tempura*-Häppchen (siehe unten)**
4 TL japanische Meerrettichpaste
4 gehäufte EL fein geraspelter, getrockneter *Nori*-Seetang · 2 Eier, leicht verquirlt, als Omelette gebraten und zerteilt
8 *Shiso*-Blätter, zerteilt · 2 Frühlingszwiebeln, nur der weiße Teil, der Länge nach in feine Streifen geschnitten
40 g Lachs- oder Thunfischflocken
2 EL japanische Pickles (nach Wunsch)

Für die geschmorten *Shiitake*-Pilze:
4 getrocknete *Shiitake*-Pilze
1/2 Liter Wasser · 1 1/2 TL Zucker
1 1/2 TL dunkle Sojasoße

Für die Tempura-Häppchen:
50 g Klette, geschält und in 3 cm lange, streichholzdünne Stifte geschnitten
50 g Zwiebeln, der Länge nach halbiert und in Scheiben geschnitten
1 EL fein gehackte *Mitsuba*-/Petersilienblätter · 1/4 Tasse *Tempura*-Teig (Seite 101)
Öl zum Fritieren

Shiitake-Pilze in Wasser einweichen. Abtropfen lassen und Einweichwasser in einem Topf aufkochen. Pilze und Zucker dazugeben, erneut aufkochen. Oberfläche abschöpfen, die Hitze reduzieren und 40 Minuten köcheln. Sojasoße hinzufügen und weitere 40 Minuten köcheln lassen. Abkühlen lassen, dann die Pilze in feine Streifen schneiden.

Nudeln in reichlich leicht gesalzenem Wasser 4–5 Minuten kochen, abtropfen lassen und in kaltem Wasser abschrecken. Abtropfen lassen und in den Kühlschrank stellen.

Alle Zutaten für die *Tempura*-Häppchen vermischen und löffelweise in heißem Öl goldbraun fritieren. Auf Küchenpapier abtropfen lassen und beiseite stellen.

Zum Servieren kleine Mengen (etwa für 2 Bissen) der Nudeln in Lackschälchen anrichten. Restliche Nudeln in einem Körbchen oder einer Schale auf den Tisch stellen. Etwas kaltes *Soba Dashi* über die Nudeln in den Schälchen gießen und die gewünschten Zutaten darübergeben. Danach weitere Nudeln und *Dashi* in die Schale geben, andere Zutaten darauf legen. Auf diese Weise fortfahren, bis alle Nudeln aufgebraucht sind.

Buchweizennudeln mit Tempura

Sushis und Sashimis, für die nur die besten Süß- und Salzwasserfische verwendet werden, erfreuen sich heute in vielen Ländern großer Beliebtheit. Damit Sie diese Köstlichkeiten richtig genießen können, muß der Fisch absolut frisch sein.

HOSOMAKI
Gerollte Sushi

Bei diesen in *Nori* gewickelten Essigreisrollen gibt es drei verschiedene Füllungen: Thunfisch, Gurke und eingelegter *Daikon*, der in japanischen Geschäften auch fertig in Gläsern angeboten wird.

160 g frischer Thunfisch
160 g Gurke
4 große Lagen gerösteter, getrockneter *Nori*, jeweils etwa 20 x 18 cm groß
3 Tassen Essigreis (Seite 101)
1 TL japanische Meerrettichpaste
160 g eingelegter *Daikon*, in Streifen
20 g eingelegte Ingwerscheiben

Rohen Thunfisch in vier Streifen schneiden; sie sollen genauso lang wie der *Nori*-Seetang sein. Gurke der Länge nach vierteln, Kerne entfernen und stifteln. *Nori* halbieren und eine Hälfte mit der glänzenden Seite nach unten auf eine Bambusmatte legen. Darauf eine 1/2 Tasse des Sushi-Reises geben, gleichmäßig verteilen und dabei einen Rand von 1 cm an der Innenseite des Seetangs freilassen.

Etwas Meerrettichpaste mit dem Finger in der Mitte des Reises verteilen. Thunfisch in die Mitte des Meerrettichs setzen. Das *Nori*-Blatt mit Hilfe der Bambusmatte aufrollen, dabei darauf achten, daß der *Nori*-Seetang unter dem Reis ist. Fest aufrollen und sanft drücken. Aufgerolltes *Sushi* von der Matte nehmen und in der Mitte durchschneiden, dann mit einem nassen Messer in drei Teile schneiden. Vorgang wiederholen, einmal mit Gurke und einmal mit *Daikon* füllen. Mit eingelegtem Ingwer garnieren und servieren.

CHIRASHI-ZUSHI
Bunt garnierter Sushi-Reis

5 Tassen Essigreis (Seite 101)
1 EL winziger, getrockneter Fisch
4 EL gerösteter *Nori*-Seetang, in feine Streifen geschnitten
4 Eier, leicht verquirlt und als Omelette gebraten, dann in feine Streifen geschnitten
4 mittelgroße, gekochte Garnelen, halbiert und zur Schmetterlingsform geöffnet
80 g roher Thunfisch, in Streifen geschnitten
60 g Tintenfisch, blanchiert und in Streifen geschnitten
20 g gegrillter Aal (eingedost oder vakuumverpackt erhältlich)
40 g Krabbenflocken (Seite 93)
4 EL eingelegte Ingwerscheiben
4 TL helle Sojasoße
4 TL japanische Meerrettichpaste

Sushi-Reis mit dem getrockneten Fisch vermischen, auf vier Lackschälchen oder Holzschachteln verteilen und die Oberfläche glatt streichen. Seetang und Omelette darüberstreuen und darauf alle anderen Zutaten dekorativ arrangieren.

Gerollte Sushi

Gerollte Sushi mit Meeresfrüchten

> **TIP**
> Um sich die Zubereitung der Sushi-Rollen zu erleichtern, sollten Sie alle Zutaten griffbereit zur Hand haben. Diese können Sie bereits im voraus kleinschneiden und bis zur Verwendung im Kühlschrank aufbewahren.

BATTERA SUSHI
Essigreis mit Konbu

Köstliche, goldfarbene Algen *(Shiraita konbu)* werden eingeweicht und als Auflage dieses *Sushis* verwendet. Das *Sushi* wird vor dem Schneiden in einer Bambusmatte aufgerollt. Dieses *Sushi* kann auch in einen rechteckigen Behälter gepreßt anstatt gerollt werden. Haut auf den Boden legen und dann Reis, Fisch, Sesam und Seetang darüberschichten. Zudecken und beschweren, um das *Sushi* zu verdichten. 15 Minuten ruhen lassen und erst dann schneiden.

300 g Makrelenfilets
200 g Salz
1 großes Blatt oder 2 Blätter goldfarbener *Konbu (Shiraita konbu)*
200 ml Reisessig
1 1/2 Tassen Essigreis (Seite 101)
1 TL weißer Sesam
4 EL helle Sojasoße
4 EL eingelegte Ingwerscheiben

Makrelenfilets mit Salz bestreuen und für 1 1/2 Stunden in den Kühlschrank stellen. Abwaschen und trockentupfen. *Konbu* einweichen, bis er weich und transparent ist. Alle kleinen Gräten von der Makrele entfernen. Essig in ein Glas oder Keramikgefäß gießen, Makrelenfilets dazugeben und 40 Minuten in den Kühlschrank stellen. Dann die Haut vom Fisch ablösen.

Baumwolltuch naß machen, auswinden und dann auf eine Bambusmatte legen. Fischhaut auf das Tuch legen und Reis gleichmäßig auf der Haut verteilen. Darüber das Fischfilet verteilen, mit Sesam bestreuen und mit dem Seetang abdecken. Bambusmatte aufrollen und dabei darauf achten, daß eine schöne, gleichmäßige Rolle entsteht.

Die Rolle in 2 cm dicke Scheiben schneiden und mit Sojasoße und eingelegtem Ingwer servieren.

NORIMAKI
Gerollte Sushi mit Meeresfrüchten

Verschiedene Zutaten werden in einer Rolle *Sushi*-Reis kombiniert, der in geröstete *Nori*-Algen eingewickelt ist.

40 g gegrillter Aal (eingedost oder vakuumverpackt erhältlich)
40 g gekochte Garnelen, geschält
60 g Gurke
30 g Krabbenflocken (siehe unten)
2 Eier, verquirlt und als Omelette gebraten
2 Blätter geröstete *Nori*-Algen
2 Tassen Essigreis (Seite 101)
4 EL eingelegte Ingwerscheiben
4 EL helle Sojasoße

Für die Krabbenflocken:
150 g kleine Krabben, geschält und ausgenommen
1 Eigelb · 30 g Zucker
1/4 TL Salz
etwas rote Lebensmittelfarbe

Für die Krabbenflocken die Krabben mit leicht gesalzenem Wasser abspülen. Abtropfen lassen und dann in etwas Salzwasser köcheln, bis sie sich verfärben. Abtropfen und abkühlen lassen, dann im Mixer pürieren. In ein Küchentuch wickeln und 1–2 Minuten in Wasser einweichen, um jeglichen Geruch zu eliminieren. Krabben abtropfen lassen und im Tuch vorsichtig ausdrücken, um alle Flüssigkeit zu entfernen.

Krabben in eine Schüssel geben, Eigelb, Zucker und Salz hinzufügen und gut vermischen. Etwas Lebensmittelfarbe mit Wasser vermischt beigeben, damit die Krabben eine blaßrosa Farbe annehmen. Krabben dann in eine beschichtete Pfanne legen und bei niedriger Hitze circa 30 Minuten (oder bis sie beinahe trocken sind) unter Rühren garen. (Diese Mischung kann 1 Woche lang im Kühlschrank aufbewahrt werden. Krabbenflocken sind aber auch oft schon fertig zubereitet in japanischen Spezialitätengeschäften erhältlich.)

Aal, Garnelen, Gurke und Omelette in gleich lange Streifen schneiden. *Nori*-Seetang auf eine Bambusmatte legen und die Hälfte des *Sushi*-Reises darauf verteilen, am oberen und unteren Rand jeweils 1 cm frei lassen. Reis mit der Hälfte der Krabbenflocken bestreuen. Die Hälfte der Zutaten nebeneinander in einer Reihe auf dem Reis anordnen. Mit dem Aufrollen beginnen, dabei darauf achten, daß sich der *Nori*-Seetang unter dem Reis befindet. Matte fest aufrollen und sanft drücken. Aufgerolltes *Sushi* von der Matte nehmen, in der Mitte auseinander schneiden und dann mit nassem Messer in 2 cm dicke Scheiben schneiden. Vorgang mit der restlichen Füllung wiederholen.

Mit eingelegtem Ingwer garnieren und mit Sojasoße servieren.

Essigreis mit Konbu

TSUKURI MORIAWASE
Sashimi-Variationen

Viele Meeresfrüchte sind roh als *Sashimi* beliebt; sie werden je nach Konsistenz unterschiedlich zugeschnitten. *Sashimi* wird mit verschiedenen Garnierungen, Würzmischungen und Dipsoßen serviert. Man kann nur eine oder zwei verschiedene Meeresfrüchtesorten servieren oder auch ganz viele. Wie auch immer Sie sich entscheiden, vergewissern Sie sich, daß alles absolut frisch ist.

4 Riesengarnelen
125 g Venusmuscheln · 1/2 TL Öl
150 g Hornhecht oder Thunfisch-Filet
300 g Rotbarsch-Filet
30 g in Streifen geschnittener *Daikon*
4 *Shiso*-Blätter
4 TL japanische Meerrettichpaste
4 EL *Tosa*-Sojasoße (Seite 101)

Garnelen schälen, dunkle Innereien entfernen, aber Kopf und Schwanz aus dekorativen Gründen daranlassen. Muscheln säubern und trockentupfen. Öl in einer beschichteten Pfanne erhitzen, bis es mäßig heiß ist, und Muscheln 30 Sekunden darin von beiden Seiten anbraten. Herausnehmen und beiseite stellen.

Fisch von allen Gräten befreien. Hornhecht in circa 1/2 cm breite und 3 cm lange Streifen schneiden. Verwenden Sie Thunfisch, dann das Filet in 2 cm große Würfel schneiden. Rotbarsch wird entweder in papierdünne Scheiben geschnitten oder in Form eines Blattes zugeschnitten (siehe Foto).

Garnelen, Muscheln und geschnittenen Fisch dekorativ auf einer rechteckigen Platte anrichten und servieren. Mit *Daikon*, *Shiso*-Blatt und Meerrettich garnieren; dazu Schälchen mit *Tosa*-Sojasoße zum Dippen reichen.

Sashimi-Variationen

ONIGIRI
Reishäppchen

Die Füllung für diese herzhaften, dreieckigen Häppchen aus gedämpften Reis ist beliebig. Die Mengenangaben ergeben 12–13 Häppchen.

1 kg Rundkornreis
Salz zum Abschmecken
3–4 Lagen gerösteter *Nori*-Seetang, in ca. 12 x 5 cm große Streifen geschnitten

Für die Füllung:
saure Pflaumen *(Umeboshi)*, 1/2 TL pro Happen
gesalzener Lachs, 1 TL pro Happen
getrocknete Bonitoflocken mit etwas heller Sojasoße vermischt, 1 gehäufter TL pro Happen
in Streifen geschnittener, salziger, getrockneter *Shio-konbu*, 1 gehäufter TL pro Happen

Reis unter fließendem Wasser waschen, bis das Wasser klar bleibt. 1 Stunde abtropfen lassen, dann in einen Topf mit Wasser geben und bei starker Hitze aufkochen. Hitze reduzieren und 15–20 Minuten köcheln lassen, bis der Reis gar und das Wasser aufgesogen ist. Vom Herd nehmen, Reis mit einem Tuch abdecken und mit einem Deckel verschließen. 20 Minuten stehen lasen.

Für die Reishäppchen etwas Salz auf die Handfläche geben und eine Handvoll Reis (etwa 125 g) nehmen. Flach drücken, dabei eine Mulde in der Mitte lassen, und etwas von der Füllung hineinsetzen. Reis darübergeben und zu einem Dreieck formen. In ein Stück *Nori* einwickeln, an den Enden befeuchten und verschließen. Die restlichen Reishäppchen ebenso zubereiten. Zimmerwarm servieren.

TIP

Fertig zubereitete Krabbenflocken sind abgepackt in Asienläden erhältlich.

Gebratener Bonito mit pikantem Dressing

KATSUO TATAKI
Gebratener Bonito mit pikantem Dressing

Bei diesem erfrischenden, gekühlten Gericht wird leicht gebratener Bonito mit pikanten Gewürzen mariniert; es eignet sich hervorragend als Mittag- oder Abendessen für einen heißen Sommertag.

Öl zum Einfetten der Pfanne
350 g Bonitofilet mit Haut
30 g Frühlingszwiebeln, der Länge nach in sehr feine Streifen geschnitten
30 g Ingwer, der Länge nach in sehr feine Streifen geschnitten
1–2 Knoblauchzehen, sehr fein gehackt
1/2 Zitrone, in dünne Scheiben geschnitten
5-6 EL *Ponzu*-Soße (Seite 101)
30 g *Daikon*, in Streifen geschnitten
1 gehäufter EL fein geriebener *Daikon*, nach Geschmack mit Sieben-Gewürze-Pulver oder Cayennepfeffer vermischt

Eine leicht eingefettete, beschichtete Pfanne erhitzen. Bonitofilet mit der Haut nach oben hineinlegen und braten, bis der Fisch außen weiß wird. Umdrehen und die andere Seite anbraten, dann 10–15 Sekunden in Eiswasser abschrecken. Alle Feuchtigkeit abwischen und das ganze Filet mit der Hälfte der Frühlingszwiebeln, Ingwer, Knoblauch, Zitrone und der Hälfte der *Ponzu*-Soße marinieren, dabei mit einem Messer leicht auf den Fisch klopfen, damit die Soße einziehen kann. Mindestens 10 Minuten in den Kühlschrank stellen. Marinierten Bonito in 1 cm dicke Scheiben schneiden.

Bonito auf einem Bett aus *Daikon*-Streifen anrichten, die mit den restlichen Frühlingszwiebeln, Ingwer und Knoblauch garniert werden. Die restlichen Zitronenscheiben und den gewürzten, geriebenen Rettich neben den Fischscheiben arrangieren und entweder lauwarm oder gekühlt servieren.

INGEN GOMA-AE
Grüne Bohnen mit Sesam

Dies ist eine ideale Kombination; man kann aber auch frischen Spinat anstatt der Bohnen verwenden.

200 g grüne Bohnen
4 EL Sesampaste
1/8 Liter *Dashi*-Brühe (Seite 101)
4 TL helle Sojasoße
4 TL Zucker
4 EL fein geschnittene *Nori*-Algen

Bohnen in leicht gesalzenem Wasser kochen, bis sie gerade weich sind. Abtropfen lassen und unter kaltem, fließendem Wasser abkühlen. In 4 cm lange Stücke, nach Wunsch auch diagonal, schneiden.

Sesampaste, *Dashi*, helle Sojasoße und Zucker vermischen. Bohnen auf vier Schälchen verteilen, jeweils mit 1 Löffel des Sesamdressings und mit 1 Löffel fein geschnittenen *Nori* garnieren.

TOFU DENGAKU
Miso-Tofu

2 Tofuwürfel (ca. 500 g)
100 g rotes *Dengaku Miso* (Seite 101)
200 g weißes *Dengaku Miso* (Seite 101)
1 TL sehr fein geriebene Schale einer *Yuzu*-Orange oder Zitrone
10 g *Kinome*, Brunnenkresse, Petersilie oder Blattspinat

Um überschüssige Flüssigkeit auszudrücken, Tofu in ein sauberes Tuch wickeln, zwischen zwei Holzbrettchen klemmen und 20 Minuten stehenlassen. Tofu in 2 cm dicke, 5 cm lange und 2 cm breite Stücke schneiden.

Drei *Miso*-Sorten sind vorzubereiten. Zuerst rotes *Dengaku Miso* in eine Schale geben, dieses braucht keine weiteren Zutaten. Für das gelbe Miso 100 g weißes *Dengaku Miso* mit der geriebenen Schale der *Yuzu*-Orange vermischen und beiseite stellen. Für den grünen Überzug *Kinome*, Kresse oder Petersilie pürieren und mit 100 g weißem *Dengaku Miso* vermischen. Soll die grüne Farbe intensiver sein, verwendet man Spinatblätter.

Tofustücke grillen, bis sie auf beiden Seiten etwas Farbe annehmen. Jedes Tofustück mit einer der drei *Miso*-Sorten bestreichen und wieder auf den Grill legen, bis sie Farbe annehmen. In jedes Tofustück einen Spieß stecken und heiß servieren.

BUTANIKU SHOGA-YAKI
Schweinefleisch mit Ingwer

500 g Schweinelende, in Scheiben geschnitten
4 TL Ingwersaft (Seite 101)
3 EL helle Sojasoße
3 EL *Sake*
200 g Kohl
1 grüne Paprikaschote
200 g Zwiebeln
2 TL Pflanzenöl

Fleischscheiben in 4 cm große Quadrate schneiden. Ingwersaft, Sojasoße und *Sake* vermischen. Kohlblätter und Paprika in 4 cm große Quadrate schneiden. Zwiebeln der Länge nach halbieren und dann in 1 cm breite Streifen schneiden.

Öl in einer Pfanne oder einem Wok erhitzen und Schweinefleisch unter Rühren braten, bis es Farbe annimmt. Kohl, Paprika und Zwiebeln dazugeben und weiter rühren, bis die Gemüse und das Fleisch durch sind. Zubereitete Gewürzmischung darübergießen, gut vermischen und heiß servieren.

Miso-Tofu

KATSUDON
Schweineschnitzel auf Reis

Dieses ungewöhnliche Rezept ist die japanische Variante eines klassischen europäischen Gerichts, bei dem westliche mit japanischen Zutaten - Reis, *Dashi*-Brühe und Sojasoße - kombiniert werden.

6–8 Tassen heißer, gekochter Reis
200 g Zwiebeln, in Ringe geschnitten
1/4 Liter *Dashi*-Brühe (Seite 101)
5-6 EL *Mirin*
5-6 EL dicke Sojasoße
4 TL Zucker
4 *Mitsuba*- oder Petersilienzweige mit langen Stielen
4 Eier

Für die Schweineschnitzel:
500 g Schweinelende
Je 1 Prise Salz und Pfeffer
2 EL Weizenmehl
1 Ei, leicht verquirlt
200 g Semmelbrösel
Öl zum Fritieren

Schweinelende in 4 Scheiben schneiden, am Fettrand mehrmals einschneiden, damit sich das Fleisch beim Braten nicht aufwellt. Fleisch etwas salzen und pfeffern und beide Seiten mit Mehl bestäuben, in das verquirlte Ei tauchen und dann in den Semmelbröseln wenden. Anschließend fritieren, bis die Schnitzel goldbraun und durch sind. Abtropfen lassen und beiseite stellen.

Reis auf vier Schalen verteilen. Zwiebeln, *Dashi*, *Mirin*, Sojasoße und Zucker in einen Topf geben und köcheln, bis die Zwiebeln weich sind. Ein Viertel dieser Mischung in einen kleinen Topf geben, ein gekochtes Schnitzel darauflegen, ein Viertel der *Mitsuba* oder Petersilie hinzufügen und ein verquirltes Ei darübergießen. Einen Augenblick köcheln lassen, bis das Ei zu stocken beginnt, aber noch immer flüssig ist; es soll nicht hart und trocken werden. Mit den drei restlichen Schnitzeln ebenso verfahren.

Auf die Reisschalen verteilen und dazu eingelegte Gemüse servieren.

CHIKUZEN-NI
Gemüse in Sojasoße gedämpft

Je nach Saison und Geschmack kann jede Kombination von Gemüsen verwendet werden. Die Brühe in diesem Rezept reicht für etwa 500 g Gemüse.

je 80 g Bambussprossen, Möhren, Klette, Lotoswurzel, japanische *Sato-imo* oder neue Kartoffeln, Teufelszungengelee *(Konnyaku)*
4 frische *Shiitake*-Pilze
12 Zuckerschoten
80 g Hühnerfleisch
2 TL Öl

Für die Brühe:
3/4 Liter *Dashi*-Brühe (Seite 101)
6 EL dunkle Sojasoße
50 g Zucker
4 EL *Sake*

Alle Gemüse schälen und würfeln. Hühnerfleisch ebenfalls würfeln. Teufelszungengelee *(Konnyaku)* mit einem Löffel zerteilen. Gemüse und Gelee nacheinander jeweils 5 Minuten in leicht gesalzenem Wasser kochen. Hühnerfleisch 20 Sekunden im kochenden Wasser blanchieren, abtropfen lassen, in Eiswasser abschrecken und wieder abtropfen lassen.

Öl in einer Pfanne erhitzen und die Gemüse darin 2 Minuten unter Rühren braten.

Für die Brühe *Dashi* in einen Topf geben und die pfannengerührten Gemüse hinzufügen. Oberfläche mit einem Schaumlöffel abschöpfen und alle übrigen Zutaten für die Brühe sowie das Hühnerfleisch beigeben. Aufkochen und dann zugedeckt 20–30 Minuten köcheln lassen, bis die Zutaten gar sind.

Gemüse und Hühnerfleisch in Schalen anrichten, etwas von der Kochflüssigkeit darübergeben und servieren.

KOBOCHA NO NIMONO
Gedämpfter Kürbis

Kürbis ist in Japan wegen seines süßen Geschmacks und seiner kräftigen Farbe ein sehr beliebtes Gemüse. Dieses Gericht läßt sich auch gut als Beilage zu einem heimischen Menü servieren.

Gemüse in Sojasoße gedämpft

500 g Kürbis (siehe oben)
3/4 Liter *Dashi*-Brühe (Seite 101)
80 g Zucker
6 EL helle Sojasoße

Kürbiskerne entfernen und alle harten Fasern mit einem Löffel herausschaben. Das Fruchtfleisch in 5 cm große, quadratische Stücke schneiden und nur an den Rändern die Schale entfernen, so daß jedes Stück während des Kochens seine Form behält. Nach Wunsch Kürbis in dekorative Formen schneiden.

Dashi und Zucker in einem Topf aufkochen. Kürbis dazugeben und 7–8 Minuten sanft köcheln lassen. Kürbisstücke wenden, Sojasoße hinzufügen und weiter kochen, bis der Kürbis weich ist. Heiß oder lauwarm servieren, wobei über jede Portion etwas von der Kochflüssigkeit gegossen wird.

TIP

Der beste Kürbis für dieses Rezept ist der Butternußkürbis, aber man kann auch jeden anderen schmackhaften Kürbis mit festem Fleisch (z. B. Winterkürbis) verwenden.

Gedämpfter Kürbis (links) und grüne Bohnen mit Sesam (rechts)

YOSENABE

Feuertopf mit Meeresfrüchten, Hühnchen, Gemüsen und Nudeln

Yosenabe bedeutet soviel wie »Vielerlei«, daher können die Zutaten nach Geschmack und Verfügbarkeit ausgewählt werden.

150 g Seebrasse
150 g Lachsfilet
150 g spanisches Makrelenfilet
150 g Hühnchen
150 g Austern
200 g *Daikon*
150 g Muscheln
150 g Garnelen, geschält, mit Schwanz, aber ohne Innereien
500 g Chinakohl
100 g eßbare Chrysanthemenblätter, ohne harte Stengel
4 frische *Shiitake*-Pilze, ohne Stiele, Kappen kreuzweise eingeschnitten
100 g goldfarbene *(Enokitake-)* Pilze, harte Stielenden entfernen
100 g Möhren, geschält und in Scheiben geschnitten
100 g Frühlingszwiebeln, in 4 cm lange Stücke geschnitten
250 g Tofu, in große Würfel geschnitten
100 g Glasnudeln, eingeweicht, bis sie durchsichtig sind
***Kinome* oder Brunnenkresse zum Garnieren**

Für die Brühe:
1,75 Liter *Dashi*-Brühe (Seite 101)
1/8 Liter helle Sojasoße
2 EL *Mirin*

Fischfilets und Hühnchen in 3 cm große, rechteckige Stücke schneiden. Jeweils separat in kochendem Wasser blanchieren, bis sie etwas Farbe annehmen; abtropfen lassen.

Austern aus den Schalen nehmen und in ein Sieb geben. Die Hälfte des Rettichs reiben und vorsichtig mit den Austern vermengen, um jeden Schmutz zu entfernen. Sieb dann in gesalzenem Wasser schwenken. Abtropfen lassen und Austern beiseite stellen. Muscheln in der Schale und geschälte Garnelen ebenfalls beiseite stellen.

Kohl 2 Minuten kochen, abtropfen lassen und auf einer Bambusmatte verteilen. Aufrollen und fest ausdrücken; Kohlrolle dann in 2 cm dicke Scheiben schneiden. Chrysanthemenblätter in 5–8 cm lange Stücke zerteilen. Restliche 100 g *Daikon* in Scheiben schneiden.

Alle Zutaten dekorativ auf einer Platte arrangieren.

Für die Brühe alle Zutaten in einen großen Topf geben und aufkochen. Brühe in eine feuerfeste Kasserolle gießen und in der Mitte des Tisches auf ein Stövchen stellen, daneben die Platte mit den rohen Gemüsen. Hühnchen und Muscheln in die Brühe geben, dann Fisch, Garnelen, Austern, Nudeln und Gemüse der Reihe nach hinzufügen, aber immer erst abwarten, bis eine Zutat gar ist.

EBI-NI

Garnelen mit Sake

12 frische Garnelen (250–300 g)
1/4 Liter *Dashi*-Brühe (Seite 101)
1/8 Liter *Sake*
2 EL Zucker
2 EL helle Sojasoße
2 cm großes Stück Ingwer, geschält und in Scheiben geschnitten
8 Zuckerschoten, in leicht gesalzenem Wasser blanchiert und abgeschreckt

Garnelen nicht schälen. Mit einem Zahnstocher die Innereien hinter dem Kopf entfernen. Garnelen mit *Dashi, Sake,* Zucker, Sojasoße und Ingwer in einen Topf geben. 3–4 Minuten bei starker Hitze kochen. Zuckerschoten ganz zum Schluß dazugeben. Garnelen abtropfen lassen und schälen, Kopf und Schwanz daranlassen. Mit den Zuckerschoten auf einer Platte anrichten und sofort servieren.

Garnelen mit Sake (links) und Fisch mit Nudeln (rechts, Seite 91)

EBI AMONDO-AGE

Fritierte Garnelen mit Mandeln

Ein modernes japanisches Gericht, dem die Mandeln eine knusprige Note verleihen. Anstatt der Mandeln kann man auch 375 g geraspelte Süßkartoffeln, in 2 Eßlöffel Mehl gewendet, verwenden. Garnelen mit etwas Stärkemehl bestäuben, dann in ein leicht verquirltes Eiweiß (nicht in den *Tempura*-Teig) tauchen und anschließend in die Süßkartoffeln drücken.

12 frische Garnelen (ca. 250 g)
2 EL Weizenmehl
1/2 Tasse *Tempura*-Teig (Seite 101)
200 g Mandelblättchen
Öl zum Fritieren
4 frische *Shiitake*-Pilze, ohne Stiele; Kappen kreuzförmig eingeschnitten
8 kleine, japanische grüne Paprikaschoten oder eine große Schote, in Streifen geschnitten
1/8 Liter *Tempura Dashi* (Seite 101)
4 EL fein geriebener *Daikon*
Sieben-Gewürze-Pulver *(Shichimi)* zum Abschmecken

Beine und Fühler der Garnelen mit einer Schere zuschneiden. Körperteil schälen, Kopf und Schwanz nicht entfernen. Mit einem Zahnstocher die Innereien entfernen. Garnelen auf der Unterseite zwei oder drei Mal einschneiden, damit sie sich nicht aufrollen. Trockentupfen und mit Mehl bestäuben. Jede Garnele in den *Tempura*-Teig tauchen und dann fest in den Mandelblättchen wälzen. In heißem Öl goldbraun fritieren. Auf Küchenpapier abtropfen lassen und beiseite stellen.

Shiitake-Pilze und Paprika mit Mehl bestäuben. Anschließend in *Tempura*-Teig tauchen und fritieren.

Fritierte Garnelen, Pilze und Paprika auf vier Tellern anrichten. Dazu kleine Schalen mit *Tempura Dashi* zum Dippen sowie geriebenen Rettich reichen. Jeder Gast kann seine Portion nach Belieben mit Sieben-Gewürze-Pulver bestreuen.

Feuertopf mit Meeresfrüchten, Hühnchen, Gemüsen und Nudeln

SHIRAUO KARA-AGE
Fritierter Breitling

500 g frischer Breitling
4 EL Stärkemehl
Öl zum Fritieren
Salz zum Abschmecken
1 Zitrone, in Schnitze geschnitten

Breitling waschen und trockentupfen. In Stärkemehl wenden, in ein Sieb legen und überschüssiges Mehl abschütteln. Portionsweise in sehr heißem Öl knusprig und goldbraun fritieren. Abtropfen lassen und kurz vor dem Servieren mit Salz bestreuen und mit Zitronenschnitzen garnieren.

KAREI SHIO-YAKI
Plattfisch mit marinierten Lotoswurzeln

Wenn man frischen Fisch vor dem Grillen reichlich mit Salz bestreut, bleibt er saftig.

600 g Flunder, Seezunge oder Steinbutt
2 EL Salz · Zitronenschnitze als Garnierung
300 g *Daikon*, sehr fein gerieben, ausgepreßt

Für den süßen Essig:
1/2 Liter Wasser · 280 ml Reisessig
160 g Zucker · 2 TL Salz

Für die Lotoswurzelgarnierung:
60 g frische Lotoswurzel, geschält und in dünne Scheiben geschnitten
3 EL süßer Essig (siehe oben)
1 rote Chilischote, entkernt
5-6 EL *Ponzu*-Soße (Seite 101)

Für den süßen Essig das Wasser und den Reisessig in einer Kasserolle zum Kochen bringen. Zucker und Salz zufügen und unter Rühren auflösen. Vom Herd nehmen und abkühlen lassen.

Die Lotoswurzelgarnierung mehrere Stunden vor Gebrauch zubereiten. Hierfür die Lotoswurzelscheiben 30 Sekunden in Wasser kochen, abtropfen lassen und in den süßen Essig legen. Chilischote einige Sekunden in einer trockenen Pfanne erhitzen, dann mit der *Ponzu*-Soße zum Essig geben. Kalt stellen.

Fisch säubern und entschuppen. Mit Küchenpapier trockentupfen und auf jeder Seite zwei tiefe kreuzförmige Einschnitte machen. Einen Spieß durch das Schwanzende des Fisches stecken, in der Mitte austreten lassen, und dann weiter zum Fischkopf spießen, so daß der Fisch eine wellige Form bekommt. Fisch beidseitig mit etwas Salz bestreuen; eine gute Prise Salz auf Schwanz und Flossen.

Fisch bei mittlerer Hitze über einem Holzkohlenfeuer oder in einem Grill grillen; damit die Haut unversehrt bleibt, am Spieß drehen, bis der Fisch auf beiden Seiten goldgelb und durch ist. Auf eine Servierplatte legen, mit Zitronenschnitzen, geriebenem Rettich und marinierten Lotoswurzeln garnieren.

Plattfisch mit marinierten Lotoswurzeln (oben) und Jakobsmuscheln in Yuzu

Fritierte Garnelen mit Mandeln (oben rechts) und Fritierter Breitling (links)

HOTATE UUZU KAMA-YAKI
Jakobsmuscheln in Yuzu

Für diese exotisch anmutende Kreation werden frische Jakobsmuscheln in *Yuzu*-Schalen gebacken. Anstatt *Yuzu*-Orangen können Sie auch Mandarinen verwenden.

160 g frische Jakobsmuscheln, geviertelt
125 g rotes *Dengaku Miso* (Seite 101)
4 *Yuzu*-Orangen oder Mandarinen
4 weiße *Hime*-Rettiche oder ein 10 cm großes Stück *Daikon*, geviertelt
4 TL *Moro Miso* oder rotes *Miso*

Muscheln mit *Dengaku Miso* vermischen. Von jeder *Yuzu*-Orange einen Deckel abschneiden und aufheben. *Yuzus* vorsichtig aushöhlen und jede mit etwas Muschelmischung füllen. Gefüllte Früchte im Ofen 15 Minuten bei 180°C backen.

Während die Muscheln im Ofen sind, Rettich schälen und in leicht gesalzenem Wasser weich kochen. Abtropfen lassen, in Eiswasser abschrecken und beiseite stellen.

Deckel auf jede *Yuzu* setzen und auf einer Servierplatte anrichten. Mit Rettich und 1 Teelöffel *Miso* garnieren.

TIP

Dieses Gericht können Sie auch mit Garnelen anstelle von Jakobsmuscheln zubereiten.

NUTA
Roher Thunfisch mit Algen und Gurke

Eine herrliche Kombination aus rohem Thunfisch, knackiger Gurke und schmackhaftem *Wakame*-Seetang.

200 g frischer Thunfisch
1 1/2 gehäufte EL getrockneter *Wakame*-Seetang · 100 g japanische Gurke
1 TL Salz · 100 g weißes *Miso*
1 1/2 TL Sesampaste oder glatte Erdnußbutter · 2 EL und 2 TL Reisessig
4 TL Zucker · 2 TL helle Sojasoße
2 TL japanische Senfpaste
2 *Mioga*-Blüten, in feinen Längsstreifen

Thunfisch etwa 5–10 Sekunden in kochendem Wasser blanchieren, bis das Äußere leicht hellrosa wird. Aus dem Wasser nehmen und einige Sekunden in Eiswasser abschrecken, abtropfen lassen und in 5 x 2 cm große Stücke, die circa 1 cm dick sind, schneiden.

Getrockneten *Wakame* in heißem Wasser einweichen, bis er aufquillt und weich wird. Abtropfen lassen und beiseite stellen. Gurke außen mit Salz einreiben, dann in papierdünne Scheiben schneiden. Mit einer guten Prise Salz bestreuen. Salz abspülen und Flüssigkeit ausdrücken. *Miso* mit Sesampaste, Essig, Zucker, Sojasoße und Senf vermischen.

Thunfisch, *Wakame* und Gurke in einer Schale anrichten. Mit etwas *Miso*-Mischung garnieren und auf jede Portion einige *Mioga*-Streifen geben.

SUKIYAKI

Rindfleisch mit Gemüsen

Obwohl *Sukiyaki* im Westen zu den beliebtesten japanischen Gerichten zählt, wurde es in Japan erst um die Jahrhundertwende kreiert, als die Japaner begannen, Rindfleisch zu essen (davor war es durch buddhistisches Gesetz verboten). Es gibt zwei Zubereitungsarten für diese Kombination von Fleisch, Gemüsen, Tofu und Nudeln: Bei der Osaka-Art wird die Soße am Tisch in einem Topf gekocht; bei der einfacheren Tokio-Art, die auch für dieses Rezept gilt, wird die Soße im voraus zubereitet.

Rindfleisch mit Gemüse

600 g Rinderlende, in Scheiben geschnitten
300 g Zwiebeln, in 0,5 cm dicken Scheiben
500 g Frühlingszwiebeln, diagonal in 2 cm große Stücke geschnitten
100 g eßbare Chrysanthemenblätter, in 8 cm große Stücke geschnitten
75 g frische *Shiitake*-Pilze, ohne Stiele, Kappen kreuzweise eingeschnitten
100 g goldfarbene *(Enokitake-)*Pilze, harte Stielteile entfernen
100 g Klette, dünn gehobelt (nach Wunsch)
400 g *Shirataki konnyaku* oder Weizennudeln *(Udon)*, *al dente* gekocht und abgetropft
1 Stück gegrillter Tofu *(Yakidofu)*, in kleine Stücke geschnitten
8 kleine, gebackene *Fu*-Kuchen oder 1 *Momen*-Tofu, gewürfelt
50 g Rindertalg
4 Eier

Für die Soße:
180 ml helle Sojasoße
150 ml *Mirin*
150 ml *Sake*
125 g Zucker

Rindfleisch, Gemüse, Nudeln und beide Tofusorten auf einer Platte anrichten. Rindertalg in eine kleine Schale geben, damit wird dann die Pfanne eingefettet. Eier, in die später die gekochten Zutaten getaucht werden, auf separate Schalen verteilen.

Für die Soße alle Zutaten in einen Topf geben. Aufkochen, vom Herd nehmen und in eine Sauciere gießen.

Beim *Sukiyaki* wird der Rindertalg in eine schwere Pfanne gegeben und sanft erhitzt, damit er schmilzt und die ganze Oberfläche überzieht. Fett wegschütten. Etwas von dem Rindfleisch und den Gemüsen in die Pfanne geben, etwas von der Soße darübergießen und köcheln lassen.

Wenn die Zutaten gar sind, nimmt sich jeder Gast, was er haben möchte, und taucht dies dann jeweils in das Ei (vorher mit den Eßstäbchen leicht verquirlen).

Anschließend weitere Fleischscheiben und Gemüse in der Pfanne zubereiten.

SHABU-SHABU

Japanischer Eintopf

Fleisch, Gemüse und Nudeln werden ähnlich wie bei einem Fondue am Tisch gekocht. Dieses Gericht wird auch mongolischer Feuertopf genannt.

600 g Rinderlende, in papierdünnen Streifen
500 g Chinakohl
300 g eßbare Chrysanthemenblätter, harte Teile der Stengel entfernen
8 frische *Shiitake*-Pilze, ohne Stiele, Kappen kreuzweise eingeschnitten
200 g goldfarbene *(Enokitake-)*Pilze, harte Enden der Stiele entfernen
200 g Frühlingszwiebeln, diagonal in 2 cm große Stücke geschnitten
100 g Glasnudeln, in Wasser eingeweicht, bis sie transparent sind
180 g *Kinu-goshi*-Tofu, gewürfelt

Für die Beilagen:
1 Tasse *Ponzu*-Soße (Seite 101)
4 EL fein geschnittene Frühlingszwiebeln
4 EL fein geriebener *Daikon*, nach Geschmack mit Cayennepfeffer vermischt

Für die Brühe:
12 x 8 cm großes Stück getrockneter *Konbu*
2 Liter Wasser
2 TL Salz

Rindfleischscheiben auf einer Platte anrichten. Kohl in 4 cm große Rechtecke schneiden. Die harten Stengel herausschneiden und in fadendünne Streifen schneiden. Kohl und alle anderen Zutaten auf einer Platte anrichten.

Sesamsoße auf vier Schälchen verteilen, ebenso die *Ponzu*-Soße. Je 1 Eßlöffel der Frühlingszwiebeln und des geriebenen Rettichs auf vier Schälchen verteilen. Jedem Gast ein Schälchen mit Sesamdressing, ein Schälchen mit *Ponzu* und ein Schälchen mit Frühlingszwiebeln und Rettich hinstellen.

Für die Brühe *Konbu* mit einem feuchten Tuch leicht abwischen. An einigen Stellen mit einer Schere einschneiden, damit sich das Aroma voll entfalten kann. Wasser und *Konbu* in einen Topf geben und aufkochen. *Konbu* sofort entfernen, wenn die Brühe den Siedepunkt erreicht. Hitze reduzieren und 2–3 Minuten köcheln lassen. Salzen.

Brühe in den Feuertopf gießen und aufkochen. Jeder Gast wählt Häppchen aus und taucht sie mit Hilfe der Eßstäbchen kurz in die Brühe, bis sie gar sind. Die Stücke werden in eine der Soßen getaucht. Frühlingszwiebeln kommen in die Sesamsoße, Zwiebeln oder Rettich in die *Ponzu*-Soße.

Brühe immer wieder abschöpfen. Wenn alle Zutaten gegart worden sind, restliche

Japanischer Eintopf

Brühe (eine köstliche, reichhaltige Suppe) in Schälchen füllen, mit etwas Frühlingszwiebeln bestreuen und servieren.

TEBASAKI TO SATO-IMO
Geschmorte Hühnerflügel

500 g Hühnerflügel
4 TL *Sake* · 1 EL Öl
2 cm großes Stück Ingwer, geschält und in Scheiben geschnitten
12 Frühlingszwiebeln, in 5 cm lange Stücke geschnitten
400 g *Sato-imo-* oder neue Kartoffeln, geschält · 2 TL Zucker
3 EL und 1 TL dunkle Sojasoße
12 Zuckerschoten, in Salzwasser blanchiert
4 Streifen Orangen- oder Zitronenschale

Hühnerflügel 30 Minuten in *Sake* marinieren. Öl erhitzen und Hühnerflügel darin unter Rühren braten, bis sie etwas Farbe annehmen. Ingwer, Zwiebeln und gerade soviel Wasser dazugeben, daß die Flügel bedeckt sind. Zugedeckt 10–15 Minuten köcheln lassen, dann Kartoffeln, Zucker und Sojasoße hinzufügen. Circa 30 Minuten köcheln lassen, bis die Kartoffeln gar sind.

Hühnerflügel und Kartoffeln auf vier Schalen verteilen und jede Portion mit 3 Zuckerschoten und einem Streifen Orangen- oder Zitronenschale garnieren.

TERIYAKI SUTEKI
Rinderlende Teriyaki

Für dieses delikate Gericht wird zartes Rindfleisch in Würfel geschnitten und mit würziger *Teriyaki*-Soße bestrichen gegrillt. Dazu serviert man knackig gebratene Gemüse.

650 g Rinderlende, in 3 cm große Würfel geschnitten
8 kleine, japanische grüne Paprikaschoten oder 1 große Paprikaschote, in 8 Streifen
1 TL Öl
200 g Bohnensprossen
80 g Austernpilze, in 0,5 cm breite Streifen geschnitten

Für die Teriyaki-Soße:
1/4 Liter dunkle Sojasoße
1/4 Liter *Sake*
300 ml *Mirin*
2 1/2 EL Zucker

Zuerst alle Zutaten für die *Teriyaki*-Soße in einen Topf geben und bei mittlerer Hitze aufkochen. Köcheln lassen, bis die Soße auf gut eine Tasse reduziert ist.

Fleischwürfel auf Spieße stecken und halbgar grillen. Mit der *Teriyaki*-Soße einstreichen und für 30 Sekunden auf den Grill legen. Wieder einpinseln, etwas länger grillen, dann ein letztes Mal einstreichen und nochmal circa 30 Sekunden grillen.

Wenn Sie japanische Paprikaschoten verwenden, müssen diese an den Seiten eingeschnitten werden. Paprika auf Spieße stecken und gar grillen.

Öl erhitzen und Bohnensprossen und Pilze unter Rühren braten, bis sie gerade gar sind. Fleisch von den Spießen nehmen und mit dem Gemüse garniert servieren.

RENKON HASAMI AGE
Lotoswurzel mit Schweinefleisch-Auberginen-Füllung

Dieses Gericht erinnert an ein Sandwich mit einer Füllung aus gewürztem Schweinehack zwischen Lotoswurzel- oder Auberginenscheiben. Das »Sandwich« wird dann in *Tempura*-Teig getaucht und fritiert.

Lotoswurzel mit Schweinefleisch-Auberginen-Füllung (links) und Rinderlende Teriyaki (rechts)

Die Hackfleischfüllung kann man gut im voraus zubereiten.

300 g Lotoswurzel, geschält und in 1 cm dicke Scheiben geschnitten, in Wasser gelegt
2 EL Weizenmehl
200 g Auberginen, in 1 cm dicke Scheiben geschnitten
Öl zum Fritieren
Salz und Pfeffer zum Abschmecken
2 TL japanische Senfpaste

Für die Schweinehackfüllung:
200 g Schweinehack
50 g Zwiebeln, fein gehackt
2 TL Stärkemehl
1 Ei, leicht verquirlt
1 TL dunkle Sojasoße

Für den Tempura-Teig:
2 Eigelb
1/4 Liter Wasser
200 g Weizenmehl

Alle Zutaten für die Schweinehackfüllung gut vermengen.

Kurz vor der Zubereitung Lotoswurzelscheiben trockentupfen und beide Seiten mit etwas Mehl bestäuben. Etwas von der Hackfüllung auf die Lotoswurzeln setzen und mit einer weiteren Lotosscheibe abdecken. Dieses Verfahren mit den Auberginenscheiben wiederholen.

Für den *Tempura*-Teig Eigelb und Wasser vermischen, Mehl schnell einrühren, es dürfen ruhig noch Klümpchen zu sehen sein. Gefüllte Gemüsescheiben in den Teig tauchen und in heißem Öl goldbraun fritieren. Mit etwas Salz und Pfeffer bestreuen und auf einer Platte mit ein wenig japanischem Senf servieren.

TIP

Shabu-Shabu: Um hauchdünne Fleischstreifen schneiden zu können, sollten Sie das Rindfleisch zuvor in das Gefrierfach legen, bis es halbgefroren ist.

SAKURA MOCHI
Kirschblütenklößchen

Diese Bällchen werden mit Rote-Bohnen-Marmelade gefüllt und in Kirschblätter eingewickelt, die in Japan an den Frühling *(Sakura)* denken lassen. Sind keine eßbaren Kirschblätter, die in Salzwasser eingelegt werden, erhältlich, kann man die Klößchen auch ohne Blätter servieren.

125 g Weizenmehl
2 TL Zucker
1/8 Liter Wasser
1/2 Eiweiß, steif geschlagen
1 Prise Salz
Etwas Öl zum Einfetten der Pfanne
100 g Rote-Bohnen-Marmelade
8 Kirschblütenblätter (wenn in Salzlake eingelegte verwendet werden, müssen sie 2 Stunden in Wasser eingeweicht werden)

Mehl in eine Schüssel sieben und Zucker dazugeben. Nach und nach Wasser unterrühren. Eischnee und Salz unterheben. Eine beschichtete Pfanne leicht einfetten und bei niedriger Hitze erwärmen. Etwas Teig oval ausstreichen. Braten, bis die Oberfläche trocken wird, dann wenden. Zweite Seite braten, aber keine Farbe annehmen lassen. Herausnehmen, mit Rote-Bohnen-Marmelade bestreichen. Zusammenklappen und in ein Kirschblütenblatt wickeln.

Lilienknollenklößchen (links) und Kirschblütenklößchen (rechts)

MATCHA AISUKURIIMU
Eis aus grünem Tee

Beliebtes Sommerdessert in japanischen Restaurants, ein »moderner Klassiker«. Fein pulverisierter grüner Tee verleiht diesem herrlichen Eis die unverkennbar japanische Note.

50 g pulverisierter grüner Tee
1/8 Liter Cognac oder Weinbrand
1 1/4 Liter frische Milch
1/4 Liter frische Sahne
100 g Magermilchpulver
400 g Zucker

Grünes Teepulver in eine Schüssel geben, Cognac dazugießen und gut vermischen. Milch, Sahne, Zucker und Milchpulver in einer anderen Schale gut vermengen. Diese Mischung in einem Topf bei mittlerer Hitze aufkochen. Vom Herd nehmen und lauwarm abkühlen lassen, dann die grüne Teepaste dazugeben und gut verrühren.

Sofort im Tiefkühlfach des Kühlschranks abkühlen lassen, bis sich an den Ecken des Gefäßes Eiskristalle bilden. Mischung in einen Mixer geben und einige Sekunden mixen, um die Kristalle aufzubrechen. Wieder in das Tiefkühlfach stellen und setzen lassen. Man kann auch eine Eismaschine verwenden.

CHAKIN-SHIBORI
Lilienknollenklößchen

Der süße, nussige Geschmack und die Konsistenz der Lilienknollen, die man in Japan in den Wintermonaten überall erhält, paßt gut zu der Rote-Bohnen-Füllung dieser schnell zubereiteten Klößchen. Süßkartoffeln können die Lilienknolle ersetzen.

400 g Lilienknolle oder Süßkartoffel
50 g Zucker
80 g Rote-Bohnen-Marmelade, durchgesiebt
2 EL fein geriebene Schale einer *Yuzu*-Orange oder Zitrone

Lilienknollen, die im Aussehen etwas an Knoblauch erinnern, teilen und auf einem Teller in einem Dämpfkorb etwa 3 Minuten garen. Abtropfen lassen. Bei Verwendung von Süßkartoffeln, die ganzen, ungeschälten Kartoffeln dämpfen, abtropfen lassen und schälen.

Die gegarten Gemüse zerstampfen, dann mit dem Zucker vermischen und gut vermengen. Etwa 2 Eßlöffel des Pürees zu einem Klößchen formen und mit 1 Teelöffel der Marmelade füllen. In ein Tuch geben und oben vorsichtig zusammendrücken. Aus dem Tuch nehmen und mit der geriebenen Zitrusschale bestreuen. Wiederholen, bis das ganze Püree aufgebraucht ist, und servieren.

KINGYOKU-KAN
Geleepflaumen

Ein einfaches, aber dekoratives Dessert, bei dem große Trauben oder Pflaumen in gelierten Pflaumenwein *(Umeshu)* gesetzt werden. Ist Pflaumenwein nicht erhältlich, kann auch jeder andere Fruchtwein, z. B. Pfirsich- oder Himbeerwein, als Ersatz dienen.

8 große, blaue oder grüne Trauben oder kleine Pflaumen
25 g pulverisierte Gelatine
4 EL warmes Wasser
400 ml Pflaumenwein (*Umeshu*) oder anderer Fruchtwein (siehe oben)
30 g Zucker
1 TL Cognac oder Weinbrand

Trauben oder Pflaumen circa 10 Sekunden in heißem Wasser blanchieren, abtropfen lassen und einige Sekunden in kaltem Wasser abschrecken. Enthäuten.

Gelatine in das warme Wasser streuen und quellen lassen. Wein in einem Topf erhitzen, Zucker und Gelatine dazugeben und umrühren, bis beides aufgelöst ist. Vom Herd nehmen. Cognac dazugießen und in acht kleine Gefäße (z. B. Auflaufförmchen oder Porzellanschälchen) füllen. In jede Schale mit dem noch flüssigen Gelee 1 Traube oder Pflaume setzen, dann abkühlen lassen, bis das Gelee fest ist. Stürzen und gekühlt servieren.

Eis aus grünem Tee

KATSUO DASHI
Einfache Dashi-Brühe

Instant *Dashi*-Brühe (*Dashi-no-moto*) ist eine schnelle Alternative, wenn kleine Mengen benötigt werden; für Suppen und gekochte Gerichte ist selbstgemachte *Dashi*-Brühe aber immer vorzuziehen.

getrockneter *Konbu*, 6 x 4 cm
1,75 Liter Wasser
50 g getrocknete Bonitoflocken

Konbu mit einem feuchten Tuch abwischen, dann in einen Topf mit Wasser legen. Offen erhitzen; kurz bevor das Wasser zu kochen beginnt, vom Herd nehmen und den Seetang herausnehmen. Bonitoflocken dazugeben. Sobald die Flocken sinken, Brühe abseihen und Bonitoflocken wegwerfen. Diese Brühe ist Grundlage für viele Soßen und Suppen und kann 3 Tage lang im Kühlschrank aufbewahrt werden.

SOBA DASHI (1)
Brühe für heiße Soba-Nudeln

200 ml *Dashi*-Brühe (siehe oben)
2 TL helle Sojasoße
1/2 TL *Mirin*

Alle Zutaten in einen Topf geben, aufkochen lassen und sofort vom Herd nehmen. Mit heißen *Soba*-Nudeln servieren. Hält sich 2 Tage im Kühlschrank.

SOBA DASHI (2)
Brühe für kalte Soba-Nudeln

500 ml *Dashi*-Brühe (siehe oben)
100 ml dunkle Sojasoße
100 ml *Mirin*

Alle Zutaten in einen Topf geben, aufkochen lassen und sofort vom Herd nehmen. Oberfläche abschöpfen und auskühlen lassen. Mit kalten *Soba*-Nudeln servieren. Hält sich 4 Tage im Kühlschrank.

SUIJI
Klare Suppe

625 ml *Dashi*-Brühe (siehe oben)
1 TL helle Sojasoße
1 TL Salz
1/2 TL *Sake*

Brühe, Sojasoße und Salz in einen Topf geben und fast zum Kochen bringen. Vom Herd nehmen und sofort den *Sake* beigeben. Dieser klaren Suppe können noch weitere Zutaten wie kleine Tofuwürfel, Venusmuscheln, Garnelen, gewürfelter Fisch, in Scheiben geschnittene Frühlingszwiebeln, *Wakame*, Pilze, gekochte Möhrenscheiben usw. zugegeben werden.

TEMPURA DASHI
Tempura-Dipsoße

14 EL *Dashi*-Brühe (siehe oben)
2 1/2 EL helle Sojasoße
2 1/2 EL *Mirin*

Dashi-Brühe in einem Topf aufkochen, dann Sojasoße und *Mirin* dazugeben. Sofort vom Herd nehmen und heiß als Dip-Soße zu *Tempura* servieren.

TOSA SHOYU
Tosa-Sojasoße

Wenn Sie keinen roten *Sake* bekommen können, nehmen Sie statt dessen 3 Eßlöffel normalen *Sake*.

1 1/2 EL roter *Sake*
1 1/2 EL normaler *Sake*
350 ml dunkle Sojasoße
5-6 EL *Tamari*-Sojasoße
15 g getrocknete Bonitoflocken
12 x 5 cm großer, getrockneter *Konbu*

Sake in einem kleinen Topf aufkochen, damit sich der Alkohol verflüchtigt. Abkühlen lassen, mit den restlichen Zutaten verrühren und 1 Woche stehen lassen, dann abseihen. Hält sich bis zu einem Jahr. Als Dipsoße zu *Sashimi* servieren.

DENGAKU MISO

500 g rotes oder weißes *Miso*
5-6 EL *Sake*
5-6 EL *Mirin*
50 g Zucker

Alle Zutaten in einen Topf (am besten beschichtet) geben und unter Rühren langsam erhitzen. Sobald die Mischung kocht, Hitze auf ein Minimum reduzieren und 20 Minuten köcheln lassen, dabei ab und zu umrühren. Hält sich 1 Monat im Kühlschrank.

HOBA MISO

2 1/2 EL *Sake*
150 g rotes *Dengaku Miso* (siehe oben)
2 EL *Inaka Miso*

Sake in einem Topf erhitzen und einige Sekunden köcheln lassen, damit sich der Alkohol verflüchtigt. Beide *Miso*-Sorten dazugeben und vermischen. Hält sich 1 Monat im Kühlschrank. Muscheln oder Fische werden vor dem Grillen damit eingestrichen.

TEMPURA KO
Tempura-Teig

2 Eigelb · 275 ml Eiswasser
200 g Weizenmehl, gesiebt

Eigelb in eine Schüssel geben und Eiswasser nach und nach unterrühren. Mehl auf einmal dazugeben und kurz umrühren (am besten mit einem Paar Eßstäbchen), der Teig soll nicht zu glatt sein, es dürfen noch Klümpchen sichtbar sein. Man kann die Mischung bis zum Gebrauch im Kühlschrank aufbewahren, aber am besten schmeckt der Teig frisch zubereitet.

SUSHI-MESHI
Essigreis

1 kg Rundkornreis
1 1/4 Liter Wasser
3 cm großes, rechteckiges Stück getrockneter *Konbu*

Für das Dressing:
1/8 Liter Reisessig
3 EL Zucker · 5 TL Salz

Reis vorsichtig unter fließendem Wasser waschen, bis das Wasser klar bleibt, dabei darauf achten, daß die Körner nicht zerdrückt werden. Reis etwa 1 Stunde lang in einem Sieb abtropfen lassen. Mit Wasser und *Konbu* in einen Topf geben und aufkochen. Hitze etwas reduzieren und circa 15 Minuten köcheln, bis der Reis gekocht und das Wasser aufgesogen ist. Herd abschalten. Deckel entfernen und Topf mit einem Tuch bedecken, um das Kondenswasser aufzunehmen. Deckel wieder daraufsetzen und 20 Minuten stehen lassen.

Während der Reis kocht, in einer kleinen Schüssel die Zutaten für das Dressing vermischen, dabei umrühren, bis sich der Zucker aufgelöst hat, dann beiseite stellen. Gekochten Reis in eine flache Holz- oder Plastikschale geben. Vorsichtig mit einem Holzlöffel umrühren, dabei das Dressing nach und nach unterheben, bis es ganz aufgesogen ist.

Den Essigreis mit einem feuchten Tuch abdecken und beiseite stellen, bis er für *Sushi* benötigt wird. Bei Zimmertemperatur und nicht im Kühlschrank aufbewahren und innerhalb von 12 Stunden verwenden.

GARI
Eingelegter Ingwer

250 g junger Ingwer
6 EL Reisessig
2 EL *Mirin* · 2 EL *Sake*
5 TL Zucker

Ingwer unter fließendem Wasser bürsten, dann 1 Minute in kochendem Wasser blanchieren. Abtropfen lassen.

Essig, *Mirin*, *Sake* und Zucker in einen kleinen Topf geben und aufkochen, dabei umrühren, bis sich der Zucker aufgelöst hat. Abkühlen lassen.

Ingwer in ein sterilisiertes Glas geben und den abgekühlten Essig darübergießen. Zugedeckt 3–4 Tage ziehen lassen. Hält sich 1 Monat im Kühlschrank.

Eingelegter Ingwer, der im Laufe der Zeit ein blasses Rosa annimmt, wird in Scheiben geschnitten und zu *Sushi* und einigen anderen japanischen Gerichten gereicht.

PONZU
Zitrussoße

8 x 6 cm großer, getrockneter *Konbu*
450 ml Moschuslimonensaft (*Ponzu* oder *Calamansi*) oder Zitronensaft
450 ml dunkle Sojasoße
6 EL *Mirin*
4 EL *Tamari*-Sojasoße
40 g getrocknete Bonitoflocken

Getrockneten *Konbu* über der Gasflamme oder einem Grill erwärmen, dann mit den übrigen Zutaten in eine Schüssel geben. 3 Tage in den Kühlschrank stellen, dann abseihen. Kann 1 Jahr aufbewahrt werden. (In Flaschen abgefüllter *Ponzu* ist in japanischen Läden erhältlich.)

Welcher Bevölkerungsgruppe sie auch angehören mögen, für die Bewohner Malaysias und Singapurs ist Essen stets ein Gemeinschaftsereignis, wie Ihnen ein Besuch in einer Garküche zeigen wird.

MALAYSIA & SINGAPUR

Der kulinarische Austausch zwischen Chinesen, Indern und Malaien hat eine ganz eigene Küche hervorgebracht.

Links: Malaysische Speisen vor einem Restaurant im historischen Emerald Hill-Viertel in Singapur serviert.

Rechts: Ein Marktstand mit verschiedenen Reissorten. Reis ist in beiden Ländern das Grundnahrungsmittel.

Wenn man auf engstem Raum mit Angehörigen anderer Volksgruppen zusammenlebt, wird man zwangsläufig auch von deren Ernährungsgewohnheiten beeinflußt. Im Laufe der Jahrhunderte landeten Segelschiffe aus Westarabien, Indien und viel später auch aus Europa an der Küste der malaiischen Halbinsel. Aus dem Osten kamen Chinesen und Siamesen und aus Indonesien Bugis und Javaner. So entstand eine Mischküche, die die Delikatesse der chinesischen Küche mit der Würze der indischen und dem Aromareichtum der malaysischen Küche vereint.

Die Ureinwohner der Halbinsel – allgemein als *Orang asli* bekannt – gehören etwa zwanzig verschiedenen Stämmen an, die wiederum zwei verschiedenen Sprachgruppen angehören. Die Vorfahren der Malaien, die heute die größte Bevölkerungsgruppe stellen, wanderten von der südchinesischen Provinz Yunnan nach Süden und siedelten sich vor circa 4000 Jahren in Malaysia an.

Die ethnischen und sozialen Strukturen des moslemischen Sultanats Malakka erfuhren eine einschneidende Veränderung, als es mit Beginn des 16. Jahrhunderts zunächst von den Portugiesen und später von den Holländern erobert wurde. Als das Sultanat im 19. Jahrhundert in britischen Besitz überging, kamen im Gefolge der Engländer in großer Zahl auch Arbeiter aus China und Indien, die das Gesicht des Landes bis heute prägen.

1963 wurde die Föderation Malaysia gegründet. Sie setzte sich zusammen aus den einzelnen Teilstaaten der Halbinsel, der an ihrer Südspitze gelegenen Insel Singapur und den ehemaligen britischen Kolonien Sabah und Sarawak. 1965 verließ Singapur die Föderation und wurde ein unabhängiger Stadtstaat. Heute ist die Stadt eine der modernsten und dynamischsten Metropolen Asiens.

Klima und Landesnatur

Aufgrund ihrer Lage in unmittelbarer Nähe des Äquators herrscht in Malaysia und Sin-

Beim Fest der Hungrigen Geister werden den Geistern Speisen und Weihrauch als Opfergaben dargebracht.

gapur das ganze Jahr ein feucht-heißes Klima. An den Nachmittagen bringen tropische Regen Abkühlung. Die Nächte sind mild, und in den frühen Morgenstunden ist es frisch und kühl.

Reisfelder und von Kokospalmen gesäumte Strände prägen das herrliche Landschaftsbild der tropischen Küstenregionen, und die fruchtbaren Schwemmlandebenen an der Westküste der Halbinsel sind zumeist mit Ölpalmen und Kautschukbäumen bepflanzt. Daneben findet man auch ausgedehnte Obstplantagen mit köstlichen tropischen Früchten. Bis tief in den Norden ist das Klima meist trocken, und zwischen den endlosen Reisfeldern ragen unvermittelt Kalksteinfelsen auf.

Das Titiwangsa-Zentralgebirge, das sich von Norden nach Süden erstreckt, zeichnet sich durch ein gemäßigtes Klima aus. Höhenorte sind deshalb nicht nur beliebte Urlaubsziele, sondern man findet dort auch Teeplantagen und Gemüsegärten, die die Märkte der Halbinsel mit frischen Produkten beliefern.

An der Westküste bietet das zumeist trübe Wasser der Malakka-Straße den idealen Lebensraum für Krebse und andere Meeresfrüchte, und die kleinen Dörfer (*Kampungs*) an der Ostküste sind reich an Fischgründen.

Der auf der Halbinsel Borneo gelegene Teilstaat Sabah ist eine Gebirgslandschaft, aus der Südostasiens höchster Gipfel, der 4101 Meter hohe Mount Kinabalu, aufragt. Der Teilstaat Sarawak erstreckt sich hingegen weitgehend über flaches Land.

Große Teile Singapurs liegen in einer Ebene. Die rasche Ausbreitung der Stadt hat die Trockenlegung von Sümpfen und die Abholzung beschleunigt. Die dichten Regenwälder und die wenigen Hügel, die früher das Landschaftsbild prägten, mußten einem undurchdringlichen Dschungel von Hochhäusern mit Büros, Einkaufszentren und Wohnungen weichen.

Die Entwicklung der Küchen Malaysias und Singapurs

Als die ersten chinesischen Kaufleute mit ihren Dschunken über das Südchinesische Meer segelten, leiteten sie eine Entwicklung ein, die tiefgreifende Auswirkungen für die Region haben sollte. Denn einige von ihnen ließen sich auf der malaiischen Halbinsel nieder, heirateten einheimische Frauen und legten so den Grundstein für die »Baba-Nonya«-Kultur. Die Engländer förderten die Zuwanderung der Chinesen, um Arbeitskräfte für ihre Zinnminen und Plantagen zu gewinnen. Tausende chinesischer Arbeiter strömten nach Singapur und auf die malaiische Halbinsel. Andere wollten ihr Glück in den Goldminen und den Kohlerevieren Sarawaks machen.

Die Chinesen machten die Ureinwohner mit Zutaten wie Nudeln, Bohnensprossen, Tofu und Sojasoße bekannt, die heute in jeder Küche Malaysias und Singapurs zu finden sind. Die Chinesen ihrerseits entwickelten eine Vorliebe für Gewürze und Chilischoten.

Vor mehr als tausend Jahren kamen auch die ersten indischen Kaufleute auf die Halbinsel, die große indische Einwanderungswelle setzte allerdings erst im 19. Jahrhundert ein.

Die malaysische Küche ist das Bindeglied zwischen Indonesien im Westen und Süden und Thailand im Norden. Auch lassen sich Ähnlichkeiten mit der Küche des benachbarten Sumatra und mit der thailändischen Küche feststellen. Obwohl man in Singapur die chinesische Küche bevorzugt, stehen beliebte malaysische Gerichte wie *Korma*, *Rendang*, Curry mit Hühnchenfleisch und verschiedene Sambals auch dort auf dem täglichen Speiseplan.

Während Malaien, Chinesen und Inder nach wie vor ihre traditionelle Küche pflegen, sind durch wechselseitige Anleihen auch eine Reihe neuer Gerichte entstanden, die heute ebenfalls als typisch malaysische Speisen gelten. Dazu zählen etwa *Mee goreng* und *Rojak*.

Wer die Küche Malaysias und Singapurs kennenlernen möchte, sollte am besten eine der zahlreichen Garküchen aufsuchen. Hier können Sie beispielsweise ein Mittagessen mit *Popiah* (Frühlingsrolle), Fischkopfcurry und würzigem *Kangkung* mit Reis einnehmen. Und fast jeder Koch kann in Windeseile ein schmackhaftes malaysisches Curry mit Hühnerfleisch (*Roti canai*) oder Fisch (*Murtabak*) oder ein ausgezeichnetes chinesisches pfannengerührtes Gericht zubereiten.

Die Küche des Volkes

Die malaysische Küche ist in der Regel sehr würzig und aromatisch, dabei aber nicht besonders scharf. Die Schärfe bringen erst die *Sambals*, die zu jedem Hauptgericht serviert werden.

Zu den traditionellen südostasiatischen Gewürzen gesellten sich im Laufe der Jahrhunderte Gewürze aus Indien, dem Mittleren Osten und China, und das klassische Zweigestirn – Koriander und Kreuzkümmel (die Grundlage vieler malaysischer Currys) – wurde um Pfeffer, Kardamom, Sternanis und Bockshornklee erweitert.

In den nördlichen Teilstaaten Kedah, Perlis und Kelantan ist der thailändische Einfluß – ebenso wie in Penang – unverkennbar. So hat man auch hier eine Vorliebe für feurig scharfe Chilischoten entwickelt, und neben typisch malaysischen Kräutern wie Zitronengras, Pandanusblatt, dem aromatischen Kaffirlimonenblatt und dem scharfen Polygonum (*Daun kesum, Daun Kemangia*) finden auch Basilikum, Kurkumablätter und herrlich duftende wilde Ingwerblüten Verwendung. Tamarinde, Sternfrucht und Limetten verleihen den Speisen eine pikante, aromatische Säure.

Es gibt keine Speise, die nicht gewürzt würde. In der Regel verwendet man nur frische Gewürze oder man zerstößt frische und getrocknete Gewürze zu einer feinen Paste. Die Paste wird gewöhnlich zunächst in Öl angebraten, bevor man die Kochflüssigkeit – sahnige Kokosmilch oder eine säuerliche Brühe – angießt und Gemüse, Fleisch oder Fisch hinzufügt.

Meeresfrüchte spielen in der malaysischen Küche eine wichtige Rolle. Zum Würzen verwendet man gern getrocknete Sardellen (*Ikan bilis*) und Garnelen, und vielfach werden die Speisen zum Schluß noch mit Garnelenpaste verfeinert.

Kenduri – das Festmahl – bietet die Gelegenheit, die malaysische Küche in ihrer ganzen Vielfalt kennenzulernen. Alle Frauen einer Familie oder einer Dorfgemeinschaft holen dann ihre Kochtöpfe hervor, und es wird die ganze Nacht hindurch gearbeitet: Da wird Kokosmilch hergestellt, werden Schalotten, Knoblauch, Chilischoten und Gewürze gehackt, da wird geschnitten und gehackt, gekocht und gerührt, bis man eine eindrucksvolle Auswahl an Fischcurrys, *Gulai* (Gemüsecurrys mit Kokosmilch), Rinder- oder Hühnchen-*Rendang* mit viel Kokosfleisch, feurig scharfen Sambal mit Garnelen und eine bunte Palette an Desserts zubereitet hat. Und den gastlichen Malaien ist es eine Ehre, jeden zu ihrem *Kenduri* einzuladen.

Die Nonya-Küche

Die Nachkommen der ersten chinesischen Einwanderer, die sich in Penang und Malakka niedergelassen hatten, verbinden – im Unterschied zur großen Masse der Chinesen, die erst in den ersten Jahrzehnten des 20. Jahrhunderts ins Land kamen – in ihrer Kultur chinesische und malaysische Elemente. Diese sogenannten Straits Chinesen sind aus Mischehen hervorgegangen, die die chinesischen Kaufleute mit einheimischen Frauen eingingen. Die Frauen (*Nonyas*) und Männer (*Babas*) sprachen meist ein Kauderwelsch aus Malaisch und Chine-

Eine Auswahl verschiedener eingelegter Gemüse wie man sie zu den Hauptgerichten reicht.

Oben: Verschiedene Nonya-Gerichte. Die Zubereitung ist zwar häufig sehr zeitaufwendig, aber die Mühe lohnt sich. *Unten rechts:* Mit seinen frischen Produkten lockt der Besitzer dieses Imbißstandes in Singapur Kunden an.

sisch, kleideten sich in einem abgewandelten malaysischen Stil und entwickelten eine eigene Küche, die die kulinarischen Traditionen beider Länder vereint. Typisch chinesische Zutaten wie Tofu, Sojasoße, eingelegte Sojabohnen, schwarze Garnelenpaste, Sesam, getrocknete Pilze und Lilienknospen wurden mit malaysischen Kräutern, Gewürzen und aromatischen Wurzeln kombiniert, und die chinesischen Grundrezepte wurden mit klassischen heimischen Zutaten wie Kokosmilch, Gewürzen und saurem Tamarindensaft abgewandelt. Als Nicht-Moslems aßen sie auch Schweinefleisch.

Im Laufe der Zeit kristallisierten sich allerdings deutliche Unterschiede zwischen der Küche der Penang-Nonyas und der der Malakka-Nonyas heraus. Während man in Penang - wohl durch den Einfluß des nahegelegenen Thailand - eine Vorliebe für säuerliche Speisen, scharfe Chilischoten, aromatische Kräuter und scharfe schwarze Garnelenpaste entwickelte, bevorzugen die Nonyas aus Malakka Kokosmilch und malaysische Gewürze wie Koriander und Kreuzkümmel und verwenden meist auch mehr Zucker als die Nonyas aus dem Norden.

Laksa, eine Suppe mit Reis und Nudeln, die mit verschiedenen malaysischen Gewürzen verfeinert wird, erfreut sich bei allen Malaien besonderer Beliebtheit. Berühmt sind auch die zahlreichen Kuchen der Nonyas, die mit frisch geriebener Maniokwurzel, Süßkartoffel, Agar-Agar, klebrigem Reis, Palmzucker und Kokosmilch zubereitet werden.

Küchenausstattung und Tischkultur

Die Mahlzeiten nimmt man in Malaysia und Singapur stets gemeinsam ein. Dabei werden sämtliche Speisen gleichzeitig aufgetragen, jeder Tischgast bekommt eine kleine Schüssel mit Reis, und man bedient sich mit einem Löffel von den verschiedenen Beilagen. Eine Ausnahme stellt lediglich das chinesische Bankett dar, ein formelles Essen mit acht bis zehn Gängen, die jeweils nacheinander aufgetragen werden.

Eine Ermahnung wie »Iß nicht mit den Fingern« werden Sie in Malaysia und Singapur kaum hören. Das Essen mit den Fingern hat allerdings seine eigenen Regeln: Man darf nur die Fingerspitzen der rechten Hand benutzen, und die Handfläche muß absolut sauber bleiben. Daß man sich vor dem Essen die Hände wäscht, ist nicht allein ein Gebot der Höflichkeit, sondern dient auch der Hygiene. In gehobeneren Restaurants wird Ihnen der Ober vor und nach dem Essen eine Schüssel mit warmem Wasser bringen. In den einfacheren Curryshops oder »Bananenblatt«-Restaurants stehen Waschbecken und Seife zur Verfügung. Doch auch mit sauberen Händen darf man die Speisen erst berühren, wenn man sie auf dem Teller hat. Den Löffel, mit dem man sich die Speisen aus der Servierschüssel nimmt, hält man mit der linken Hand, damit er nicht beschmutzt wird.

Chinesische Gerichte werden gewöhnlich mit Stäbchen gegessen. In manchen chinesischen Garküchen und in vielen chinesischen Haushalten findet man aber auch Gabeln, Löffel und Teller. Bei einem zehngängigen chinesischen Menü ist das Essen mit Stäbchen allerdings ein Muß. Die Stäbchen abzulecken, gilt als unhöflich, und sie sollten so wenig wie möglich mit dem Mund in Berührung kommen. Größere Bissen nimmt man deshalb mit einem Löffel zu sich. Nach den Mahlzeiten – gelegentlich davor – werden heiße Handtücher gereicht, mit denen man sich Gesicht und Hände reinigt.

Traditionell wird zu einem chinesischen Essen Tee getrunken. Um die Schärfe auf der Zunge zu mildern und sich an einem schwülen Abend zu erfrischen, gibt es allerdings nichts Besseres als ein kühles Bier.

MENÜVORSCHLÄGE

Einfache Mahlzeiten

Als einfaches Familienessen empfehlen wir das folgende Menü, das mit Reis serviert wird:

- Limonen-Huhn (Seite 118), etwas Sambal mit Garnelen (Seite 117) und Linsen-Gurken-Gemüse (Seite 119);
- Sago mit Honigmelone (Seite 120) ist als Dessert bei Jung und Alt beliebt.

Snacks

Teigtaschen mit Hähnchenfleisch (Seite 108) und Gefüllte, fritierte Yamsklößchen (Seite 109) eignen sich hervorragend als Imbiß. Die Nonya-Pfannkuchen (Seite 120) und Mangopudding (Seite 120) ißt man gerne als kleine Leckereien zwischendurch.

Ein leichtes Mittagsessen

Die in diesem Kapitel vorgestellten Rezepte eignen sich besonders gut für Büffets. Als leichtes Mittagessen eignet sich diese Speisefolge:

- Popiah-Teigtaschen (Seite 108) sind ein köstlicher Auftakt;
- daran könnten sich eine Nudelsuppe mit Garnelen (Seite 111) oder Gebratene Nudeln indische Art (Seite 113) anschließen;
- zum Abschluß gibt es frisches, in Scheiben geschnittenes Obst.

Einladungen

Bei einem offiziellen Essen können Sie Ihre Gäste mit diesem Menü beeindrucken:

- Austernomeletts (Seite 109), die portionsweise in kleinen Pfännchen zubereitet werden, und Geräucherte Seebarschfilets (Seite 118);
- Ente in aromatischer Sojasoße (Seite 114) oder Krebse in scharfer Chillisoße (Seite 117);
- ein kühlendes Mandelgelee (Seite 120) rundet das Mahl perfekt ab.

Quer durch die asiatische Küche

Einleiten könnten Sie Ihr gemischtes asiatisches Menü mit

- Nudeln in würziger Kokosmilch (Seite 112);
- japanische Schweineschnitzel auf Reis (Seite 95) bieten eine interessante Kombination fernöstlicher und westlicher Zutaten. Dazu könnten Sie die Pfannengerührte Wasserwinde mit gelber Soße (Seite 151) aus Vietnam servieren;
- schließen Sie mit einem Gemischten Eis (Seite 78) aus Indonesien.

DIE WICHTIGSTEN ZUTATEN DER KÜCHEN MALAYSIAS UND SINGAPURS

Für die aromatischen Currypasten benötigen Sie **Chilischoten**, **Knoblauch**, **Ingwer, Limonen, Zitronengras** und **Schalotten.** Diese Zutaten werden aber auch gerne allein verwendet. Mit **Kokosmilch** und **Palmzucker** kann man Currys etwas mildern. Das aromatische **Pandanusblatt** ist eine beliebte Zutat für Süßspeisen. **Reis** und **Sojasoße** dürfen in keiner Küche fehlen.

Popiah

Die hier vorgestellten Gerichte ißt man entweder als Vorspeisen oder als kleine Zwischenmahlzeiten. Sie eignen sich aber auch hervorragend als kleine Snacks zum Aperitif.

POPIAH

Diese Nonya-Version eines beliebten chinesischen Snacks ist ein ideales kleines Mittagessen. Die *Popiah*-Teigblätter können auch durch frische philippinische *Lumpia*-Blätter oder hauchdünne Eierpfannkuchen ersetzt werden.

4 EL Öl
3 Eier

Für die Füllung:
8 Schalotten
8 Knoblauchzehen
2 El gesalzene Sojabohnenpaste
4 EL Öl
500 g Yamsbohne, in Streifen geschnitten
2 Blöcke fester Tofu, gebraten und in Streifen geschnitten
1 TL dunkle Sojasoße
100 g geschälte Garnelen
70 g Weißkohl, in Streifen geschnitten
100 g grüne Bohnen, in Stücke gebrochen
4 EL Zucker
2 TL Salz
20 große, frische *Popiah*-Teigblätter
süße, dunkle Sojasoße
10 Knoblauchzehen, püriert
6 rote Chilischoten, püriert
längliche Salatblätter
100 g Bohnensprossen, blanchiert
50 g Erdnüsse, ohne Fett geröstet, abgezogen und grob gemahlen
3 EL fritierte Schalotten (Seite 121)

Eine Omelettpfanne mit 1/2 Teelöffel Öl einstreichen und aus den Eiern 3 hauchdünne Omeletts backen. Die Omeletts in feine Streifen schneiden und beiseite stellen.

Für die Füllung die Schalotten und den Knoblauch mit der Sojabohnenpaste zerdrücken.

Das Öl erhitzen und die Paste anbraten, bis sie ihr Aroma entfaltet. 3 Teelöffel davon abnehmen. Die Yamsbohne 5 Minuten in der restlichen Paste weich garen. Den Tofu hinzufügen und sehr weich garen. Mit der Sojasoße abschmekken.

1 Teelöffel der Knoblauch-Schalotten-Paste in eine Pfanne geben und die Garnelen darin braten, bis sie gar sind. Dann zunächst den Kohl und danach die Bohnen garen. Yamsbohnenstreifen untermischen und mit Zucker und Salz würzen.

Ein *Popiah*-Blatt auf die Arbeitsfläche legen. Mit süßer Sojasoße, etwas Knoblauch- und Chillipaste bestreichen und ein Salatblatt darauf legen. 1 Löffel Füllung, ein paar Garnelen, etwas Kohl, ein paar Bohnen, Bohnensprossen, Erdnüsse und fritierte Schalotten darauf verteilen. Die Ränder einschlagen, die Teigblätter aufrollen und sofort servieren.

Teigtaschen mit Hähnchenfleisch

TEIGTASCHEN MIT HÄHNCHENFLEISCH

Dieser beliebte Snack stammt ursprünglich aus Indien.

Für die Füllung:
5 EL Öl · 1 mittelgroße rote oder braune Zwiebel, fein gehackt
1 1/2 TL *Kurma*-Pulver oder Currypulver für Geflügel
2 TL Currypulver für Fleisch oder Geflügel
1 TL Cayennepfeffer
1/2 TL Kurkumapulver
200 g gekochtes Hähnchenfleisch, fein gewürfelt
2 große, gekochte Kartoffeln, fein gewürfelt · 1 1/2 TL Zucker
1/2 TL schwarzer Pfeffer · 1/2 TL Salz

Für den Teig:
500 g Mehl · 150 g Butter oder Margarine
200 ml Wasser · 1/2 TL Salz
Öl zum Fritieren

Für die Füllung das Öl erhitzen und die Zwiebel goldbraun darin anbraten. Curry, Cayennepfeffer und Kurkumapulver hinzufügen und leicht anbraten. Das Fleisch und die Kartoffeln dazugeben, mit Zucker, Salz und Pfeffer würzen und das Ganze 5 Minuten garen. Gut umrühren und auskühlen lassen.

Das Mehl mit dem Fett, Wasser und Salz vermengen. Den Teig gut durchkneten und anschließend 1/2 Stunde ruhen lassen. Ausrollen und 8 cm große Kreise ausstechen. In die Mitte jedes Kreises 1 Eßlöffel Füllung setzen. Die Kreise zu Halbmonden zusammenschlagen und die Ränder fest andrücken. Das Öl im Wok erhitzen und die Teigtaschen goldbraun herausbacken.

Hinweis: Aufgrund ihres hohen Wassergehalts eignet sich nicht jede Margarine zum Backen. Verwenden Sie deshalb am besten ein festes pflanzliches Backfett.

Fritierte Schweinerippchen im Pandanusblatt

FRITIERTE SCHWEINE-RIPPCHEN IM PANDANUSBLATT

Die aromatischen Pandanusblätter werden in der Küche der Malaien und Nonyas gerne zum Verfeinern pikanter Reis-, Fleisch- und Geflügelgerichte verwendet. Die Speisen, wie bei diesem Rezept aus Singapur, vor dem Fritieren in Pandanusblätter zu wickeln, ist eine thailändische Zubereitungsart.

1 kg Schweinerippchen,
in 4 cm große Stücke zerteilt
8 Knoblauchzehen
8 Schalotten · 6 EL Honig
2 EL rote, süße Soße
1 EL Fünf-Gewürze-Pulver
3 EL Lea & Perrins Soße
1 EL HP Soße
2 EL Pflaumensoße
4 EL Öl · 1 TL Sesamöl
24 Pandanusblätter
Öl zum Fritieren

Kaufen Sie möglichst fleischige Rippchen. Den Knoblauch mit den Schalotten zu einer Paste zermahlen oder pürieren, mit den übrigen Zutaten – bis auf die Pandanusblätter – vermischen und das Ganze circa 2 Stunden durchziehen lassen. Jedes Rippchen mit einem Pandanusblatt umwickeln. Die Blätter verknoten und dabei auf einer Seite ein etwa 15 cm langes Stück überstehen lassen. Die Rippchen 3–5 Minuten im sehr heißen Öl fritieren und sofort servieren. Sollten Sie keine Pandanusblätter bekommen, zerschneiden Sie ein Stück Backpapier in Quadrate, schlagen die Rippchen wie in einem Umschlag darin ein und befestigen das Ganze mit Küchenschnur.

WU KOK

Gefüllte, fritierte Yamsklößchen

Eine Spezialität aus Teochew, die mit gebratenem, rot gefärbtem Schweinefleisch (*Char siew*) gefüllt wird.

600 g Yam
100 g Tapiokastärke
100 g Schweinefett oder gehärtetes Pflanzenfett
1 EL Fünf-Gewürze-Pulver
1 TL Sesamöl
1 TL Salz · 1 TL Zucker
1/2 TL gemahlener weißer Pfeffer
Öl zum Fritieren

Für die Füllung:
200 g *Char siew*, in Würfel geschnitten (Seite 121)
50 g grüne Erbsen
1 kleine Zwiebel, fein gewürfelt
1 kleine Möhre, gewürfelt
8 EL Austernsoße
1/2 TL Fünf-Gewürze-Pulver
1/2 TL Sesamöl
1/2 TL Zucker
2 EL helle Sojasoße
1 EL Stärkemehl

Die Zutaten für die Füllung in einer Schüssel vermengen und anschließend in den Kühlschrank stellen.

Yam schälen, in Stücke zerteilen und circa 1/2 Stunde über kochendem Wasser dämpfen, bis er weich ist. Anschließend zerdrücken und beiseite stellen.

Die Tapiokastärke mit etwas Wasser zu einer dicken Paste verrühren und danach einen Teig daraus kneten. Schweinefett, Sesamöl, Zucker, Salz, Pfeffer und die zerdrückten Yam hinzufügen. Die Zutaten gründlich vermengen und den Teig in 10–12 Portionen aufteilen. Jede Portion zu einem Kreis flachstreichen.

Die Füllung darauf verteilen und den Teig zu länglichen Klößchen formen.

Das Öl im Wok oder in der Friteuse erhitzen. Die Klößchen darin goldbraun herausbacken, abtropfen lassen und heiß servieren.

Für das Schweinefett fein gewürfelten Schweinespeck bei schwacher Hitze mit 2 Eßlöffeln Wasser braten, bis das Wasser verdunstet und das Fett flüssig geworden ist.

AUSTERNOMELETT

Frisches Austernfleisch wird hier in einem luftigen, mit Sojasoße und Reiswein verfeinerten Omelett gegart.

8–10 frische Austern
2 EL Tapiokastärke
2 EL Reismehl
8 EL Wasser · 1 EL Öl
3 Eier, verquirlt
2 Knoblauchzehen, fein gehackt
1 EL helle Sojasoße
1 EL chinesischer Reiswein
gemahlener weißer Pfeffer
frische Korianderzweige zum Garnieren

Die Austern waschen und gut abtropfen lassen.

Die Stärke und das Mehl mit dem Wasser zu einem dünnflüssigen Teig verrühren. Eine große, schwere Bratpfanne sehr heiß werden lassen und das Öl darin erhitzen. Den Teig hineingießen und circa 15 Sekunden anbraten. Die Eier dazugeben. Sobald die Eier fast gestockt sind, in der Mitte eine Mulde formen, etwas Öl hineingießen und den Knoblauch einige Sekunden darin anbraten. Umrühren und mit Sojasoße, Reiswein und Pfeffer würzen. Die Austern hinzufügen und mit erhitzen.

Das Omelett mit frischem Koriander bestreuen und mit einem *Sambal* (Seite 121) servieren.

TIP

Die Austernomeletts können auch in kleinen Einzelportionen zubereitet und vor einem großen Abendessen als Snack zum Aperitif gereicht werden.

Gefüllte, fritierte Yamsklößchen

Ebenso wie in China erfreuen sich auch in Malaysia und Singapur sättigende, scharfe und würzige Suppen und Nudelgerichte großer Beliebtheit.

BAK KUT TEH

Würzige Suppe mit Schweinefleisch

Diese Suppe wird häufig in den Garküchen angeboten, und man ißt sie gerne morgens oder am späten Abend als kleinen Snack. Die chinesischen Kräuter können Sie notfalls auch weglassen, die Suppe hat dann allerdings weniger Geschmack und ist vermutlich auch nicht so sättigend.

500 g Schweinerippchen, in 5 cm große Stücke zerteilt
250 g mageres Schweinefleisch am Stück
3 Liter Wasser
Salz und gemahlener weißer Pfeffer

Zum Würzen:
4 *Gan Cao*
1 *Luo Han Guo*
50 g *Dang Xin*
30 g *Chuan Kong*
30 g *Dang Guei*
15 g *Sheng Di*
5 Sternanis
8 cm Zimtstange
10 Gewürznelken
1 Stück getrocknete Mandarinenschale
8 EL helle Sojasoße
4 EL dunkle Sojasoße
2 EL Zucker

Die Rippchen und das Fleisch mit dem Wasser in einen großen Topf geben.

Die Kräuter und die Gewürze in ein Säckchen binden und zu dem Fleisch in den Topf geben. Die Sojasoße und den Zucker hinzufügen und das Ganze zum Kochen bringen. Anschließend bei geöffnetem Topf 1½ bis 2 Stunden köcheln lassen, bis sich das Fleisch fast von den Knochen löst. Mit Salz und Pfeffer abschmecken.

Das Fleisch in kleine Stücke zerteilen, mit den Rippchen in eine Schüssel geben und mit der Brühe übergießen.

FEINE WANTAN-SUPPE

Wantan, gefüllte Teigtaschen, die in einer Brühe serviert werden, bekommt man in jedem China-Restaurant der Welt. Dazu werden meist dünne Eiernudeln gereicht. Hier eine besonders edle Variante dieser schnellen Mahlzeit.

15 *Wantan*-Teigblätter
1½ Liter Grundbrühe (siehe unten)
100 g Zuckerschoten, blanchiert
6 getrocknete schwarze Pilze, eingeweicht, weich gegart und in feine Streifen geschnitten
Salz und Pfeffer

Für die Grundbrühe:
3 getrocknete Jakobsmuscheln
300 g Hähnchenfleisch ohne Knochen
150 g sehr feine, getrocknete chinesische Anchovis
3 Liter Wasser
2 Knoblauchzehen, zerdrückt
1 cm Ingwer, in Scheiben geschnitten
3 große Möhren
7 Stangen Staudensellerie

Für die Füllung:
250 g Garnelen, geschält und die Därme entfernt
150 g Hähnchenfleisch ohne Knochen oder Schweinefleisch
100 g Wasserkastanien, geschält
50 g getrocknete schwarze Moospilze oder 2 getrocknete Pilze, eingeweicht
1 EL Austernsoße
½ TL Salz
1 Spritzer Sesamöl
2 EL Zucker
1 Spritzer chinesischer Reiswein
1 Ei, verquirlt
2 EL Stärkemehl
1 EL helle Sojasoße

Feine Wantan-Suppe

Die Zutaten für die Brühe in einem Topf aufkochen lassen. Die Brühe abschäumen, die Wärmezufuhr verringern und das Ganze zugedeckt 2 Stunden köcheln lassen.

Für die Füllung die Garnelen, das Fleisch, die Kastanien und die Pilze sehr fein hacken und mit den übrigen Zutaten vermischen.

Je 1 kleinen Löffel Füllung in die Mitte der Teigblätter setzen, die Blätter zusammenschlagen und die Ränder gut andrücken. Die Brühe durch ein Sieb passieren und wieder zum Kochen bringen. Die *Wantans* hineingeben und 3–5 Minuten garen, bis sie an die Oberfläche schwimmen. Die Zuckerschoten und die schwarzen Pilze dazugeben, mit Salz und Pfeffer abschmecken und sofort servieren.

Sollten Sie keine getrockneten Jakobsmuscheln (sehr teuer) bekommen, nehmen Sie stattdessen 500 g Schweineknochen.

TIP

Bereiten Sie die Wantans am besten immer gleich in größeren Mengen zu und frieren Sie einen Teil ein. Sie eignen sich als Einlage für Nudelsuppen oder können fritiert und als kleine Snacks zum Aperitif gereicht werden.

Würzige Suppe mit Schweinefleisch

BRAUNE NUDELN À LA YEN

Dieses Gericht stammt ursprünglich aus Kanton und ist nach dem Koch benannt, der es erfand. Die *Yee Mien*-Nudeln – sie sind abgepackt in chinesischen Lebensmittelgeschäften erhältlich – haben einen ganz eigenen Geschmack und machen dieses einfache Gericht zu etwas ganz Besonderem.

150 g getrocknete braune Nudeln (*Yee Mien*) · 150 g Senfkohl oder Spinat
Öl zum Braten · 1 Knoblauchzehe, fein gehackt · 150 g Garnelen, geschält
150 g Hähnchen- oder Schweinefleisch, kleingeschnitten · $^1/_2$ Liter Wasser
2 EL Austernsoße · 2 EL helle Sojasoße
$^1/_2$ TL dunkle Sojasoße
$^1/_2$ TL Sesamöl · $^1/_2$ TL weißer Pfeffer
1 gehäufter TL Stärkemehl, mit 3 EL Wasser angerührt
2 Eier, leicht verquirlt

Die Nudeln in ein Sieb geben, mit etwas kaltem Wasser begießen und weich werden lassen.

Die harten Stielenden von den Kohlblättern entfernen und die Blätter in 4 cm lange Stücke schneiden. Den Wok etwa 5 cm hoch mit Öl füllen. Das Öl erhitzen, eine Handvoll Nudeln hineingeben und circa 1 Minute unter Rühren braten, bis sie goldbraun und knusprig sind. Abtropfen lassen und beiseite stellen. Mit den restlichen Nudeln ebenso verfahren und die Nudeln danach in einer großen, breiten Schüssel oder einer tiefen Platte anrichten.

Das Öl bis auf etwa 1 Eßlöffel aus dem Wok herausschöpfen. Den Knoblauch einige Sekunden darin anbraten. Die Garnelen und das Fleisch dazugeben und unter laufendem Rühren garen. Zum Schluß das Wasser und die Gewürze hinzufügen. Das Ganze aufkochen lassen, das Gemüse dazugeben und 1 Minute köcheln lassen. Das angerührte Stärkemehl in den Wok gießen und so lange rühren, bis die Soße eindickt. Das Ei untermischen, die Soße über die Nudeln gießen und sofort servieren.

Nudelsuppe mit Garnelen

HAR MEE

Nudelsuppe mit Garnelen

Der Geschmack dieses relativ einfachen Nudelgerichts hängt von der Brühe ab. Bereiten Sie sie also mit Sorgfalt zu – es lohnt sich!

8–12 große Garnelen
100 g Schweinespeck, in $^1/_2$ cm große Würfel geschnitten (wahlweise)
150 g frische Eiernudeln
100 g Bohnensprossen oder etwas Blattgemüse, blanchiert
1 Frühlingszwiebel, in feine Ringe geschnitten
gemahlener weißer Pfeffer

Für die Brühe:
1 EL Öl · 100 g frische, kleine Garnelen
3 EL getrocknete Garnelen
1 getrocknete Chilischote (wahlweise)
5 Schalotten, sehr fein gehackt
5 Knoblauchzehen, sehr fein gehackt
5 weiße Pfefferkörner, grob gemahlen und kurz angeröstet
200 g Schweine- oder Hähnchenknochen
2 Liter Wasser
1 EL Zucker

Die Garnelen schälen und dabei darauf achten, daß die Schwänze nicht abgetrennt werden. Die Köpfe und die Schalen für die Brühe aufheben. Die Garnelen dann in den Kühlschrank stellen.

Für die Brühe das Öl erhitzen und die Garnelenköpfe und -schalen mit den getrockneten Garnelen und der Chilischote darin anbraten. Anschließend bei schwacher Hitze noch weitere 5 Minuten unter Rühren garen. Die Garnelenschalen mit dem Kochlöffel fest an die Pfannenwände drücken. Die restlichen Zutaten bis auf den Zucker in die Pfanne geben und das Ganze ohne Deckel so lange köcheln lassen, bis die Flüssigkeit auf die Hälfte reduziert ist.

Den Zucker in einem kleinen Topf mit der gleichen Menge Wasser zu einem dunklen Karamel einkochen lassen. Die Masse in die Brühe geben. Die Brühe durchseihen und die festen Bestandteile dabei gut ausdrücken, um die Flüssigkeit möglichst vollständig herauszupressen. Die Brühe mit Salz abschmecken und warm halten.

Während die Brühe kocht, die Speckwürfel in einer Pfanne goldbraun und knusprig anbraten. Abtropfen lassen und das Fett aufheben.

Die Nudeln circa 1 Minuten in kochendem Wasser erhitzen und auf vier Schüsselchen verteilen. Die Bohnensprossen oder das Blattgemüse dazugeben, mit der heißen Brühe auffüllen und 2–3 Garnelen in jede Schale geben.

Die Suppe mit Speckwürfeln, Frühlingszwiebel und etwas Pfeffer bestreuen und sofort servieren. Dazu Sojasoße und kleingeschnittene rote Chilischoten oder ein *Sambal* reichen.

Braune Nudeln à la Yen

LAKSA LEMAK
Nudeln in würziger Kokosmilch

Diese Variante des *Laksa* stammt von Nonyas aus Malakka. Falls Sie *Laksa* besonders gerne mögen, sollten Sie von der Gewürzpaste gleich die doppelte Menge zubereiten. Sie ist im Kühlschrank maximal 2 Wochen haltbar. Die hier angegebenen Mengen sind für sechs Personen berechnet.

Nudeln in würziger Kokosmilch

8 EL Öl
6 Zweige Polygonum (*Daun Kesum*)
2 wilde Ingwerknospen, in feine Ringe geschnitten · 1 1/2 Liter Wasser
375 ml dicke Kokosmilch
1 gehäufter EL Zucker · Salz
500 g frische, dünne Eiernudeln oder getrocknete Nudeln, gekocht und abgetropft · 1 Hühnerbrust, gedünstet und in Streifen geschnitten
150 g Sojasprossen, blanchiert
100 g Garnelen, geschält und gedünstet

Für die Gewürzpaste:
8 rote Chilischoten, gehackt
10 Schalotten, gehackt
1 Stengel Zitronengras, gehackt
2 cm Galgant, gehackt
1/2 cm frische Kurkuma, gehackt
1/2 TL Garnelenpaste

Zum Garnieren:
3 Zweige Polygonum (*Daun Kesum*), fein geschnitten
1 wilde Ingwerknospe, in feine Ringe geschnitten
1 Salatgurke, in streichholzgroße Stifte geschnitten
3 Eier, zu dünnen Omeletts gebacken und in Streifen geschnitten
2 rote Chilischoten, in Ringe geschnitten
2 Frühlingszwiebeln, in feine Ringe geschnitten
6 EL *Sambal Belacan* (Seite 121)
6 kleine, runde Limetten oder Zitronenspalten

Die Zutaten für die Gewürzpaste – gegebenenfalls mit etwas Öl – fein mahlen.

Das restliche Öl erhitzen und die Mischung 10 Minuten unter gelegentlichem Rühren darin anbraten. Polygonum, Ingwer und Wasser dazugeben und aufkochen lassen. Die Kokosmilch angießen und mit Zucker und Salz würzen. Die Wärmezufuhr verringern und das Ganze bei sehr schwacher Hitze im geöffneten Topf 10–15 Minuten köcheln lassen.

Die Nudeln kurz vor dem Servieren einige Sekunden in kochendem Wasser erwärmen. Nudeln, Hühnerbrust, Bohnensprossen und Garnelen auf sechs Schalen verteilen und mit dem Polygonum und dem Ingwer bestreuen. Mit der Soße übergießen und mit Gurke, Omelett, Chilliringen und Frühlingszwiebeln garnieren. Das *Sambal Belacan* und die aufgeschnittenen Limonen getrennt dazu reichen.

TIP

Für dieses Gericht eignen sich auch getrocknete Reisnudeln (Meehoon) oder andere chinesische Nudeln aus Weizenmehl.

Saure Nudelsuppe

ASAM LAKSA PENANG
Saure Nudelsuppe

Diese säuerliche Variante des *Laksa Lemak* kommt aus Penang und wird noch mit Fisch angereichert. Probieren Sie doch beide Versionen einmal aus, um festzustellen, welche Ihnen besser schmeckt!

1 kleine Makrele (600 g), ausgenommen
1 1/2 Liter Wasser
Saft von 5 EL Tamarindenmark (Seite 19)
2 wilde Ingwerknospen, in feine Ringe geschnitten · 3 Zweige Polygonum (*Daun Kesum*), fein geschnitten
1/2–1 EL Zucker · 600 g frische, breite Reisnudeln (*Laksa*-Nudeln)

Für die Gewürzpaste:
5 Schalotten · 2 Stengel Zitronengras
2,5 cm frische Kurkuma
3 getrocknete rote Chilischoten, in warmem Wasser eingeweicht
6 frische rote Chilischoten
1 TL Garnelenpaste

Zum Garnieren:
1 Salatgurke, geschält und in Streifen geschnitten · Zweige Polygonum (*Daun Kesum*), fein geschnitten
einige Minzezweige, kleingezupft
3 große rote Zwiebeln, in Ringe geschnitten
3 rote Chilischoten, in Ringe geschnitten
1/2 frische Ananas, in Streifen geschnitten
1 kleine Schale schwarze Garnelenpaste, in etwas warmem Wasser aufgelöst

Den Fisch bei schwacher Hitze in Wasser garen. Herausnehmen, abkühlen lassen und entgräten. Das Fleisch in mundgerechte Stücke zerteilen. Die Brühe durchseihen und mit dem Fisch, Tamarindensaft, Ingwer, Polygonum und Zucker in einen großen Topf geben.

Die Zutaten für die Gewürzpaste fein mahlen und ebenfalls in den Topf geben. Das Ganze 20–30 Minuten köcheln lassen.

Die Nudeln kurz vor dem Servieren in kochendem Wasser blanchieren, abtropfen lassen

Indische Hammelsuppe

und auf sechs Schalen verteilen. Mit der Brühe übergießen und mit dem Gemüse und den Kräutern garnieren.

Von der Garnelenpaste sollte sich jeder Gast selbst nehmen, denn sie ist ziemlich scharf. Die Makrele können Sie auch durch einen anderen Fisch mit kräftigem Eigengeschmack ersetzen. Wichtig ist nur, daß die Suppe ihren typischen Fischgeschmack bekommt.

INDIAN MEE GORENG
Gebratene Nudeln indische Art

Die Nudel kam ursprünglich zwar mit den Chinesen nach Malaysia, wurde aber bald auch von den übrigen Bevölkerungsgruppen in deren Küche integriert. Dieses Gericht werden Sie deshalb in Indien bestimmt nicht finden.

10 getrocknete Chilischoten, in heißem Wasser eingeweicht
8 EL Öl · 1 TL Garnelenpaste
3 Knoblauchzehen, fein gehackt
150 g Garnelen, geschält und die Därme entfernt · 150 g Hähnchenfleisch ohne Knochen, in Streifen geschnitten
400 g frische, gelbe Nudeln
100 g Senfkraut · 100 g Sojasprossen
2 Scheiben fester Tofu, fritiert und in Scheiben geschnitten
3 EL helle Sojasoße · 1 TL Salz
1 roter Chilischote, in Ringe geschnitten
1 grüne Chilischote, in Ringe geschnitten
1 Zweig Koriander, grob gehackt
1 Zweig chinesischer Sellerie, grob gehackt
2 Frühlingszwiebeln, in Ringe geschnitten
2 EL fritierte Schalotten (Seite 121)
6 kleine, frische Limetten, halbiert

Die eingeweichten Chilischoten gegebenenfalls mit etwas Öl zu einer Paste zermahlen. Das Öl bis auf 2 Eßlöffel bei mittlerer Hitze erhitzen und die Garnelenpaste 1 Minute darin anbraten. Die Chillipaste dazugeben, das Ganze bei schwacher Hitze unter gelegentlichem Rühren 1/2 Stunde köcheln lassen und anschließend aus dem Topf nehmen.

Das restliche Öl im Wok erhitzen und den Knoblauch, die Chillipaste, die Garnelen und das Fleisch 3 Minuten darin anbraten. Die Nudeln hinzufügen und alles weitere 3 Minuten garen. Das Senfkraut und die Sojasprossen dazugeben und 2 Minuten mitbraten. Den Tofu hinzufügen und das Ganze unter laufendem Rühren nochmals 3 Minuten garen. Zum Schluß mit Sojasoße und Salz würzen und alles noch 1 Minute unter Rühren braten.

Mit den frischen Chilliringen, Koriander, Sellerie, Frühlingszwiebel, den fritierten Schalotten und den Limetten garnieren und sofort servieren.

Gebratene Nudeln indische Art

TIP

Das Senfkraut kann auch durch Weißkohl oder Spinat ersetzt werden.

SOP KAMBING
Indische Hammelsuppe

Diese herzhafte Suppe ist auch unter dem Namen *Sop Tulang* – »Knochensuppe« – bekannt und wird gerne in den Garküchen Singapurs angeboten. Sie eignet sich hervorragend als spätes Abendessen oder als Mittagessen und schmeckt besonders gut mit knusprigem Baguette.

5 cm Ingwer · 6 Knoblauchzehen
500 g fleischige Hammel- oder Lammrippen
1 gehäufter EL gemahlener Koriander
1 TL gemahlener Fenchel
1/2 TL gemahlener Kümmel
1 TL Salz · 2–3 Liter Wasser · 2 EL Öl
2 Stangen Porree (nur die weißen Teile), in Ringe geschnitten
8 cm Zimtstange · 4 Sternanis
5 Kardamomschoten, zerdrückt
1 Tomate, geviertelt
fritierte Schalotten (Seite 121)
gehackte chinesische Sellerie- oder Korianderblättchen zum Garnieren

Den Ingwer mit dem Knoblauch zerdrücken und mit den Rippchen und den Gewürzen in einen Topf geben. 3 Liter Wasser (bei Lammrippen, die schneller gar sind, genügen 2 Liter) angießen und das Fleisch bei schwacher Hitze im geöffneten Topf weich garen.

Das Öl in einem kleinen Topf erhitzen und den Porree mit Zimt, Anis und Kardamom darin weich dünsten. Zu der Hammelsuppe geben und das Ganze noch einige Minuten köcheln lassen.

Die Tomate hinzufügen, abschmecken und gegebenenfalls noch etwas nachsalzen. Die Suppe vor dem Servieren mit fritierten Schalottenringen und den gehackten Kräutern bestreuen und dazu knuspriges Baguette reichen.

Reis mit Huhn

NASI AYAM
Reis mit Huhn

Auch dies ist ein Gericht, das häufig in Coffee-Shops und an Imbißständen in Malaysia und Singapur zu finden ist. Bereiten Sie das Hähnchen am besten im voraus zu.

Für das Brathuhn:
1/2 frisches Hähnchen
3 Knoblauchzehen
4 Schalotten
5 cm Ingwer
3 EL Austernsoße
1 EL dunkle Sojasoße
2 EL helle Sojasoße
1 EL Tomatensoße
1 EL Chillisoße
1 TL Cayennepfeffer
1 TL Salz

Für den Reis:
2 Tassen Reis, gründlich gewaschen
2,5 cm Ingwer
3 Knoblauchzehen
60 g Butter
2 Pandanusblätter
1 Prise Salz
3 EL fritierte Schalotten (Seite 121)

Für die Chillisoße:
5 rote Chilischoten
4 Knoblauchzehen
2,5 cm Ingwer
3 EL Limonensaft
1 TL Sesamöl · Salz und Zucker

1 Salatgurke, in Scheiben geschnitten

Das Hähnchen mehrfach mit einer Gabel einstechen, damit die Gewürze in das Fleisch eindringen können. Den Knoblauch mit den Schalotten und dem Ingwer pürieren und mit den restlichen Zutaten vermischen. Das Hähnchen damit einreiben und 4 Stunden oder über Nacht marinieren lassen. Das Hähnchen etwa 20 Minuten bei 220°C im Ofen garen, anschließend zerteilen, auf einer Platte anrichten und mit Gurkenscheiben garnieren.

Den Reis waschen, abtropfen lassen und in einen Topf geben. Den Ingwer mit dem Knoblauch pürieren und mit der Butter, den Padanusblättern und dem Salz zu dem Reis geben. Ausreichend Wasser angießen und den Reis garen. Den fertigen Reis mit einer Gabel auflockern, in eine Schüssel füllen und mit fritierten Schalotten garnieren.

Die Zutaten für die Chillisoße zu einer feinen Paste zermahlen.

Den Reis mit dem Hähnchen und der Chillisoße servieren. Dazu reicht man traditionell eine Schale mit klarer Hühnersuppe.

CLAYPOT-REIS

Dieses Eintopfgericht aus Kanton erfreut sich auch in den Garküchen Singapurs und Malaysias großer Beliebtheit. Die Chinesen behaupten zwar, das Gericht entfalte seinen Geschmack und sein Aroma erst dann richtig, wenn man es in einem typisch chinesischen Tontopf (Claypot) zubereitet, es eignet sich aber auch jedes andere Tongefäß mit Deckel.

2 Tassen Langkornreis, gewaschen
1/2 Liter Hühnerbrühe (Seite 121)
ca. 750 g Hähnchenfleisch, in kleine Würfel geschnitten
1 chinesische Wurst, in Scheiben geschnitten · 6 getrocknete Morcheln, eingeweicht und geviertelt
4 cm Ingwer, in feine Scheiben geschnitten
1 Frühlingszwiebel, in dünne Ringe geschnitten

Für die Marinade:
2 EL Öl · 3 EL Austernsoße
1 EL Sojasoße · 1 EL chinesischer Reiswein
1/2 TL Sesamöl · 1 TL dunkle Sojasoße
1 TL Zucker
1/2 TL gemahlener weißer Pfeffer
1 EL Stärkemehl

Den Reis mit der Hühnerbrühe in einen Tontopf geben, zudecken und etwa 20 Minuten bei schwacher Hitze garen.

In der Zwischenzeit aus den angegebenen Zutaten eine Marinade herstellen, das Fleisch damit übergießen und mehrmals darin wenden. Das Fleisch, die Wurst, die Pilze und den Ingwer auf dem fertigen Reis verteilen, den Topf zudecken und das Ganze weitere 10 Minuten garen. Mit der Frühlingszwiebel bestreuen und servieren.

TIP
Sollten Sie keinen Tontopf besitzen, können Sie auch einen Metalltopf mit schwerem Boden verwenden.

ENTE IN AROMATISCHER SOJASOSSE

Für dieses einfache, aber ausgesprochen schmackhafte Gericht, das auch mit Gans zubereitet werden kann, wird die Ente in einer mit »dunklen« Gewürzen (Zimt, Sternanis und Nelken) aromatisierten Sojasoße geschmort. Frischer Kurkuma und Zitronengras sind typisch südostasiatische Gewürze, erfreuen sich aber auch in Singapur großer Beliebtheit. *Jin Kok,* eine getrocknete chinesische Wurzel, ist in Asienläden erhältlich.

1 Ente (2 kg) · 1 EL Fünf-Gewürze-Pulver
7 Zimtstangen (à ca. 8 cm)
15 Sternanis · 20 Nelken
10 Schalotten, leicht zerdrückt
10 Knoblauchzehen, leicht zerdrückt
3 EL *Jin Kok* (wahlweise)
1 Liter helle Sojasoße
3 EL dunkle Sojasoße · 2 EL Zucker
1 Stengel Zitronengras, zerdrückt
1 cm Kurkuma, zerdrückt, oder
2 TL Kurkumapulver
6 Liter Wasser

Die Ente ausnehmen, innen mit dem Fünf-Gewürze-Pulver einreiben und über Nacht in den Kühlschrank stellen.

Die Ente am nächsten Tag mit Wasser ausspülen, mit den Gewürzen in einen großen, breiten Topf geben und das Wasser angießen. Aufkochen lassen und die Ente bei schwacher Hitze garen, bis das Fleisch sehr weich ist. Dazu reicht man gedämpften Reis.

FEURIGES HÄHNCHENCURRY

Der Name läßt bereits vermuten, daß es sich hier um ein ziemlich scharfes Gericht handelt. Etwas gemildert wird die Schärfe nur durch Zitronengras und Galgant. Servieren Sie also reichlich gedämpften Reis dazu.

Für die Gewürzpaste:
30 Schalotten, gehackt · 30 getrocknete Chilischoten, gehackt, eingeweicht und entkernt · 3 cm frische Kurkumawurzel, gehackt
2,5 cm Galgant, gehackt
2 Stengel Zitronengras, gehackt
1 TL braune Senfsamen, 5 Minuten in Wasser eingeweicht

4 EL Öl · 2 Zwiebeln, geviertelt
5 cm Ingwer, in Streifen geschnitten · 5 Knoblauchzehen, in Scheibchen geschnitten
2 rote Chilischoten, der Länge nach halbiert · 1 TL Salz
1 TL helle Sojasoße · 4 EL Zucker
4 Kartoffeln, geschält und geviertelt
1/2 Hähnchen, in mundgerechte Stücke zerteilt · 8 EL weißer Essig
3/4–1 Liter Wasser

Die Zutaten für die Gewürzpaste mit etwas Öl pürieren und beiseite stellen.

Das restliche Öl erhitzen und Zwiebeln, Ingwer, Knoblauch und Chilischoten 2 Minuten darin anbraten. Das Öl abgießen und die Mischung beiseite stellen.

Die Gewürzpaste 10 Minuten in 4 Eßlöffeln Öl anbraten und mit Sojasoße und Salz würzen.

Feuriges Hähnchencurry

Den Zucker hinzufügen und gut umrühren. Kartoffeln, Fleisch, Essig und Wasser dazugeben und das Ganze bei geöffnetem Topf garen, bis das Hähnchen weich ist. Abschmecken, das gebratene Gemüse hinzufügen, gut umrühren und servieren.

Wenn das Gericht nicht ganz so scharf werden soll, entkernen Sie die Chilischoten am besten. Dazu zerteilen Sie die Schoten vor dem Einweichen in Stücke. So fallen die Kerne im Wasser heraus und sammeln sich am Boden der Schüssel.

Rindfleisch in Kokosmilch gegart

RENDANG DAGING
Rindfleisch in Kokosmilch gegart

Dieses Gericht darf in Malaysia bei keinem Festessen fehlen. Für das *Kerisik* 300 g frisches Kokosfleisch bei schwacher Hitze im Backofen bräunen oder ohne Fett im Wok anbraten. Dann abkühlen lassen und fein mahlen, bis das Öl austritt.

8 EL Öl · 1 Stück Zimtstange (3 cm)
2 Nelken · 4 Sternanis
2 Kardamomschoten
500 g Rindfleisch (Schulter, Kamm oder Nacken), in Würfel geschnitten
1/2 Liter dicke Kokosmilch
1 Scheibe *Asam Gelugur* oder Saft von 2 TL Tamarindenmark (Seite 19)
2 Kaffirlimonenblätter, in sehr feine Streifen geschnitten · 1 Kurkumablatt, in sehr feine Streifen geschnitten
2 EL *Kerisik* · 1 1/2 TL Zucker · Salz

Für die Gewürzpaste:
2 Schalotten, gehackt
2 cm Galgant, gehackt
3 Stengel Zitronengras, gehackt
2 Knoblauchzehen, gehackt
2 cm Ingwer, gehackt
10 getrocknete Chilischoten, in heißem Wasser eingeweicht

Die Zutaten für die Gewürzpaste im Mixer pürieren. Das Öl erhitzen und die Gewürzpaste mit Zimt, Nelken, Sternanis und Kardamom 5 Minuten darin anbraten. Fleisch, Kokosmilch und *Asam Gelugur* oder Tamarindensaft dazugeben und das Ganze unter häufigem Rühren bei geöffnetem Topf garen, bis das Fleisch fast weich ist. Limonen-, Kurkumablatt und das *Kerisik* hinzufügen und mit Zucker und Salz abschmecken. Die Wärmezufuhr verringern und das Fleisch weitere 1 bis 1 1/2 Stunden garen, bis es sehr weich und die Soße vollständig eingekocht ist. Mit Reis und pfannengerührtem Gemüse servieren.

BUNTUT ASAM PEDAS
Sauer-scharfer Ochsenschwanz

Der kräftige Geschmack des Ochsenschwanzes kommt bei diesem Gericht besonders gut zur Geltung.

1 Ochsenschwanz (ca. 2 kg), in 4 cm große Stücke zerteilt
10 Schalotten, gehackt
8 Knoblauchzehen, gehackt
25 rote Chilischoten, entkernt und gehackt
10 Vogelaugenchilischoten, gehackt
2,5 cm Kurkuma, gehackt, oder
1 TL Kurkumapulver
3 EL Tomatenmark
Saft von 200 g Tamarindenmark (Seite 19)
2 EL Zucker
5 Kaffirlimonenblätter
2 Stengel Zitronengras, zerdrückt
4 cm Galgant, in Scheiben geschnitten
3 Liter Wasser
Salz und Pfeffer
fritierte Schalotten (Seite 121)

Den Ochsenschwanz vom Fett befreien.

Die Schalotten – gegebenenfalls mit etwas Wasser – mit dem Knoblauch, den Chilischoten und der Kurkumawurzel pürieren und mit den restlichen Zutaten, bis auf Wasser, Salz, Pfeffer und die fritierten Schalotten, vermischen. Das Fleisch darin wenden und anschließend 2 Stunden marinieren.

Das Wasser in einem großen Topf zum Kochen bringen und den Ochsenschwanz im geöffneten Topf bei schwacher Hitze garen, bis er weich ist und die Flüssigkeit um die Hälfte eingekocht ist. Mit Salz und Pfeffer abschmecken, mit den fritierten Schalotten garnieren und mit gedämpftem Reis servieren.

Indisches Hammelcurry

KAMBING KORMA
Indisches Hammelcurry

Dieses sättigende Curry wird mit einer Vielzahl frischer und gemahlener Gewürze zubereitet. Die Kemirinuß, mit der das Gericht angedickt und verfeinert wird, ist eine typische Zutat der Küche Singapurs (in Indien findet man sie nicht).

1 kg Hammel- oder Lammfleisch, in Würfel geschnitten
2 Liter Wasser · 10 Schalotten, gehackt
10 Knoblauchzehen, gehackt
5 cm Ingwer, gehackt
10 grüne Chilischoten, gehackt
3 EL Öl
1 große Zwiebel, in Ringe geschnitten
6 Kardamomschoten, zerdrückt
5 Sternanis · 2 Zimtstangen (à 8 cm)
4 EL Currypulver für Fleisch
20 Curryblätter · 3 Kartoffeln, geviertelt
250 g Joghurt · 1 TL Salz
10 Kemirinüsse, zerstoßen oder gemahlen
2 Scheiben *Asam Gelugur* oder Saft von 1 EL Tamarindenmark (Seite 19)
4–6 grüne Chilischoten, der Länge nach halbiert
6 Tomaten, geviertelt

Das Fleisch mit dem Wasser in einen großen Topf geben.

Schalotten, Knoblauch, Ingwer und grüne Chilischoten mit etwas Wasser pürieren. Die Mischung in den Topf geben, das Ganze zum Kochen bringen und danach bei geöffnetem Topf so lange köcheln lassen, bis das Fleisch gerade weich ist.

Das Öl erhitzen und die Zwiebel mit Kardamom, Sternanis, Zimt, Currypulver und Curryblättern kurz darin anbraten. Die Mischung, sobald sie ihr Aroma entfaltet, zum Fleisch geben. Kartoffeln, Joghurt, Salz, Kemirinüsse und Tamarindensaft hinzufügen und das Ganze weiterkochen, bis das Fleisch vollkommen gar ist. Unmittelbar vor dem Servieren die grünen Chilischoten und die Tomaten dazugeben.

MARINIERTER FISCH »BORNEO«

Dieses Gericht erfreut sich bei den Melanau in Sarawak – sie nennen es *Umai* – besonderer Beliebtheit. Die Kadazan in Sabah nennen es *Hinava.* Da der Fisch nur mit Limonensaft »gegart« wird, sollte er unbedingt ganz frisch sein.

500 g weißfleischiger Fisch, vorzugsweise Spanische Makrele · 6 EL frisch gepreßter Limonen- oder Zitronensaft
2–3 rote Chilischoten · 1 TL Salz
6–8 Schalotten, in feine Ringe geschnitten
5 cm Ingwer, sehr fein geschnitten
2 frische Korianderzweige, die Blätter grob gehackt
2 Zweige chinesischer Sellerie, grob gehackt

Den Fisch häuten, entgräten und das Fleisch in dünne Scheiben schneiden. 2 Eßlöffel von dem Limonensaft abnehmen. Den Fisch mindestens 1/2 Stunde im restlichen Saft marinieren, bis das Fleisch nicht mehr durchsichtig ist. Dabei ein oder zweimal wenden. Den Fisch abtropfen lassen und den Saft weggießen. In der Zwischenzeit die Chilischoten mit dem Salz fein zermahlen. Den fertig marinierten Fisch mit den Chilischoten, Schalotten, Ingwer, Kräutern und dem restlichen Limonensaft vermischen. Gegebenenfalls noch einmal mit Salz abschmekken und sofort mit einem Reisgericht servieren.

IKAN ASAM PEDAS
Scharf-saures Fischcurry

Ein Schuß Kokosmilch verleiht diesem pikanten, aromatischen Curry seinen besonderen Pfiff.

6 EL Öl · 3 EL dicke Kokosmilch
6 cm Galgant, zerstoßen
2 Scheiben *Asam Gelugur* oder Saft von 1 gehäuften EL Tamarindenmark (Seite 19) · 625 ml Wasser
6 dicke Fischfilets oder -steaks
4 Zweige Polygonum (*Daun Kesum*), gehackt · Salz · 1 TL Zucker

Für die Gewürzpaste:
15 getrocknete Chilischoten, in heißem Wasser eingeweicht und gehackt
2 Kemirinüsse · 4 Knoblauchzehen, gehackt
10 Schalotten, gehackt
1/2 TL Kurkumapulver · 500 ml Wasser

Die Zutaten für die Gewürzpaste mischen und pürieren.

Das Öl in einem Topf erhitzen und Galgant mit der Paste 5 Minuten darin anbraten. Das *Asam Gelugur* oder den Tamarindensaft hinzufügen. 1/2 Liter Wasser angießen und das Ganze weitere 5 Minuten braten. Das restliche Wasser dazugeben und aufkochen lassen.

Den Fisch, Polygonum und Kokosmilch in den Topf geben, mit Zucker und Salz würzen und das Curry nochmals 5 Minuten bei geöffnetem Topf köcheln lassen.

GEDÜNSTETER FISCH »TEOCHEW«

Für dieses ausgesprochen köstliche Gericht sollte man nur absolut frischen Fisch verwenden. Gesalzene Pflaumen sind in Gläsern in Asienläden erhältlich.

1 Butterfisch (1 kg)
50 g eingesalzener Chinakohl (*Kiam Chye*), gehackt · 1 Tomate, in Spalten zerteilt
8 cm Ingwer, in feine Scheiben geschnitten
2 rote Chilischoten, in feine Ringe geschnitten · 6 eingesalzene Pflaumen
1 Frühlingszwiebel, in 5 cm große Stücke geschnitten · 3 getrocknete schwarze Pilze, eingeweicht und in Scheiben geschnitten
60 g Schweinefleisch, kleingeschnitten (wahlweise)

Zum Würzen:
4 EL Knoblauchöl (Seite 121)
4 EL Austernsoße · 1 TL Sesamöl
2 EL helle Sojasoße · 1 EL Zucker

Gedünsteter Fisch »Teochew« (links) und Austernomelett (rechts; Seite 109)

Krebse in scharfer Chillisoße

2 EL chinesischer Reiswein
1/8 Liter Hühnerbrühe (Seite 121)

Den Fisch säubern und trockentupfen. Die restlichen Zutaten in eine Schüssel geben. Die Gewürze vermischen und gründlich mit den übrigen Zutaten vermengen. Den Fisch (er sollte in einen Dämpfeinsatz passen) auf einen Teller legen und die Mischung darauf verteilen. Zudecken und 15–20 Minuten über sprudelnd kochendem Wasser dämpfen, bis er gar ist. Dabei darauf achten, daß er nicht zerfällt.

SAMBAL UDANG

Sambal mit Garnelen

8 EL Öl
2 EL brauner Zucker
1 TL Salz
3 EL dicke Kokosmilch
4 EL Limonensaft
500 g mittelgroße Garnelen, geschält und die Därme entfernt

Für die Gewürzpaste:
10 rote Chilischoten, gehackt
3 mittelgroße rote Zwiebeln, gehackt
2,5 cm Galgant, gehackt
10 Knoblauchzehen, gehackt
3 Kemirinüsse

Die Zutaten für die Gewürzpaste vermischen und – gegebenenfalls mit etwas Öl – pürieren. Das Öl in einer Kasserolle erhitzen und die Mischung circa 10 Minuten darin anbraten, bis sie ihr Aroma entfaltet. Zucker, Salz und Kokosmilch hinzufügen und das Ganze zum Kochen bringen. Den Limonensaft und die Garnelen dazugeben und 5 Minuten garen, bis die Garnelen gerade weich sind.

BUTTERGARNELEN

Dieses malaysische Rezept kombiniert Zutaten aus Malaysia, China und Indien mit westlichen Zutaten. Ein köstliches Gericht für jeden Feinschmecker!

600 g große Garnelen
Öl zum Fritieren · 2–3 EL Butter
15 Vogelaugenchilischoten, grob gehackt
10–15 Curryblätterzweige, abgezupft
2 Knoblauchzehen, fein gehackt
1/2 TL Salz · 2 EL Zucker
1/2 TL helle Sojasoße · 1/2 TL chinesischer Reiswein · geraspeltes Fruchtfleisch von 1/2 Kokosnuß, goldbraun geröstet

Die Köpfe der Garnelen entfernen, die Garnelen aber nicht schälen. Die Garnelen der Länge nach einschneiden und die Därme herausnehmen. Fühler und Beine abtrennen, die Garnelen trockentupfen und anschließend im heißen Öl fritieren.

Abtropfen lassen und beiseite stellen. Die Butter zerlassen und Chilischoten, Curryblätter und Knoblauch 2 Minuten darin anbraten. Mit Salz würzen und die Garnelen mit Zucker, Sojasoße, Wein und den Kokosraspeln dazugeben. Das Ganze bei starker Hitze 1–2 Minuten unter häufigem Rühren braten und sofort servieren.

KREBSE IN SCHARFER CHILLISOSSE

Dies ist eigentlich das Nationalgericht Singapurs. Stellen Sie Ihren Gäste dazu Fingerschalen mit warmem Wasser (in Asien nimmt man Tee) hin, denn das Gericht schmeckt noch mal so gut, wenn man es mit den Fingern ißt!

1 kg frische Krebse, gesäubert und halbiert
Öl zum Fritieren
4 Knoblauchzehen, fein gehackt
5 cm junger Ingwer, grob gehackt
3 rote Chilischoten, fein gehackt
4 EL Chillisoße
4 EL Tomatensoße
1 EL Zucker
1 EL helle Sojasoße
1 TL Sesamöl
Salz und Pfeffer
1/2 Liter Hühnerbrühe (Seite 121)
1 EL Stärkemehl, mit 3 EL Wasser angerührt
1 Ei, leicht verquirlt
1 Frühlingszwiebel, in Ringe geschnitten

Die Krebse im heißen Öl fritieren, bis sie hellrot sind. Herausnehmen und beiseite stellen. Das Öl weggießen, 4 Eßlöffel frisches Öl im Wok erhitzen und Knoblauch, Ingwer und Chilischoten unter Rühren darin anbraten, bis sie ihr Aroma entfalten. Die Chilli- und die Tomatensoße, Zucker, Sojasoße und Sesamöl hinzufügen und das Ganze 1 Minute köcheln lassen. Mit Salz und Pfeffer würzen, die Krebse in die Soße geben und darin wenden, bis sie mit der Soße überzogen sind. Die Hühnerbrühe angießen und bei starker Hitze 3 Minuten kochen lassen. Die Stärke und das Ei unterrühren und die Soße eindicken lassen. Noch einmal mit Salz und Pfeffer abschmecken und mit der Frühlingszwiebel bestreuen.

Sambal mit Garnelen

AYAM LIMAU PURUT
Limonen-Huhn

Seine besondere Note erhält dieses Nonya-Curry durch die frischen, aromatischen Kräuter und Gewürze.

8 EL Öl
1/2 Hähnchen, in mundgerechte Stücke zerteilt
1 Scheibe *Asam Gelugur* oder Limonensaft
1/8 Liter Wasser
1/2 Liter dicke Kokosmilch
4 Kaffirlimonenblätter
Salz
Limonensaft (wahlweise)

Für die Gewürzpaste:
2 mittelgroße rote oder braune Zwiebeln, gehackt
8 rote Chilischoten, gehackt
3 Knoblauchzehen, gehackt
1 Stengel Zitronengras, gehackt
3 cm Galgant, gehackt
1 TL Kurkumapulver

Die Zutaten für die Gewürzpaste miteinander vermischen und pürieren; dabei gegebenenfalls etwas Öl hinzufügen. Das Öl erhitzen und die Paste circa 5 Minuten darin anbraten, bis sie ihr Aroma entfaltet.

Das Hähnchen, *Asam Gelugur* und das Wasser dazugeben und das Ganze so lange kochen, bis das Fleisch halb gar ist.

Die Kokosmilch und die Limonenblätter hinzufügen und das Curry bei geöffnetem Topf weitergaren, bis das Fleisch weich ist. Zum Schluß mit Salz und Zitronensaft abschmecken.

STOCKFISCHCURRY MIT ANANAS

Eingesalzener, getrockneter Fisch ist in Malaysia überaus beliebt, und das nicht nur in Zeiten, in denen es wegen der Monsunstürme keinen frischen Fisch gibt. Verwenden Sie für dieses eurasische Curry einen guten gedörrten Fisch, den Sie in 1 cm dicke Scheiben schneiden.

1 feste, reife Ananas
125 g eingesalzener, getrockneter Fisch, in grobe Würfel geschnitten
4 EL Öl · 1/8 Liter Wasser
375 ml dicke Kokosmilch
Salz

Für die Gewürzpaste:
6 Schalotten, gehackt
3 rote Chilischoten, gehackt
2,5 cm frische Kurkuma, gehackt
2,5 cm Galgant, gehackt
2 Stengel Zitronengras, gehackt
1/2 TL getrocknete Garnelenpaste
1/2 TL Salz

Die Ananas schälen und die braunen Augen entfernen. Die Frucht vierteln, das holzige Innere herausschneiden, die Viertel waschen und in Dreiecke zerteilen. Die Hälfte des Fruchtfleischs mit circa 4 Eßlöffeln Wasser pürieren und das Mus beiseite stellen.

Den Fisch circa 10 Minuten in Wasser einweichen, abtropfen lassen und trockentupfen.

Die Zutaten für die Gewürzpaste vermischen und pürieren. Das Öl in einer Kasserolle erhitzen und die Paste 5 Minuten unter Rühren darin anbraten.

Die Ananasstücke dazugeben und in der Paste wenden, bis sie damit überzogen sind. Den Fisch, das Ananaspüree, Wasser und Kokosmilch hinzufügen. Die Wärmezufuhr verringern und das Curry circa 10–15 Minuten köcheln lassen, bis die Ananas weich ist. Mit Salz abschmecken.

Stockfischcurry mit Ananas

Geräucherter Seebarsch

GERÄUCHERTER SEEBARSCH

Lebensmittel, insbesondere Ente, über Teeblättern zu räuchern, ist in den chinesischen Provinzen Yunnan und Sichuan ein beliebtes Garverfahren.

Damit Sie nicht »eingeräuchert« werden, sollten Sie darauf achten, daß während des Räucherns die Dunstabzugshaube eingeschaltet und der Raum gut durchlüftet ist.

1 Seebarsch-Filet oder Filet von einem anderen weißfleischigen Fisch, z. B. Snapper oder Seebarbe (500–600 g)
5 EL chinesische Schwarzteeblätter
5 Sternanis · 3 Zimtstangen (à 8 cm)
20 Gewürznelken · 5 EL ungekochter Reis
5 Knoblauchzehen, zerdrückt

Für die Marinade:
500 ml Eiswasser · 5 EL Sojasoße · 1 EL Salz
1 EL Zucker · 8 EL Ingwersaft

Die Marinadenzutaten verrühren, den Fisch damit übergießen und etwa 3 Stunden ziehen lassen.

Den Fisch aus der Marinade nehmen, abtropfen lassen, mit Küchenpapier trockentupfen und beiseite stellen.

Den Wok bei schwacher Hitze erhitzen und die restlichen Zutaten hineingeben. Den Fisch auf einen runden Gitterrost oder ein Bambusgitter legen und das Gitter in den Wok einsetzen (der Abstand zu den restlichen Zutaten sollte dabei mindestens 5 cm betragen). Den Wok zudecken und den Fisch 10–15 Minuten bei schwacher Hitze räuchern, bis er außen braun und innen gegart ist.

Den Fisch in Scheiben schneiden und heiß oder kalt servieren.

WÜRZIGE WASSERWINDE

Kangkung (Wasserwinde) ist in Südostasien ein sehr beliebtes Gemüse. Da es beim Garen zusammenfällt, benötigen Sie sehr große Mengen davon.

1 kg Wasserwinde
3 EL getrocknete Garnelen, eingeweicht
6 Knoblauchzehen
6 Schalotten · 5 rote Chilischoten
2,5 cm Ingwer
2 TL getrocknete Garnelenpaste
3–4 EL Öl · 2 EL Zucker
1 TL Sesamöl · 1 EL helle Sojasoße
Salz und Pfeffer
1 rote Chilischote, in feine Ringe geschnitten

Limonen-Huhn (links) und Gemüse in Kokosmilch (rechts)

Die harten Stiele der Wasserwinde entfernen, so daß nur noch die zarten Blätter und Blattspitzen übrigbleiben.

Die getrockneten Garnelen fein zerstoßen oder mahlen.

Knoblauch, Schalotten, Chilischoten und Ingwer vermischen und gegebenenfalls mit etwas Öl pürieren. Die Garnelenpaste hinzufügen und das Ganze noch einmal einige Sekunden pürieren.

Das restliche Öl im Wok oder einer schweren Pfanne erhitzen. Die Paste und die getrockneten Garnelen hineingeben und bei schwacher Hitze unter häufigem Rühren circa 5 Minuten anbraten, bis sich das Aroma entfaltet.

Zucker, Sesamöl und Sojasoße unterrühren. Die Wasserwinde hinzufügen, gut umrühren und das Gemüse zugedeckt weich garen. Mit Salz und Pfeffer würzen und mit den Chilliringen bestreuen.

SAYUR LEMAK

Gemüse in Kokosmilch

Dieses Nonya-Gericht aus Gemüse und Tofu wird in einer Soße aus cremiger Kokosmilch serviert.

3 EL Öl · 375 ml Wasser · 375 ml dicke Kokosmilch · 1 Möhre, in 4 cm lange Stifte geschnitten · 1 kleine Aubergine, in 4 cm lange Stifte geschnitten
3 grüne Bohnen, in 4 cm lange Stifte geschnitten · 1/2 Weißkohl, in breite Streifen geschnitten · 1 Stück fester Tofu, fritiert und geviertelt · Salz

Für die Gewürzpaste:
2 rote Chilischoten, gehackt
3 Kemirinüsse, in kleine Stücke zerteilt
5 Schalotten, gehackt · 1/2 TL Kurkumapulver
1/2 TL getrocknete Garnelenpaste
1 TL getrocknete Garnelen, 5 Minuten in warmem Wasser eingeweicht

Die Zutaten für die Gewürzpaste gegebenenfalls mit etwas Öl pürieren. Das Öl erhitzen und die Paste 5 Minuten darin anbraten. Das Wasser und die Kokosmilch angießen und das Ganze langsam zum Kochen bringen.

Das Gemüse und den Tofu dazugeben, mit Salz würzen und das Gemüse bei schwacher Hitze und geöffnetem Topf bißfest garen.

WÜRZIGER KÜRBIS

Kürbisse, vor allem die süßlichen Sorten erfreuen sich vor allem bei den Malaien südindischer Abstammung großer Beliebtheit.

1 Kürbis (750 g) · 3 EL Öl
1 große Zwiebel, fein gehackt
1 EL braune Senfsamen
2 Curryblätterzweige, abgezupft
1 EL Curry für Fisch oder Geflügel
2–3 TL Cayennepfeffer
1/2 TL Kurkumapulver
1/2 Liter Wasser
1 TL Salz
Zucker

Das Kürbisfleisch herausschaben und in $2^1/_2$ cm große Würfel schneiden. Das Öl erhitzen und die Zwiebel goldgelb darin anschwitzen. Die Senfkörner und die Curryblätter dazugeben und so lange braten, bis die Senfkörner aufplatzen. Die Gewürze hinzufügen und 30 Sekunden mitbraten. Den Kürbis in den Topf geben und 1 bis 2 Minuten umrühren, bis er die Gewürze angenommen hat. Das Wasser nach und nach unter Rühren angießen und mit Salz und Zucker würzen. Den Kürbis bei geöffnetem Topf köcheln lassen, bis er weich und trocken ist.

LINSEN-GURKEN-GEMÜSE

Zarte Linsen und knackige Gurke machen dieses südindische Gericht zu einem Genuß.

200 g gelbe Linsen · 1/2 TL Kurkumapulver
1/2 Liter Wasser · 1 Gurke
4 Schalotten, in Ringe geschnitten
1 Knoblauchzehe, in Scheibchen geschnitten · 2 EL Öl
1 EL braune Senfsamen · 1 TL Salz
1 Curryblätterzweig, abgezupft
2 rote Chilischoten, entkernt und in Ringe geschnitten

Die Linsen gründlich waschen, mit dem Kurkumapulver im Wasser weich garen.

Anschließend die Schale der Gurke mit einer Gabel in gleichmäßigen Abständen einritzen, so daß ein Streifenmuster entsteht. Die Frucht dann der Länge nach halbieren. Das Fleisch in der Mitte herausschaben und die restliche Gurke in 5 mm dicke Scheiben schneiden.

Das Öl erhitzen und Schalotten und Knoblauch darin weich garen. Die Senfkörner dazugeben und so lange mitgaren, bis sie aufplatzen. Die Linsen und den Kürbis hinzufügen und mit Salz würzen. Das Ganze so lange weitergaren, bis die Gurke weich ist. Den Topf kurz vor Ende der Garzeit vom Herd nehmen, die Curryblätter und die Chilliringe hineingeben, gut umrühren und servieren.

TIP

Die Gurke können Sie auch durch 500 g grüne Bohnen oder in Scheiben geschnittenen Gemüse- oder Sommerkürbis ersetzen.

Linsen-Gurken-Gemüse (links) und würziger Kürbis (rechts)

Mangopudding

In Malaysia und Singapur wird das Dessert nicht unbedingt am Ende der Mahlzeiten gegessen. In guten Restaurants wird man Ihnen die hier vorgestellten Nachspeisen allerdings stets erst zum Schluß servieren.

MANGOPUDDING

1 Liter Wasser
250 g Zucker
30 g (6 TL) Gelatine, in warmem Wasser eingeweicht
1/2 Liter Kokosmilch
1/8 Liter Kondensmilch
2 Eier, verquirlt
200 g Mangofruchtfleisch, püriert
1 große Mango, sehr fein gewürfelt

Das Wasser mit dem Zucker bei schwacher Hitze unter Rühren erhitzen, bis sich der Zucker aufgelöst hat. Die eingeweichte Gelatine hinzufügen und das Ganze weiter erhitzen, bis sich die Gelatine vollständig aufgelöst hat. Den Topf vom Herd nehmen und die restlichen Zutaten bis auf die Mangowürfel hineingeben. Gut umrühren und die Mangowürfel dazugeben.

Die Masse auf Förmchen verteilen und im Kühlschrank fest werden lassen. Nach Belieben mit frischen Früchten und etwas Mangopüree verzieren.

MANDELGELEE

Dieses klassische chinesische Dessert wird meist in Restaurants serviert. Es ist leicht herzustellen und läßt sich gut im voraus zubereiten.

1 Liter Wasser
3 TL Agar-Agar-Pulver
125 g Zucker
1 TL Mandelessenz
1 kleine Dose Longans oder Lychees
Eiswürfel (wahlweise)

Das Wasser in einen Topf gießen und das Agar-Agar-Pulver einstreuen. Unter Rühren langsam zum Kochen bringen. Den Zucker und die Mandelessenz hinzufügen. Das Ganze 1 Minute köcheln lassen und die Masse dann in eine quadratische Form (Seitenlänge etwa 15 cm) gießen. Fest werden lassen und bis zum Servieren in den Kühlschrank stellen.

Die Longans oder Lychees kalt stellen.

Die gekühlten Früchte unmittelbar vor dem Auftragen in eine große Schüssel geben. Das Gelee in Quadrate zerteilen und zu den Früchten geben. Gegebenenfalls einige Eiswürfel hinzufügen und sofort servieren.

SAGO MIT HONIGMELONE

100 g Sago
1 1/2 Liter Wasser
1/2 Liter Kokosmilch
250 g Zucker
1/8 Liter Wasser
1/2 Honigmelone

Die Sagokörner 1/2 Stunde in 1/2 Liter Wasser einweichen und anschließend abtropfen lassen. Das restliche Wasser zum Kochen bringen und den Sago darin kochen, bis er durchsichtig ist. In ein Sieb abgießen und unter fließendem kaltem Wasser abschrecken. Den Sago dann auskühlen lassen.

Den Zucker mit 1/2 Liter Wasser zu Sirup einkochen lassen.

Die Melone schälen, halbieren und die Kerne entfernen. Die Hälfte des Fruchtfleischs pürieren, das Püree durch ein Sieb streichen und den Saft auffangen. Den Rest in kleine Würfel schneiden oder mit dem Kugelausstecher Kugeln daraus ausstechen. Den Sago mit der Kokosmilch, dem Melonensaft, den Melonenwürfeln und dem Zucker vermengen und gekühlt servieren.

NONYA-PFANNKUCHEN

Diese Nonya-Version der gefüllten malaysischen Pfannkuchen (*Kuih Dadar*) wird gerne mit einer Kokossoße zum Nachmittagstee oder als Snack serviert. Als Dessert ißt man sie eher selten.

Für den Teig:
10 Pandanusblätter
1/2 Liter Wasser
125 g Mehl · 1 Ei
5–6 EL frische Milch
1/2 TL Salz
2 TL zerlassene Butter

Für die Füllung:
150 g Kokosraspeln
375 ml Wasser
3 Pandanusblätter · 1/2 TL Salz
150 g Palmzucker, gehackt

Für die Kokossoße:
1/8 Liter dicke Kokosmilch
1/8 Liter Wasser
3 Pandanusblätter
1 TL Zucker
1 TL Stärkemehl
1 Prise Salz

Für den Teig die Pandanusblätter mit dem Wasser pürieren. Das Püree durch ein Sieb streichen und den Saft auffangen. Das Mehl in eine Schüssel sieben. Ei, Milch, Salz und Pandanussaft hinzufügen und das Ganze zu einem dünnen, glatten Teig verrühren. Gegebenenfalls noch mit etwas Wasser verdünnen.

Die Zutaten für die Füllung in eine Kasserolle geben und bei sehr schwacher Hitze circa 45 Minuten unter gelegentlichem Rühren köcheln lassen, bis eine dicke, trockene Masse entstanden ist. Die Masse dann auskühlen lassen.

Die Zutaten für die Soße ebenfalls in eine Kasserolle geben und bei schwacher Hitze unter laufendem Rühren so lange kochen, bis die Soße eindickt und durchsichtig wird. Durch ein Sieb streichen und warm oder bei Zimmertemperatur servieren.

Eine beschichtete Pfanne mit etwas Butter einfetten und soviel Teig hineingießen, um einen 15–20 cm großen Pfannkuchen zu backen. Den Pfannkuchen auf beiden Seiten backen und beiseite stellen. Mit dem restlichen Teig ebenso verfahren.

Vor dem Auftragen jeweils 2–3 Eßlöffel Füllung in die Mitte der Pfannkuchen setzen. Die Ränder einschlagen, die Pfannkuchen wie Zigarren aufrollen und warm oder bei Zimmertemperatur mit der Kokossoße servieren.

Sago mit Honigmelone

FRITIERTE SCHALOTTEN UND KNOBLAUCHÖL

1/2 Liter Öl
24 Schalotten oder 10–15 Knoblauchzehen, abgezogen und in feine Ringe geschnitten

Das Öl erhitzen und die Schalotten oder den Knoblauch darin fritieren, bis sie goldbraun und knusprig sind (dabei darauf achten, daß sie nicht verbrennen, sonst schmecken sie bitter). Abtropfen lassen und vor dem Abfüllen vollständig auskühlen lassen.

Das Öl aufheben und zum Braten oder Würzen anderer Speisen verwenden.

INGWERSAFT

Nehmen Sie nach Möglichkeit jungen Ingwer, denn er ist sehr viel saftiger.

125 g frischer Ingwer, geschält und grob gehackt
5 EL Wasser

Den Ingwer mit dem Wasser pürieren. Das Püree durch ein Sieb streichen und dabei mit einem Löffelrücken fest andrükken, um den Saft möglichst vollständig herauszupressen. Sie erhalten etwa 1/8 l Saft, der im Kühlschrank bis zu 1 Woche haltbar ist.

CHAR SIEW
Gebratenes, rotes Schweinefleisch

Char Siew wird gerne für chinesische Nudelgerichte, zu gebratenem Reis oder als Füllung für gedämpfte Brötchen (*Pau*) verwendet.

125 g Zucker
4 EL helle Sojasoße
2 EL dunkle Sojasoße
1 EL rote Lebensmittelfarbe
1 TL Fünf-Gewürze-Pulver
1 TL Sesamöl
1 TL chinesischer Reiswein
600 g Schweinebauch (halb Fleisch halb Fett) oder Schweinefilet (falls es nicht so fett sein soll)

Sämtliche Zutaten bis auf das Fleisch in einer Schüssel verrühren. Das Fleisch in die Marinade legen und circa 1 Stunde ziehen lassen.

Das Fleisch auf einen Gitterrost legen und bei 200°C (Gas Stufe 3–4) etwa 1/2 Stunde im Ofen garen. Abkühlen lassen und vor dem Servieren aufschneiden.

HÜHNERBRÜHE

2 große Suppenhühner oder Hähnchen, geviertelt
5 Liter Wasser
8 cm Ingwer, zerdrückt
2 Stangen Porree, in Ringe geschnitten
1 große Zwiebel, halbiert
1 Möhre, gewürfelt
5 Stangen chinesischer Sellerie mit Grün

Das Geflügel gründlich waschen und 3 Minuten in kochendem Wasser blanchieren.

Die Hühnchen aus dem Topf nehmen und das Wasser weggießen. Das Geflügel mit dem Gemüse und 5 Litern frischem Wasser zum Kochen bringen und anschließend bei schwacher Hitze und geöffnetem Topf 2–3 Stunden köcheln lassen. Ergibt 3–4 Liter Brühe. Die Brühe läßt sich auch gut einfrieren.

CHILLISOSSE

5 rote Chilischoten, grob gehackt
150 ml Wasser
3 EL Zucker
150 ml destillierter Essig
1 TL Salz

Die Chilischoten mit dem Wasser pürieren. Die restlichen Zutaten untermischen und das Ganze zum Kochen bringen. Den Topf dann vom Herd nehmen und die Soße auskühlen lassen.

POPIAH-TEIGBLÄTTER

185 g Reismehl · 20 g Mehl
1/2 TL Salz · 4 Eier
1 TL Öl · 1/2 Liter Wasser

Das Mehl mit dem Salz in eine Schüssel sieben. Die Eier mit dem Öl und dem Wasser verquirlen und mit dem Mehl zu einem glatten Teig verrühren. Den Teig mindestens 1 Stunde im Kühlschrank ruhenlassen.

Eine beschichtete Pfanne mit etwas Öl einstreichen, damit der Teig nicht anhängt. Etwas Teig in die Pfanne gießen, die Pfanne schwenken, damit der Teig zu einem sehr dünnen Pfannkuchen zerläuft. Den Pfannkuchen – nur auf einer Seite – bei schwacher Hitze backen, bis der Teig gestockt ist. Den fertigen Pfannkuchen auf einen Teller gleiten lassen und mit dem restlichen Teig ebenso verfahren. Ergibt 20–25 Teigblätter.

CHILLI-ERDNÜSSE MIT ANCHOVIS

30 g Sardellen, Köpfe und Därme entfernt
4 rote Chilischoten
1 Schalotte
1 EL Öl
1/2 TL Salz
1 EL Zucker
100 g geröstete Erdnüsse mit Häutchen

Chillisoße

Die Sardellen knusprig braten.

Die Chilischoten mit den Schalotten pürieren. Das Öl erhitzen, die Mischung mit Salz und Zucker abschmecken und 1 Minute anbraten. Die Nüsse und die Sardellen dazugeben und 3 Minuten unter Rühren mitbraten. Den Topf dann vom Herd nehmen. Die Erdnüsse sind im Kühlschrank bis zu 3 Wochen haltbar.

SAMBAL BELACAN
Garnelen-Sambal

12 große rote Chilischoten, grob gehackt
2 EL getrocknete Garnelenpaste, geröstet
150 ml Wasser
4 EL Limonensaft

Die Chilischoten mit der Garnelenpaste und dem Wasser pürieren und mit Limonensaft abschmecken.

EINGELEGTE GURKEN UND MÖHREN

2 Salatgurken · 1 große Möhre

Für die Marinade:
175 ml destillierter Essig · 3 EL Zucker
1/2 TL Salz · 1 Msp. Kurkumapulver
2 Schalotten, in Ringe geschnitten
1 cm Ingwer, in streichholzgroße Stifte geschnitten · 1 Knoblauchzehe, abgezogen und kleingeschnitten
2 EL Rosinen

Die Gurken der Länge nach halbieren und die Kerne herauskratzen. Das Fruchtfleisch in dünne, 3 cm lange Stifte schneiden. Die Möhre schaben und ebenfalls in Stifte schneiden. Die Gurken- und Möhrenstifte 2 Stunden in der Sonne trocknen lassen.

Den Essig mit Zucker, Salz und Kurkuma zum Kochen bringen. Den Topf dann sofort vom Herd nehmen und den Essig abkühlen lassen. Schalotten, Ingwer, Knoblauch und Rosinen hineingeben und die Gurken und Möhren untermischen. Das eingelegte Gemüse ist im Kühlschrank 1 Monat haltbar.

CHILLI-INGWER-SOSSE

6 rote Chilischoten, grob gehackt
3 cm Ingwer, gehackt
4 Knoblauchzehen · 150 ml Wasser
2 TL Salz · 5 EL Zucker
5 EL Limonensaft · 1 TL Sesamöl

Chilischoten, Ingwer und Knoblauch mit dem Wasser pürieren und mit Salz, Zucker, Limonensaft und Sesamöl abschmecken.

Wahre kulinarische Schätze bietet die klassische thailändische Küche.

THAILAND

Aus dem ehemaligen Königreich von Sukhothai kommt eine Küche, die die unterschiedlichsten Geschmacksrichtungen auf harmonische Weise miteinander kombiniert.

Links: Schwimmende Märkte paddeln durch Flüsse und Kanäle. Auf den Booten finden Sie alles, was Sie für den täglichen Bedarf benötigen.

Rechts: Eine Frau beim Weizendreschen

Das thailändische Sprichwort Gan Gin Gan Yu – *Solange Du ißt, lebst Du – bringt treffend zum Ausdruck, welchen Stellenwert das Essen für die Thailänder hat. Ob man die thailändische Küche nun wegen der frischen Zutaten, der sorgfältigen Zubereitung, wegen ihrer Gewürze oder der ansprechenden Präsentation der Speisen schätzt – was sie vor allem auszeichnet, ist ihr feiner Geschmack und ihre Raffinesse. Und obwohl man zum Teil auf die gleichen Zutaten, etwa Chillies, Ingwer, Knoblauch, Zitronengras, Fischsoße, Palmzucker und Limone, zurückgreift, unterscheidet sie sich doch erheblich von den Küchen der Nachbarstaaten.*

Zwischen den einzelnen Teilbereichen der thailändischen Kultur lassen sich bisweilen deutliche Parallelen erkennen. So zeichnet sich etwa die thailändische Ornamentik durch ihre Liebe zu komplizierten Details aus. Besonders gute Beispiele dafür liefern die aufwendigen Mosaike aus buntem Glas und Porzellan, die zahlreiche Tempel zieren: Aus der Ferne wirken sie wie fugenlose Muster. Erst bei näherer Betrachtung erkennt man, wie kunstvoll sie zusammengefügt wurden. Und ähnlich verhält es sich auch mit der thailändischen Küche.

Land und Leute

Thailand hat eine Fläche von etwa 514 000 Quadratkilometern und ist in mehr als 73 Provinzen (*Changwat*) gegliedert. Im Norden ist die Landschaft von mehreren parallel verlaufenden Bergketten geprägt, durch die sich fruchtbare Flußtäler ziehen. Der eher karge Nordosten besteht aus einem Plateau, das sich bis zum Mekong erstreckt. Die vom Chao Phraya bewässerte Ebene im Landesinneren ist eines der fruchtbarsten Reisanbaugebiete der Welt, ein buntes Schachbrett aus Reisfeldern, Obst- und Gemüseplantagen, dem das Land einen großen Teil seines landwirtschaftlichen und industriellen Reichtums verdankt. Die gebirgige Landenge im Süden erstreckt sich bis zur malaysischen Grenze und grenzt auf einer Seite an den Golf von Thailand und auf der anderen an den Indischen Ozean.

Die Thailänder sind ein Landvolk. Trotz der zunehmenden Verstädterung lebt ein Großteil der Bevölkerung nach wie vor in Dörfern und ernährt sich von der Landwirtschaft. Aufgrund des tropischen Klimas können Reis, Obst und Gemüse das ganze Jahr über angebaut werden. In Thailand gibt es drei Jahreszeiten: die Regenzeit (Juni bis Oktober), Winter (November bis Februar) und Sommer (März bis Mai).

Die ersten Siedler kamen bereits vor etwa 500 000 Jahren ins Land. Die umfangreichsten prähistorischen Zeugnisse finden sich im Norden, wo von etwa 4000 v.Chr. bis kurz nach Anbruch des christlichen Zeitalters eine bemerkenswerte Kultur blühte. Später gründeten indische Kaufleute entlang der südlichen Halbinsel eine Reihe von Häfen. Sie brachten nicht nur den Buddhismus ins Land, sondern hatten auch erheblichen Einfluß auf seine Kultur und seine Küche. Etwa zur gleichen Zeit ließen sich die Mon im Chao Phraya-Tal nieder und gründeten dort das Dvaravati-Reich. Die Mon wurden später durch die Khmer von der Macht abgelöst.

Auf der Suche nach größerer Unabhängigkeit und fruchtbarem Land wanderten die Thai, die als Minderheiten im nördlichen Burma und in Südchina gelebt hatten, seit dem 7. Jahrhundert nach Süden. Um das 13. Jahrhundert gelang es ihnen schließlich, sich von der Herrschaft der Khmer zu befreien und ein eigenes Reich zu gründen. Sie nannten es Sukhothai (was auf Sanskrit "Anbruch des Glücks" bedeutet), und obwohl es nicht einmal zwei Jahrhunderte überdauerte, sollte es das Land noch weit über diese Zeit hinaus prägen. Unter König Ramkhamhaeng entstanden bedeutende Werke buddhistischer Kunst und das Reich erlebte seine kulturelle Hochblüte.

Die spätere Hauptstadt Ayuthaya wurde im Jahr 1350 als kleiner Stadtstadt am Chao Phraya gegründet und entwickelte sich in den folgenden 400 Jahre zu einer der weltoffensten Städte Südostasiens. Damals knüpfte man erste Kontakte mit Europa, und es begann ein reger Handel mit anderen asiatischen Staaten. 1767 wurde Ayuthaya von den Burmesen erobert. 1782 gründete König Rama I. die noch heute regierende Chakri-Dynastie und verlegte die Hauptstadt ans andere Ufer des Chao Phraya nach Bangkok.

Bangkok entwickelte sich rasch zu einer blühenden Metropole und zog zahllose chinesische Einwanderer und Kaufleute aus dem Westen an, die kulturelle Vielfalt in die neue Hauptstadt brachten. Ende des 19. Jahrhunderts war Bangkok auf dem besten Weg, sich – zumindest was das Erscheinungsbild anbelangt – zu einer modernen, westlich geprägten Stadt zu entwickeln.

Die Chilischoten werden zum Trocknen in der Sonne aufgehängt.

Geschichte und Entwicklung der thailändischen Küche

Über die Küche von Sukhothai ist nur wenig bekannt. Man weiß nur, daß Reis und Fisch die Hauptnahrungsmittel waren. Auch Obst gab es in Hülle und Fülle, ebenso Pilze, die in den Wäldern wuchsen, und verschiedene Gemüsesorten. Eine Zutat kannte man damals allerdings noch nicht: die Chilischote. Sie wurde entweder von den Portugiesen eingeführt, die im Jahr 1511 Beziehungen zu Thailand aufnahmen, oder sie gelangte über Malakka oder Indien ins Land. Simon de la Loubère, der 1687 mit einer Abordnung französischer Diplomaten nach Thailand kam, war erstaunt über die Genügsamkeit der Thailänder. »Gutes Salz gab es kaum, und obwohl er in reichem Maß vorhanden war, aß man nur selten frischen Fisch«, berichtete er. Der Jesuitenmissionar Nicolas Gervais vermerkte über die beliebte fermentierte Garnelenpaste *Kapi*, sie habe einen so stechenden Geruch, daß sie jedem, der nicht daran gewöhnt ist, Übelkeit verursache. Er überlieferte vermutlich auch das erste Rezept für eine klassische thailändische Würzsoße, die man damit zubereitet: »Salz, Pfeffer, Ingwer, Zimt, Nelken, Knoblauch, weiße Zwiebeln, Muskatnuß und verschiedene sehr aromatische Kräuter mit beträchtlichen Mengen dieser Garnelenpaste vermischt«.

Die Küche des Volkes

Die moderne thailändische Küche kennt sowohl ausgesprochen einfache als auch sehr aufwendige Speisen: Ein Gericht kann in wenigen Minuten über einem Kohlenfeuer zubereitet werden, oder man verbringt Stunden mit Hacken, Mahlen und Schneiden. Ob man eher einfache oder aufwendigere Gerichte bevorzugt, ist von Region zu Region sehr verschieden.

Der gebirgige Norden hat sich seine ursprüngliche Kultur – seine Sprache, sein Handwerk, seine Bräuche und seine Küche – weitgehend erhalten. Dem weichen, gekochten Reis, wie man ihn im Landesinneren ißt, zieht man hier gedämpften Klebreis vor, aus dem man kleine Bällchen formt, die in flüssige Speisen getunkt werden. Die Currys sind dünner und werden, anders als in Zentral- und Südthailand, auch nicht mit Kokosmilch zubereitet. Es gibt auch eine regionale Variante des *Nam Prik Ong*, einer Grundsoße, die als Dip zu rohem Gemüse, knusprig gebratener Speckschwarte oder *Naem* (eine Schweinswurst) gereicht wird. Und während der Saison ißt man am liebsten die saftige Longan-Frucht.

Der Einfluß der Nachbarstaaten Burma und Laos zeigt sich in vielen Gerichten Nordthailands. Von der burmesischen Küche geprägt sind etwa das beliebte *Khao Soi*, eine Currybrühe mit Eiernudeln und Hähnchen-, Schweine- oder Rindfleisch, und *Gaeng Hang Lay*, ein Schweinfleischcurry mit Ingwer, Tamarinde und Kurkuma. Laotische Einflüsse sind erkennbar bei *Nam Prik Noom*, einer Soße mit intensivem Chilli- und Limonengeschmack, und *Ook Gai*, einem roten Hähnchencurry mit Zitronengras.

Isan, so der thailändische Name für den Nordosten des Landes, galt unter den Bewohnern Bangkoks lange Zeit als unterentwickelt. War er doch die ärmste der vier großen Regionen des Landes. Der unfruchtbare Boden und verheerende Dürreperioden zwangen viele Bauern, sich in der Stadt Arbeit zu suchen. Die Küche der Bevölkerung Isans zeugt von großem Einfallsreichtum. Gegrilltes Hühnchen (*Gai Yang*) wird mit einer pfeffrigen Soße und Knoblauch zubereitet. Wels ist die Grundlage für ein köstliches Curry, und der *Laab*-Dip wird mit rohem Fleisch und gemahlenem, geröstetem Reis hergestellt. Hier findet man aber auch einige recht ungewöhnliche Spezialitäten wie Würmer, Heuschrecken, Ameiseneier, Schneckencurry und einen außergewöhnlich scharfen, fermentierten Fisch. Viele weniger ausgefallene Spezialitäten der Region, darunter etwa *Som Tam* (ein pikanter grüner Papayasalat) und *Laab* (würziges gehacktes Schweine- oder Hähnchenfleisch), erfreuen sich inzwischen auch im übrigen Thailand großer Beliebtheit. Typisch für die Küche des Nordostens ist auch der großzügige Gebrauch der Chilischote.

Der Einfluß des jenseits des Mekong gelegenen Nachbarstaats Laos macht sich in zahlreichen Gerichten bemerkbar. Zudem sind viele Bewohner des Nordens laotischer Abstammung. So bevorzugt man auch hier Klebreis und verwendet zum Garnieren gerne Dill (*Pak Chee Lao*, auch Laotischer Koriander genannt). Laotischen Ursprungs ist auch das beliebte *Khanom Buang*, ein knuspriger, mit getrockneten Garnelen, Bohnensprossen und anderen Zutaten gefüllter Crêpe, der zumeist bei festlichen Anlässen serviert wird.

Im Gegensatz zum Norden ist der Süden Thailands reich an Niederschlägen, und man findet hier ausgedehnte Kautschuk- und Kokosplantagen. Die Kokosnuß liefert gleich mehrere Zutaten: Die Milch dient zum Andicken von Suppen und Currys, das Öl verwendet man zum Braten, und das geraspelte Fruchtfleisch wird in zahlreichen Gerichten verarbeitet. Von den Dörfern, die sich entlang des Golfs von Thailand und des Indischen Ozeans erstrecken, fahren Tag für Tag Tausende von Fischerbooten zum Fischfang aufs Meer hinaus. Die reiche Ausbeute an Meeresfrüchten dient nicht nur der Versorgung der einheimischen Bevölkerung, sondern ist zum großen Teil auch für den Export bestimmt.

Im Süden lebt die Mehrheit der zwei Millionen thailändischen Moslems, die die größte religiöse Minderheit stellen. In manchen Orten, etwa in Songkhla und auf der Insel Phuket, leben hingegen überwiegend Chinesen. Und so ist es nicht verwunderlich, daß die Küche Südthailands von moslemischen und chinesischen Einflüssen geprägt ist. Meeresfrüchte werden hier entweder einfach nur gegrillt oder gedünstet, oder man gart sie in einem Tontopf mit dünnen Nudeln. Außerdem sind sie die Hauptzutat in der beliebten *Tom Yam*-Suppe, die mit Zitronengras und Chillies verfeinert wird. Im allgemeinen bevorzugen die Menschen im Süden besonders scharfe Speisen und schätzen, im Unterschied zu den Bewohnern anderer Regionen, auch den bitteren Geschmack einer flachen, heimischen Bohne (*Sataw*). Und als Dessert ißt man hier gerne kleine, saftige Ananas.

Von anderen Kulturen beeinflußt sind Gerichte wie *Gaeng Mussaman*, ein indisches Curry mit Hähnchen- oder Rindfleisch, das mit Kardamom, Nelken und Zimt gewürzt wird. Daneben findet man auch malaysische Fischcurrys und indonesische Satés.

Im Herzen Thailands liegt eine fruchtbare Schwemmlandebene. Hier gibt es nicht nur den besten Jasminreis, weiß, körnig und duftend, sondern auch eine Vielzahl exotischer Früchte wie Mangos, Durians, Mangostanen, Rambutans, Guaven, Papayas und Pomelos und sogar Weintrauben. Außerdem baut man in großem Umfang Gemüse, etwa Kohl, Pilze, Wasserwinde, Gurken, Tomaten und Kürbisse, an.

Die Küche in den inmitten der Felder gelegenen Dörfern ist eher einfach: Reis mit pfannengerührtem Gemüse, Fisch aus dem nahegelegenen Kanal oder Fluß, vielleicht etwas gehacktes Hühnchenfleisch mit Knoblauch, Chillies und Basilikum und ein Salat aus gesalzenen Eiern, Chillies und Frühlingszwiebel, der mit etwas Limonensaft angemacht wird.

In Bangkok bekommt man einfach alles, selbst die exotischsten regionalen Spezialitäten. Typisch für das geschäftige Leben Bangkoks sind die zahllosen Garküchen, die Straßencafés und die Händler mit ihren Karren, die Ihnen im Handumdrehen ein chinesisches Nudelgericht zubereiten. Auch an diesen schmackhaften, sättigenden Schnellgerichten zeigt sich die Fähigkeit der Thailänder, aus einfachen Zutaten etwas Besonderes zu machen. Sie sind inzwischen sogar so beliebt, daß sich daraus eine eigenständige Küche entwickelt hat.

Die Palastküche

Dr. Malcolm Smith – er betreute Anfang des Jahrhunderts einige Mitglieder der königlichen Familie als Leibarzt – beschrieb das Innerste des riesigen Königlichen Palastes, wo die Frauen des Hofes lebten, einmal so: »Eine richtige autonome Stadt mit eigenen Institutionen, eigenen Gesetzen und Gerichten. Es war eine Stadt der Frauen, die von Frauen kontrolliert wurde.« Zu ihrer Blütezeit, unter der Regentschaft König Ramas V. (Chulalongkorn), zählte sie etwa 3000 Bewohner. Nur einige waren in den Rang von Königinnen erhoben, die große Mehrheit hingegen waren Hofdamen und einfache Bedienstete. Dieser innere Teil des Palastes war ein Ort, an dem die Frauen zu Aristokratinnen erzogen wurden. Hier erlernten sie auch die Zubereitung verschiedener Speisen, die sich nicht nur durch ihren sehr viel feineren Geschmack, sondern auch durch ihre kunstvolle Präsentation von denen des Volkes unterschieden. Als besondere Kunst galten das Schnitzen von Skulpturen aus Früchten und Gemüse und die Verzierung der Speisen, die bisweilen ebensoviel Zeit in Anspruch nahm wie ihre Zubereitung. Nicht nur bei Hofe, sondern auch in den meisten Adelsfamilien brachte man Stunden damit zu, aus Eigelb und Zucker feingesponnene, goldschimmernde Nester, die sogenannten *Foi Thong,* anzufertigen oder aus süßer Bohnenpaste und Kokosmilch winzige Miniaturfrüchte (*Look Choop*) zu formen, die anschließend naturgetreu bemalt wurden.

Als unter König Rama VI. die Polygamie bei Hofe abgeschafft wurde, gaben die Hofdamen und ihre zahlreichen Bediensteten allmählich ihr abgeschirmtes Dasein auf. Die Palastküche ging damit aber nicht verloren, sondern wurde von Generation zu Generation weitergereicht. In den letzten Jahren haben auch verschiedene Restaurants diese einzigartige Küche wiederentdeckt und sie einem breiteren Publikum bekanntgemacht.

Die thailändische Tischkultur

Die Thailänder sind für ihre Gastfreundschaft und Großzügigkeit bekannt, und so ist es nicht verwunderlich, daß man die Mahlzeiten stets in Gesellschaft einnimmt. Und dabei spielt es keine Rolle, ob man in einem Restaurant, auf der Straße, auf der Veranda eines Bauernhauses oder zur Erntezeit auf dem Feld ißt.

Reis – meist gedämpfter Langkorn-Jasmin-Reis, ist der wichtigste Bestandteil der Mahlzeiten. Die übrigen Gerichte wie Salate, Currys und Suppen sind bloße Beilagen, sogenannte *Gap Kao.* Sämtliche Hauptgerichte werden gleichzeitig aufgetragen. Wenn Sie für mehrere Personen kochen, sollten Sie wie die Thailänder eine vielfältige Auswahl an Speisen servieren, etwa eine Suppe, ein Curry, einen Salat, ein gedünstetes Gericht und eine Reihe von Beilagen. Die Gäste wählen die Speisen in beliebiger Reihenfolge aus, können sie auch mischen und mit verschiedenen Soßen nach Belieben würzen.

Die ideale thailändische Mahlzeit ist eine fein abgestimmte Mischung aus pikanten, süßen, scharfen, saftigen, milden, knusprigen, sauren und weichen Speisen. Neben aufwendigen Gerichten werden auch ganz einfache Speisen gereicht, sehr gehaltvolle Gerichte gleicht man mit pikanten, salzige mit eher milden Speisen aus. Auf diese Weise können sich die Geschmacksnerven immer wieder beruhigen. Diese ausgewogene Abfolge verschiedener Geschmacksrichtungen, *Rot Chart* genannt, ist der Dreh- und Angelpunkt der echten Thai-Küche. Klebreis, Kokosmilch, Palmzucker, Pandanusblätter und Agar-Agar sind die Grundzutaten für viele thailändische Desserts. Am liebsten beschließt man die Mahlzeiten allerdings mit einer reichen Auswahl frischer Früchte. Bei besonderen Gelegenheiten werden auch aufwendigere Nachspeisen serviert, etwa *Foi Thong* oder Schalen aus Bananenblättern, die mit *Takaw,* verschiedenen köstlichen, aus Tapiokastärke, Zucker und Kokosnuß hergestellten Süßigkeiten, gefüllt sind.

Kantoke: An solchen niedrigen, runden Tischen nimmt man im Norden Thailands traditionell die Mahlzeiten ein.

Snacks sind in Thailand ausgesprochen beliebt. Es kann sich dabei lediglich um aufgeschnittene frische Früchte handeln, die man mit Salz, Zucker, getrockneten Chillies oder einer Mischung aus diesen Gewürzen bestreut. Eine kleine Zwischenmahlzeit kann aber auch aus einer Auswahl verschiedener Süßspeisen bestehen. Daneben bieten manche Straßenverkäufer auch Nudelgerichte an. Überall gern gegessen wird *Kwaytiaow,* frisch gekochte Reisnudeln, die mit Fleischbrühe aufgegossen werden. Darauf kommt gegartes Schweine- oder Hähnchenfleisch, und zum Schluß wird das Gericht mit Zucker, grob gemahlenen Erdnüssen und Chilliflocken bestreut. Für ein *Pad Thai* werden Nudeln kurz mit Knoblauch, Frühlingszwiebeln, gesalzenen, getrockneten Garnelen und verschiedenen Gewürzen angebraten.

MENÜVORSCHLÄGE

Einfache Mahlzeiten

Menüvorschlag 1:
- Würzige Garnelensuppe mit Zitronengras (Seite 130);
- Trockenes Rindercurry (Seite 135) und Grünkohl mit knusprigem Schweinefleisch (Seite 134);
- und zum Abschluß Bananen in Kokosmilch (Seite 138).

Menüvorschlag 2:
- Grüner Papayasalat (Seite 132);
- Rotes Hühnercurry mit Bambussprossen (Seite 135);
- frische Früchte, zum Beispiel Jackfrucht, Mango oder Rambutan.

Dazu reicht man Jasminreis.

Einladungen

Als erlesenes Abendessen empfehlen wir:
- Pastetchen mit gehacktem Huhn (Seite 128) als leckere Appetithäppchen;
- Würziger Pomelosalat (Seite 132), den köstlichen Süßwasserfisch mit Chillisoße (Seite 136) und Curry mit Bratente (Seite 135);
- und als krönenden Abschluß funkelnde Rote Rubine (Seite 138).

Kleine Snacks

Die in diesem Kapitel vorgestellten Vorspeisen kann man, etwa bei einer Party oder einem Picknick, auch gut aus der Hand essen. Probieren Sie doch einmal folgende Zusammenstellung:
- Schweinefleisch-Garnelen-Röllchen (Seite 128);
- Gebratenes Huhn in Pandanusblättern (Seite 128);
- Gedünstete Meeresfrüchtepastetchen (Seite 129).

Quer durch die asiatische Küche

Ein einfaches, aber raffiniertes asiatisches Degustationsmenü könnte folgendermaßen aussehen:
- Krabbenmousse (Seite 147) aus Vietnam als Vorspeise;
- Schweinefleisch in süßer Sojasoße (Seite 73) aus Indonesien mit pfannengerührtem, gemischtem Gemüse (Seite 34) aus China als leichtes Hauptgericht;
- zum Abschluß Pfannkuchen mit roten Bohnen (Seite 40) aus China.

DIE WICHTIGSTEN ZUTATEN DER KÜCHEN MALAYSIAS UND SINGAPURS

Die aromatische **Fischsoße** findet in der thailändischen Küche nahezu überall Verwendung. Currys werden gerne mit einer raffinierten Würzmischung aus **Koriander, Zitronengras, Galgant, Chillies** und **Blättern** und **Schale der Kaffirlimone** verfeinert. Weitere typische Gewürze sind **süßes thailändisches Basilikum** (*Horapa*), **Ingwer, Garnelenpaste** und **Tamarinde.** Currys und Süßspeisen werden mit **Kokosmilch** und **Palmzucker** zubereitet. Als Grundnahrungsmittel benötigen Sie vor allem **Jasminreis** und einen **Klebreis**.

In Thailand legt man Wert auf gutes Essen – und das gilt nicht nur für die Palastküche, sondern auch für die einfachen Gerichte aus den Garküchen und von den Straßenständen. An den Klongs, in den Straßen, vor Bürohäusern und Einkaufszentren werden eine Vielzahl von Süßigkeiten und anderen Leckereien angeboten, denn die Thailänder lieben die Abwechslung. Als kleine Zwischenmahlzeit ißt man aber gerne auch gegrillte Speisen, Salate, Nudelsuppen und gefüllte Teig- oder Blätterröllchen. Hier einige Gerichte, die sich auch gut aus der Hand essen lassen.

KRATHONG THONG

Pastetchen mit gehacktem Huhn

Die delikaten Pastetenschälchen dieser Vorspeise werden mit einer speziellen Messingform hergestellt. Dünne Mürbeteigschalen oder Königinpastetchenformen können auch verwendet werden.

Für die Pastetenschalen:
60 g Reismehl
6 EL einfaches Mehl
4 EL dünne Kokosmilch
2 EL Tapiokamehl
1 Eigelb
1/4 TL Zucker
1/4 TL Salz
1/4 TL Backpulver
Erdnuß- oder Maisöl zum Fritieren

Für die Füllung:
2 EL Erdnuß- oder Maisöl
4 EL fein gewürfelte Zwiebel
200 g gar gekochtes Huhn oder Schwein, fein gehackt
1/4 Tasse Zuckermais
2 EL fein gewürfelte Möhren
2 EL Zucker
1/4 TL schwarze Sojasoße
1/2 TL Salz
1/2 TL weißer Pfeffer
Korianderblätter als Garnitur
1 rote Chilischote, in feine Scheiben geschnitten

Zuerst die Pastetchenschalen herstellen, indem Sie alle Zutaten außer dem Öl in einer Schale vermischen. Das Öl erhitzen, dann die Krathong-Form darin erhitzen. Die Form in den Teig tauchen und anschließend wieder ins Öl. Etwa 5 Minuten lang hellbraun braten, dann die Form schütteln, um die Teigschale herauszulösen. Auf Küchenpapier abtropfen lassen. Auf diese Weise 20–25 Schalen vorbereiten.

Für die Füllung das Öl in einen heißen Wok geben und darin die Zwiebeln und das Fleisch 2 Minuten lang pfannenrühren. Die restlichen Zutaten zugeben und etwa 3 Minuten braten, bis das Gemüse ziemlich weich ist. Abkühlen lassen, dann die Füllung auf die Schälchen verteilen. Die Vorspeise mit Korianderblättern und roten Chillischeiben garnieren.

Schweinefleisch-Garnelen-Röllchen (links) und Pastetchen mit gebacktem Huhn (rechts)

TONG GEON YONG

Schweinefleisch-Garnelen-Röllchen

Der chinesische Einfluß macht sich bei diesem Gericht in der Verwendung von getrockneter Tofuhaut bemerkbar. Die Füllung kann im voraus zubereitet werden.

125 g Shrimps oder Garnelen, fein gehackt
125 g Schweinefleisch, fein gehackt
1 EL helle Sojasoße
Jeweils 1 TL Korianderwurzel, Knoblauch und Pfefferkörner, zusammen zermahlen
Quadrate getrockneter Tofuhaut
4 Tassen Maisöl

Garnelen und Schweinefleisch mit der Sojasoße und der gemahlenen Gewürzmischung vermischen. Die getrocknete Tofuhaut mit einem feuchten Tuch abwischen, um sie weich zu machen, und in Quadrate von jeweils 10 x 15 cm schneiden. Einen Löffel der Füllung hineingeben und dann wie eine Zigarre aufrollen.

Sie können auch Kreise von etwa 11 cm Durchmesser zuschneiden und die Füllung in die Mitte geben. Die Seiten andrücken, damit ein Bündel entsteht, und mit einem Streifen Frühlingszwiebel zusammenbinden.

Die Röllchen oder Bündel bei mittlerer Hitze in heißem Öl fritieren, bis diese goldbraun sind. Mit Soja- oder Pflaumensoße servieren.

GAI HOR BAI TOEY

Gebratenes Huhn in Pandanusblättern

Duftende Schraubenbaum- oder Pandanusblätter verleihen dem Huhn sein feines Aroma.

1 kg Hühnerschenkel
20 Pandanusblätter
Öl zum Fritieren

Für die Marinade:
2 EL helle Sojasoße
2 EL Austernsoße
1 TL Zucker
2 TL Sesamöl
Jeweils 1 TL Knoblauch und Korianderwurzel, zusammen zu einer Paste zerstoßen

Für die Soße:
1/4 Liter weißer Essig
125 g Zucker
2 EL schwarze Sojasoße
1 TL weiße Sesamsamen, gebraten
1/4 TL Salz

Die Hühnerschenkel entbeinen und jedes Bein in 4 Stücke schneiden. Die Marinade anrühren und das Hühnerfleisch 3 Stunden lang marinieren. Die Soßenzutaten vermischen und beiseite stellen.

Jeweils 2 oder 3 Stücke Huhn in ein Pandanusblatt einwickeln (siehe Foto). Fritieren, bis es duftet. Servieren Sie das Gericht mit der Soße und gedünstetem Reis.

Gebratenes Huhn in Pandanusblättern

HAW MOK THALAY

Gedünstete Meeresfrüchtepastetchen

Ein beliebtes Gericht, das den Zeitaufwand für die Zubereitung durchaus lohnt. Diese Mischung von Meeresfrüchten, Kokosmilch und Gewürzen wird in kleinen »Tassen« aus Bananenblättern gedünstet. Kleine Auflaufförmchen oder anderes kleines, hitzebeständiges Geschirr kann als Ersatz dienen.

3/4 Tasse Kokoscreme
1 TL Reismehl
100 g filetierter Fisch, in dünne Scheiben geschnitten
100 g Garnelen, geschält und gesäubert
100 g Tintenfisch, gesäubert und in 5 cm große Stücke geschnitten
2 Eier, verquirlt
2 EL Fischsoße
300 ml Kokosmilch
1/2 Tasse fein gehackte Basilikumblätter (*Horapa*)
2 EL zerkleinerte Kaffirlimonenblätter
frische Korianderzweige als Garnitur
1 rote Chilischote, fein geschnitten
Bananenblatt-Tassen, 5 cm Kantenlänge oder Auflaufförmchen

Für die Gewürzpaste:
5 getrocknete Chilischoten, in Wasser eingeweicht und entkernt
3 Knoblauchzehen
2 EL in feine Scheiben geschnittener Galgant
1 TL geraspelte Kaffirlimonenschale
2 TL fein geschnittene Korianderwurzel
5 schwarze Pfefferkörner
1/2 TL Salz · 1 TL Garnelenpaste
1 TL fein geschnittenes *Krachai*, nach Wunsch

Zerstoßen Sie die Zutaten der Gewürzpaste in einem Mörser. Alternativ in einem Mixer verarbeiten.

Die Kokoscreme mit dem Reismehl mischen und aufkochen. Dabei umrühren, bis die Masse sich verdickt. Vom Herd nehmen, abkühlen lassen und beiseite stellen.

Die Gewürzpaste mit Fisch, Garnelen, Tintenfisch, Ei und Fischsoße vermischen und dann – nach und nach – die Kokosmilch hinzufügen. Die Hälfte des Basilikums und die Kaffirlimonenblätter untermischen.

Die restlichen Basilikumblätter auf den Boden eines jeden Täßchens legen, die Fischmischung darauf füllen und zugedeckt 15 Minuten dünsten. Dann auf jede Tasse ein wenig gekochte Kokoscreme sowie ein Korianderblatt, Kaffirlimonenblatt und klein geschnittenen Chilli geben. Eine weitere Minute garen, dann aus dem Dämpftopf nehmen und servieren.

SAKUMA CHOMSUAN

Garnelen mit süß-saurer Soße

Eine einfache, aber delikate Vorspeise. Die Garnelen können im voraus zubereitet und erst kurz vor dem Servieren fritiert werden. Verwenden Sie eine im Handel erhältliche süß-saure Soße als Dip.

500 g frische Garnelen
2 Eier, leicht verquirlt
400 g Semmelbrösel
Öl zum Fritieren

Die Garnelen schälen, den Kopf, nicht jedoch den Schwanz entfernen. Jede Garnele am Rücken aufschlitzen, den Darm entfernen und die Garnele durch leichten Druck mit der Hand zu einer Schmetterlingsform pressen. Die Garnelen in die Eier und Semmelbrösel tauchen. Anschließend fritieren, bis sie eine goldene Farbe annehmen, und mit süßsaurer Soße servieren.

CHOR LAD DA

Klößchen mit Hackfleisch-Garnelen-Füllung

Das strahlende Blau dieser Klößchen kommt von der Farbe einer blauen Blume (*Anchun*), die man in Wasser legt; aber auch andere Lebensmittelfarben können verwendet werden.

Für die Füllung:
75 g geröstete, ungesalzene Erdnüsse, gehackt
1/2 TL Salz · 2 EL Zucker
100 g Schweinehack
100 g Garnelen, gehackt
100 g gesalzener Rettich, gehackt
2 EL neutrales Öl

Für die Klößchen:
30 g Tapiokamehl
etwa 2 EL getrocknete *Anchun*-Blumen oder 1/2 TL blaue Lebensmittelfarbe
250 g Reismehl
4 EL Kokosmilch
2 EL neutrales Öl
4 EL Wasser
1/2 Tasse Kokoscreme
Bananenblatt oder Aluminiumfolie

Alle Zutaten der Füllung in Öl braten, bis sie gar sind. Abkühlen lassen.

Für die Klößchen alle Zutaten miteinander vermischen. Bei niedriger Hitze und unter ständigem Rühren garen, bis die Mischung zu einem elastischen Teig wird. Während Sie die einzelnen Klößchen formen, den Teig mit Plastikfolie bedecken, damit er nicht austrocknet.

Jeweils eine kleine Teigkugel zu einem Kreis von etwa 6 cm Durchmesser drücken. Einen Teelöffel der Füllung in die Mitte legen und die Enden einfalten. Mit einer speziellen Form oder von Hand die Klößchen zu einer Blumenform drücken. Auf ein eingeöltes Bananenblatt oder auf Aluminiumfolie legen und etwa 1 Teelöffel Kokoscreme auf jedes Klößchen geben, damit es nicht austrocknet.

Die Klößchen circa 8 Minuten gardünsten. Warm auf einem Bett goldknusprig gebratenen Knoblauchs legen und mit Kokoscreme servieren.

TIP

In Thailand werden gezackte Miniaturzangen oder -formen verwendet, um die »Blütenblätter« entstehen zu lassen. Steht solch exotisches Utensil nicht zur Verfügung, müssen Sie den Klößchen mit den Fingern ihre dekorative Form verleihen.

Garnelen mit süß-saurer Soße

Thailändische Suppen sind meist sehr leicht, werden mit frischen Kräutern und Gewürzen verfeinert und vereinen scharfe, saure, süße und salzige Zutaten. Gewöhnlich trinkt man sie während der Mahlzeiten, sie eignen sich aber auch hervorragend als Vorspeise zu einem asiatischen Abendessen.

GAENG SOM

Saure Suppe mit Gemüse und Garnelen

Saurer, aber duftender Tamarindensaft verleiht dieser relativ milden Suppe eine besondere Note.

400 g Garnelen oder Fischfilets
3/4 Liter Wasser
125 g Strohpilze (*Volvariella volvacea*)
1 großer weißer Rettich, in Scheiben geschnitten
1/2 Tasse in Scheiben geschnittene grüne Papaya
60 g grüne Bohnen, in 2,5 cm große Stücke geschnitten
60 g Blumenkohl, in Röschen zerbrochen
60 g chinesischer weißer Kohl, in 2,5 cm große Stücke geschnitten
4 EL Tamarindensaft (Seite 19)
2 EL Limonensaft (nach Wunsch)
1 EL gehackter Palmzucker
1 TL Salz

Für die Gewürzpaste:
3 getrocknete Chilischoten, eingeweicht
2 TL fein gehacktes *Krachai* (nach Wunsch)
2 TL fein gehackter Knoblauch
2 TL fein gehackte Schalotten

Garen Sie die Garnelen oder Fischfilets in 3 Tassen Wasser. In der Brühe abkühlen lassen, dann die Garnelen schälen, den Fisch entgräten. Die Brühe beiseite stellen.

Garnelen oder Fisch zerdrücken, bis sie breiig sind. Beiseite stellen. Die Zutaten für die Gewürzpaste mahlen und in eine Pfanne mit der Brühe, Garnelen oder Fisch und dem Gemüse geben. Zum Kochen bringen und sieden lassen, bis die Zutaten gar sind. Anschließend nach Geschmack Tamarindensaft, Limonensaft, Zucker und Salz hinzufügen.

Saure Suppe mit Gemüse und Garnelen

TOM YAM GOONG

Würzige Garnelensuppe mit Zitronengras

Diese scharfe, saure und duftende Suppe ist eines der im Ausland bekanntesten Thai-Gerichte und eine ideale Ergänzung zu anderen Thai-Gerichten und zu Reis.

1 Liter Hühnerbrühe (Seite 139)
3 Kaffirlimonenblätter mit Wurzeln
5 cm Galgant, in Scheiben geschnitten
3 Stengel Zitronengras, zerdrückt
8 mittlere bis große Garnelen
150 g Strohpilze (*Volvariella volvacea*)
5 kleine grüne und rote Chilischoten
3 EL Limonensaft
1/2 EL Fischsoße
Eine Handvoll frischer Korianderblätter

Die Brühe aufkochen und Zitronengras, Galgant sowie Kaffirlimonenblätter und Korianderwurzeln hinzugeben. 3 Minuten sieden lassen. Nun die Garnelen, Pilze und Chillies zufügen und das Ganze 3 weitere Minuten sieden lassen. Nach Geschmack mit Limone und Fischsoße (die sehr salzig ist) abschmecken. Die Suppe sollte würzig-sauer und ein wenig salzig sein. Mit frischem Koriander garniert servieren.

Klare Suppe mit Glasnudeln (links) und Gemüsesuppe (rechts)

GAENG JUED SOON SEN

Klare Suppe mit Glasnudeln

Gaeng Jued (»einfache Suppe«) ist klar und mild, ein Kontrast zu den sonst würzigen oder öligen Nebengerichten.

300 g Schweinehack
1/2 TL helle Sojasoße
1/4 TL gemahlener weißer Pfeffer
1 Liter Hühnerbrühe (Seite 139)
7 weiße Pfefferkörner, zerstoßen
5 Knoblauchzehen, zerstoßen
100 g Glasnudeln, in Wasser eingeweicht und in dünne Scheiben geschnitten
1 TL Fischsoße · 1/4 TL Zucker
3 Frühlingszwiebeln, in 1 cm großen Stücken
2 EL gehackte Korianderblätter

Schweinehack, Sojasoße und weißen Pfeffer vermischen und zu kleinen Fleischklößen formen.

Die Hühnerbrühe erhitzen, die zerstoßenen Pfefferkörner und den Knoblauch hinzugeben und das Ganze zum Kochen bringen. Die Klöße einlegen, dann Nudeln, Fischsoße und Zucker zugeben. Köcheln lassen, bis die Klöße gar sind. Frühlingszwiebeln und Koriander darüberstreuen und sofort vom Herd nehmen. Mit Reis servieren.

GAENG NOPPAKAO

Gemüsesuppe

Dies ist weniger eine Suppe nach westlicher Zubereitungsart, sondern Gemüse mit Schwein, Huhn und Garnelen, in gewürzter Brühe gegart.

5 Tassen gemischtes Gemüse wie Netzgurke, Eierkürbis, Kürbis, Strohpilze (*Volvariella volvacea*), Maiskölbchen oder grüne Bohnen, in Stücke geschnitten
150 g mageres Schweinefleisch, in sehr dünne Scheiben geschnitten
150 g Huhn, in sehr dünne Scheiben geschnitten
150 g Garnelen, geschält, aber mit Schwänzen
1 Liter Hühnerbrühe (Seite 139)
2 EL Fischsoße
1 Tasse Zitronenbasilikumblätter (*Manglak*)

Für das Würzmittel:
10 schwarze Pfefferkörner
1/2 EL Garnelenpaste
10 Schalotten · 1/4 Tasse getrocknete Garnelen oder Shrimps

Mahlen Sie die Würzzutaten in einem Mörser oder Mixer zu feiner Konsistenz.

Diese Mischung zur Hühnerbrühe geben. Die Brühe zum Kochen bringen, dabei ständig umrühren. Gemüse, Schweinefleisch, Huhn und Garnelen zugeben und gar köcheln lassen. Mit Fischsoße oder Salz abschmecken, dann vom Herd nehmen. Basilikum darüberstreuen und servieren.

TOM KHA GAI

Würzige Hühnersuppe mit Kokosmilch

Eine köstliche Suppe – cremig durch die Kokosmilch und nach Galgant duftend. Verringern Sie die Anzahl der Chillies, wenn die Suppe nicht zu scharf sein soll. Lassen Sie die Suppe vorsichtig kochen, damit sich die Kokosmilch nicht absetzt.

1/4 Liter Hühnerbrühe (Seite 139)
2 Stengel Zitronengras
5 cm Galgant
3 Kaffirlimonenblätter, in kleine Stücke zerrissen
400 g Hühnerfleisch, in Streifen von 1,3 cm
100 g Strohpilze (*Volvariella volvacea*)
1 TL Salz
4 EL Limonensaft
3 EL Fischsoße
1/2 TL Zucker
3/4 Liter Kokosmilch
6 kleine rote Chilischoten, halb zerdrückt

Die Brühe in einen Topf gießen und Zitronengras, Galgant und die Kaffirlimonenblätter hinzugeben. Bei mittlerer Hitze aufkochen. Hühnerfleisch, Pilze, Salz, Limonensaft, Fischsoße und Zucker zufügen. Offen etwa 10 Minuten lang köcheln lassen, dann Kokosmilch und zerdrückte Chilischoten beigeben. Unter häufigem Rühren fast zum Kochen bringen und anschließend servieren.

Würzige Hühnersuppe mit Kokosmilch

Reisnudeln mit Fischcurrysoße

KANOM JEEN NAM YAA

Reisnudeln mit Fischcurrysoße

Eine schmackhafte leichte Mahlzeit mit frischen, langen Reisnudeln namens *Kanom Jeen*, die meist bei Familienzeremonien wie Hochzeiten und Geburtstagen serviert werden. Die Nudeln bricht man vor dem Servieren nie, denn sie symbolisieren ein langes Leben. Falls frische Reisnudeln nicht zur Verfügung stehen, verwenden Sie andere frische Teigwaren, etwa die feinen Engelshaarnudeln.

Für die Soße:
7 Schalotten, grob gehackt
2 Knoblauchzehen · 2 Scheiben Galgant
2 EL geschnittenes Zitronengras
1 Tasse gehacktes *Krachai* (nach Wunsch)
3 getrocknete Chilischoten, ohne Samen
1 TL Salz · 1 TL Garnelenpaste
1/4 Liter Wasser

Für die Brühe:
1 kleiner, schmackhafter Fisch (etwa 200 g)
1,2 Liter Kokosmilch · 1/2 Tasse Kokoscreme
2–3 EL Fischsoße

Für die Beilagen:
1 kg frische Reisnudeln (*Kanom Jeen*) oder frische Engelshaarnudeln · 2 hartgekochte Eier, geschält und geviertelt
1/2 Tasse Kohl, in Scheiben geschnitten
1/2 Tasse Gurke, in Scheiben geschnitten
1/2 Tasse blanchierte Sojabohnensprossen
1 kleines Büschel Zitronenbasilikum (*Manglak*)
1 EL getrocknete Chilischoten, gemahlen

Alle Soßenzutaten in einen Topf geben und bei niedriger Hitze sieden lassen, bis sie weich sind. Vom Herd nehmen, abkühlen lassen, in einen Mörser oder Mixer geben und fein pürieren.

Für die Brühe den Fisch waschen und säubern, Kopf und Eingeweide entfernen und in gerade so viel Wasser sieden lassen, daß er bedeckt ist. Sobald der Fisch weich ist, abtropfen lassen und das Wasser aufbewahren. Das Fleisch vom Fisch lösen, zur Soße geben und nochmals pürieren.

Die Soße in einen Topf schütten, die Kokosmilch dazugießen, aufkochen, dann die Fischbrühe und Fischsoße hinzufügen. Köcheln lassen, bis die Soße angedickt ist und die Oberfläche hellrot schimmert. Dabei ständig rühren, damit die Soße nicht anbrennt. Die Kokoscreme zugeben und die Soße vom Herd nehmen. Jeweils eine Portion der Reisnudeln und ein wenig von den Beilagen in einzelnen Schalen anrichten. Die Soße vor dem Servieren darübergeben.

TIP

Saure Suppe mit Gemüse und Garnelen: Sie können für dieses Gericht die unterschiedlichsten Gemüse verwenden. Empfehlenswert sind Eierkürbis, Aubergine, runder Kohl und junge Champignons.

Thailändische Salate sind meist recht scharf und sauer und werden wie die meisten Gerichte mit vielen frischen Kräutern zubereitet. Die Zusammenstellung der Gemüse, Kräuter und Gewürze können Sie auch abwandeln oder Sie mischen verschiedene Rezepte. Dabei sollten Sie allerdings darauf achten, daß das Dressing geschmacklich ausgewogen ist.

KHAO YAM PAK TAI

Reissalat nach südthailändischer Art

Bei diesem Rezept, das ein ideales Mittagessen ist, wird übriggebliebener Reis verwendet. Die Gewürze und Beilagen zum Reis variieren je nach Geschmack und Verfügbarkeit. Auf dem Foto rechts sind allerdings nicht alle Zutaten zu sehen, die im folgenden Rezept aufgeführt sind.

2 Tassen kalter gekochter Reis
2 Tassen geraspelte Kokosnuß, im Ofen 5–8 Minuten gebräunt
1 kleine Pomelo oder Grapefruit, in Stückchen
1 kleine grüne Mango, in Stückchen (nach Wunsch)
1/2 Tasse gehackte, getrocknete Garnelen oder Shrimps
1/2 Tasse Sojabohnensprossen
1/2 Tasse fein geschnittenes Zitronengras
1/4 Tasse kleingeschnittene grüne Bohnen
1 Ei, verquirlt, zu einem Omelett gebraten und zerkleinert
2 getrocknete rote Chilischoten, zerstoßen
1 EL sehr fein zerkleinertes Kaffirlimonenblatt
1 EL gehackter frischer Koriander
125 g gekochte Garnelen als Garnitur (nach Wunsch)
Limonenscheiben

Für die Soße:
1 Tasse Wasser
2 EL gehackte Anchovis in Salzwasser
1 EL gehackter Palmzucker
2 Kaffirlimonenblätter, in kleinen Stückchen
1 cm Zitronengras, sehr fein geschnitten

Alle Soßenzutaten in eine Pfanne geben, aufkochen und 5 Minuten lang sieden lassen. Vom Herd nehmen, durchsieben und beiseite stellen.

Jeweils eine halbe Tasse Reis in kleine Schalen geben. Den Reis nach unten drücken, dann die Schalen auf einer größeren Servierplatte umdrehen und den Reis dort anrichten. Die weiteren rohen Zutaten arrangieren Sie in Häufchen um den Reis.

Etwas Reis auf die Teller geben und dazu nach Geschmack von den Beilagen hinzufügen. Die Soße daraufgeben.

> **TIP**
> Europäische Anchovis in Dosen sind ein akzeptabler Ersatz für Thai-Anchovis.

Gemischtes, gebratenes Gemüse

Reissalat nach südthailändischer Art

SOM TAM THAI

Grüner Papayasalat

Dieser hervorragende Salat, ursprünglich ein Gericht aus Isan im Nordosten, wird nun von Straßenständen im ganzen Land angeboten. *Som Tam* vermittelt die wichtigsten Geschmacksrichtungen Thailands: chillischarf, nach Knoblauch und Fischsoße duftend und sauer durch den Limonensaft. Die Grundzutat, unreife Papaya, bietet einen Kontrast zu den rohen Bohnen und Erdnüssen.

300 g unreife grüne Papaya, geschält und in sehr feine Stifte geschnitten
7 Vogelaugenchilischoten
5 Knoblauchzehen · 50 g grüne Bohnen, in 1 cm große Stücke geschnitten
2 EL ungesalzene geröstete Erdnüsse
1 EL getrocknete Garnelen oder Shrimps
6 Kirschtomaten, geviertelt, oder 1 große Tomate, in Scheiben geschnitten
3 EL Limonensaft
1 EL gehackter Palmzucker · 1 EL Fischsoße

Jeweils ein wenig von der Papaya, von den Chillies und dem Knoblauch nehmen und die Zutaten grob mit Mörser und Stößel zerstoßen. Alternativ kurz in einen Mixer geben. In einer Schale beiseite stellen und den Vorgang wiederholen, bis Papaya, Chillies und Knoblauch aufgebraucht sind.

Nun Bohnen, Erdnüsse, getrockneten Garnelen oder Shrimps und die Tomaten gut untermischen und mit den Gewürzen abschmecken.

Das Gericht mit rohem Gemüse (Kohl oder Winde) und Basilikumzweigen anrichten. Für eine komplette Mahlzeit Klebreis und Brathuhn dazu servieren.

YAM SOM-O

Würziger Pomelosalat

Große, runde Pomelos, Vorläufer der Grapefruit, sind süß und saftig und werden sowohl als Frucht verzehrt als auch mit sauren, würzigen Zutaten zu einem Salat vermischt. Ein beliebter Thai-Imbiß sind Pomelostücke, die in Soße (oder *Phrik)* gedippt werden.

1 Pomelo oder 2 Grapefruits
2 EL Limonensaft · 1 EL Fischsoße
1 EL Zucker · 150 g gekochte Garnelen
200 g gekochte Hühnerbrust, zerkleinert
2 EL geraspelte frische oder getrocknete Kokosnuß · 1/2 Tasse Kokoscreme
1 EL fein gehackte, getrocknete Garnelen oder Shrimps

Die Pomelo schälen und das Fruchtfleisch zerkleinern. Limonensaft, Fischsoße und Zucker in einer Schale vermischen. Garnelen, Huhn, geraspelte Kokosnuß und Kokoscreme zugeben. Rühren, bis alles gut vermischt ist. Nun die Pomelo gründlich unterheben. Mit den getrockneten Garnelen oder Shrimps bestreuen und servieren.

PLA NUEA MAKREUA ORN
Rindfleischsalat mit Aubergine

Frisches Rindfleisch kann zwar für diesen Salat verwendet werden, aber er eignet sich auch ideal für übriggebliebenen Braten oder bereits gegrilltes Fleisch.

3 kleine runde, grüne Auberginen oder
1 lange dünne Aubergine
3 EL Öl · 300 g rohes oder gegartes Rinderfilet, in Scheiben geschnitten
1 EL in Scheiben geschnittene Schalotten
5 grüne kleine Chilischoten, grob gehackt
2 EL Limonensaft
1 EL Fischsoße · 1/4 TL Zucker

Die Aubergine in 1 cm dicke Scheiben schneiden und braten, bis sie gar sind. In eine Schale legen. Bei der Verwendung von rohem Fleisch, dieses in einer Bratpfanne mit wenig Öl und bei großer Hitze gar braten. Das Rindfleisch mit der Aubergine und den restlichen Zutaten gut vermischen.

Das Gericht soll beim Servieren Zimmertemperatur haben. Mit weißem Reis servieren.

PAD PAK RUAM MIT
Gemischtes, gebratenes Gemüse

Diese Zubereitungsmethode ist für nahezu alle Gemüsesorten oder Gemüsekombinationen geeignet.

50 g Zuckererbsen
50 g junger Grünkohl
50 g Kohl · 50 g Brokkoli
50 g Blumenkohl
50 g Pilze
50 g Maiskölbchen
4 EL Erdnuß- oder Maisöl
3 El fein gehackter Knoblauch
1/8 Liter Hühnerbrühe (Seite 139)
4 EL Austernsoße
1 EL helle Sojasoße
1/4 TL dunkle Sojasoße
1/2 TL gemahlener weißer Pfeffer

Das Gemüse in mundgerechte Stücke schneiden und die verschiedenen Sorten in einer Schale mischen. Anschließend für einige Sekunden in kochendem Wasser blanchieren, abtropfen lassen und beiseite stellen.

Einen Wok erhitzen, bis er leicht dampft, dann das Öl hineingeben. Ist es heiß, den Knoblauch, das Gemüse und die Hühnerbrühe hineingeben. Etwa 3–4 Minuten pfannenrühren, bis das Gemüse gerade gar ist; es sollte noch leicht knackig sein. Mit Austernsoße, den Sojasoßen und Pfeffer abschmecken. Gut vermischen und 1 Minute lang garen. Mit Reis servieren.

TIP

Schalten Sie auf stärkste Hitze, um das Gemüse pfannenzurühren. Dies garantiert den richtigen Biß und den besten Geschmack.

KAI YAD SAI
Gefüllte Omeletts

Dieses Gericht, das besonders als Mittagessen beliebt ist, findet man oft auf den Speisekarten einfacher Restaurants und an Straßenständen. Das Omelett kann auch mit Reis als Teil einer Hauptmahlzeit gereicht werden.

4 EL Öl
100 g Schweinehack
3 EL gewürfelte Tomaten
3 EL gekochte grüne Erbsen
2 EL in feine Scheiben geschnittene Zwiebel
1/2 EL Zucker
1 EL Fischsoße
1/4 TL gemahlener weißer Pfeffer
1/4 TL dunkle Sojasoße
3 Eier, verquirlt
3 EL gehackte Korianderblätter
1 rote Chilischote, in Scheiben geschnitten

Die Hälfte des Öls in einem Wok bei hoher Hitze erhitzen und das Schweinehack 2 Minuten lang darin unter Rühren braten. Alle übrigen Zutaten außer den Eiern und dem restlichen Öl hinzufügen. Gar braten und dann beiseite stellen.

Eine Pfanne von 15–20 cm Durchmesser erhitzen und einen Tropfen Öl hineingeben. Gerade soviel Ei einfüllen, daß es auf dem Boden der Pfanne eine dünne Schicht bildet. Das Omelett leicht auf beiden Seiten bräunen und dabei wenden. Den Vorgang wiederholen, bis die Eimasse aufgebraucht ist.

Um ein Omelett zu füllen, einen Löffel der Schweinefleischmischung in die Mitte geben. Dann den Rand des Omeletts einfalten, so daß ein Quadrat entsteht. Auf diese Weise alle Omeletts füllen, dann auf eine Servierplatte legen.

Mit Korianderblättern und feinen roten Chillischeiben garnieren und mit Reis servieren.

Gefüllte Omeletts

TAUD MAN GOONG
Fritierte Garnelenpastetchen

Imbißstände in Küstenstädten, besonders um Songkhla, Surat Thani und Phuket, bieten ein ähnliches, aber stark gewürztes Gericht aus Fisch (*Taud Man Pla*) an. Diese feinere Version, die Garnelen verwendet, wird mit schmackhaftem eingelegtem Gemüse serviert.

600 g Garnelen
150 g hartes Schweinefett
1 TL Salz
1/2 TL Zucker
2 Tassen frische Semmelbrösel
Öl zum Fritieren

Für die Beilage:
1/4 Liter weißer Essig
125 g Zucker
5 kleine Chilischoten
2 Schalotten, in Scheiben geschnitten
1 EL in feine Scheiben geschnittener Blumenkohl
1 EL fein geschnittene Maiskölbchen
1 EL kleine Gurke, in Scheiben geschnitten

Für die Beilage Essig und Zucker aufkochen, dann abkühlen lassen. Das Gemüse untermischen und beiseite stellen.

Garnelen und Schweinefett zusammen fein hacken oder in einem Mixer fein pürieren. Salz, Zucker und Semmelbrösel zugeben. Anschließend aus der Masse Pastetchen formen. Fritieren, bis sie goldbraun und duftend sind.

Sofort mit der Beilage servieren.

TIP

Beilage und Garnelenpastetchen können im voraus zubereitet werden. Die Garnelenpastetchen erst kurz vor dem Servieren fritieren.

Rotes Schweinefleischcurry

In Thailand serviert man gewöhnlich Reis zu den Hauptgerichten. Sämtliche Speisen werden gleichzeitig aufgetragen und bleiben bis zum Ende der Mahlzeit auf dem Tisch stehen. Die folgenden Rezepte sind für vier Personen berechnet.

KANA MOO GROB
Grünkohl mit knusprigem Schweinefleisch

Gemüse wird häufig mit ein wenig Fleisch, Geflügel oder Meeresfrüchten zubereitet, um es geschmacklich abzurunden. Grünkohl, in Thailand unter der chinesischen Bezeichnung *Kai Lan* bekannt, ist wegen seiner festen Stengel beliebt. Steht dieses Gemüse nicht zur Verfügung, sind Brokkolistengel ein passender Ersatz.

1 kg Grünkohl oder 500 g Brokkolistengel
3 EL ÖL
1 EL fein gehackter Knoblauch
300 g knuspriges Schweinefleisch, gewürfelt
4 EL Austernsoße
1/4 TL Salz
1/4 TL gemahlener weißer Pfeffer
1 TL Zucker
1/4 Liter Hühnerbrühe (Seite 139)

Die Blätter und den zähen unteren Teil der Grünkohlstengel entfernen. Die harte Haut der zarten Stengel auch entfernen. Die Stengel in 5–8 cm lange Stücke schneiden.

Öl in einem Wok erhitzen. Wenn es sehr heiß ist, den Knoblauch braten, bis er duftet. Dann Grünkohl und Schweinefleisch hinzugeben und gut vermischen. Mit den Gewürzen abschmecken und die Brühe angießen. Gut vermischen, nochmals erhitzen und sofort servieren.

GAENG PED MOO
Rotes Schweinefleischcurry

Schweinefleisch ist in Thailand überaus beliebt und wird auf viele verschiedene Arten zubereitet. Dies ist ein sehr einfaches, schnell zubereitetes Curry, das Abwechslung auf den Mittagstisch bringt.

1/2 Tasse Kokoscreme
1 EL rote Currypaste (Seite 139)
400 g Schweinefilet, in 1 cm dicke Scheiben geschnitten
1/3 Tasse Aubergine, zu 1 cm große Stücke zerkleinert
3/8 Liter Kokosmilch
1 1/2 EL Fischsoße · 1 1/2 TL Zucker
5 Kaffirlimonenblätter, halbiert
1 frische rote Chilischote, längs in feine Scheiben geschnitten
1/2 Tasse Basilikumblätter (*Horapa*)

Die Kokoscreme unter ständigem Rühren aufkochen. Rote Currypaste, Schweinefleisch und Auberginen zufügen, gut umrühren und garen, bis das Fleisch durch ist (dies dauert etwa 5 Minuten).

Mit Fischsoße, Salz, Zucker, Kaffirlimonenblätter und Chilli abschmecken. Umrühren und nochmals erhitzen, dann vom Herd nehmen und mit Basilikum garnieren.

GAENG MUSSAMAN
Mussaman-Rindfleischcurry

Gewürze wie Kardamom und Zimt sind von indisch-moslemischen Händlern nach Thailand gebracht worden, und Gerichte mit diesen Gewürzen werden als Mussaman-Currys (moslemische Currys) bezeichnet. Diese Version aus Südthailand verwendet die Mussaman-Grundcurrypaste und andere Gewürze.

3 EL Mussaman-Currypaste (Seite 139)
1/2 Tasse Kokoscreme
500 g Rinderfilet oder Rindfleisch für Eintopf · 1/2 Liter Kokosmilch
5 Kardamomschoten, geröstet, bis sie duften · 1 Zimtstange von etwa 8 cm Länge
200 g Kartoffeln, geschält und in große Stücke geschnitten
1 gehäufter EL ungesalzene Erdnüsse, gehackt · 10 Schalotten
3 Lorbeerblätter
3 EL gehackter Palmzucker
2 EL Fischsoße · 3 EL Tamarindensaft

Currypaste und Kokoscreme 5 Minuten lang zusammen garen, dann das Rindfleisch dazugeben und 8–10 Minuten braten. Kokosmilch angießen und das Ganze 10 Minuten köcheln lassen. Alle übrigen Zutaten zufügen und kochen lassen, bis Kartoffeln und Fleisch zart sind.

Mit eingelegtem Ingwer, eingelegtem Gemüse und Reis servieren.

TIP

Falls Schweinefilet nicht zur Verfügung steht, nehmen Sie ein anderes mageres Stück vom Schwein. Die Garzeit kann sich dadurch verlängern.

Mussaman-Rindfleischcurry

Rotes Hühnercurry mit Bambussprossen

GAENG KHEOW WAN GAI
Grünes Hühnercurry

Ein duftendes, cremiges Curry, das stets beliebt ist. Wenn das Gericht weniger fett sein soll, entfernen Sie die Haut des Huhns. Dieses Gericht kann im voraus zubereitet werden. Allerdings sollten Sie Basilikum und Chillies erst kurz vor dem Servieren zugeben.

$^{1}/_{2}$ Tasse Kokoscreme
3 EL grüne Currypaste (Seite 139)
400 g Hühnerbrust, in Scheiben geschnitten
$^{3}/_{8}$ Liter Kokosmilch
2 Kaffirlimonenblätter
1$^{1}/_{2}$ EL Fischsoße · 1 TL Zucker
150 g Aubergine, in mundgerechte Stücke geschnitten
$^{1}/_{4}$ Tasse Basilikumblätter (*Horapa*)
2–3 rote Chilischoten, in Längsstreifen geschnitten

Die Kokoscreme erhitzen, bis sie einen öligen Schimmer annimmt. Dann die Currypaste zugeben und gut durchrühren. Das Huhn in der Soße garen, bis es seine Farbe verändert.

Nun Kokosmilch, Limonenblätter, Fischsoße und Zucker zugeben, aufkochen, dann die Aubergine beigeben. Alles köcheln, bis das Hühnerfleisch gar ist. Basilikum und Chillies darüberstreuen, vom Herd nehmen und servieren.

PANAENG NUEA
Trockenes Rindfleischcurry

Rindfleisch nach südlicher Art, scharf und nach typisch indischen Gewürzen duftend. Die Verwendung von Palmzucker, Erdnüssen und Kaffirlimonenblättern ist jedoch charakteristisch für die Thai-Küche.

1 EL Koriandersamen, gemahlen
2 TL Kreuzkümmelsamen, gemahlen
3 EL Mussaman-Currypaste (Seite 139)
$^{1}/_{2}$ Tasse Kokoscreme · 400 g Rindfleisch, in dünne Streifen geschnitten
$^{3}/_{8}$ Liter Kokosmilch · 75 g geröstete Erdnüsse, gemahlen · 2 EL Fischsoße
3 EL gehackter Palmzucker
6 Kaffirlimonenblätter, in zwei Teil gerissen
1 rote Chilischote, in dünnen Scheiben

Vermischen Sie den gemahlenen Koriander und Kreuzkümmel mit der Mussaman-Currypaste.

Die Kokoscreme erhitzen, bis etwas Öl an die Oberfläche tritt, dann die Currypaste hinzufügen und langsam unter ständigem Rühren zum Kochen bringen.

Die Rindfleischstreifen hineingeben und 5 Minuten lang garen. Danach die Kokosmilch und alle anderen Zutaten außer Kaffirlimonenblättern und Chilli hinzufügen. Gut umrühren und köcheln lassen, bis das Fleisch zart ist. Mit Kaffirlimonenblättern und Chillistreifen bestreuen. Vom Herd nehmen und mit weißem Reis servieren.

GAENG PED GAI NAW MAI
Rotes Hühnercurry mit Bambussprossen

Frische Bambussprossen sind in Thailand ein saisonales Gemüse und haben eine Süße und Konsistenz, die von Bambussprossen aus der Dose nicht erreicht wird. Dennoch sind diese ein akzeptabler Ersatz und bieten einen Kontrast zum zarten Huhn dieses Currygerichts.

$^{1}/_{2}$ Tasse Kokoscreme
1 EL rote Currypaste (Seite 139)
400 g Huhn ohne Knochen, gewürfelt
$^{3}/_{8}$ Liter Kokosmilch
300 g Bambussprossen (längs in Scheiben geschnitten) · 2 EL Fischsoße
$^{1}/_{4}$ TL Salz · 1$^{1}/_{2}$ TL Zucker
5 Kaffirlimonenblätter, halbiert
1 frische rote Chilischote, längs in feine Scheiben geschniten
$^{1}/_{2}$ Tasse Basilikumblätter (*Horapa*)

Die Kokoscreme aufkochen. Unter Rühren köcheln, bis die Oberfläche einen öligen Schimmer annimmt. Zunächst die rote Currypaste und das Huhn, danach Kokosmilch und Bambussprossen dazugeben.

Das Huhn garen, bis es zart ist. Das Gericht mit Fischsoße, Salz, Zucker, Kaffirlimonenblätter und Chilli abschmecken. Mit Basilikum garniert servieren.

Hinweis: Wenn Sie Bambussprossen aus der Dose verwenden, sollten Sie das Dosenwasser abschütten und die Sprossen 5 Minuten lang in frischem Wasser kochen, um jeglichen metallischen Geschmack zu beseitigen. Frische Bambussprossen sollten gesiedet werden, bis sie fast zart sind, bevor man sie zum Curry gibt.

GAENG PED
Curry mit Bratente

Gewürzte rot gebratene Ente, wie sie von chinesischen Restaurants und Lebensmittelgeschäften angeboten wird, ist die Basis dieses sehr schmackhaften Currys.

1 gebratene Ente
$^{1}/_{2}$ Tasse Kokoscreme
3 EL rote Currypaste (Seite 139)
$^{3}/_{8}$ Liter Kokosmilch
2–3 große Tomaten, in Scheiben geschnitten
1 Tasse grüne Bohnen, in Stücke von 1 cm geschnitten
1 kleine Aubergine, in 1 cm großen Scheiben
4 Kaffirlimonenblätter
2 EL Fischsoße
1 TL Zucker
$^{1}/_{2}$ TL Salz
10 Basilikumblätter (*Horapa*)
4 rote oder grüne Chilischoten, längs in feine Scheiben geschnitten

Ente entbeinen und das Fleisch in mundgerechte Stücke schneiden.

Die Kokoscreme bei mittlerer Hitze aufkochen und die rote Currypaste hinzufügen; dabei gut umrühren. Ente, Kokosmilch sowie Tomaten, Bohnen, Aubergine, Kaffirlimonenblätter, Fischsoße, Zucker und Salz zugeben. Zum Kochen bringen, dann vom Herd nehmen.

Das Gericht mit den Basilikumblättern und roten oder grünen Chillies bestreuen und mit weißem Reis servieren.

Curry mit Bratente

PLA CHORN PHAD PRIK KHING

Knuspriger Fisch mit roter Currysoße

Pla Chorn, ein Fisch, der der spanischen Makrele ähnelt, wird für dieses Rezept bevorzugt, doch kann jeder festfleischige weiße Fisch verwendet werden. Die Fischstücke werden knusprig gebraten und in einer dicken würzigen Soße serviert.

3 EL rote Currypaste (Seite 139)
1/4 Liter Kokosmilch
Fischsoße nach Geschmack
1 TL Zucker (oder nach Geschmack)
2 EL gemahlene, getrocknete Garnelen oder Shrimps
400 g Fischfilets oder -steaks
Öl zum Fritieren
1 Kaffirlimonenblatt, fein zerkleinert
1–2 grüne Bohnen, in 2 cm lange Stücke geschnitten (nach Wunsch)

Die Currypaste in Kokosmilch köcheln, bis die Soße angedickt ist. Dann mit Fischsoße und Zucker abschmecken und die getrockneten Garnelen oder Shrimps zugeben.

Den Fisch gründlich säubern und trockentupfen, dann in sehr heißem Öl fritieren, bis er knusprig und goldbraun ist.

Den Fisch auf eine Servierplatte legen und mit der Soße überziehen. Mit zerkleinertem Limonenblatt und den zerschnittenen grünen Bohnen garnieren.

PLA NUEA ORN

Süßwasserfisch mit Chillisoße

Obwohl in Thailand Süßwasserfisch für dieses Gericht bevorzugt wird, kann auch jeder gute weiße Meeresfisch verwendet werden.

1 ganzer Süßwasserfisch, etwa 1 kg, oder 2 kleinere Fische
150 g getrocknete rote Chilischoten, in Wasser eingeweicht und entkernt
100 g Knoblauch, geschält
100 g Schalotten, geschält
1/2 EL Garnelenpaste
Öl zum Fritieren
Fischsoße nach Geschmack
1 TL Zucker
10 Kaffirlimonenblätter, sehr fein zerkleinert

Den Fisch gründlich schuppen, säubern und – falls erwünscht – den Kopf entfernen. Auf dem Rücken des Fisches etwa 1 cm lange Schnitte diagonal versetzt einschneiden.

Chillies, Knoblauch und Schalotten fein hacken, dann mit der Garnelenpaste vermischen. 3 Eßlöffel Öl hinzugeben und die Mischung sautieren, bis sie duftet. Mit Fischsoße und Zucker abschmecken.

Den Fisch gründlich trockentupfen, dann fritieren, bis er gar ist. Auf eine Platte legen und mit der Soße begießen. Mit Kaffirlimonenblättern bestreuen und sofort servieren.

Gegrillte Garnelen mit süßer Soße

Krebse mit Glasnudeln

PLA MUK TOD

Gebratener Tintenfisch mit Knoblauch und Pfeffer

Eine einfache und schnelle Methode, Tintenfisch lecker zuzubereiten.

600 g frischer Tintenfisch
2 EL Öl · 100 g Knoblauch, gehackt
1 TL schwarze Pfefferkörner, zerstoßen
2 EL Austernsoße
1 EL helle Sojasoße
1 TL Zucker
Korianderblätter als Garnitur

Enfernen Sie die Tentakel und den harten schnabelartigen Teil. Tintenfisch häuten, innen säubern und in mundgerechte Stükke schneiden. Gründlich trokkentupfen und beiseite stellen.

Öl in einem Wok auf mittlere Hitze bringen. Den Knoblauch goldbraun braten, dann den Tintenfisch und die Fangarme zusammen mit den Gewürzen zugeben. Einige Minuten garen, bis der Tintenfisch weiß wird. Heiß und mit Korianderblättern bestreut servieren.

POO JAA

Gefüllte Krebspanzer

Die Füllung dieses delikaten Gerichts kann im voraus zubereitet werden, die Krebse können Sie dann unmittelbar vor dem Servieren füllen und fritieren.

4 ganze Krebse · 3 Eier, verquirlt
Öl zum Fritieren · 1 EL Korianderblätter
2 rote Chilischoten, längs in Streifen geschnitten

Für die Füllung:
175 g Schweinehack · 75 g gehackte Garnelen · 60 g frisches Krebsfleisch
2 EL fein gehackte Zwiebel
1 EL fein geschnittene Frühlingszwiebel
1 TL gemahlener weißer Pfeffer
1 Tl Zucker · 1/4 TL helle Sojasoße
1/4 TL Salz

Bei der Verwendung von gekochten Krebsen lösen Sie die Panzer vorsichtig ab und entfernen dann die schwammigen Teile. Die Panzer waschen und beiseite stellen. Das Krebsfleisch auch aus den Beinen und Scheren lösen und 60 g abwiegen. Der Rest kann für ein anderes Gericht verwendet werden.

Rohe Krebse müssen zuerst gedünstet werden, dann verfahren Sie wie oben beschrieben.

Für die Füllung alle Zutaten mischen und in die Krebspanzer füllen.

Das Öl in einer Pfanne erhitzen, die gefüllten Krebse in das verquirlte Ei tauchen, so daß sie gut eingehüllt sind, dann etwa 10-15 Minuten lang fritieren, bis sie gar sind. Auf Küchenpapier gut abtropfen lassen. Vor dem Servieren die Krebse mit Koriander und Chilli bestreuen.

POO OB WOON SEN
Krebse mit Glasnudeln

In einem Tontopf zubereitete Gerichte sind chinesischen Ursprungs. Eine beliebte Thai-Variante verwendet entweder Krebsscheren oder ganze Krebse, in Stücke geschnitten. Der Speck verbessert den Geschmack des bereits sehr pikanten Gerichts. Falls Krebse nicht erhältlich sind, können Sie auch große Garnelen verwenden.

2 Streifen durchwachsener Speck, in 2,5 cm große Stücke geschnitten
2 ganze Krebse, ohne Schale, oder 500 g Krebsscheren
2 Korianderwurzeln, zerschnitten
5 cm Ingwer, zerstoßen oder fein gehackt
3–4 Knoblauchzehen, gehackt
1 EL weiße Pfefferkörner, zerstoßen
250 g Glasnudeln (*Woon Sen*), 5 Minuten lang in kaltes Wasser eingeweicht
1 TL Butter · 3 EL dunkle Sojasoße
1/4 Tasse gehackte Korianderblätter und -stengel · 2 Frühlingszwiebeln, in Stücke von 4 cm Länge geschnitten

Für die Brühe:
1/2 Liter Hühnerbrühe (Seite 139)
2 EL Austernsoße · 2 EL dunkle Sojasoße
1/2 EL Sesamöl · 1 TL Brandy oder Whisky
1/2 TL Zucker

Alle Zutaten für die Brühe in einen Topf geben, aufkochen und 5 Minuten lang sieden lassen. Anschließend abkühlen lassen.

Den Speck in eine Kasserolle legen. Krebse, Korianderwurzel, Ingwer, Knoblauch und Pfefferkörner dazugeben. Die Nudeln darauf verteilen. Butter, Sojasoße und Suppenbrühe zufügen.

Gebratene Venusmuscheln in gerösteter Chillipaste (unten) und gedünstete Miesmuscheln (oben)

Zudecken und zum Kochen bringen. 5 Minuten lang sieden lassen, dann gut durchmischen und Koriander sowie Frühlingszwiebeln dazugeben. Weitere 5 Minuten zugedeckt köcheln, bis die Krebse gar sind. Überschüssige Flüssigkeit vor dem Servieren abgießen.

GOONG POW
Über Holzkohle gegrillte Garnelen mit süßer Soße

Der Duft von Meeresfrüchten, die über einem Holzkohlefeuer grillen, ist unwiderstehlich. In Thailand wird dieses Gericht mit riesigen Süßwassergarnelen zubereitet. Kleine Flußkrebse oder Langusten können als Ersatz dienen.

3 große Süßwassergarnelen oder kleine Flußkrebse bzw. Langusten
Folie oder Bananenblatt

Für die Soße:
5–6 EL Wasser · 1 EL Zucker
1/2 TL Salz · 1 1/2 EL gehackter Knoblauch
1/2 EL gehackte Chilischote
1 TL frischer gehackter Koriander
2 EL Limonensaft

Für die Soße das Wasser und den Zucker in eine Pfanne geben, bei niedriger Hitze unter Rühren köcheln, bis sich der Zucker aufgelöst hat. Die Hitzezufuhr abstellen, das Salz hinzufügen und gut umrühren. Die Soße abkühlen lassen, dann die restlichen Zutaten hineingeben und gründlich vermischen.

Garnelen säubern und in Folie oder ein Bananenblatt einwickeln. Über einem heißen Holzkohlenfeuer etwa 12 Minuten lang grillen. Die Garnelen mit der Soße servieren.

HOI MA-LAENG POO OB
Gedünstete Miesmuscheln

In diesem einfachen, für Gaumen und Auge köstlichen Gericht kontrastieren orangegrüne Miesmuscheln mit hellgrünen Basilikumblättern.

2 kg Miesmuscheln, gut gesäubert · Eine große Handvoll Basilikumblätter (*Horapa*)

Für die Soße:
1/8 Liter Limonensaft · 2 EL Fischsoße
1 TL Zucker · 2 Korianderwurzeln, gehackt
2 Knoblauchzehen, zerstoßen
1/8 Liter Wasser

Miesmuscheln in einen Dämpftopf mit kochendem Wasser legen und mit den Basilikumblättern bestreuen. 10 Minuten garen. Vom Herd nehmen und dann 2 Minuten warten, bevor Sie den Topf öffnen.

Inzwischen die Soßenzutaten vermischen. Zum Kochen bringen, anschließend abkühlen lassen. Die Muscheln mit der Soße servieren.

Hinweis: Die Muscheln sollten nach dem Dünsten einige Minuten lang zugedeckt liegenbleiben. So nehmen sie das Basilikumaroma besser an.

HOY LAI PED
Gebratene Venusmuscheln in gerösteter Chillipaste

Verwenden Sie jede Art von Venusmuscheln für dieses schnell zubereitete Gericht. Es lohnt sich, nach der richtigen Art von Basilikum zu suchen, da es den Geschmack der Muscheln nachhaltig beeinflußt.

5–6 EL Öl · 600 g Venusmuscheln in ihren Schalen, gut gesäubert
1 1/2 EL gehackter Knoblauch
5 frische rote Chilischoten, längs in Scheiben geschnitten
2 EL geröstete Chillipaste (Seite 139)
2 TL helle Sojasoße
1/8 Liter Hühnerbrühe · Eine große Handvoll Basilikumblätter (*Horapa*)

Das Öl in einem Wok erhitzen, Muscheln und Knoblauch zugeben und die Muscheln garen, bis sie sich leicht öffnen. Dann frische Chillies, Chillipaste und Sojasoße untermischen und die Hühnerbrühe angießen. Vorsichtig Basilikum unterheben und das Gericht sofort mit Reis servieren.

Eine thailändische Nachspeise besteht in der Regel aus frischen Früchten. Süßspeisen, die man in den westlichen Ländern als Dessert ißt, nimmt man in Thailand meist als Zwischenmahlzeiten zu sich. Die wichtigsten Zutaten für thailändische Süßspeisen sind Reis- und Tapiokamehl, Klebreis, Kokosmilch, Pandanusblätter und Palmzucker.

TAB TIM GROB
Rote Rubine

Der poetische Name dieses beliebten Thai-Desserts bezieht sich auf winzige gewürfelte Wassernüsse, die rot gefärbt und mit gesüßter Kokosmilch serviert werden. Wassernüsse sind zwar schwierig zu schälen, doch haben sie eine delikate Süße. Als Ersatz eignet sich Yamsbohne.

1 Tasse (etwa 250 g) fein gewürfelte Wassernüsse
Rote Lebensmittelfarbe
60 g Tapiokamehl · 125 g Zucker
180 ml Wasser · 180 ml Kokosmilch
Zerstoßenes Eis

Die Wassernüsse mit roter Lebensmittelfarbe besprenkeln und rühren, bis sie ein kräftiges Rot angenommen haben. Das Mehl mit den Wassernüssen in eine Plastiktüte geben und kräftig schütteln, damit die Wassernüsse gut mit Mehl eingestäubt werden. Anschließend in einem Sieb schütteln, um überschüssiges Mehl zu entfernen.

5 Tassen Wasser aufkochen, die Wassernüsse dazugeben und 3 Minuten köcheln lassen. Das Wasser abgießen und die Wassernüsse in kaltes Wasser legen. Anschließend abgießen und die Wassernüsse auf ein Tuch legen.

Aus Zucker und Wasser einen Sirup kochen, abkühlen lassen und die Kokosmilch dazugießen. Zum Servieren einige der Wassernüsse in Dessertschalen legen, Eis dazugeben und alles mit etwas Sirup übergießen. Nach Wunsch mit Stücken reifer Jackfrucht oder mit junger Kokosnuß garnieren.

Rote Rubine (oben), Bananen in Kokosmilch (rechts) und Reisklößchen in Kokosmilch

KLOEY BUAD CHEE
Bananen in Kokosmilch

Es gibt mehr als ein Dutzend Bananenarten in Thailand. Bei diesem Rezept wird die winzige, süße Sorte verwendet, auch »Fingerbananen« genannt. Große Bananen müssen diagonal in 8 cm große Stücke geschnitten werden.

1/2 Liter dünne Kokosmilch
125 g Zucker
1/4 TL Salz
3 kleine Bananen, diagonal in 2 Hälften geschnitten

Die Kokosmilch in einen Topf gießen und Zucker und Salz hinzugeben. Zum Kochen bringen und dabei ständig umrühren, damit sich die Kokosmilch nicht absetzt. Die Bananen hinzufügen, vorsichtig 5 Minuten garen lassen. Heiß oder kalt servieren.

SANGKAYA FAK THONG
Kürbispudding

Eine dekorative Nachspeise, bei der ein üppiger Kokosmilchpudding in einem kleinen Kürbis gedünstet wird.

5 Eier (2 davon, wenn möglich, Enteneier)
1 Tasse Kokoscreme
1 Tasse gehackter Palmzucker oder 125–190 g weißer Zucker · 1 ganzer kleiner Kürbis, etwa 20 cm im Durchmesser

Kürbispudding

Die Eier mit Kokoscreme und Zucker verrühren, bis die Mischung schaumig ist.

Den Kürbis oben aufschneiden und vorsichtig Samen und Fasern herauslösen. Die Kokoscrememischung hineingießen, den abgeschnittenen Teil des Kürbisses wieder aufsetzen und das Ganze über kochendes Wasser setzen. Etwa 30 Minuten dünsten oder so lange, bis die Mischung fest geworden ist.

Abkühlen lassen (am besten im Kühlschrank) und zum Servieren in dicke Scheiben schneiden.

Hinweis: Die Enteneier verleihen dem Pudding eine festere Konsistenz. Wenn Sie Palmzucker verwenden, drücken Sie die Puddingmasse durch ein Sieb, bevor Sie diese in den Kürbis geben.

BUA LOI
Reisklößchen in Kokosmilch

375 g Klebreismehl · 4 Tassen Kokoscreme
500 g Zucker · 1 TL Salz

Das Reismehl mit genügend Wasser mischen, so daß ein fester Teig entsteht. Gut durchkneten und zu erbsengroßen Kügelchen formen. Einen großen Topf Wasser zum Kochen bringen und die Kügelchen hineingeben. Sobald sie an die Oberfläche steigen, herausnehmen. Abtropfen lassen.

Die Hälfte der Kokoscreme unter ständigem Rühren aufkochen, dann die Klößchen einlegen. Wenn die Mischung wieder zu Kochen anfängt, vom Herd nehmen und die restliche Kokoscreme einrühren. In kleinen Schalen servieren.

Mais aus der Dose und gefärbte, gewürfelte Wassernüsse (siehe oben) können als Farbtupfer mit den Reisklößchen angerichtet werden.

KHAO MAO TOD
Fritierte Bananen

600 g frisch geraspelte Kokosnuß
1 Tasse gehackter Palmzucker
400 g Reisflocken (*Khoa Mao*)
10 kleine »Fingerbananen«
Öl zum Fritieren

Für den Ausbackteig:
375 g Klebreismehl · 1/4 Liter Kokosmilch
1/4 Liter Wasser · 1 Ei, leicht verquirlt
1 EL Seamsamen

Kokosnuß, Palmzucker und Reisflocken vermischen und 1/2 Stunde in einer beschichteten Pfanne rösten; dabei häufig umrühren. Beiseite stellen. Die Zutaten für den Ausbackteig vermischen und 3 Stunden stehen lassen.

Kurz vor dem Servieren jede Banane in der Nußmischung wälzen. Anschließend in den Teig tauchen und goldbraun fritieren. Die Bananen heiß servieren.

TIP

Flache Reiskörner oder Reisflocken sind unter der Bezeichnung Pinipig in Asienläden erhältlich. Weizenflocken können als Ersatz dienen.

HÜHNERBRÜHE

2 1/2–3 kg Hühnerknochen
6 Liter Wasser
250 g Zwiebel, grob gehackt
125 g Sellerie, grob gehackt
1 EL Koriandersamen
1 TL schwarze Pfefferkörner

Die Knochen in kaltem Wasser abwaschen und in einem Topf mit kaltem Wasser zum Kochen bringen, dann das Wasser abgießen und wegschütten. Die Knochen mit 6 Liter Wasser erneut aufkochen und alle anderen Zutaten hinzugeben. Vier Stunden lang köcheln lassen, dabei den aufsteigenden Schaum abschöpfen. Anschließend durch ein Tuch sieben. Die Brühe kann in Behältern bis zu drei Monate tiefgefroren werden.

NAM PRIK GAENG PED
Rote Currypaste

In einem fest schließenden Behälter halten sich Currypasten im Kühlschrank etwa 1 Monat, im Gefrierfach 3–4 Monate.

1 EL Koriandersamen
1 TL Kreuzkümmelsamen
13 getrocknete kleine Chilischoten, geschnitten, 15 Min. in heißes Wasser gelegt, entkernt
3 EL fein gehackte Schalotten
4 EL fein gehackter Knoblauch
1 EL fein gehackter Galgant
2 EL fein geschnittenes Zitronengras
2 TL fein gehackte Kaffirlimonenschale
1 EL fein gehackte Korianderwurzel
20 schwarze Pfefferkörner
1 TL Garnelenpaste

Rösten Sie die Koriander- und Kreuzkümmelsamen in einem Wok bei niedriger Hitze circa 5 Minuten. Anschließend zu Pulver mahlen. Die restlichen Zutaten außer der Garnelenpaste zugeben und gut vermischen. Zuletzt die Garnelenpaste gut unterrühren.
Die Zutaten ergeben eine 3/4 Tasse Gewürzpaste.

NAM PRIK GAENG KHEOW WAN
Grüne Currypaste

1 EL Koriandersamen
1 TL Kreuzkümmelsamen
15 grüne kleine Chilischoten
3 EL fein gehackte Schalotten
1 EL fein gehackter Knoblauch
1 TL fein gehackter Galgant
1 EL fein geschnittenes Zitronengras
1/2 TL fein gehackte Kaffirlimonenschale
1 TL fein gehackte Korianderwurzel
5 schwarze Pfefferkörner
1 TL Salz
1 TL Garnelenpaste

Koriander- und Kreuzkümmelsamen im Wok bei niedriger Hitze circa 5 Minuten rösten, dann zu Pulver mahlen. Die restlichen Zutaten außer der Garnelenpaste im Mixer gut vermischen. Gewürzpulver und Garnelenpaste zufügen und vermischen. Sie erhalten 1/2 Tasse Gewürzpaste.

NAM PRIK GAENG MUSSAMAN
Mussaman-Currypaste

3 EL fein gehackte Schalotten
1 EL fein gehackter Knoblauch
1 TL fein gehackter Galgant
1 gehäufter EL fein geschnittenes Zitronengras
2 Gewürznelken
1 EL Koriandersamen
1 TL Kreuzkümmelsamen
5 schwarze Pfefferkörner
3 getrocknete Chilischoten, zerkleinert, 15 Minuten in heißes Wasser gelegt und entkernt
1 TL Salz
1 TL Garnelenpaste

Schalotten, Knoblauch, Galgant, Zitronengras, Gewürznelken, Koriander- und Kreuzkümmelsamen im Wok bei niedriger Hitze circa 5 Minuten braten, dann zu Pulver mahlen. Die restlichen Zutaten außer der Garnelenpaste zugeben und vermischen. Zuletzt die Garnelenpaste gut unterrühren. Ergibt 1/2 Tasse Gewürzpaste.

NAM PRIK THAI ORN
Fruchtiger Pfefferdip

2 EL frische grüne Pfefferkörner
3 Knoblauchzehen
1 TL Zucker
1/2 EL getrocknete Garnelen oder Shrimps
2–3 EL Limonensaft
6 saure Früchte wie grüne Mango oder grüner Apfel, in Scheiben geschnitten

Bei Pfefferkörnern aus dem Glas das Salzwasser gründlich abwaschen. Knoblauch und 1 Eßlöffel Pfefferkörner im Mörser zerstoßen, dann Zucker, Garnelen oder Shrimps und Limonensaft beifügen. Die restlichen Pfefferkörner unterrühren und alles gut vermischen. Mit sauren Früchten, Gemüse und Fisch servieren.

NAM PRIK POW
Geröstete Chillipaste

1/2 Liter Pflanzenöl
8 Schalotten, in Scheiben geschnitten
6 Knoblauchzehen, in Scheiben geschnitten
1 Tasse getrocknete Garnelen oder Shrimps
1/2 Tasse kleine getrocknete Chilischoten
1 EL Palmzucker
3 EL Fischsoße
1 1/2 EL Tamarindensaft (Seite 19)
1/4 TL Salz

Öl im Wok erhitzen. Schalotten und Knoblauch anbraten, aus dem Öl nehmen und abtropfen lassen. Garnelen und Chillies beifügen, goldbraun braten; aus dem Öl nehmen und abtropfen lassen.

In einem Mörser oder Mixer die Garnelen oder Shrimps, Knoblauch, Chillies, Schalotten und Zucker zerstoßen oder pürieren. Mit Fischsoße, Tamarindensaft, Salz und abgekühltem Öl aus dem Wok zu einer feinen Paste vermischen.

TIP

Servieren Sie die feurigen Dips mit kleingeschnittenem, jungen Gemüse, gekochten (Enten)Eiern und knuspriger Schweinekruste.

KAPI KUA
Garnelenpaste und Kokosmilchdip

2 getrocknete Chilischoten, geschnitten, eingeweicht
5 Schalotten
5 Stengel Zitronengras, fein geschnitten
3 Scheiben Galgant
3 EL gehacktes *Krachai*
3 EL Garnelenpaste, geröstet
1 Tasse grob gehackten geräucherten Fisch
4 Tassen Kokosmilch
1 EL Palmzucker
2 El Fischsoße
5 rote Chilischoten

Getrocknete Chillies, Schalotten, Zitronengras, Galgant, *Krachai* und Garnelenpaste mit der Hälfte des geräucherten Fisches zerstoßen und gut vermischen. Kokosmilch sieden lassen, bis Öl an die Oberfläche steigt.

Die Paste beifügen und weiterkochen lassen, bis es duftet. Anschließend Zucker, den restlichen Fisch, Fischsoße und Chilischoten zugeben und köcheln lassen, bis die Soße andickt. Mit gegrillten Garnelen oder knusprigen Fischstücken servieren.

NAM PRIK PLA YAANG
Dip mit gegrilltem Fisch

3–4 rote kleine Chilischoten
1 getrocknete Chilischote, geschnitten und eingeweicht
3 Knoblauchzehen, in der Schale schwarz gegrillt
2 Schalotten, in der Schale schwarz gegrillt
1 Tasse gegrillter Fisch, in Stückchen
1/2 TL Garnelenpaste, geröstet
2 EL Limonensaft
1 EL Fischsoße
1 TL Zucker
1 TL Kaffirlimonensaft

Kleine Chillies zerstoßen, getrocknete Chilli, Knoblauch und geschälte Schalotten zugeben und zu einer Paste verarbeiten. Limonensaft, Fischsoße und Zucker und zuletzt Kaffirlimonensaft gut unterrühren. Mit Gemüse und Fisch servieren.

Vietnam ist mit einer erstaunlichen Vielfalt an Nahrungsmitteln gesegnet, die ihm Land und Meer liefern.

VIETNAM

Vietnam erlebt zur Zeit nicht nur einen wirtschaftlichen Aufschwung, sondern entdeckt auch seine große kulinarische Tradition wieder.

Links: Heimkehr vom Markt

Rechts: Frische Möhren werden hier für den Verkauf auf dem Markt im zentralen Hochland hergerichtet. Frisches Gemüse und frische Kräuter sind in der vietnamesischen Küche unerläßlich.

Mit seinen langen, unberührten Küsten, den geschützten Häfen, den gut bewässerten Tiefebenen und den ausgedehnten Wäldern ist Vietnam ein besonders schönes und fruchtbares Land. Es ist aber auch ein Land, das gerade an einem Wendepunkt steht. Nach Jahren des Krieges strahlen die Menschen heute wieder Optimismus aus. Doi Moi, die 1986 von der kommunistischen Regierung eingeleitete wirtschaftliche Reformpolitik, die in geringem Umfang auch Privatunternehmen zuläßt, trägt erste Früchte. Und man fördert sogar die Schaffung von Privatvermögen.
Auf den Märkten herrscht reges Treiben: Aus den nahegelegenen Dörfern, von der Küste und aus dem zentralen Hochland werden Waren herbeitransportiert. Den ganzen Tag füllen zahllose Käufer ihre Körbe mit frischem Gemüse und tropischen Früchten, lebenden Fischen und Wild, eingelegtem Fleisch und Gemüse, kandierten Früchten, getrockneten und abgepackten Lebensmitteln, Reis und Flaschen mit der scharfen Fischsoße Nuoc Mam.

Ein reichgesegnetes Land

Vietnam ist in der glücklichen Lage, von Importen weitgehend unabhängig zu sein, denn der fruchtbare Boden ermöglicht im ganzen Land den Anbau einer Vielzahl verschiedener Obst- und Gemüsesorten. Meeresfrüchte gibt es vor der 2575 Kilometer langen Ostküste ebenfalls in Hülle und Fülle. Und entlang der zahllosen Kanäle und Wasserwege, darunter der Rote Fluß, der Huong Giang (auch »Fluß der Wohlgerüche« genannt) und der Mekong, einer der längsten Flüsse Südostasiens, erstrecken sich riesige Reisfelder.

Im Norden und Westen grenzt das Land an China, Laos und Kambodscha. Im kälteren Norden, dessen sanfte Kalksteinhügel an Südwestchina erinnern, leben zahlreiche ethnische Minderheiten. Die Speisen weisen hier deutliche Ähnlichkeiten mit der chinesischen Küche auf.

Die Küche des gemäßigten Südens wurde hingegen mehr von den Nachbarländern Thailand und Malaysia geprägt. Die Speisen sind hier abwechslungsreicher, nahrhafter und würziger als etwa in Hue oder Hanoi.

Das Delta des Roten Flusses und des Mekong sind die beiden wichtigsten Reisanbaugebiete. Saftige, grüne Reisfelder, auf denen Wasserbüffel grasen und die Frauen mit den typischen, spitz zulaufenden Hüten ihrer Arbeit nachgehen, gibt es aber auch im übrigen Land. Sechzig Prozent der Ackerfläche werden für den Reisanbau genutzt, so daß für Viehzucht nur wenig Raum bleibt. Deshalb ist Fleisch, vor allem Rindfleisch, für die meisten Vietnamesen ein Luxus, und die berühmten *Bo Bay Mon*-Gerichte (wörtlich: Rindfleisch auf sieben verschiedene Arten zubereitet) gelten als etwas ganz Besonderes.

Trotz wachsender Verstädterung und zunehmender Landflucht leben noch immer gut achtzig Prozent der Bevölkerung vom Reisanbau. Reis findet nicht nur in den verschiedensten Gerichten Verwendung, sondern man stellt daraus auch Wein und Essig her. Außerdem werden die Körner zu Mehl gemahlen, zu Reisnudeln verarbeitet, und man macht daraus Reispapier für *Goi Cuon*, die vietnamesischen Frühlingsrollen. Aus Klebreis, der gekocht und dann in Bananenblätter verpackt wird, macht man das beliebte Frühstück *Xoi* oder *Banh Tay* und *Banh Chung*, die traditionellen Gerichte, die man während des des vietnamesischen Neujahrsfestes (*Tet*) ißt.

Eine einfache, aber raffinierte Mahlzeit in Hue. Die ehemalige Kaiserstadt gilt noch heute als bedeutendes kulinarisches Zentrum.

Fischsoße und frische Kräuter – das A und O der vietnamesischen Küche

Seit jeher stand Vietnam immer wieder unter dem Einfluß fremder Mächte. Seien es nun die Nachbarstaaten Malaysia, China und Thailand, seien es indische Siedler, die französischen Kolonialherren oder die amerikanischen Truppen – sie alle haben ihre Spuren hinterlassen. Von den Chinesen übernahm man Tofu, Sojabohne und Gewürze wie den Sternanis. Den Dill, mit dem man Hanois berühmtes Fischgericht *Cha Ca* verfeinert, brachten vermutlich die Franzosen mit. Und indischen Ursprungs sind die Reismehlpfannkuchen.

Die wichtigste Zutat der vietnamesischen Küche ist die salzige, hellbraune Fischsoße *Nuoc Mam*. Sie wird aus frischen Sardellen hergestellt, die mit Salz in riesigen Holzfässern eingelegt werden. Dort müssen sie etwa sechs Monate gären und werden in dieser Zeit immer wieder mit der Flüssigkeit begossen, die aus den Fässern tropft. Der beliebte Dip *Nuoc Mam Cham* wird aus *Nuoc Mam*, Limonensaft, Essig, Wasser, Knoblauch und frischen roten Chillies hergestellt. Er wird zu Gerichten wie *Cha Gio* (Frühlingsrollen) und *Cabo Tom* (auf Zuckerrohrspießen gegrillte Krabbenpaste) oder einfach als Soße zum Eintunken von Fleisch- oder Fischstücken serviert.

Was die vietnamesische Küche von der anderer südostasiatischer Länder unterscheidet, ist der großzügige Gebrauch frischer Kräuter. Deshalb sind die vietnamesischen Speisen häufig leichter und erfrischender als etwa thailändische Gerichte.

Während sich vietnamesische Restaurant im Ausland meist mit einer Sorte Minze, Basilikum oder Koriander begnügen müssen, findet man davon auf den vietnamesischen Märkten stets mehrere Sorten. Daneben werden auch exotischere Kräuter, etwa das würzige, dunkelrote Kreuzkümmelblatt (*Tia To*) oder der scharfe Lange Koriander angeboten. Die Garküchen bieten zu der wunderbaren Nudelsuppe *Pho* immer auch einen großen Teller mit frischen Kräutern an, die man in die dampfende Suppe rührt. Kräuter werden aber auch zu *Ban Xeo*, einem mit Garnelen, Schweinefleisch und Bohnensprossen gefüllten Crêpe, und zu Frühlingsrollen, gegrilltem Fleisch und Salaten serviert. Ihren besonderen Charakter verdankt die vietnamesische Küche aber auch den raffinierten Garverfahren und den ungewöhnlichen Kompositionen der Zutaten.

Die kaiserliche Küche

Zu beiden Seiten des Huong Giang erstreckt sich die alte Kaiserstadt Hue, einst ein bedeutendes Zentrum von Wissenschaft und Kultur und fast 150 Jahre die Hauptstadt Vietnams.

Da die Gegend um Hue nicht mit einer solchen Vielfalt an landwirtschaftlichen Erzeugnissen gesegnet war wie etwa der Norden und der Süden des Landes, mußten die kaiserlichen Küchen großen Einfallsreichtum aufbieten, um die verwöhnten Gaumen des Kaiserhofs zu befriedigen. Und so begann man, ganz gewöhnliche Speisen so zu verfeinern und anzurichten, daß sie zu etwas ganz Besonderem wurden.

Ein klassisches kaiserliches Bankett konnte bis zu einem Dutzend Gerichte umfassen und beispielsweise aus einer aromatischen Hühnersuppe mit Lotossamen (*Sup Ga*), knusprigen, goldbraunen Frühlingsrollen (*Nem Ran*), zarten Pastetchen aus Reismehl mit einer Füllung aus gehackten Garnelen (*Banh Hue*), gegrilltem Schweinefleisch in Reispapier (*Thit Nuong*) mit würziger Erdnußsoße und der berühmten Krabbenmousse (*Cha Tom Lui Mia* oder *Chao Tom*) bestehen. Als Hauptgang folgte gegrillter Fisch im Bananenblatt (*Ca Nuong Hanh Nam*), scharfes Rindfleisch mit wilden Betelblättern (*Ba La Lot*) und sautierte Garnelen mit Pilzen (*Tom Xao Hanh Nam*). Und den Abschluß konnte ein "Ehemann-Ehefrau"-Kuchen (*Phu The*) bilden, ein Dessert aus Klebreis, das in kleinen, kunstvoll aus Pandanusblättern geformten Schachteln aufgetragen wird. Bei all diesen Gerichten handelt es sich jedoch eigentlich nur um aufwendigere Variationen von Speisen, die auch in anderen Teilen Vietnams gegessen werden. Nehmen wir als Beispiel das beliebte *Chao Tom Lui Mia*. Wer glaubt, es handle sich hier um ein ganz einfaches Essen, der irrt gewaltig: Winzige Krabben werden zunächst sorgfältig geschält und dann in Fischsoße mariniert. Anschließend zerstampft man sie zu einer dicken Paste, die mit Eiweiß, Zwiebeln, Knoblauch, Zucker und Pfeffer verfeinert wird. Danach wird die Masse noch einmal mit etwas Schweinefett püriert, und zum Schluß wickelt man sie um ein Stück Zuckerrohr und grillt sie.

Da sich eine Mahlzeit aus Dutzenden verschiedener Speisen zusammensetzen konnte, aß man immer nur winzige Portionen. Deren Zubereitung nahm so viel Zeit in Anspruch, daß man im Laufe der Zeit ein ganzes Heer von Köchen und Küchenpersonal beschäftigen mußte. Heute beherrschen eigentlich nur noch Frauen die Zubereitung dieser Gerichte, die vom kaiserlichen Hof abstammen.

Die Küche des Volkes

Während der mehr als vier Jahrzehnte, in denen Vietnam von ständigen Kämpfen und Kriegen erschüttert wurde, war selbst Reis ein knappes Gut, von frischen Lebensmitteln oder besonderen Speisen ganz zu schweigen. Durch den wirtschaftlichen Aufschwung und die neue Politik, die viele im Ausland lebende Vietnamesen dazu ermutigte, in ihre Heimat zurückzukehren und sich dort eine neue Existenz aufzubauen, ist jedoch seit Mitte der 80er Jahre wieder eine blühende Restaurantlandschaft entstanden.

In Hanoi, vor allem aber in Ho Chi Minh-Stadt entstehen Restaurants um die Innenhöfe der französischen Kolonialgebäude. Die Einrichtung vieler Lokale wird alten vietnamesischen Wohnungen nachempfunden. Und hier und da tauchen auch wieder französische und italienische Restaurants auf.

Reis, Fisch und frisches Gemüse bilden die Grundlage der vietnamesischen Küche. Mit Öl geht man, außer beim Fritieren, sehr sparsam um, und Salate werden nur mit einem leichten Dressing angemacht. Auf den Speisekarten finden sich gesunde, nahrhafte Suppen wie die schmackhafte *Canh Chua Thom Ca Loc*-Suppe. Als Dessert ißt man meist frisches Obst und köstlichen, selbstgemachten Joghurt. Der beliebte frisch gepreßte Zuckerrohrsaft wird fast überall angeboten.

Die moderne vietnamesische Küche ist eine Mischung aus Alt und Neu. Traditionelle Rezepte werden mit neuen kombiniert, die für den zunehmend gebildeteren und weitgereisten einheimischen Konsumenten entwickelt wurden. Ein gutes Beispiel dafür ist *Thit Kho To* (in einem Tontopf geschmortes Schweinefleisch), ein ursprünglich bäuerliches Gericht, das inzwischen sogar neben *Cua Rang Me* (gebratene und großzügig mit Tamarinde aromatisierte Krebse) auf den Speisekarten der Restaurants zu finden ist. In der Regel werden die klassischen Gerichte allerdings nur geringfügig abgewandelt. So

Baguettes – ein Überbleibsel aus der Kolonialzeit

verwendet man etwa für *Ga Hop*, einen Hähnchensalat mit Zwiebel, *Rau Ram* (Polygonum) und einem einfachen Dressing aus Salz, Pfeffer und Limonensaft, in den modernen Restaurants nur noch mageres Hähnchenfleisch und nicht mehr wie früher ganze Hähnchen mit Haut und Knochen.

Durch das neuerwachte Interesse an den klassischen Gerichten des kaiserlichen Hofes von Hue legt man heute auch wieder größeren Wert auf eine besonders ansprechende Präsentation der Speisen – ein Genuß, in den Touristen allerdings leider nur selten kommen.

Küchenausstattung und Tischkultur

Die Vietnamesen nehmen ihre Mahlzeiten stets gemeinsam ein. Auf dem kleinen Tisch, um den sich die Familie versammelt, stehen eine große Schüssel mit dampfendem Reis, ein großer Topf mit duftender Suppe, ein Fleisch- und ein Gemüsegericht und für jeden ein großer Teller mit Blättern, mit denen man die köstlichen Röllchen umwickelt, um sie dann in die *Nuoc Mam Cham* zu tunken. Als Getränk wird Tee gereicht.

Die alte Weisheit »Je frischer die Zutaten, desto besser die Speisen« trifft auf die vietnamesische Küche in besonderem Maße zu. Die verschiedenen Kräuter und Blätter werden stets roh serviert, so daß ihr voller Geschmack erhalten bleibt. Damit Gemüse und Fisch, die in der Ernährung eine große Rolle spielen, ihren Eigengeschmack behalten, werden sie nur kurz gegart und sparsam gewürzt.

Traditionsbewußte vietnamesische Köche bereiten ihre Speisen zum großen Teil auf dem Fußboden zu. Sie hocken dabei auf dem gefliesten Boden vor dem Herd, wo auch die Zutaten und sämtliche Kochutensilien, Töpfe und Pfannen gereinigt werden, bevor man mit dem Kochen beginnt. Trotz steigender Einkommen und obwohl Kühlschrank, Spülbecken mit Wasseranschluß, eingebaute Arbeitsflächen und elektrische Reiskocher inzwischen in vielen vietnamesischen Küchen Einzug gehalten haben, wird ein Großteil der Arbeiten noch immer auf diese traditionelle Weise verrichtet.

Gekocht wird meist über einer offenen Feuerstelle – Herde kennt man in Vietnam nicht. Dabei hat ein Familienmitglied die Aufgabe, dafür zu sorgen, daß das Feuer nicht erlischt. Der Wok ist aus der vietnamesischen Küche nicht wegzudenken. Und was nicht im Wok gegart wird, wird gegrillt. Suppen und Brühen werden in großen Töpfen gekocht, und der Reis wird gewöhnlich in einem einfachen Reiskocher mit Deckel gegart.

Wie in vielen anderen asiatischen Ländern sind auch in Vietnam die Imbißstände beliebte Treffpunkte, an denen man den örtlichen Klatsch austauscht und dabei eine schnelle Mahlzeit einnimmt. Sie befinden sich im allgemeinen auf den Gehsteigen vor alten Geschäftshäusern. Kleine Stühle und Tische stehen in Trauben um einen Kessel mit dampfender Suppe, die über einem offenen Feuer vor sich hinköchelt. Da sitzen die Menschen über ihre morgendliche Schüssel mit sättigender *Pho* gebeugt. In einem anderen Straßenlokal sind Frauen damit beschäftigt, Omeletts in schwarz angelaufenen Pfannen auf kleinen Holzkohlegrills zu backen. Oder es kommt ein Händler mit einem mit Baguettes, Käse, Pastete und Wurst beladenen Karren vorbei, bei dem man ein Sandwich kaufen kann.

Ein köstliches Mahl ist der Lohn für die meist sehr zeitaufwendige Zubereitung.

MENÜVORSCHLÄGE

Einfache Mahlzeiten

Menüvorschlag 1:

- Gedämpfte Röllchen in Reispapier (Seite 146);
- Gefüllter Tintenfisch (Seite 152), Pfannengerührtes Gemüse mit Fischsoße (Seite 150) und Eintopf mit Schweinefleisch und Kokosmilch (Seite 154);
- »Ehemann-Ehefrau«-Kuchen (Seite 156).

Menüvorschlag 2:

- Eintopf mit eingelegtem salzigen Fisch (Seite 151);
- Salat mit Garnelen und grünen Mangos (Seite 149), Gebratener Tofu mit Zitronengras (Seite 155) und Gegrilltes Rindfleisch mit wilden Betelblättern (Seite 155); dazu serviert man Reis.

Einladungen

Die meisten der hier vorgestellten Vorspeisen eignen sich auch gut als Häppchen für eine Party. Versuchen Sie doch einmal folgende Zusammenstellung:

- Eine Auswahl verschiedener gebratener und gedämpfter Reispapierröllchen (Seite 146–148) mit verschiedenen Dips;
- Bananenblütensalat mit Ente und Ingwer (Seite 149);
- Geschmorte Pilze mit Sojasoße (Seite 150), Scharfe Flußgarnelen (Seite 152) und ein Würziger Rindfleischeintopf (Seite 155) mit Reis;
- Ananastörtchen (Seite 156) mit Vanilleeis.

Schüsselgerichte

Nudelsuppen ißt man in Vietnam nicht nur als Mittag- oder Abendessen, sondern auch zum Frühstück. Besonders zu empfehlen sind die folgenden Schüsselgerichte:

- Hühnersuppe Hanoi (Seite 148);
- Rindfleischsuppe mit Nudeln (Seite 148);
- Gegrilltes Schweinefleisch mit Reisnudeln (Seite 155).

Quer durch die asiatische Küche

- Gedämpfter Kürbis (Seite 95) aus Japan;
- Tintenfisch mit Bambussprossen (Seite 38) aus China und aus Vietnam Gebratene Scholle mit Ingwersoße (Seite 153); dazu serviert man Reis und einen einfachen Salat oder pfannengerührtes Gemüse;
- in Scheiben geschnittene frische Früchte der Saison, zum Beispiel Mangos oder Ananas.

DIE WICHTIGSTEN ZUTATEN DER VIETNAMESISCHEN KÜCHE

Frische ist das A und O in der vietnamesischen Küche. Wählen Sie für Salate oder als Beilage zu Reisröllchen also möglichst immer nur die besten Kräuter und Blattgemüse aus, etwa **Laksa-Blätter** (*Daun Kesum*), **Kopfsalat, Bohnensprossen, Basilikum** und **Koriander**. Dips bereitet man gerne mit kleingeschnittenen **Chilischoten** und Nuoc Mam zu. Zu den beliebtesten Gewürzen gehören **Knoblauch**, **Zitronengras, Schalotten** und **Frühlingszwiebeln.** Und **Reis** darf in keiner vietnamesischen Speisekammer fehlen.

Die Frische und Vielfalt der vietnamesischen Küche zeigt sich vor allem bei den zahlreichen Röllchen aus knackigen, aromatischen Blättern, die mit etwas Fleisch oder Fisch gefüllt und von Hand aufgerollt werden. Sie sind zwar durchaus sättigend, liegen dabei aber nicht schwer im Magen.

GOI CUON
Krabbenrollen

1/8 Liter Wasser
2 EL weißer Essig
1 EL Reiswein
1/2 TL Salz
500 g Garnelen (Krabben) in der Schale
2 EL Pflanzenöl
200 g Schweinelende
20 Bögen Reispapier
1 mittelgroßer Kopfsalat
1 Tasse frische Basilikumblätter
1 Tasse frische Pfefferminze
2 kleine rote Chilischoten, in feinen Scheiben
1 Tasse Sojabohnensprossen
1 Bund Schnittlauch, in 8–10 cm langen Stücken

Wasser, Essig, Reiswein und Salz zum Kochen bringen. Garnelen dazugeben und köcheln, bis sie gerade durch sind. Abkühlen lassen und schälen. Öl erhitzen und Schweinefleisch darin circa 2 Minuten anbraten. Garnelenbrühe dazugeben und Fleisch 15 Minuten darin gar köcheln. Vom Feuer nehmen, abtropfen lassen und in dünne Scheiben schneiden.

Reispapier mit einem feuchten Tuch abreiben, bis es weich ist. Auf jedes Papierstück etwas Fleisch, Garnele, Salat, Kräuter und Gemüse geben; aufrollen. In fingerlange Stücke schneiden und mit Erdnußsoße (Seite 157) servieren.

TIP

Sollten die Reispapierblätter nicht weich werden, wenn Sie sie mit einem feuchten Tuch abreiben, können Sie sie in lauwarmem Wasser einweichen, bis sie biegsam sind. Anschließend auf Küchenpapier abtropfen lassen und gut trockentupfen.

BANH CUON
Gefüllte, gedämpfte Röllchen in Reispapier

Die Herstellung von frischem Reispapier ist recht einfach und macht Spaß, sobald man die Methode beherrscht. Das Rezept ist eine weitere Abwandlung der Frühlingsrolle.

Für die Füllung:
1/2 Tasse getrocknete *Mu-Err*-Pilze
Wasser zum Einweichen
2 EL Pflanzenöl
8 Schalotten, gehackt
1 Knoblauchzehe, zerdrückt
1 Tasse eingelegter weißer Rettich, fein gewürfelt
300 g gehacktes Schweinefleisch oder gehackte Krabben

Für die frischen Reispapierhüllen:
125 g Reismehl
3/4 Liter Wasser
Salz

Für die Garnierung:
1/4 Tasse Korianderzweige
1/2 Tasse gebratene Schalotten
1 rote Chilischote, in feinen Streifen

Für die Soße:
1 EL Zucker
1/4 Tasse Wasser
2 EL Fischsoße
1 EL Reisweinessig
1 EL frischer Limonensaft
1 mittelgroße rote Chilischote, zerkleinert
2 Knoblauchzehen, fein gehackt

Für die Füllung die *Mu-Err*-Pilze 1 Stunde in Wasser einweichen, abtropfen lassen und hacken. Öl im Wok erhitzen und Schalotten, Knoblauch, Rettich, Fleisch und Pilze darin schwenken, bis sie weich sind. Beiseite stellen.

Mehl, Wasser und Salz zu einem Teig verrühren. Dämpftopf zu zwei Dritteln mit Wasser füllen. Ein gefaltetes Küchentuch fest darüberspannen und mit einem Faden festbinden. Wenn das Wasser zu Kochen beginnt, Oberfläche des Küchentuchs mit Öl einpinseln, etwas Reismehlteig darauf gießen und kreisförmig verstreichen. Am besten mit einer umgestürzten Schüssel oder einem Deckel zudecken und einige Sekunden stehen lassen. Die gedämpften Reispapierhüllen mit einem Pfannenwender vorsichtig an den Ecken anheben und herunterheben. Wiederholen, bis der Teig aufgebraucht ist. Hüllen auf eine glatte Oberfläche legen. Jeweils 1 Eßlöffel der Füllung auf eine Hülle setzen. Vorsichtig aufwickeln. Mit Koriander, Schalotten und Chilli garnieren.

Für die Soße Zucker im Wasser auflösen, Fischsoße, Essig und Limonensaft dazugeben. Chilli und Knoblauch vor dem Servieren darüberstreuen.

Krabbenmousse auf Zuckerrohr

Gegrillte Rindfleischrollen mit Fisch-Dip (links) und Frühlingsrolle Hue mit Krabbenpaste (rechts)

BANH UOT THIT NUONG
Gegrillte Rindfleischrollen

1 Stengel Zitronengras, fein gehackt
1 EL brauner Zucker · 4 EL Fischsoße
400 g Rindfleisch, in dünnen Scheiben
5 frische gedämpfte Bögen Reispapier (siehe oben)
1/2 Tasse frische Pfefferminze
1/2 Tasse frische Basilikumblätter
1/2 Salatkopf
1 EL Sesamkörner, geröstet
1/2 Tasse frische Korianderblätter

Für den Dip:
1/4 Liter gelbe Bohnensoße (Seite 157)
4 EL süße Chillisoße
1 EL geröstete Erdnüsse, fein gehackt

Zitronengras, Zucker und Fischsoße vermischen, Rindfleisch 30 Minuten darin marinieren, dann bei mittlerer Hitze auf dem Grill leicht anbräunen, so daß es innen noch roh ist. Vom Grill nehmen und in kleine Stücke schneiden. Etwas Fleisch, etwas Minze, Basilikum und Salat auf ein Reispapier geben, mit Sesamkörnern bestreuen und ein Korianderblatt dazugeben. Nach innen falten, dabei das obere Ende, aus dem das Korianderblatt herausschaut, offen lassen.

Für den Dip die gelbe Bohnensoße, Chillisoße und Erdnüsse gründlich vermischen. Zu den Rindfleischrollen servieren.

CUON HUE
Frühlingsrolle Hue

5 frische, gedämpfte Bögen Reispapier (Seite 146)
1 großer Bogen Reispapier, angefeuchtet
8 Stiele Wasserwinde
1/2 Tasse frische Kräuter (Mischung aus Basilikum, Pfefferminze und Koriander)
1 mittelgroße Süßkartoffel, geschält, gekocht, in feine Scheiben geschnitten
1/4 Tasse gedämpfte Reisfadennudeln
100 g mageres Schweinefleisch, gekocht, in feine Scheiben geschnitten
100 g eingelegte saure Krabben

Für den Dip:
2 Knoblauchzehen, fein gehackt
2 EL Pflanzenöl
1 EL Garnelenpaste
1 Süßkartoffel, gekocht und zerdrückt
1 TL Zucker

Reispapierbögen auf dem großen Bogen Reispapier ausbreiten (er erleichtert das Aufwickeln, wird aber wieder entfernt). Wasserwinde, Kräuter, Süßkartoffel und Reisnudeln nebeneinander auf das Papier setzen. Fest aufrollen. In 3 cm große Stücke schneiden und auf jedes Stück eine Scheibe Fleisch und eine Krabbe setzen.

Für den Dip Knoblauch in Öl schwenken, bis er duftet. Garnelenpaste, Kartoffel und Zucker dazugeben. Gut verrühren und einige Minuten kochen. Zu den Frühlingsrollen servieren.

HA GIO
Vietnamesische Frühlingsrollen

Dies sind die klassischen, fritierten vietnamesischen Frühlingsrollen, auch Kaiser-Rollen genannt.

Für die Füllung:
500 g mageres Schweinefleisch, gehackt
200 g Krabben, gehackt
100 g Krebsfleisch
5 Schalotten, fein gehackt
2 Knoblauchzehen, zerdrückt
2 oder 3 *Mu-Err*-Pilze, in Wasser eingeweicht
50 g Glasnudeln, in Wasser eingeweicht
1/2 mittelgroße Möhre, in dünnen Streifen
1 Eiweiß (nach Wunsch)
1 Prise Pfeffer
1 TL Zucker
1 Prise Salz
1 EL Fischsoße

Für die Hüllen:
25 getrocknete Reispapierhüllen
Wasser
Pflanzenöl zum Fritieren

Für die Garnierung:
1 Tasse frische Kräuter (Basilikum, Koriandergrün und Pfefferminze)
1 kleiner Eisbergsalat
25 g Bohnensprossen
2 EL Fisch-Dip (Seite 157)
2 EL eingelegte Karotten mit Rettich (Seite 157)
1/2 Tasse eingeweichte Reisnudeln

Alle Zutaten der Füllung in einer großen Schüssel gründlich vermischen und beiseite stellen.

Die Reisblätter mit Bananenblättern bedecken und anfeuchten, bis sie geschmeidig sind. Jeweils einen gehäuften Teelöffel der Füllung auf die Hüllen setzen. Linke und rechte Kante auf die Mitte falten, dann vom unteren Rand her aufrollen. Nicht zu fest aufrollen, da die Rollen sonst aufplatzen. Bei mittlerer Hitze goldbraun fritieren.

Mit Kräutern, Salat, Sprossen, Fisch-Dip, eingelegten Möhren mit Rettich sowie feinen Reisnudeln servieren.

CHAO TOM
Krabbenmousse auf Zuckerrohr

Ein beliebtes vietnamesisches Gericht aus der Kaiserstadt Hue. Für die Spieße wird frisches Zuckerrohr verwendet. Das erwärmte Zuckerrohr gibt etwas Saft ab, wenn man hineinbeißt.

300 g Krabben, gehackt
1/2 TL Salz
1 TL Zucker
1 Prise Pfeffer
2 EL Pflanzenöl
8 Zuckerrohrstücke, jeweils 10 cm lang
1 rote Chilischote, entkernt, in Scheiben geschnitten
1 Tasse süß-saure Soße (Seite 157)
1/2 Tasse Korianderblätter

Krabben mit Salz, Zucker und Pfeffer zermahlen oder zerstoßen. Mit Hilfe des Öls Garnelenpaste um das Zuckerrohr wickeln. Bei mittlerer Hitze über einem Holzkohlefeuer knusprig und hellbraun grillen.

Mit Chillies, süß-saurer Soße und Korianderblättern servieren.

TIP

Die Krabben werden meist in einem Mörser zerstoßen, man kann sie aber auch im Mixer zerkleinern. Krebsfleisch ist ein guter Ersatz für Krabben. Wenn kein Grill zur Verfügung steht, kann man die Spieße im Ofen circa 20 Minuten bei 190°C backen.

NEM MUONG
Schweinefleischbällchen auf Spießen

500 g magerer Schweinehals, gehackt
1/2 TL Salz
200 g Schweinespeck
2 EL Zucker
2 Knoblauchzehen, gewürfelt
2 rote Chilischoten, fein gehackt
1 TL weißer Pfeffer
20 g geröstete Erdnüsse, zermahlen
4 EL Fisch-Dip (Seite 157)

Für die Garnierung:
100 g Bohnensprossen
1 mittelgroße Karambole, geschält und in Scheiben geschnitten
2 mittlere grüne Bananen, in dünne Scheiben geschnitten
1 mittelgroße Gurke, geschält und in Scheiben geschnitten
1 Kopfsalat
1 Tasse Pfefferminze
20 Bögen Reispapier

Schweinehack mit 1 Teelöffel Salz vermischen, dann beiseite stellen. Schweinespeck 10 Minuten vorsichtig braten und dann in sehr feine Streifen schneiden. Mit Zucker, Knoblauch, Chillies und Pfeffer 5 Minuten marinieren.

Fleisch und Speck vermischen und zu kleinen Bällchen formen. Auf Bambusspieße stekken (3–4 Stück pro Spieß) und gleichmäßig über dem Holzkohlefeuer grillen. Erdnüsse und Fisch-Dip darübergeben und dann garnieren.

Vietnamesische Frühlingsrollen

Anders als in den westlichen Ländern werden die dünnen, würzigen vietnamesischen Suppen zu den Mahlzeiten getrunken und nicht als Vorspeise gegessen. Gelegentlich serviert man sie in kleinen Schälchen, meist stellt man aber einen großen Topf mit Suppe auf den Tisch, und jeder bedient sich selbst davon.

CANH NGHIEU
Jakobsmuschelsuppe

Dieses ungewöhnliche Rezept ist relativ einfach zuzubereiten. Das Gelingen hängt, wie bei vielen vietnamesischen Suppen, von frischen Zutaten ab. Karambola werden immer häufiger angeboten. Dünne Scheiben frischer Ananas können ebenfalls verwendet werden.

24 Jakobsmuscheln
1,5 Liter Hühnerbrühe
2 EL fein gehackte Frühlingszwiebeln
2 Knoblauchzehen, fein gehackt
1 EL Pflanzenöl · 2 EL Fischsoße
1 TL Garnelenpaste
2 mittelgroße Karambole, in Scheiben geschnitten

Für die Garnierung:
1/2 Tasse Koriandergrün
2 rote Chilischoten, entkernt, in feine Scheiben geschnitten
1/2 Tasse *Rau Ram* (Polygonum)

Muscheln gründlich reinigen. Brühe aufkochen, Muscheln hineingeben und kochen, bis sich die Schalen öffnen, dabei umrühren. Muschelfleisch herauslösen und beiseite stellen. Schalen wegwerfen.

In einem separaten Topf Öl erhitzen, Frühlingszwiebeln und Knoblauch zugeben und braten, bis sie weich sind. Muscheln dazugeben und mit Fischsoße und Garnelenpaste abschmecken. Brühe erneut aufkochen. Muschelmischung und Karambole dazugeben und sofort vom Feuer nehmen. Mit Koriandergrün, Chillies und *Rau Ram* garnieren.

TIP

Dieses Rezept eignet sich auch hervorragend für Miesmuscheln. Für viele Fischsuppen wird Hühner- oder Schweinebrühe verwendet. Sie können aber auch klare Gemüsebrühe oder Fischbrühe verwenden.

PHO BO
Rindfleischsuppe mit Nudeln

Diese Suppe gibt es in ganz Vietnam – an Imbißständen sowie in den besten Restaurants. Sie ist ein traditionelles Frühstück, schmeckt aber zu jeder anderen Tageszeit ebenso köstlich.

1 mittelgroßes Stück Ingwer
1 große Zwiebel
2,5 Liter Wasser
1 kg Rinderknochen
400 g Rinderbrust
1 Prise Salz
3 Sternanis
1 Zimtstange
Salz
Pfeffer
100 g Bohnensprossen
250 g Reisnudeln
250 g rohe Rinderlende, in dünnen Streifen
1 mittelgroße Zwiebel, in Scheiben geschnitten
1/4 Tasse fein geschnittene Frühlingszwiebeln
1/2 Tasse *Ngo Gai* (langer Koriander), gehackt
1/2 Tasse gehackte Korianderblätter

Für die Garnierung:
1 EL Chillisoße
3 EL gelbe Bohnensoße (Seite 157)
2 kleine rote Chilischoten, in Scheiben geschnitten
2 Limonen, in Spalten geschnitten
Pfefferminze
***Ngo Gai*-Blätter**
Korianderzweige

Ingwer und Zwiebel braten, bis die Schale verbrannt ist. Wasser, Knochen und Rinderbrust in einen großen Topf geben. Aufkochen lassen, dabei ständig Schaum abschöpfen. Salz, gegrillten Ingwer und gegrillte Zwiebel, Sternanis sowie Zimt dazugeben. Etwa 1 Stunde kochen lassen, das weiche Rindfleisch herausnehmen und in sehr dünne Scheiben schneiden. Suppe in ein separates Gefäß abgießen. Mit Salz und Pfeffer abschmecken.

Bohnensprossen waschen und abtropfen lassen. Reisnudeln und Bohnensprossen kurz in kochendem Wasser blanchieren, so daß sie weich, aber nicht zerkocht sind. In einer Suppenterrine anrichten. Darüber Rindfleischscheiben, rohe Rinderlende, geschnittene Zwiebel, gehackte Frühlingszwiebeln, *Ngo Gai* und Korianderblätter geben. Kochende Suppe darübergießen und mit frisch gemahlenem Pfeffer bestreuen. Das rohe Rindfleisch sollte nun auch halb durch sein.

Mit Chilli- und gelber Bohnensoße, zerkleinerten Chillies, Limonenspalten, Pfefferminze, *Ngo Gai* und Korianderzweigen servieren.

Rindfleischsuppe mit Nudeln

Jakobsmuschelsuppe

TIP

Ingwer und Zwiebel können über einer offenen Flamme oder in der Pfanne gegrillt werden. Mit Huhn schmeckt die Suppe auch köstlich. Vietnamesische Restaurants bieten meist beide Sorten an.

Die vietnamesischen Salate ähneln in mancher Hinsicht den thailändischen: Die Schärfe der Fischsoße und der Chilischoten wird durch knackige Blattsalate und Palmzucker gemildert, Schalotten und Erdnüsse verleihen ihnen Biß. Sie werden ein wahres Geschmacksfeuerwerk erleben! Hat man die Zutaten erst einmal vorbereitet, sind die Salate, die meist nur mit wenig Dressing angemacht werden, in der Regel schnell und einfach fertigzustellen.

GOI NGO SEN

Lotosstengelsalat mit Garnelen

Die Lotosblüte ist das Symbol für Reinheit. Aus den Stengeln kann man einen köstlichen Salat machen, da sie knusprig und knackig sind, ähnlich wie Sellerie, der als Ersatz verwendet werden kann.

250 g geputzte Lotosstengel, in 5 cm lange Stücke geschnitten
1 EL *Rau Ram* (Polygonum), fein gehackt
1 TL Salz
1½ EL Zucker
1 EL Limonensaft
6 mittelgroße Garnelen, gekocht, geschält und ausgenommen
1 EL Erdnüsse, grob zerstoßen
3 TL Korianderblätter
2 EL gebratene Schalotten
5–6 EL Fisch-Dip (Seite 157)
6 *Krupuk*

Lotosstengel, *Rau Ram*, Salz, Zucker und Limonensaft in einer großen Schüssel vorsichtig vermischen. Auf eine Servierplatte geben. Garnelen der Länge nach durchschneiden und auf dem Salat anrichten. Mit zerstoßenen Erdnüssen, Korianderzweigen und gebratenen Schalotten garnieren. Mit Fisch-Dip und *Krupuk* servieren.

Lotosstengelsalat mit Garnelen

GOI MUC

Tintenfischsalat

Tintenfisch ist vielseitig und wird für viele Rezepte verwendet. Das Säubern ist etwas aufwendig, aber dann läßt sich Tintenfisch schnell und einfach zubereiten.

500 g gesäuberter Tintenfisch
1 Liter Wasser
2 EL Limonensaft
4 EL Reiswein
3 Knoblauchzehen, zerdrückt
1 TL Sesamöl
1 TL Zucker
1 TL frisch gemahlener schwarzer Pfeffer
½ Tasse Selleriestangen, in dünnen Scheiben
½ Tasse Korianderblätter
1 kleine rote Chilischote, fein gehackt
⅓ Tasse eingelegte Frühlingszwiebeln oder Schalotten (nach Wunsch)
2 EL gehackte Erdnüsse
4 EL Fisch-Dip (Seite 157)
Reiscracker zum Garnieren

Tintenfisch in circa 5 cm breite Stücke schneiden. In einem großen Topf mit kochendem Wasser kurz (1–2 Minuten) blanchieren. In Eiswasser abkühlen, damit der Fisch zart bleibt. Die übrigen Zutaten mit dem Tintenfisch in einer großen Schüssel gut vermischen. Auf einer Platte anrichten. Mit Reiscrackern servieren.

Tintenfischsalat

TIP

Tintenfisch wird zäh, wenn er zu lange gekocht wird. Das Geheimnis seiner Zubereitung ist die kurze Garzeit. Auch durch das Eintauchen in Eiswasser bleibt seine weiche, samtige Konsistenz erhalten. In Vietnam und in ganz Asien wird der Tintenfisch mit winzigen Schnitten zickzackförmig eingeschnitten, um hübsche Muster zu erhalten. Tintenfisch wird auch weich, wenn er vor dem Garen einen Tag lang in Milch eingelegt wird.

GOI COAI XANH TOM HAP

Salat mit Garnelen und grünen Mangos

Dieses Rezept ist eine Abwandlung des traditionellen vietnamesischen Garnelensalats. Statt der Lotoswurzeln werden säuerliche unreife Mangos verwendet. Auch grüne Papayas können als Ersatz dienen.

12 mittelgroße Garnelen
1 Tasse grüne Mangos, in feine Scheiben geschnitten
1 EL *Rau Ram* (Polygonum), gehackt
4 EL Fisch-Dip (Seite 157)

Für die Garnierung:
1 kleine rote Chilischote, in feinen Scheiben · 2 EL gebratene Schalotten
2 EL Schnittlauch

Garnelen säubern und ausnehmen. Kurz in einem Topf mit sehr wenig Wasser dämpfen, bis sie hellrosa und zart sind. Aus dem Topf nehmen und abkühlen lassen. Garnelen, Mangos, *Rau Ram* und Fisch-Dip in einer großen Schüssel gründlich vermischen. Auf einer Platte anrichten und die Garnierung darübergeben.

GOI VIT BAP CHUOI

Bananenblütensalat mit Ente und Ingwer

1 junge Bananenblüte, fein geschnitten
1 Eßlöffel Zitronensaft · ½ Liter Eiswasser
2 Entenbrüste · ⅛ Liter Fisch-Dip (Seite 157)
1 TL *Rau Ram* (Polygonum), fein gehackt
1 EL fein gehackter Ingwer
1 EL grob zerstoßene Erdnüsse
1 EL gebratene Schalotten
¼ Tasse Korianderblätter

Bananenblütenscheiben mit Zitronensaft in kaltes Wasser legen und 1 Stunde einweichen lassen. Ente in einer flachen Pfanne mit etwas Wasser weich kochen (oder dämpfen). Abkühlen lassen, Haut entfernen und in dünne Streifen schneiden. Bananenblüten abtropfen lassen, dann in einer großen Schüssel mit Fisch-Dip, *Rau Ram*, Ingwer, Erdnüssen und Ente vermengen. Auf einer Platte anrichten und mit den gebratenen Schalotten bestreuen. Mit Korianderblättern garnieren.

TIP

Wenn keine Bananenblüten erhältlich sind, kann man auch geraspelten Sellerie verwenden. Die Entenbrust kann auch gebacken, gebraten oder gegrillt werden.

Die folgenden Gerichte serviert man am besten mit gedämpftem Jasminreis. Fisch und Meeresfrüchte sind in Vietnam sehr beliebt und werden auf unterschiedlichste Weise zubereitet.

Pfannengerührtes Gemüse mit Fischsoße

CANH BI RO HAM DUA
Geschmorte Pilze mit Sojasoße

Eine einfache und überaus köstliche Zubereitungsart für Pilze mit einer süßen Sojasoße. Für dieses Rezept eignen sich alle große Pilze; es können auch verschiedene Sorten kombiniert werden.

200 g Strohpilze
2 Knoblauchzehen, zerstoßen
1 EL Pflanzenöl
1 Prise Pfeffer
1 TL Zucker
2 EL Sojasoße
4 EL Wasser
frisch zerstoßener Pfeffer
Korianderblätter

Pilze abwaschen und mit Küchenpapier trockentupfen. Knoblauch in Öl schwenken, bis er leicht braun wird und duftet. Pilze dazugeben, schnell umrühren, dann mit Pfeffer, Salz, Zucker und Sojasoße abschmecken. Wasser hinzufügen und 3 Minuten sieden lassen. Auf einer Servierplatte anrichten und mit dem zerstoßenen Pfeffer und den Korianderblättern bestreuen.

CANH BI RO HAM DUA
Geschmorter Kürbis in Kokosmilch

Ein traditionelles buddhistisch-vegetarisches Gericht, dem rohe Erdnüsse eine besondere Note verleihen.

2 Tassen Kürbis, geschält und in 2 cm große Würfel geschnitten
$\frac{1}{2}$ Liter dünne Kokosmilch
2 Tassen Süßkartoffeln oder Yamswurzel, in 2 cm große Würfel geschnitten
4 EL dicke Kokosmilch
$\frac{1}{2}$ Tasse getrocknete *Mu-Err*-Pilze, in Wasser eingeweicht und in Stücke geschnitten
75 g rohe Erdnüsse, in warmem Wasser eingeweicht
$\frac{1}{2}$ Tasse Luffa (oder grüne Zucchini), in dünne Scheiben geschnitten
Salz
1 TL Zucker
Korianderblätter
2 EL *Rau Ram* (Polygonum), gehackt

Kürbis, Süßkartoffel, *Mu-Err*-Pilze und dünne Kokosmilch in eine tiefe Pfanne geben. Zum Kochen bringen und sieden lassen, bis alles beinahe gar ist. Dicke Kokosmilch, Erdnüsse und Luffa dazugeben und erneut aufkochen. Vom Herd nehmen. Mit Salz und Zucker abschmecken.

In einer Schüssel, mit frschen Korianderblättern und *Rau Ram* garniert, servieren.

CA TIM NUONG
Gegrillte Auberginen mit Krebsfleisch

Dieses Rezept findet man häufig in Kambodscha und in Südvietnam.

6 lange Auberginen
4 EL neutrales Öl
$1\frac{1}{2}$ Tassen gegartes Krebsfleisch
2 EL gebratene Schalotten
1 EL Frühlingszwiebeln, in feinen Scheiben
3 EL zerstoßene Erdnüsse
Korianderblätter

Für die Soße:
1 mittelgroße rote Chilischote, gehackt
225 g zerstoßene Erdnüsse
4 EL Fischsoße
$\frac{1}{2}$ TL Zucker oder Honig
3 EL Wasser

Auberginen der Länge nach halbieren und mit etwas Öl einpinseln. Über offener Flamme oder auf einem Grill grillen, dabei immer wieder wenden, bis die Haut dunkelbraun wird und das Fruchtfleisch weich ist. Haut abziehen und wegwerfen. Auberginen auf eine Servierplatte geben und Krebsfleisch darauflöffeln. Schalotten im restlichen Öl braten, bis sie eine hellgoldene Farbe aufweisen. Vom Herd nehmen und auf Küchenpapier abtropfen lassen. Die Soßenzutaten miteinander vermischen und über die Auberginen gießen. Mit gebratenen Schalotten, Frühlingszwiebeln und Korianderblätterm servieren.

RAU XAO
Pfannengerührtes Gemüse mit Fischsoße

3 Liter Salzwasser
1 Tasse Möhren, in Scheiben geschnitten
1 Tasse Blumenkohlröschen
1 Tasse Maiskölbchen
1 Tasse *Mu-Err*-Pilze
1 Tasse zarte Grünkohl- oder Brokkolistiele
2 EL Pflanzenöl
1 EL Reiswein · 2 EL Fischsoße
2 Knoblauchzehen, zerstoßen
Salz · Pfeffer

Gemüse in leicht kochendem Salzwasser blanchieren, herausnehmen und in eine große Schüssel mit kaltem Wasser legen. In einem Wok oder einer großen Pfanne Öl erhitzen und die abgetropften Gemüse pfannenrühren. Dabei den Reiswein unterrühren. Weiter pfannenrühren und Fischsoße sowie Knoblauch dazugeben. Mit Salz und Pfeffer abschmecken. Mit gedämpftem Reis servieren.

TIP

Gemüse sollten nur so lange im Wasser blanchiert werden, bis sie etwas weich werden. Nach dem Kochen sofort in kaltes Wasser (oder in Eiswasser) geben, damit sie knackig bleiben.

Eintopf mit eingelegtem salzigen Fisch

RAU MUONG XAO TUONG

Pfannengerührte Wasserwinde mit Bohnensoße

Wasserwinde, die es in vielen asiatischen Gemüseläden gibt, hat hohle strohähnliche Stengel, die sehr knackig sind. Der beste Ersatz ist ausgewachsener Spinat.

500 g Wasserwinde, gewaschen
2 Knoblauchzehen, zerstoßen
2 Frühlingszwiebeln, in feine Scheiben geschnitten (nur den weißen Teil verwenden)
2 EL Pflanzenöl
2 EL gelbe Bohnensoße (Seite 157)
Salz · Pfeffer

Wasserwinde in kochendem Wasser blanchieren und abtropfen lassen. Knoblauch und Frühlingszwiebeln in Öl braten, bis sie weich sind. Dann Wasserwinde und gelbe Bohnensoße dazugeben. Bei hoher Hitze braten. Mit Salz und Pfeffer abschmecken.

Gegrillte Auberginen mit Krebsfleisch

COM HOANG BAO

Kaiserreis

4 Schalotten, gehackt
2 EL neutrales Öl
100 g Schweine- oder Hühnerfleisch, gewürfelt
100 g kleine Krabben
100 g getrocknete Lotossamen, gekocht und abgetropft
1/4 TL Salz · 1 Prise Pfeffer
2 Tassen gedämpfter Reis
1 Ei, gebraten und zerteilt (nach Wunsch)
1 großes Lotosblatt (alternativ ein großes Wein- oder Feigenblatt)
2 Frühlingszwiebeln, gehackt

Schalotten schnell in Öl schwenken. Schweinefleisch, Krabben, Lotossamen, Salz und Pfeffer dazugeben. Gar kochen. Gut mit dem gedämpften Reis verrühren. Wenn ein Ei verwendet wird, gibt man es zusammen mit dem Reis in die gebratene Mischung. Vom Feuer nehmen und auf das Lotosblatt geben. Mit gehackten Frühlingszwiebeln bestreuen und zu einem kleinen Paket aufwickeln.

MAM KHO

Eintopf mit eingelegtem salzigem Fisch

Für dieses herzhafte Suppenrezept benötigt man *Mam Sac* (gesalzenen Fisch), der in Vietnam als Delikatesse gilt.

2 EL Pflanzenöl
3 Knoblauchzehen, fein gehackt
1/2 fein gehackte Tasse Schalotten
1/4 Tasse in Streifen geschnittener frischer Schweinebauch
1 mittlere Aubergine, gewürfelt
1/3 Tasse fein gehacktes Zitronengras
1/2 TL zerstoßener schwarzer Pfeffer
625 ml Wasser
300 g gesalzener Fisch *(Mam Sac)*, 10–15 Minuten in Wasser eingeweicht, gesäubert
300 g Meeräsche (oder anderer Fisch mit festem Fleisch)
2 kleine rote Chilischoten, entkernt, in Streifen geschnitten
2 TL Zucker · 1/2 Tasse Garnelen, geschält und gewaschen
1 EL Frühlingszwiebeln, fein geschnitten
1 EL gebratener Knoblauch (nach Wunsch)

Öl in einer großen Pfanne erhitzen. Knoblauch, Schalotten, Schweinebauch, Aubergine, Zitronengras und Pfeffer dazugeben. 5 Minuten sautieren.

Beide Fischsorten in einen großen Topf mit Wasser legen; zum Kochen bringen und 10 Minuten köcheln lassen. Fisch herausnehmen, entgräten und beiseite stellen. Brühe durchseihen, dann wieder zum Kochen bringen und dabei Chillistreifen, Zucker sowie die Schweinefleisch-Auberginen-Mischung dazugeben. 5 Minuten köcheln lassen, bis die Flüssigkeit um ein Drittel reduziert ist. Garnelen zugeben und weitere 3 Minuten garen. Jeweils eine Fischportion in einzelne Schalen geben und Brühe darübergießen. Mit Frühlingszwiebeln und gebratenem Knoblauch servieren.

Hinweis: Es gibt viele verschiedene Arten von *Mam Sac*, doch jeder getrocknete oder gesalzene Fisch kann bei diesem Rezept verwendet werden – gesalzener Kabeljau ist eine gute Wahl. Gesalzenen Fisch gründlich säubern und mindestens 10–15 Minuten in Wasser einweichen lassen (oder mehrere Stunden, um den Salzgehalt zu reduzieren). Als Ersatz für die Meeräsche eignen sich Heilbutt, Makrele, Kabeljau (Dorsch) oder Schwertfisch.

MUC NHOI THIT
Gefüllter Tintenfisch

Ein köstliches Rezept mit Tintenfisch; dieses Mal wird der ganze Fisch verwendet.

10 mittelgroße gewaschene und gesäuberte Tintenfische; Tentakel und Tintensäcke für die Füllung aufheben

Für die Füllung:
1 EL Erdnußöl
3 EL Schalotten, in feinen Scheiben
1 Knoblauchzehe, in feinen Scheiben
500 g magerer Schweinehalsgrat, gehackt
1/4 Tasse Glasnudeln
6 *Mu-Err*-Pilze, 12 Minuten in Wasser eingeweicht, dann fein gehackt
1 TL Fünf-Gewürze-Pulver
1 EL Sojasoße
10 Tintenfischtentakel, fein gehackt
1 Prise Salz
1 Prise Pfeffer
1 TL Zucker

Für die Soße und Garnierung:
1/4 Tasse gewürfelte Schalotten
3 Knoblauchzehen, zerstoßen
4 EL Butter oder Öl
3 große Tomaten, geschält, entkernt, gehackt
Salz und Pfeffer und frisch gemahlener Pfeffer
Korianderblätter

Für die Füllung Öl in einer Pfanne erhitzen. Schalotten und Knoblauch weich kochen, dabei leicht umrühren. Schalottenmischung mit den anderen Zutaten der Füllung in einer Schüssel gut vermengen. Mit Salz, Pfeffer und Zucker abschmecken. Tintenfischsäcke mit der Mischung füllen und mit einem Zahnstocher zustecken.

Für die Soße Schalotten und Knoblauch in Öl schwenken, bis sie weich sind. Gefüllten Tintenfisch dazugeben und von beiden Seiten circa 10 Minuten anbraten, bis er leicht braun und gar ist. Aus der Pfanne nehmen und warm halten. Tomaten in die Pfanne geben, mit Salz und Pfeffer abschmecken und köcheln lassen, bis die Tomaten zu einer dicken Soße eingekocht sind. Tintenfisch auf eine große Platte geben und Zahnstocher entfernen. Tomatensoße darübergießen, mit Korianderblättchen und frisch gemahlenem Pfeffer bestreuen.

MUC NUONG
Gegrillter Tintenfisch

Fleisch und Meeresfrüchte werden in Vietnam sehr gerne gegrillt, und Rezepte wie dieses sind vom besonderen Geschmack abhängig, der beim Grillen mit Holzkohle entsteht.

500 g gesäuberter Tintenfisch
1 EL Salz
1/2 Tasse Korianderblätter

Für die Marinade:
1 Prise Pfeffer
2 Knoblauchzehen, zerstoßen
2 EL Erdnußöl
1 TL Fünf-Gewürze-Pulver
1 TL Currypulver
1 EL fein gehacktes Zitronengras
1 EL dicke Sojasoße
1 TL Sesamöl
1 EL Limonensaft
1 TL Zucker

Tintenfisch mit Salz einreiben und abwaschen. Aufschneiden und Tintensack aufklappen. Innenseite mit diagonalen Schnitten einschneiden. In mundgerechte Stücke schneiden. Zutaten für die Marinade vermengen, dann Tintenfisch 1 Stunde darin ziehen lassen.

Tintenfisch über einem Holzkohlefeuer grillen, bis er gerade weich ist (circa 2 Minuten von jeder Seite). Auf einer Servierplatte anrichten und mit Korianderblättchen garnieren. Mit Fisch-Dip (Seite 157) servieren.

TIP
Die Marinade kann auch für viele andere Fischsorten und Geflügel verwendet werden.

TOM GANG KHO
Scharfe Flußgarnelen

Für dieses Rezept benötigt man große Frischwassergarnelen. Flußkrebs, Hummer oder auch kleine Garnelen sind ein geeigneter Ersatz.

3 Knoblauchzehen, fein gehackt
1 kleine rote Chilischote, fein gehackt
2 EL Öl zum Kochen · 1 TL zerstoßene schwarze Pfefferkörner · 2 EL Zucker
4 EL Fischsoße · 1/8 Liter Wasser
6 Riesengarnelen, mit Schale
1/2 Tasse Korianderblättchen

Knoblauch und Chilli in eine tiefe Pfanne geben und in Öl schwenken, bis sie weich sind. Pfefferkörner, Zucker, Fischsoße, Wasser und Garnelen dazugeben.

10 Minuten kochen lassen, bis die Garnelen hellrosa werden. Garnelen herausnehmen und auf einer Platte anrichten. Brühe einkochen lassen, bis sie leicht dicklich wird. Über die Garnelen gießen und mit Korianderblättchen garnieren.

Gebratene Scholle mit Ingwersoße

CUA RANG VOI SOT ME
Krebs mit Tamarindensoße

Dies ist eines der Gerichte, die an den überfüllten Straßenständen in Ho Chi Minh City gegessen werden – eine wahre Gaumenfreude.

4 ganze mittelgroße Krebse
Erdnußöl zum Fritieren
1 EL Tamarindenmark · 4 EL Reiswein
4 Knoblauchzehen, gehackt
2 EL Pflanzenöl
1/4 Tasse Frühlingszwiebeln, nur den weißen Teil, in 2,5 cm lange Stücke geschnitten · 3 EL Fischsoße
1 TL zerstoßener weißer Pfeffer

Krebse säubern, obere Schale abnehmen, gründlich abspülen, Zangen halb einschneiden und aufbrechen. Erdnußöl im Wok sehr heiß erhitzen, die Krebse darin 30 Sekunden fritieren, bis sich ihre Farbe verändert. Auf Küchenpapier legen, damit das überschüssige Öl aufgesogen wird.

Tamarindenmark in Reiswein auflösen. In einer großen Pfanne oder im Wok Öl erhitzen, den Knoblauch darin schwenken, bis er weich ist. Krebse dazugeben und 2–3 Minuten bei großer Hitze kochen. Tamarindenmischung, Fischsoße und Pfeffer hinzufügen. Weitere 2 Minuten einkochen lassen, dann Frühlingszwiebeln unterrühren.

Vom Feuer nehmen und die Krebse auf einer Platte anrichten. Tamarindensoße darübergießen. Mit gedämpftem Reis servieren.

Krebs mit Tamarindensoße

Hinweis: Auch wenn das Gericht traditionell im Wok zubereitet wird, kann eine Friteuse das Kochen erleichtern. Den weißen Pfeffer kann man auch durch frisch gemahlenen schwarzen Pfeffer ersetzen, auch wenn vietnamesische Köche meist weißen Pfeffer bevorzugen.

CUA HAP BIA
Krebse in Biersuppe

Bier ist in Vietnam ein beliebtes Getränk, das hier für eine köstliche Brühe verwendet wird. Das Rezept soll aus der frühen französischen Kolonialzeit stammen.

4 ganze große Krebse (1 1/2 kg), abgespült, gesäubert und in jeweils zwei Hälften geschnitten
1/2 TL Salz
1/2 TL Pfeffer
1 TL Sesamöl
1 EL Austernsoße
1 Knoblauchzehe, zerstoßen
1 große Zwiebel, in Scheiben geschnitten
1 große Tomate, in Stücke geschnitten
1 rote Chilischote, in Scheiben geschnitten
1/2 Flasche Bier
1 Tasse Wasserkresse
1 EL gebratener Knoblauch (nach Wunsch)

Die Krebse mit Salz, Pfeffer, Sesamöl, Austernsoße und Knoblauch bei sehr großer Hitze 5 Minuten lang braten. Zwiebel, Tomate und Chillischeiben hinzufügen. Schnell pfannenrühren und Bier beigeben. Den Deckel auflegen und 10 Minuten lang sieden lassen (oder bis die Zutaten gar sind). Mit Wasserkresse und gebratenem Knoblauch garnieren.

CA CHEP KHO RIENG
Geschmorter Karpfen mit Galgantsoße

6 Filets vom Karpfen oder Heilbutt, je 100 g
3 EL Pflanzenöl
2 EL Galgant, in feine Scheiben geschnitten
3 EL Fischsoße
1/2 EL Karamelsirup (Seite 157)
1/8 Liter Wasser

Karpfen mit Galgant in Öl schwenken. Fischsoße, Karamelsirup und Wasser dazugeben und auf beiden Seiten langsam schmoren, bis der Fisch gar ist. Mit Salz und Pfeffer abschmecken. Auf einer Platte anrichten. Dazu gedämpften Reis servieren.

LUON XAO LAN XUC BANH TRANG ME
Gehackter Aal mit Sesam-Reiscrackern

Dieses Rezept bringt die köstlichen Sesam-Reiscracker gut zur Geltung.

2 EL Pflanzenöl · 1 EL gewürfelter Knoblauch · 2 EL gewürfelte Schalotten
2 EL fein gehacktes Zitronengras
1 EL fein gehackte rote Chilischoten
3 EL fein gehackte *Mu-Err*-Pilze
1 EL Fünf-Gewürze-Pulver
1 EL vietnamesisches Currypulver
400 g junger Aal, fein gehackt
2 EL grob gehackte Erdnüsse
1/2 Tasse Korianderzweige
1 rote Chilischote, in dünne Scheiben geschnitten · Sesam-Reiscracker

Knoblauch, Schalotten, Zitronengras, Chillies und Pilze in Öl schwenken. Fünf-Gewürze-Pulver, Curry und Aal dazugeben. 5 Minuten schwenken, bis der Aal durch ist. Auf eine Platte geben und mit Erdnüssen, Koriander und Chillies garnieren. Mit Sesam-Reiscrackern servieren.

TIP
Mu-Err-Pilze werden wegen ihrer Konsistenz verwendet. Aber auch jeder frische, geschmacksintensive Pilz mit Biß ist ein guter Ersatz. Auch einige getrocknete Pilzsorten können verwendet werden.

CA MU CHIEN VOI GUNG
Gebratene Scholle mit Ingwersoße

Die vietnamesischen Gewässer sind reich an unterschiedlichsten Meeres- und Süßwasserfischen. Ingwer und Galgant, die beide zur Ingwerfamilie gehören, verleihen diesem Fischgericht seinen unverwechselbaren Geschmack.

1 TL Salz
1 TL weißer Pfeffer, gemahlen
1 Scholle (1 kg), auf beiden Seiten eingeschnitten, oder Seebarsch
2 EL Öl
2 EL fein gehackte Frühlingszwiebeln

Für die Soße:
1 EL Öl
3 frische *Shiitake*-Pilze, in feinen Streifen
2 EL in feine Streifen geschnittener Ingwer
1 EL fein geschnittenes Zitronengras
2 rote Chilischoten, in feine Streifen geschnitten
1 TL Sojasoße · 1/4 EL Fischsoße
1/8 Liter Wasser (bzw. Hühner-/Fischbrühe)

Die Zutaten für die Soße vermischen, bei niedriger Hitze 5 Minuten sieden lassen und dann beiseite stellen. Den Fisch salzen und pfeffern, mit Öl bestreichen und dann auf beiden Seiten langsam grillen, bis er gar ist. Den Fisch auf eine große Platte legen, die Soße darübergießen und mit Frühlingszwiebeln garnieren.

Krebse in Biersuppe

Eintopf mit Schweinefleisch und Kokosmilch

CA NAM NGOT
Süßwasserfisch mit Dill und Tomaten

1,5 Liter leichte Hühnerbrühe (Seite 157)
600 g Filet von einem Flußfisch, in große Stücke geschnitten
2 mittelgroße Tomaten, in Spalten geschnitten
Salz
Pfeffer
1 EL gehackter Dill
frische Dillzweige

Brühe zum Kochen bringen, Fisch dazugeben und 5 Minuten köcheln lassen. Tomaten hinzufügen und mit Salz, Pfeffer und Dill abschmecken. Noch einige Minuten kochen. Vor dem Servieren mit frischen Dillzweigen garnieren.

GA QUAY MAT ONG
Gebratenes Hühnchen mit Honigmarinade

Dieses Rezept eignet sich für jegliches Geflügel oder Wild. Da die verschiedenen Marinaden und das Kochen relativ zeitaufwendig sind, ist das Rezept für ein großes Hühnchen und ein besonderes Festessen angemessen.

1 großes ganzes Hühnchen

Für die Marinade I:
2 TL Pfeffer · 2 TL Salz
2 EL Zucker · 2 TL Sesamöl

Für die Marinade II:
3 EL Honig
2 EL süße Sojasoße
1 EL Limonensaft
1 EL Annatosamenöl
1 TL Sesamöl

Für die Marinade III:
1 TL Pfeffer
1 TL Salz
1 EL Zucker
1 TL Sesamöl

Zutaten für die 1. Marinade vermengen. Das Huhn innen und außen damit einreiben, mit einer Nadel oder einem Bambusstöckchen zustecken und 1 Stunde in der Marinade ziehen lassen.

Huhn in einen Bräter legen. Zutaten für die 2. Marinade vermischen und über das Huhn gießen. Bei 190°C in den Ofen schieben.

Zutaten für die 3. Marinade verrühren. Huhn alle 10–15 Minuten damit bepinseln. Im Ofen lassen, bis die Haut goldbraun und das Huhn gut durch ist. Hühnchen zerteilen und auf einer Servierplatte anrichten. Dazu fritierte süße Teigtaschen oder gedämpften Klebreis reichen.

THIT HEO KHO NUOC DUA
Eintopf mit Schweinefleisch und Kokosmilch

1 kg Schweinekeule, in 80–100 g schwere Stücke geschnitten
3 EL Pflanzenöl
1 Liter dünne Kokosnußmilch
5 hartgekochte geschälte Eier

Für die Marinade:
4 Knoblauchzehen, fein gehackt
Salz zum Abschmecken
1 EL Palmzucker
4 EL Fischsoße

Zutaten für die Marinade vermengen und Fleisch 1 Stunde darin ziehen lassen.

Schweinefleisch entweder im Wok oder in einer Pfanne in heißem Öl scharf anbraten, damit sich die Poren schließen. Kokosmilch angießen. Schaum abschöpfen, Hitze reduzieren und gar köcheln lassen (30–45 Minuten). Eier dazugeben und weitere 15 Minuten köcheln lassen.

Mit eingelegten Bohnensprossen, eingelegtem Senfkraut und gedämpftem Reis servieren.

CHA LUA
Schweinewurst

500 g Schweinelende
200 g Fleisch vom Schweinskopf
1/2 Liter gesalzenes Wasser
4 EL neutrales Öl
5 Schalotten, gewürfelt
2 Knoblauchzehen, zerdrückt
1/2 Tasse fein gehackte *Mu-Err*-Pilze
2 EL schwarze Pfefferkörner, zerstoßen
1/4 Tasse Sesamkörner, geröstet
2 Eier, verquirlt
1 großes Bananenblatt
3 EL Fischsoße
2 Limonen, in Spalten geschnitten

Fleisch 20 Minuten in Salzwasser kochen, abgießen und auslösen; in kleine Würfel schneiden. Öl in einer großen Pfanne erhitzen, Schalotten und Knoblauch weich schmoren. Fleisch, Pilze und Pfefferkörner dazugeben. Kochen, bis die Pilze weich sind, dabei ständig umrühren. Sesamkörner darübergeben. Vom Feuer nehmen und Eier unter die Mischung rühren.

Mischung auf das Bananenblatt geben, aufrollen und mit einem Faden zubinden. 2 Stunden über kochendem Wasser dämpfen. Auswickeln und in dünne Scheiben schneiden. Mit Fischsoße und Limonenspalten servieren.

Schweinefleischbällchen auf Spießen (links; Seite 147) und Gegrilltes Schweinefleisch mit Reisnudeln (rechts)

Würziger Rindfleischeintopf

DAU HU CHIEN SA
Gebratener Tofu mit Zitronengras

600 g Tofu, in 2 x 4 cm große Stücke geschnitten · 1/4 Liter Erdnußöl
3 EL fein gehacktes Zitronengras
1 rote Chilischote, fein gehackt
2 Knoblauchzehen, gehackt
1 EL Pflanzenöl · 1 TL Fünf-Gewürze-Pulver
Salz · Pfeffer

Erdnußöl in einem tiefen Topf erhitzen und Tofu darin braten. Auf Küchenpapier abtropfen lassen und beiseite stellen. Oder gebratenen Tofu (in Asienläden erhältlich) verwenden. In einem separaten Topf oder Wok Zitronengras, Chilli und Knoblauch in heißem Pflanzenöl schwenken, bis sie weich sind. Tofu dazugeben und gut vermischen. Mit Fünf-Gewürze-Pulver, Salz und Pfeffer abschmecken. Auf einer Platte anrichten und servieren.

BUN THIT NUONG
Gegrilltes Schweinefleisch mit Reisnudeln

500 g Schweinelende, in mittelgroßen Würfeln

Für die Marinade:
1 TL fein gehackter Knoblauch
1/3 Tasse in Scheiben geschnittene Frühlingszwiebeln
3 EL Fischsoße · Pfeffer · Salz

Für die Garnierung:
400 g Reisnudeln, blanchiert
2 Tassen eingelegte Möhren mit Rettich (Seite 157)
100 g Bohnensprossen
2 mittelgroße Gurken, in feinen Scheiben
1/2 Tasse Basilikumblätter
1/3 Tasse gehackte Frühlingszwiebeln
1/4 Tasse Erdnußsoße (Seite 157)

Zutaten für die Marinade vermischen und Schweinefleisch 20 Minuten darin ziehen lassen.

Fleisch aufspießen und über dem Holzkohlefeuer grillen. Oft wenden, damit das Fleisch gleichmäßig gar wird. Dabei immer wieder mit der Marinade bestreichen. Mit der Garnierung servieren.

BO LA LOT
Gegrilltes Rindfleisch in wilden Betelblättern

Kleine gefüllte Röllchen sind in der vietnamesischen Küche sehr beliebt und bei fast jedem Essen werden zwei oder drei verschiedene Sorten als Vorspeisen gereicht.

600 g Rinderkeule, gehackt
300 g Schweinespeck
Salz · Zucker
21 wilde Betelblätter
7 Holzspieße
Pflanzenöl

Für die Marinade:
1 EL Fünf-Gewürze-Pulver
1 EL Currypulver · 1 TL Kurkumapulver
1 EL Zucker · 1 EL Sojasoße
1 EL fein gehacktes Zitronengras
2 fein gehackte Knoblauchzehen
1 TL Pfeffer

Für die Garnierung:
2 Karambole, in dünne Scheiben geschnitten · 3 grüne Bananen, in dünne Scheiben geschnitten
1 Gurke, geschält und in dünne Scheiben geschnitten
1/4 Liter Fisch-Dip (Seite 157)
Salatblätter zum Einwickeln

Zutaten für die Marinade vermengen und Rindfleisch 30 Minuten darin ziehen lassen.

Schweinespeck braten, abkühlen lassen und in hauchdünne Streifen schneiden. Mit Salz und Zucker marinieren und 15 Minuten beiseite stellen. Wilde Betelblätter einweichen und abtropfen lassen.

Rindfleisch und Schweinespeck gut vermischen, dann portionsweise in wilde Betelblätter wickeln (die Röllchen sollten circa 5 cm lang sein, die glänzende Seite der Blätter sollte nach außen weisen). Jeweils 3 Rollen auf einen Spieß stekken. Mit Öl einpinseln und auf beiden Seiten 5 Minuten grillen, bis die Blätter leicht angekohlt sind. Mit der Garnierung und dem Fisch-Dip servieren.

TIP

Man kann auch frische Reisnudeln in die Blätter geben. Weinblätter sind ein guter Ersatz für die Betelblätter. Man sollte möglichst große Blätter verwenden.

Gegrilltes Rindfleisch in wilden Betelblättern

BO KHO
Würziger Rindfleischeintopf

6 EL neutrales Öl
2 EL Annatosamen
1 kg Rinderbraten, in große Würfel geschnitten
1 große Zwiebel, fein gehackt
5 Knoblauchzehen, fein gehackt
1 EL Salz
2 EL Zucker
1 EL Currypulver
1 Tasse Bier
1 Stengel Zitronengras, überbrüht
3 Sternanis
1 Zimtstange
1 Tasse grob gehackte Möhren

Für die Garnierung:
1 Tasse Pfefferminze
2 rote Chilischoten, in Scheiben geschnitten
Salz-Pfeffer-Limonen-Mischung (Seite 157)

Die Hälfte des Öls mit den Annatosamen erhitzen, schnell umrühren, bis das Öl die rötlich-braune Farbe der Samen annimmt. Beiseite stellen, abseihen und Samen wegwerfen.

Fleischwürfel mit Zwiebeln, der Hälfte des Knoblauchs, Salz, Zucker und der Hälfte des Annatosamenöls 45 Minuten marinieren.

Restliches Annatosamenöl erhitzen und den restlichen Knoblauch darin weich kochen. Currypulver, Bier und Marinade dazugeben. Rindfleisch schmoren, dabei etwas Wasser, Zitronengras, Sternanis und Zimt hinzufügen. Bevor das Fleisch weich ist, die Möhren unterrühren. 3–5 Minuten köcheln lassen, bis alles gar ist. Mit der Garnierung servieren.

Wie in anderen asiatischen Ländern, ißt man die Süßspeisen auch in Vietnam nicht als Abschluß der Mahlzeiten, sondern über den Tag verteilt als kleine Snacks. Sie eignen sich aber auch gut als Dessert und schmecken – trotz der bisweilen exotischen Zutaten – allesamt einfach köstlich.

BANH GOI
Eingewickelte Reiskuchen

300 g Reismehl
350 g Zucker
625 ml Pandansaft oder 1 TL Pandanessenz in 625 ml Wasser
150 g gelbe Mungobohnen, eingeweicht
2 EL Vanilleessenz
3/8 Liter Kokosmilch
3 EL Zucker
1 Prise Pfeffer
1 1/2 EL Stärkemehl
2 EL neutrales Öl
6 Bananenblätter, blanchiert, 20 x 20 cm
2 EL geröstete Sesamkörner

Reismehl mit 150 g Zucker und 2 Tassen Pandansaft vermischen. Bei niedriger Hitze zu einer breiartigen Mischung kochen. Mungobohnen mit restlichem Zucker und Vanilleessenz in einem separaten Topf ebenfalls zu einem Brei kochen. Abkühlen lassen und zu kleinen Bällchen formen.

Bananenblätter mit Öl einpinseln, dann den Reisbrei in die Mitte setzen. Einen Mungobohnen-»Ball« daraufsetzen und mit Reisbrei zudecken. Zu kleinen rechteckigen Paketen wickeln, in einen Dämpftopf legen und 10 Minuten garen.

Für die Soße Kokosmilch zum Sieden bringen und Zucker, Salz, restlichen Pandansaft und Stärke dazugeben.

Eingewickelte Reiskuchen mit Kokossoße und gerösteten Sesamkörnern servieren.

Eingewickelte Reiskuchen (links) und »Ehemann-Ehefrau«-Kuchen« (rechts)

BANH PHU
»Ehemann-Ehefrau«-Kuchen«

Ein vietnamesisches Dessert aus Hue. Der Name bezieht sich auf die Art, wie die Kuchen traditionell serviert werden: Zwei kleine Kuchen werden mit einer Kokosfaser zusammengebunden und in kleine Schachteln aus Pandanblättern gelegt.

1 Liter Wasser
500 g Tapiokamehl
350 g Zucker
1/2 Tasse geraspelte Kokosnuß
50 g gelbe Mungobohnen, 8 Stunden eingeweicht
160 ml Zuckersirup
1 EL neutrales Öl
1 EL Pomeloblütenessenz oder
1/2 EL Orangensaft und
1/2 EL Pandanessenz

Für den Teig Wasser, Mehl, Zukker und Kokosraspeln vermischen. Bei kleiner Hitze 10 Minuten lang pfannenrühren.

Um die Füllung zuzubereiten, die Mungobohnen circa 15 Minuten dünsten (bis sie weich sind). Zuckersirup und Öl unterrühren. Wenn die Paste eine feste Konsistenz hat, Pomeloblütenessenz dazugeben. Vom Herd nehmen.

Nun eine dünne Teigschicht in einzelne Förmchen geben, eine Portion der Füllung hineingeben und mit einer zweiten dünnen Teigschicht abschließen. Förmchen in einen Dämpftopf legen und 20 Minuten kochen. Wenn der Teig transparent ist, sind die Kuchen fertig.

Bananenkuchen (links) und Ananastörtchen (rechts)

BANH CHUOI NUONG
Bananenkuchen

600 g reife Bananen
250 g Zucker
1/4 Liter Kokosmilch
1/2 TL Vanilleesssenz
2 EL zerlassene Butter
7 Scheiben Toastbrot

Bananen in diagonale Stücke schneiden und mit der Hälfte des Zuckers bestreuen. Restlichen Zucker in der Kokosmilch kochen, bis er sich aufgelöst hat, dann Vanilleessenz dazugeben. Vom Toastbrot die Ränder abschneiden, dann Brot in der süßen Kokosmilch einweichen.

Eine beschichtete Auflaufform (mit 30 cm Durchmesser) mit Butter einfetten. Eine Schicht Bananen auf den Boden legen. Darauf eine Schicht Brot, dann wieder eine Schicht Bananen, eine Schicht Brot und dann mit einer Schicht Bananen abschließen. Restliche Butter darüberträufeln, mit Alufolie abdecken. Im vorgeheizten Ofen 1 Stunde bei 180°C backen.

12 Stunden ruhen lassen, bevor man den Kuchen anschneidet. Nach Wunsch mit einer Kugel Vanilleeis servieren.

BANH NUONG NHAN THOM
Ananastörtchen

Für den Teig:
225 g weiche Butter
60 g Zucker
1/8 Liter Milch
500 g Mehl

Für die Füllung:
1 Ananas, geschält, ohne Mittelstrunk, gehackt
125 g Zucker
1 Tropfen Vanilleessenz
1 Ei, verquirlt

Butter, Zucker und Milch mit einem Rührgerät vermischen. Mehl dazugeben und weiter rühren, bis ein glatter Teig entsteht. Teig auf eine bemehlte Arbeitsfläche geben und 2 mm dick ausrollen. Anschließend den Teig portionsweise in eine kleine Form pressen, um Teigschälchen zu bekommen. Den restlichen Teig in schmale Streifen schneiden und bis zur Weiterverarbeitung beiseite legen.

Für die Füllung Ananas und Zucker in einer Pfanne bei kleiner Hitze ständig rühren, bis die Ananasmischung leicht dick wird. Vanilleessenz dazugeben. Teigschälchen damit füllen, dann die Teigstreifen kreuzweise über die Törtchen legen und mit Ei einstreichen. Im Ofen bei 150 °C goldbraun backen.

CA ROT
Eingelegte Möhren und Rettich

1 Tasse Möhrenstreifen
1 Tasse großer weißer Rettich, in Streifen
1 EL Salz
2 EL Zucker
14 EL weißer Essig

Möhren und Rettich mit Salz bestreuen und 10 Minuten ziehen lasen. Mit einem trockenen Tuch sanft ausdrücken. Abspülen und gut abtropfen lassen. Zucker und Essig mit den Gemüsen vermischen und vor dem Servieren mindestens 2 Stunden ziehen lassen. Am besten gekühlt servieren.

NUOC MAM CHAM
Fisch-Dip

4 EL Wasser oder frische Kokosmilch
1 TL Reisessig
1 TL Zucker
1 rote Chilischote, ohne Kerne und fein gehackt
2 Knoblauchzehen, zerstoßen
1 EL Limonensaft
2 EL Fischsoße

Wasser oder Kokosmilch mit Essig und Zucker aufkochen; abkühlen lassen. Chilli, Knoblauch und Limonensaft vermischen und zur Kokosmischung geben. Fischsoße unterrühren. Man kann auch eingelegte Möhren mit Rettich zu *Nuoc Mam Cham* geben.

MAM NEM
Fermentierter Anchovis-Dip

2 EL fermentierte Anchovis-Soße
1/8 Liter Wasser
2 TL Essig
2 EL zerdrückte Ananas
1/4 Stengel Zitronengras, fein gehackt
1 rote Chilischote, fein gehackt
1 Knoblauchzehe, zerstoßen
1 TL Zucker
1 Prise Pfeffer

Alle Zutaten gut verrühren. Mit Pfeffer und Zucker abschmekken.

NUOC TUONG
Gelbe Bohnensoße

1 Tasse gelbe Bohnen, gekocht und abgetropft
2 EL Kokosmilch
2 EL gemahlene Erdnüsse
2 TL Zucker
3 Knoblauchzehen
1 mittelgroße rote Chilischote
1 Stengel Zitronengras
2 EL Pflanzenöl

Alle Zutaten außer dem Öl im Mixer fein pürieren und gut vermischen. Öl in einer Pfanne erhitzen, alle Zutaten pfannenrühren und 2 Minuten köcheln lassen. Vor dem Servieren kaltstellen.

SOT DAU PHONG
Erdnußsoße

1 Knoblauchzehe, in feinen Scheiben
2 TL Pflanzenöl
100 g Schweine- oder Hühnerleber
1 EL rote Chilischoten, fein gehackt
1/2 Tasse gelbe Bohnensoße (siehe oben)
1 Stengel Zitronengras, fein gehackt
4 EL Kokosmilch
1 TL Zucker
1 TL Salz
2 EL Tamarindensaft
150 g Erdnüsse, fein zerstoßen

Knoblauch in Öl schwenken, bis er weich ist. Leber, Chilli, gelbe Bohnensoße, Zitronengras, die Hälfte der Kokosmilch, Zucker, Salz, Tamarindensaft und Erdnüsse dazugeben. Aufkochen und dann vom Feuer nehmen. Im Mixer pürieren und restliche Kokosmilch hinzufügen.

NUOC MAU
Karamelsirup

1/4 Liter Wasser
250 g brauner Zucker

Wasser mit Zucker aufkochen. Umrühren und einkochen lassen, bis die Flüssigkeit dunkelbraun ist. Vom Feuer nehmen, einige Eßlöffel Wasser dazugeben und umrühren.

MUOI TIEU CHANH
Salz-, Pfeffer- und Limonen-Mischung

1 TL Salz
1 TL Pfeffer
Saft von 1/2 Limone

Salz und Pfeffer verrühren. Limonensaft in die Mischung geben und gut verrühren.

SOT CHUA NGOT
Süß-saure Soße

3 Knoblauchzehen, fein gehackt
1 EL Öl
2 EL Schalotten, in Scheiben geschnitten
2 eingelegte Schalotten, in Scheiben geschnitten
1 kleine Möhre, gewürfelt
1 kleine Paprikaschote, gewürfelt
1 mittelgroße rote Chilischote, gewürfelt
1 EL Zucker
Salz, Pfeffer
1 TL Tomatensoße (siehe oben)
2 EL Essig
1 EL Stärkemehl, mit 1 TL Wasser verrührt

Knoblauch in Öl schwenken, bis er etwas Farbe annimmt. Alle Schalotten, Möhren, Paprika, Chillies und Zucker dazugeben, mit Salz und Pfeffer abschmekken. Aufkochen, Stärke unterrühren, dann Hitze reduzieren, umrühren und 1 Minute köcheln lassen.

NUOC LEO GA
Hühnerbrühe

3 Liter Wasser
1 mittelgroßes Huhn
1 EL weiße Pfefferkörner
1 Tasse Zwiebeln, in Scheiben geschnitten
1 mittelgroße Möhre, gehackt
1 Stange Sellerie, gehackt
1 Prise Salz
1 Prise Pfeffer

Zutaten in einen großen Topf geben; zum Kochen bringen und 2–3 Stunden köcheln lassen, bis die Brühe auf die Hälfte reduziert ist, absieben und beiseite stellen. Nach dem Erkalten die Fettschicht von der Oberfläche abschöpfen.

NUOC LEO BO
Rinderbrühe

4 Liter Wasser
2 kg Rinderknochen
2 EL in Scheiben geschnittener Ingwer
2 Sternanis
je 1 Prise Salz und Pfeffer

Alle Zutaten in einen Topf geben und aufkochen, dann 3 Stunden köcheln lassen und beiseite stellen. Nach dem Erkalten die Fettschicht von der Oberfläche abschöpfen.

Erdnußsoße (oben) und Fisch-Dip (unten)

REGISTER

Aubergine
- Aubergine mit Schweinefleisch 34
- Eintopf mit eingelegtem salzigen Fisch 151
- Gegrillte Auberginen mit Krebsfleisch 150
- Lotoswurzel mit Schweinefleisch-Auberginen-Füllung 99
- Rindfleischsalat mit Aubergine 133

Banane
- Bananenblütensalat mit Ente und Ingwer 149
- Bananen in Kokosmilch 138
- Bananen-Kartoffel-Bällchen 49
- Bananenkuchen 156
- Fritierte Bananen 138
- Fritierter Bananenkuchen 79
- Gedünstete Bananenkuchen 78

Brote
- Fritiertes Brot (Puri) 48
- Leichtes, gebratenes Brot (Vecchu Paratha) 49
- Südindische Reismehlpfannkuchen (Dosay) 49
- Tandoori-Brot (Naan) 49
- Ungesäuertes Brot (Chapati) 48

Brühen
- Einfache Dashi-Brühe 101
- Gourmet-Brühe 41
- Hühnerbrühe 41, 81, 121, 139, 157
- Klare Suppe 101
- Rinderbrühe 157
- Soba Dashi (1), (2) 101

Chapati (ungesäuertes Brot) 48

Chutney siehe Soßen, Würzmittel, Grundrezepte

Curry siehe einzelne Zutaten

Currypasten siehe Würzpasten

Desserts
- Ananastörtchen 156
- Bananen in Kokosmilch 138
- Bananenkuchen 156
- Eingewickelte Reiskuchen 156
- Eis aus grünem Tee 100
- Frischkäseklößchen in Sirup 57
- Fritierte Bananen 138
- Fritierte Bananenkuchen 79
- Fritierte Milchklößchen in Sirup 57
- Gedünstete Bananenkuchen 78
- Geleepflaumen 100
- Gemischtes Eis 78
- Indische Eiscreme 57
- Kandierte Äpfel 40
- Kirschblütenklößchen 100
- Kokospfannkuchen 79
- Kürbispudding 138
- Lilienknollenklößchen 100
- Mandelgelee 120
- Nonya-Pfannkuchen 120
- Pfannkuchen mit roten Bohnen 40
- Pudding aus schwarzem Reis 79
- Reisklößchen in Kokosmilch 138
- Reismehlkuchen mit Palmzucker 78
- Reispudding 56
- Rote Rubine 138
- Sago mit Honigmelone 120
- Sagorollen 78
- Südindisches Dessert 56
- Suppe mit roten Bohnen 40
- Süßer Joghurt mit Safran 56
- Weißer Pilz mit Melonenbällchen 40

Dips siehe Soßen, Würzmittel, Grundrezepte

Dosay (Südindische Reismehlpfannkuchen) 49

Eier
- Austernomelett 109
- Eier in Kokosmilch nach Padang-Art 72
- Gefüllte Omeletts 133
- Kalte, pikante Eierspeise 89
- Würzige Eierspeise 89

Ente
- Bananenblütensalat mit Ente und Ingwer 149
- Curry mit Bratente 135
- Ente in aromatischer Sojasoße 77
- Entencurry 77
- Enteninnereien 31

Erdnußchips, knusprige 67

Fisch
- Bengalisches Fischcurry 55
- Bunt garnierter Sushi-Reis 92
- Eintopf mit eingelegtem salzigen Fisch 151
- Feuertopf mit Meeresfrüchten, Hühnchen, Gemüsen und Nudeln 96
- Fisch mit Nudeln 91
- Fischkopfsuppe 70
- Fritierter Breitling 97
- Fritierter Breitling in Brühe 90
- Gebratener Bonito mit pikantem Dressing 94
- Gebratene Scholle mit Ingwersoße 153
- Gedämpfte Teochew-Scholle 36
- Gedünstete Meeresfrüchte-Pastetchen 129
- Gedünsteter Fisch »Teochew« 116
- Gegrillter Fisch im Bananenblatt (Otak-otak) 66
- Gegrillter Fisch im Bananenblatt (Pesan Be Pasih) 76
- Gehackter Aal mit Sesam-Reiscrackern 153
- Gekochter Süßwasserfisch 75
- Geräucherter Seebarsch 118
- Gerollte Sushi 92
- Gerollte Sushi mit Meeresfrüchten 93
- Geschmorter Karpfen mit Galgantsoße 153
- Haifischflossensuppe 32
- Knuspriger Fisch mit roter Currysoße 136
- Knusprig gebratener Mandarinfisch 37
- Lachs-Tofu-Klößchen 88
- Mango-Thunfisch-Sambal 66
- Marinierter Fisch Borneo 116
- Plattfisch mit marinierten Lotoswurzeln 97
- Reisnudeln mit Fischcurrysoße 131
- Roher Thunfisch mit Algen und Gurke 97
- Sashimi-Variationen 93
- Saure Nudelsuppe 112
- Scharf-saures Fischcurry 116
- Stockfischcurry mit Ananas 118
- Süßwasserfisch mit Chillisoße 136
- Süßwasserfisch mit Dill und Tomaten 154
- Würzige, gebratene Sardinen 75

Fritiertes Brot (Puri) 48

Frühlingsrolle Hue 147

Gado Gado (Gemüsesalat mit Erdnußsoße) 68

Garnelen
- Braune Nudeln à la Yen 111
- Buchweizennudeln mit Tempura 90
- Bunt garnierter Sushi-Reis 92
- Buttergarnelen mit Mandeln 96
- Fritierte Garnelen mit Mandeln 96
- Fritierte Garnelenpastetchen 133
- Frühlingsrolle Hue 147
- Garnelen in scharfer Soße 74
- Garnelen mit Sake 96
- Garnelen mit süß-saurer Soße 129
- Garnelen-Sambal 121
- Gebratene Nudeln indische Art 113
- Gedünstete Meeresfrüchtepastetchen 129
- Gefüllte, gedämpfte Röllchen in Reispapier 146
- Gemüsesuppe 131
- Gerollte Sushi mit Meeresfrüchten 93
- Klößchen mit Hackfleisch-Garnelen-Füllung 129
- Krabbenmousse auf Zuckerrohr 147
- Krabbenrollen 146
- Lotosstengelsalat mit Garnelen 149
- Lychees mit Garnelen gefüllt 37
- Marinierte, saure Garnelen 66
- Meeresfrüchte im Tofumantel 30
- Nudeln in würziger Kokosmilch 112
- Nudelsuppe mit Garnelen 111
- Pilze mit Garnelenfüllung 88
- Pipa-Garnelen 39
- Popiah 108
- Sahniges Garnelencurry 54
- Salat mit Garnelen und grünen Mangos 149
- Sambal mit Garnelen 117
- Saure Suppe mit Gemüse und Garnelen 130
- Scharfe Flußgarnelen 152
- Schweinefleisch-Garnelen-Röllchen 128
- Über Holzkohle gegrillte Garnelen mit süßer Soße 137
- Vietnamesische Frühlingsrollen 147
- Würzige Garnelensuppe mit Zitronengras 130

Gefüllte, gedämpfte Röllchen in Reispapier 146

Gekochte Teigtaschen in scharfer Soße 31

Gemüse siehe auch einzelne Sorten; Salate
- Bambussprossen mit Pilzen 36
- Bananen-Kartoffel-Bällchen 49
- Farnspitzen in Kokosmilch 73
- Feuertopf mit Meeresfrüchten, Hühnchen, Gemüsen und Nudeln 96
- Gefüllte, fritierte Yamsklößchen 109
- Gefüllte Gemüse und Tofu 52
- Gefüllte Okraschoten 52
- Gekochtes Gemüse mit Erdnußsoße (Lotek) 68
- Gemischtes, gebratenes Gemüse 133
- Gemüse in Kokosmilch 119
- Gemüse in Sojasoße gedämpft 95

– Gemüse mit würziger Kokosnuß 72
– Gemüsesalat mit Erdnußsoße 68
– Gemüsesuppe 131
– Grüne Bohnen mit Sesam 94
– Grünkohl mit knusprigem Schweinefleisch 134
– Gurken mit Kokossoße 69
– Linsen-Gurken-Gemüse 119
– Möhren-Rettich-Rollen 30
– Pakora (Panierte Gemüse) 48
– Pfannengerührte Wasserwinde mit gelber Bohnensoße 151
– Pfannengerührtes gemischtes Gemüse 34
– Pfannengerührtes Gemüse mit Fischsoße 150
– Pikante gemischte Gemüse 50
– Pikante Kartoffeln in Joghurt 51
– Pikante Kichererbsen 51
– Popiah 108
– Rohes Gemüse 68
– Samosa (Gebäck mit Gemüsefüllung) 48
– Spinat mit Sesamdressing 88
– Würzige Wasserwinde 118

Hausgemachter Käse am Spieß 51

Hühnerfleisch
– Braune Nudeln à la Yen 111
– Bettler-Hühnchen 38
– Claypot-Reis 114
– Feuertopf mit Meeresfrüchten, Hühnchen, Gemüsen und Nudeln 96
– Feuriges Hähnchencurry 115
– Fritiertes Shandong-Hühnchen 39
– Gebratene Nudeln indische Art 113
– Gebratenes Hühnchen mit Honigmarinade 154
– Gebratenes Huhn in Pandanusblättern 128
– Gebratenes Huhn nach Yogya-Art 77
– Gemüsesuppe 131
– Geschmorte Hühnerflügel 99
– Grünes Hühnercurry 135
– Hühnchen mit getrockneten Chillies 39
– Hühnchenauflauf 89
– Hühnerfleischstreifen mit Chillies und Limone 69
– Huhn mit grünen Tomaten 77
– Huhn nach Art der Bugis 76
– Klare Hühnersuppe mit Schalotten 71
– Limonen-Huhn 118
– Mildes Hühnercurry 52
– Nudeln in würziger Kokosmilch 112
– Pastetchen mit gehacktem Huhn 128
– Reis mit Huhn 114
– Rotes Hühnercurry mit Bambussprossen 135
– Safran-Hühnchen 55
– Salat aus grünen Bohnen und Hähnchen 69
– Tandoori-Huhn 52
– Teigtaschen mit Hähnchenfleisch 108
– Tikka-Hühnchen 53
– Würzige Hühnersuppe mit Kokosmilch 131

Hülsenfrüchte
– Bohnen-Linsen-Eintopf 50
– Linsen-Gruken-Gemüse 119
– Pikante Kichererbsen 51

Hummer in gelber Soße 57
Japanischer Eintopf (Shabu-shabu) 98
Knusprige Erdnußchips 67

Krabben siehe Garnelen

Krebse
– Gefüllte Krebspanzer 136
– Gegrillte Auberginen mit Krebsfleisch 150
– Krebs mit Tamarindensoße 152
– Krebscurry 54
– Krebse in Biersuppe 153
– Krebse mit Glasnudeln 137
– Krebse mit scharfer Chillisoße 117
– Vietnamesische Frühlingsrollen 147

Kürbis
– Gedämpfter Kürbis 95
– Geschmorter Kürbis in Kokosmilch 150
– Kürbispudding 138
– Würziger Kürbis 119

Lamm- und Hammelfleisch
– Indische Hammelsuppe 113
– Indisches Hammelcurry 116
– Lammcurry nach Kerala-Art 54
– Mongolischer Feuertopf mit Lamm 35
– Würzige Fleischklößchen 53

Leichtes, gebratenes Brot (Veccu Paratha) 47

Lotoswurzel
– Lotosstengelsalat mit Garnelen 149
– Lotoswurzel mit Schweinefleisch-Auberginen-Füllung 99
– Lotoswurzelsalat 30

Meeresfrüchte siehe auch Fisch, Garnelen, Krebse, Muscheln, Tintenfisch
– Austernomelett 109
– Bunt garnierter Sushi-Reis 92
– Feuertopf mit Meeresfrüchten, Hühnchen, Gemüsen und Nudeln 93
– Gedünstete Meeresfrüchtepastetchen 129
– Gerollte Sushi mit Meeresfrüchten 93
– Meeresfrüchte im Tofumantel 30
– Saté aus gehackten Meeresfrüchten 67

Muscheln
– Gebratene Venusmuscheln in gerösteter Chillipaste 137
– Gedämpfte Miesmuscheln mit Knoblauch 37
– Gedünstete Miesmuscheln 137
– Jakobsmuscheln in Yuzu 97
– Jakobsmuschelsuppe 148
– Sashimi- Variationen 93

Naan (Tandoori-Brot) 49

Nudeln und Teigwaren
– Braune Nudeln à la Yen 111
– Buchweizennudeln mit Tempura 90
– Feine Wantan-Suppe 110
– Feuertopf mit Meeresfrüchten, Hühnchen, Gemüsen und Nudeln 96
– Fisch mit Nudeln 91
– Gebratene Nudeln indische Art 113
– Gebratene Xiamen-Nudeln 33
– Gegrilltes Schweinefleisch mit Reisnudeln 155
– Gekochte Teigtaschen in scharfer Soße 31
– Kalte Buchweizennudeln mit verschiedenen Beilagen 91
– Kalte Nudeln auf Chengdu-Art 33
– Klare Suppe mit Glasnudeln 130
– Krebse mit Glasnudeln 137
– Nudeln in würziger Kokosmilch 112
– Nudelsuppe mit Garnelen 111
– Reisnudeln mit Fischcurrysoße 131
– Rindfleischsuppe mit Nudeln 148
– Saure Nudelsuppe 112
– Scharfe, würzige Nudeln 32
– Teigtaschen mit Hähnchenfleisch 108

Palmzuckersirup 81

Pickles siehe Soßen, Würzmittel, Grundrezepte

Pilze
– Bambussprossen mit Pilzen 36
– Feuertopf mit Meeresfrüchten, Hühnchen, Gemüsen und Nudeln 96
– Gemischtes, gebratenes Gemüse 133
– Gemüse in Sojasoße gegart 95
– Geschmorte Pilze mit Sojasoße 150
– Pfannengerührtes gemischtes Gemüse 34
– Pilze mit Garnelenfüllung 88
– Weißer Pilz mit Melonenbällchen 40

Popiah 108
Popiah-Teigblätter 121
Puri (Fritiertes Brot) 48

Reis
– Bunt garnierter Sushi-Reis 92
– Claypot-Reis 114
– Essigreis 101
– Essigreis mit Konbu 92
– Gelber Reis 72
– Gerollte Sushi 93
– Kaiserreis 151
– Reis mit Huhn 114
– Reishäppchen 93
– Reissalat nach südthailändischer Art 132
– Zitronenreis 50

Rindfleisch
– Gedörrtes Rindfleisch 89
– Gegrillte Rindfleischrollen 146
– Gegrilltes Rindfleisch in wilden Betelblättern 155
– Japanischer Eintopf (Shabu-shabu) 98
– Klare Kuttelsuppe 71
– Marinierte Rindfleischscheiben 30
– Mussaman-Rindfleischcurry 134
– Rinderlende Teriyaki 99
– Rinder-Saté 67
– Rindfleisch in Kokosmilch 74
– Rindfleisch in Kokosmilch gegart 115
– Rindfleisch mit Gemüsen (Sukiyaki) 98
– Rindfleisch mit schwarzem Pfeffer 35
– Rindfleischsalat mit Aubergine 133
– Rindfleischsuppe mit Chillies und Tamarinde 70
– Rindfleischsuppe mit Nudeln 148
– Sauer-scharfer Ochsenschwanz 115
– Trockenes, gewürztes Rindfleisch 74
– Trockenes Rindfleischcurry 135
– Würziger Rindfleischeintopf 155
– Würziger Tofu mit Rinderhack 34

Salate
– Bananenblütensalat mit Ente und Ingwer 149
– Gekochtes Gemüse mit Erdnußsoße 68
– Grüner Papayasalat 132
– Gurke mit Kokossoße 69
– Hühnerfleischstreifen mit Chillies und Limone 69
– Lotosstengelsalat mit Garnelen 149
– Lotoswurzelsalat 30
– Reissalat nach südthailändischer Art 132
– Rindfleischsalat mit Aubergine 133
– Salat aus grünen Bohnen und Hähnchen 69

– Salat aus Gemüse und Früchten mit Palmzuckersoße 69
– Salat mit Garnelen und grünen Mangos 149
– Tintenfischsalat 149
– Würziger Pomelosalat 132

Sambal siehe Soßen, Würzmittel, Grundrezepte

Schweinefleisch
– Auberginen mit Schweinefleisch 34
– Eintopf mit Schweinefleisch und Kokosmilch 154
– Fritierte Schweinerippchen im Pandanusblatt 109
– Frühlingsrolle Hue 147
– Gebratene Xiamen-Nudeln 33
– Gebratenes, rotes Schweinefleisch 121
– Gedämpfter Tofu mit Schweinefleischfüllung 30
– Gefüllte, fritierte Yamsklößchen 109
– Gefüllte, gedämpfte Röllchen in Reispapier 146
– Gefüllte Gemüse und Tofu 36
– Gefüllte Omeletts 133
– Gefüllter Tintenfisch 152
– Gegrilltes Schweinefleisch mit Reisnudeln 155
– Gekochte Teigtaschen in scharfer Soße 31
– Gemüsesuppe 131
– Grünkohl mit knusprigem Schweinefleisch 134
– Klößchen mit Hackfleisch-Garnelen-Füllung 129
– Lotoswurzel mit Schweinefleisch-Auberginen-Füllung 99
– Pfannengerührte Schweineleber 34
– Rotes Schweinefleischcurry 134
– Scharfe, würzige Nudeln 32
– Schweinefleischbällchen auf Spießen 147
– Schweinefleischcurry nach Goa-Art 55
– Schweinefleisch-Garnelen-Röllchen 128
– Schweinefleisch in süßer Sojasoße 73
– Schweinefleisch mit Ingwer 94
– Schweinefleisch mit Tomaten 73
– Schweineschnitzel auf Reis 95
– Schweinewurst 154
– Vietnamesische Frühlingsrollen 147
– Würzige Spare-Rib-Suppe 70
– Würzige Suppe mit Schweinefleisch 110

Shabu-shabu (japanischer Eintopf) 98

Soßen, Würzmittel, Grundrezepte
– Chaat Masala 58
– Chenna/Paneer (hausgemachter Frischkäse) 59
– Chilli-Erdnüsse mit Anchovis 121
– Chilli-Ingwer-Soße 121
– Chilli-Knoblauch-Soße 41
– Chilliöl 41
– Chillisoße 121
– Dahi (Joghurt) 59
– Dengaku Miso 101
– Dip mit gegrilltem Fisch 139
– Eingelegte Gurken und Möhren 121
– Eingelegte Möhren und Rettich 157
– Eingelegter Ingwer 101
– Eingelegter Knoblauch 41
– Erdnußsoße 81, 157
– Fermentierter Anchovis-Dip 157
– Fisch-Dip 157
– Fritierte Schalotten und Knoblauchöl 121
– Fruchtiger Pfefferdip 139
– Garam Masala 58
– Garnelenpaste und Kokosmilchdip 139
– Garnelen-Sambal 121
– Gebratene Schalotten 81
– Gebratene Vogelaugenchillies 81
– Gebratenes, rotes Schweinefleisch 121
– Gelbe Bohnensoße 157
– Grünes Mango-Chutney 58
– Hoba Miso 101
– Ingwer Dip mit schwarzem Essig 41
– Ingwer-Knoblauch-Soße 41
– Ingwersaft 121
– Kadai-Masala 58
– Karamelsirup 157
– Khoa (Kondensmilch) 58
– Minze-Koriander-Chutney 58
– Mixed Pickles 59
– Palmzuckersirup 81
– Ponzu 101
– Popiah-Teigblätter 121
– Rasam Masala 58
– Salz-Pfeffer-Limonenmischung 157
– Sambal aus Schalotten und Zitronengras 81
– Sesamsoße 41
– Sichuanpfefferöl 41
– Soja-Ingwer-Dip 41
– Süß-saure Soße 157
– Tamarinden-Ingwer-Chutney 58
– Tempura-Dipsoße 101
– Tempura-Teig 101
– Tomaten-Chutney 58
– Tomaten-Sambal 80
– Tosa-Sojasoße 101
– Zitronen-Mango-Pickle 59
– Zwiebel-Senf-Pickle 59

Süßspeisen siehe Desserts

Sukiyaki (Rindfleisch mit Gemüse) 98

Suppen
– Feine Wantan-Suppe 110
– Fischkopfsuppe 70
– Fritierter Breitling in Brühe 90
– Gemüsesuppe 131
– Grüne Papaya-Suppe 70
– Haifischflossensuppe 32
– Indische Hammelsuppe 113
– Jakobsmuschelsuppe 148
– Klare Bambussprossensuppe 90
– Klare Hühnersuppe mit Schalotten 71
– Klare Kuttelsuppe 71
– Klare Suppe mit Glasnudeln 30
– Miso-Suppe mit Pilzen 90
– Nudelsuppe mit Garnelen 111
– Rindfleischsuppe mit Chillies und Tamarinde 70
– Rindfleischsuppe mit Nudeln 148
– Saure Nudelsuppe 112
– Saure Suppe mit Gemüse und Garnelen 130
– Wintermelonensuppe 32
– Würzige Garnelensuppe mit Zitronengras 130
– Würzige Hühnersuppe mit Kokosmilch 131
– Würzige Spare-Rib-Suppe 70
– Würzige Suppe mit Schweinefleisch 110

Tandoori-Brot (Naan) 49

Tempeh
– Scharfes gebratenes Tempeh 73
– Tempeh-Eintopf 71

Tintenfisch
– Balinesischer Tintenfisch 76
– Bunt garnierter Sushi-Reis 92
– Gebratener Tintenfisch mit Knoblauch und Pfeffer 136
– Gedünstete Meeres-Früchte-Pastetchen 129
– Gefüllter Tintenfisch 152
– Gegrillter Tintenfisch 152
– Sesam-Tintenfisch 31
– Tintenfisch mit Bambussprossen 38
– Tintenfischsalat 149

Tofu
– Gebratene Nudeln indische Art 113
– Gebratener Tofu mit Zitronengras 155
– Gedämpfter Tofu mit Schweinefleischfüllung 30
– Gefüllte Gemüse und Tofu 36
– Lachs-Tofu-Klößchen 88
– Miso-Tofu 94
– Popiah 108
– Würziger Tofu mit Rinderhack 34

Vecchu Paratha (Leichtes, gebratenes Brot) 49

Vietnamesische Frühlingsrollen 147

Würzmittel siehe Soßen, Würzmittel, Grundrezepte

Würzpasten siehe auch Soßen, Würzmittel, Grundrezepte
– Geröstete Chillipaste 139
– Grüne Currypaste 139
– Mussaman-Currypaste 139
– Rote Currypaste 139
– Würzpaste für Gemüse 80
– Würzpaste für Hähnchen 80
– Würzpaste für Meeresfrüchte 80
– Würzpaste für Rindfleisch 80

MENGENANGABEN

Die Mengenangaben in diesem Buch sind wie folgt:
1 **Tasse** entspricht 250 ml; 1 **Teelöffel (TL)** entspricht 5 ml; 1 **Eßlöffel (EL)** entspricht 15 ml bzw. 3 Teelöffeln